Jack Zimmerman & Virginia Coyle

Der große Rat

Das Council – mit dem Herzen hören
und sprechen, den Kreis erweitern

Jack Zimmerman & Virginia Coyle

Der große Rat

Das Council – mit dem Herzen hören
und sprechen, den Kreis erweitern

Aus dem Amerikanischen übersetzt von
Werner Pilz und Doris Reden

Arbor Verlag
Freiburg im Breisgau

Copyright ©1996 by Jack M. Zimmerman and Virginia Coyle
Copyright © der deutschen Ausgabe 2010, Arbor Verlag, Freiburg

Titel der Originalausgabe: *The way of council*

Alle Rechte vorbehalten
2. Auflage 2015

Titelbild © 2010 Leslie Roberts
Lektorat: Richard Reschika
Gestaltung Innenseiten: Miriam Rieckmann
Druck und Verarbeitung: Kösel, Krugzell

Dieses Buch wurde auf 100% Altpapier gedruckt und ist alterungsbeständig.
Weitere Informationen über unser Umweltengagement
finden Sie unter www.arbor-verlag.de/umwelt.

www.arbor-verlag.de

ISBN 978-3-936855-92-0

Inhalt

Vorwort	9
Anmerkungen der Übersetzer	15
Einleitung	17

Kapitel 1: Das Council einberufen — 25
- Die Vorbereitung — 28
- Der Sprechgegenstand — 34
- Die Schwelle überschreiten — 43

Kapitel 2: Die Reise beginnt — 47
- Die Vier Absichten des Councils — 48
- Vertraulichkeit — 58
- Sich dem Thema nähern — 64

Kapitel 3: Auftrag und Form in Einklang bringen — 73
- Wechselnde Formate — 74
- Konflikt-Erforschung — 82
- Entscheidungsfindung — 83

Kapitel 4: Die Praxis vertiefen — 89
- Die Rolle des Zeugen — 91
- Geschichtenerzählen — 98
- Träumen — 102

Kapitel 5: Leitung von Councils — 119
- Partnerschaft — 120
- Herausforderungen — 122
- Die erste Herausforderung — 124
- Die zweite Herausforderung — 129

Kapitel 6: Das Council weitertragen — 149
Die dritte Herausforderung: Das Council hüten — 150
Der Gute Leiter / Der Schatten-Leiter — 162
Stufe um Stufe — 167
Zusammenfassung von Aufgaben — 169

Kapitel 7: Councils mit Kindern — 175
Geschichten aus dem Grenzgebiet — 179
Mit Schülern im Council — 189
Council und Mainstream — 199
Die Kraft des Councils — 209
Grenzen und Möglichkeiten — 216

Kapitel 8: Councils in Familien — 223
Warum sich die Mühe machen? — 226
Der richtige Rahmen — 229
Die Praxis nähren — 231
Familienfeste — 251

Kapitel 9: Council in der Zweierbeziehung — 265
Gespräch zu dritt — 266
Das Wesen des „Dritten" — 272
Council zu zweit — 274
Der Kreis der Liebenden — 277

Kapitel 10: Councils in Gemeinschaften und Unternehmen — 283
Die Wind-River-Gemeinschaft — 283
Councils bei Continental — 292
Die Tür öffnen — 299

Kapitel 11: Council willkommen heißen ... 311
Entscheidungsfindung und Council ... 313
Eine Organisation zum Leben erwecken ... 320
Den Ruf erwidern ... 325

Kapitel 12: Werte und Fähigkeiten ... 341
Der Kreis und der Ruf, sich zu versammeln ... 342
Was die Vier Absichten bewirken können ... 347
Die verschiedenen Formen menschlicher Intelligenz ... 356
Die Tradition des Councils und seine Bedeutung ... 360
Council-Fundamentalismus ... 363
Eine letzte Geschichte ... 368

Kapitel 13: Die Natur des Councils ... 371
Zurück zu den Wurzeln ... 371
Die Anfänge ... 373
Führungskräfte-Training in der Wildnis ... 375
Aktivitäten, Übungen und Council-Themen für Jugendliche ... 379
Übergangsrituale für Jugendliche ... 381
Für alle Altersgruppen ... 386
Jugend und Älteste ... 388

Epilog: Die nächste Runde ... 393
Danksagung ... 399
Anhang I: Council-Programme in Schulen ... 403
Anhang II: Council-Training ... 439
Anhang III: Bibliografie ... 445

Vorwort

In den sechziger Jahren hatte ich Sehnsucht nach den alten Kindergartentagen, als wir Hand in Hand einen Kreis bildeten und eine Minute still waren. Die Kommunikation, hart an der Grenze zur Gewalt, die damals in unserer radikalen Studentenbewegung vorherrschte, setzte mir zu. Ich sehnte mich nach jenen einfachen Tagen zurück, in denen wir – Jungen und Mädchen gemeinsam – zusammensaßen und alle mit großen Augen und voller Aufmerksamkeit zuhörten, wenn eins von uns Kindern über ein Erlebnis berichtete oder stolz zeigte, was es von zu Hause mitgebracht hatte.

In den Siebzigern, nach zwanzig Jahren reiner Mädchenschule, initiierte ich Frauenkreise und Frauen-Councils in der politischen Arena, die mich so leidenschaftlich anzog. Als einzige Frau studierte ich an einer internationalen Hochschule mit amerikanischen und ausländischen Studenten, was mir schließlich zu viel wurde, so dass ich von einer Kultur zu träumen begann, in der die Magie der Stille und des Kreises Weisheit hervorbringt. Ich verbrachte immer mehr Zeit draußen in der Natur, meinem Refugium aus der Kinderzeit. Dort saß ich geborgen als Teil eines Councils von Tieren und Bäumen, Sonne und Mond, Wind und Feuer – den Elementen des Lebens mit unendlicher Geduld, Freiheit, Schönheit und Stärke. Dort entstand meine Verbindung zu Delfinen, die mich dazu inspirierte, nach einem ähnlichen Einverständnis zwischen Menschen zu suchen. Damals begann meine Pilgerzeit, mein Weg auf der Suche nach Gleichgesinnten.

Anfang der achtziger Jahre kam ich an die Ojai Foundation, wo ich Joan Halifax und kurz darauf Jack Zimmerman traf. In Joan fand ich die ersehnte Schwester, die die Kraft der Stille kannte und um die Heilung wusste, die entsteht, wenn Lehrer unterschiedlicher spiritueller Kulturen zusammenkommen. Was ich in Ojai fand, war mir vertraut; im Kreis der Gemeinschaft lebten wir verbunden mit dem Land und getragen von der Weisheit der Alten, die ihre Erfahrungen wiederum aus dem Leben in enger Verbindung mit der Erde bezogen. Alles erschien natürlich und völlig normal. Die Pilgerin in mir hatte ihre geistige Heimat gefunden.

Unsere ersten Versuche waren bei weitem nicht perfekt, aber die Übung des aufmerksamen Zuhörens wurde in Ojai fleißig praktiziert. Ich hatte bereits in vielen Kreisen gesessen, meistens mit Frauen, manchmal auch mit Männern. Jack entpuppte sich zu meiner Überraschung und großen Freude als ein Vertreter der weißen männlichen Rasse, dessen ganze Hingabe und voller Einsatz dem galten, was wir heute *The Way of Council* [das ist der Titel der amerikanischen Originalausgabe dieses Buches]– den Weg des Councils – nennen. Dass es für Frauen sehr wichtig war, Formen der Führung und Kommunikation hervorzubringen, die ihre Berechtigung nicht primär aus der gesellschaftlichen Position und dem Geschlecht bezogen, wusste ich bereits. Ich hatte allerdings nicht erwartet, dass ausgerechnet einer dieser erfolgreichen Männer, deren Hauptinteresse doch eigentlich dem Status quo galt, sich der Veränderung verschrieben hatte.

In jenen Tagen saß Jack in Councils mit Familien, Kindern, Lehrern, Schulverwaltern – buchstäblich mit jedem, der dazu kommen wollte. Als in der Ojai Foundation die komplexen Themen des Lebens in Gemeinschaft zutage traten, ermutigte er uns, die Übung des Councils zum Führungsstil zu machen. Mit der Zeit erlebten wir, wie wohltuend es war, zu wissen, dass auftretende Störungen mit Hilfe eines Councils aufgelöst werden konnten. Und was noch wichtiger war, wir erkannten allmählich, wie der Kreis uns half, unsere Herzen zu öffnen und regelmäßig mit der „Seele der Gemeinschaft" in Kontakt zu kommen.

In den folgenden Jahren beobachtete ich, wie Jack das Council immer stärker in sein Leben integrierte – nicht nur auf beruflicher Ebene als Erzieher und Berater, sondern auch privat als Vater und als Partner seiner Frau Jaquelyn. Langsam machte auch ich Schritte nach vorn und gab einiges von dem weiter, was ich beim Zuhören und „Sorgen für das Ganze" gelernt hatte. Unser beider Engagement für das Council trug Früchte und entwickelte sich zu einer produktiven Freundschaft: Wir leiteten gemeinsam Council-Kurse, wir waren (zusammen mit Marlow Hotchkiss) Co-Direktoren der Ojai Foundation, führten den Vorsitz im Verwaltungsrat der Foundation und schrieben schließlich gemeinsam dieses Buch.

Über die Jahre habe ich mir den Respekt und die Bewunderung dafür bewahrt, mit welcher Hingabe und tiefen Herzlichkeit Jack die Praxis des Councils verkörpert. Er wird mit Recht dafür gerühmt, dass er in den längsten, wildesten Kreisen gesessen hat, die an der Ojai Foundation stattgefunden haben. Er gilt als Katalysator und Visionär, der das Council in die freien und staatlichen Schulen, in Gemeinschaften aller Art und Unternehmen brachte, die von Vorstellungen dieser Art meilenweit entfernt schienen. Oft überkommt mich eine Welle von Dankbarkeit, dass ich Jack kennen lernen durfte und die Gelegenheit hatte, mit einem so großen „Council-Mann" im Kreis zu sitzen, zuzuhören und zu arbeiten. Es bestärkt mich in meinem Glauben und gibt mir Hoffnung, dass ich hier in unserer westlichen Gesellschaft eng mit einem Fachmann zusammenarbeiten kann, der dank seiner Weitsicht auch heute imstande ist, für die weitere Verbreitung des *Way of Council* zu sorgen.

Als Jack damit begann, Geschichten und Erfahrungsberichte für den ersten Buchentwurf zu sammeln, stellte ich sowohl seine Absicht, ein Buch zu schreiben, als auch seine Einladung an mich, dabei mitzuarbeiten, in Frage. Ich machte mir Gedanken über die Zeit, die das in Anspruch nehmen würde, in der wir nicht direkt mit Menschen arbeiten und den Geist des Councils nicht in unserem Alltag leben konnten. Aber wie schon so manches Mal zuvor, überzeugte mich Jacks Entschlossenheit. Und wenn Sie dieses Buch lesen, das all die Geschenke aus vielen Jahren enthält, in denen wir mit Menschen im Kreis gesessen haben, dann werden Sie sicherlich ermessen können, welches noch größere Geschenk dieser Mann uns und dem Leben durch das Council gebracht hat.

Dennoch sollte Dankbarkeit nur eine von vielen Reaktionen sein. Ich möchte Sie nämlich einladen, jede Frage zu stellen und jede Anregung und jeden Zweifel zu äußern, die Ihnen beim Lesen in den Sinn kommen – so wie ich es in den Jahren unserer Zusammenarbeit auch getan habe. Denn sogar wenn ich Jacks Art, seine Lieblingsideen zum Council zu äußern, in Zweifel zog, er hörte mir immer zu. Wenn Sie in dieser Art zu kommunizieren beginnen, wird auch Ihnen Jack begegnen und Sie werden die Kraft des Councils kennen lernen, die unser Leben ausmacht. Wenn wir weiterhin nicht müde werden, zu fragen und zuzuhören, zu sprechen und gehört zu werden, können wir gemeinsam den Menschen dieser Welt ein großes Geschenk machen.

Im Februar 1996

Und nun sind wir im Jahre 2009 angelangt…

Jack und ich sitzen immer noch in vielen Councils und leiten neue Kreise an, einige leiten wir allein, Gott sei Dank noch einige davon zusammen, und etliche mit anderen Council-Leitern. Für manche Menschen bleibt Council eine Technik, für uns und auch für viele andere, denen wir heute begegnen, ist es zu einer Lebensart geworden. Jack hat sich im Bildungsbereich immer mehr zu einem Mentor und Ältesten entwickelt. Es ist ihm heute sehr wichtig, Council außerhalb der Vereinigten Staaten bekannt zu machen, insbesondere in Israel und in Afrika. Seine Leidenschaft liegt nach wie vor im Bereich der Beziehungen zwischen Menschen. So hat er unlängst zusammen mit seiner Lebenspartnerin Jaquelyn „Council für Paare" nach Israel gebracht. Für beide ist es zu einer tiefen Überzeugung geworden, dass die Heilung, die zwischen Männern und Frauen geschieht, den eigentlichen Kern unseres Zusammenlebens, unserer sozialen Gerechtigkeit, unserer Beziehung zur Umwelt und der Suche nach wahrem Frieden zwischen Menschen in all ihren Beziehungen ausmacht. Ich selbst gehe immer noch dahin, wo ich mich gerufen fühle – nach Israel, in ein Gefängnis, in Zen-Klöster, in die Wildnis, zu den Ältesten unserer Ureinwohner, zu jungen Menschen... Und wie immer lerne ich stets am meisten, wenn ich in einem Kreis sitze.

Im Verlauf der letzten zehn Jahre ist das Netz der Menschen, die Councils veranstalten, auf der ganzen Welt gewachsen. Hierzu zählen sowohl die, denen Council in Fleisch und Blut übergegangen ist, als auch jene, die es zum ersten Mal erleben. Nachdem das Buch 2006 in Hebräisch erschienen ist, gibt es jetzt diese deutsche Ausgabe. Es klingt so, als ob wir bis auf unsere Vorfahren zurückgehen müssten, um das Geschenk weitergeben zu können. Das Interesse und der Einsatz vieler Council-Leiter in Europa motivierten uns, einiges in der ersten Auflage auf den neuesten Stand zu bringen. Beim erneuten Lesen des Buches war es für uns eine aufregende Erfahrung, festzustellen, wie viel davon noch immer aktuell ist. Es gibt nur einen kleinen Widerhall davon, in welchem Maß die Idee des Councils Jahrhunderte überlebt hat und immer wieder in neuen Generationen und Kulturen aufgetaucht ist. Wir hatten nie einen Zweifel, dass die Praxis des Councils nicht das Geringste mit „New Age", zu tun hat, wir möchten es einfach und in aller Demut als Menschen unserer Zeit zur Verfügung stellen.

Für diese zweite Auflage haben wir die Änderungen vorgenommen, die sich im Verlauf von dreizehn Jahren Council als notwendig erwiesen haben, und ein paar neue Geschichten hinzugefügt, die das „Geheimnis" der Arbeit mit Council noch ein wenig weiter erhellen. Wichtigste Neuerung sind zwei Kapitel am Ende des Buches, in denen Jack und ich Gelegenheit haben, etwas über unsere Arbeit und unsere Überlegungen zu Council aus jüngerer Zeit beizutragen, sowie ein neuer Anhang zum Thema Council-Programme in Schulen.

Wir widmen diese zweite Ausgabe in Dankbarkeit jenen, die Council außerhalb der Vereinigten Staaten weitertragen – denen, die wir in Südafrika, in Mali, Ghana, Israel, Palästina, Deutschland, Österreich und der Schweiz, in Italien, Wales, England, Australien,

Kanada und Mexiko kennen lernen durften – und denen, die wir nie kennen gelernt haben, an Orten, wo wir nie waren. Ihnen allen, denen echtes Zuhören ein Anliegen ist, widmen wir dieses Buch als Verbündeten auf unserem Weg, der den Völkern dieser Erde die Versöhnung bringen soll, die in dieser Zeit so dringend gebraucht wird.

Virginia (Gigi) Coyle, im Januar 2009

Anmerkungen der Übersetzer

Aufgabe eines Übersetzers/einer Übersetzerin ist es, sowohl den genauen Sinn des Originals als auch dessen Stil, mitunter seine sprachliche Schönheit zu erfassen und zu transportieren. Eine zusätzliche Herausforderung entsteht, wenn es sich um die Darstellung eines Themas, einer Praxis oder einer Methode handelt, die bis dahin nur im originalsprachigen Kontext zur Anwendung kam. Dann gilt es, für die Schlüsselwörter neue, angemessene Begriffe zu finden.

Es gibt eine erstaunliche Erfahrung im Council. Wenn der Redegegenstand die Runde gemacht hat und zehn und mehr verschiedene Geschichten gehört wurden, sind nicht selten alle geäußerten Meinungen und Perspektiven, so gegensätzlich sie auch geklungen haben mögen, auf die zustimmende Resonanz des Kreises getroffen. So, als ob sie alle wahr seien. Und sie sind es – im Geiste des Council. „Eine Wahrheit macht eine andere Wahrheit nicht unwahr", so hören wir Marlow Hotchkiss, Kollege und Freund von Jack und Gigi, während seiner Ausbildungen anmerken.

Diese Einsicht erlaubt es uns, ja, fordert es geradezu heraus, manches Schlüsselwort im Laufe des Buches mit unterschiedlichen Übersetzungen zu belegen. So heißen zum Beispiel „the four intentions" gleichermaßen die „Vier Absichten", „Vier Leitsätze" oder „Vier Grundhaltungen". Wir wünschen uns somit, dass unsere Wortschöpfungen als Einladung angesehen werden, unterschiedliche Perspektiven zuzulassen, die Teil oder Ergänzung einer anderen, vielleicht umfassenderen Betrachtungsweise sind.

Wir übergeben unsere Worte nun dem Council, dem Kreis. Was dient, wird bleiben. Was nicht dient, wird nicht gehört und wird verändert werden. Denn um Gigi, Jack und Marlow – und viele andere – noch einmal zu zitieren: „Es gibt nur eine einzige Regel im Council und die lautet: Es gibt keine Regeln."

Die Übersetzer

Einleitung

*„It's the blood of the Ancients
That flows through our veins
The forms change
But the circle of life remains."*

Charlie Murphy zugeschrieben[1]

Sein Name war Joe, oder so ähnlich. Er hatte halb spanisches, halb indianisches Blut in den Adern. Sein Großvater, der Vater seines Vaters, war ein Vollblut-Pueblo und Mitglied des Ältestenrates seines Stammes. Joe hatte die Pueblos als Kind mit seiner hispanischen Mutter verlassen und war während der Depression als Zwanzigjähriger zurückgekommen, um die Traditionen seines Stammes zu lernen.

Kurz nach Joes Rückkehr unterbreitete die Regierung dem Volk der Pueblo ein wichtiges Angebot, das sich auf einen Teil ihres Landes und auf bestimmte Mineralvorkommen bezog. Die Ältesten beriefen ein Council ein, um über das Angebot zu entscheiden, und Joes Großvater lud ihn ein, im Kreis als Zeuge dabei zu sein.

---

[1] Da ein Council oft mit einem Lied oder Gesang eröffnet wird, möchten wir ebenfalls die Kapitel des Buches mit einem Lied beginnen, das schon in vielen unserer Kreise gesungen wurde. Einige Lieder stammen aus alten Kulturen; andere wurden von Gemeinschaften oder Künstlern aus unserer Zeit geschrieben. Wo es uns möglich war, die Herkunft des Liedes zurückzuverfolgen, würdigen wir die Person, die Gemeinschaft oder die Kultur, der es entstammt. Wenn jedoch ein Kreis ein bestimmtes Lied als Teil seines Gruppenrituals begreift, kann der Ursprung des Liedes durch die Vertrautheit, die aus wiederholtem Singen entsteht, verloren gehen. Das mag einerseits als respektlos gegenüber der Herkunft des Liedes angesehen werden, vor allem, wenn es sich um eine Überlieferung handelt. Andererseits wird durch das Singen auch die Kultur geehrt, aus der es stammt. In diesem Sinne möchten wir alle diese Lieder mit dem ihnen gebührenden Respekt weitergeben. Die Lieder und Rezitationen und Gedichte wurden im Original belassen. (Anm. d. Übers.)

Joe wartete, bis alle Männer die Kiva betreten hatten, ehe er ebenfalls mit seiner eingerollten Decke hinunterkletterte. Er setzte sich hinter seinen Großvater nahe dem Vorsprung in der Wand, auf dem Tontöpfe, Trommeln und Bündel aus getrocknetem blauen Mais lagen. In der Feuerstelle in der Mitte brannte ein Feuer. Der große, traditionelle Stein stand auf der anderen Seite des Feuers, gegenüber dem *sipapu*, jener Öffnung in der Erde, durch die die Ersten Menschen aus der Unterwelt in diese Welt gekommen waren.

Die Ältesten saßen einige Minuten in der Stille, während Joe erwartungsvoll dem Beginn der Diskussion entgegensah. Dann wickelte der Führer des Stammes ein blau-weißes Bündel auf und nahm etwas heraus, das wie ein Pfeifenrohr aussah. Es war etwa anderthalb Fuß lang und an einem Ende mit Federn und einem Band aus Türkisen geschmückt, das andere Ende war mit feinem Leder umwickelt. Obwohl er ihn nie zuvor gesehen hatte, wusste Joe, dass dies der Redestab des Stammes war, der nur bei wichtigen Versammlungen benutzt wurde. Der Stammesführer hielt den Stab einen Augenblick behutsam in der Hand und erzählte dann die Geschichte, als Deer (Hirsch) so schnell laufen lernte wie ein Tumbleweed-Busch, der vom trockenen Wüstensand gejagt wird. Joe erinnerte sich schwach an diese Geschichte aus seiner Kindheit im Pueblo.

Als er geendet hatte, gab er den Stab weiter an den Ältesten zu seiner Linken, der dann eine Geschichte über die Vorfahren erzählte, die das Pueblo gebaut hatten, und die Joe noch nie zuvor gehört hatte. Und so ging es weiter, jeder der alten Männer fügte seine Geschichte zum Kreis hinzu, so als ob er ein wertvolles Stück Holz in das rituelle Feuer legen würde. Ein Teil von Joe wurde wieder zum Kind, verzaubert von den Geschichten, durch die sich sein Volk seit Generationen definierte und stärkte. Der andere Teil jedoch wurde immer verwirrter und unruhiger. *Wann fangen sie endlich an, über das Angebot der Regierung zu diskutieren,* fragte sich dieser Teil von Joe. Denn obwohl die Geschichten etwas ganz tief in seinem Innern berührten, waren immerhin vier Stunden vergangen, und das Angebot war noch nicht einmal erwähnt worden.

Als der Redestab einmal die Runde gemacht hatte, setzte sich Joe aufrecht hin, um nur ja kein Wort von der nun zweifellos folgenden Diskussion zu verpassen. Der Führer legte den Redestab langsam auf das blau-weiße Tuch und schloss die Augen. Alle anderen taten es ihm nach. Als einziges Geräusch war das leise Knistern des Feuers zu vernehmen.

In der Stille, die nun in der Kiva herrschte, kamen in Joe die Erinnerungen an das Trommeln und die Lieder aus seiner Kindheit auf – und er überlegte weiter, wann sie denn endlich mit der Diskussion um das Angebot anfangen würden. Nach einer sehr langen halben Stunde fingen alle Ältesten an, sich zu bewegen, so als ob es eine stillschweigende Übereinkunft gegeben hätte, und sahen sich langsam und bedächtig in die Augen. Keiner sagte ein Wort. Es gab keine Debatte. Und zu Joes Verblüffung standen die Männer langsam auf, streckten ihre Glieder nach dem langen Sitzen und gingen ruhig und wortlos aus der Kiva. Joe wartete, bis alle draußen waren, dann lief er schnell hinter seinem Großvater her.

„Was war das denn?", platzte er heraus, als er ihn erreicht hatte, etwas außer Atem. Der alte Mann unterdrückte ein Lächeln und ging weiter. „Ich dachte, das Council würde sich mit dem Angebot beschäftigen", fuhr Joe fort, noch immer verwirrt.

„Das haben wir", sagte sein Großvater mit ruhiger Stimme.

„Ich habe keine Diskussion gehört – und ich habe bestimmt nichts von einer Entscheidung gehört", gab Joe ungläubig zurück.

„Dann hast du nicht zugehört", antwortete sein Großvater und konnte sein Lächeln nicht mehr unterdrücken. „Bei einem Council hörst du mit den Ohren eines Hasen in die Stille zwischen den Worten."

„Willst du damit etwa sagen, dass das Council den Antrag besprochen hat und zu einer Entscheidung gekommen ist?"

„Ja!"

„In der Stille?"

„Und in den Geschichten", fügte der Großvater lachend hinzu. Plötzlich verstand Joe. In diesem Augenblick entzündete sich in ihm ein Funken von der Magie des Councils und er begriff seine Verbindung zu dem, was er in der Kiva erlebt hatte. Die Art, wie die Männer zugehört und gesprochen hatten, wie jeder von ihnen seinen Teil zur Wahrheit des ganzen Kreises beigetragen hatte, das alles erfasste er und es kam ihm vor wie ein Wunder.

Kommt Ihnen diese Geschichte unwirklich vor? Es ist nur schwer zu glauben, dass eine Gruppe von Menschen zu einem komplexen, strittigen Thema auf so tiefe und wirksame Weise kommunizieren könnte, ohne dass das Thema auch nur einmal *direkt* angesprochen würde. Das war meine erste Reaktion, als ich diese Geschichte vor über fünfundvierzig Jahren zum ersten Mal hörte. Die Geschichte war mir von einer Bekannten von Joe erzählt worden, die ihn viele Jahre regelmäßig im Pueblo besuchte. (Sollten Sie sich die Frage stellen – der Kreis der Ältesten hat damals das Angebot der Regierung abgelehnt).

Obwohl ich die Geschichte aus zweiter Hand gehört hatte, verwahrte ich die Erinnerung an dieses Treffen in der Kiva in einem hinteren Teil meines Bewusstseins, bis sie fünfzehn Jahre später wieder lebendig wurde und meiner Arbeit in diesem Leben eine neue Richtung gab. So stark kann die Kraft der Geschichten sein. Der Rat der Ältesten wurde zu meiner Inspirationsquelle. Ich wollte Kindern und Erwachsenen eine Möglichkeit geben, mit dem alten Wissen des Kreises in Berührung zu kommen, um den gewaltigen Herausforderungen unseres modernen Lebens begegnen zu können.

Mit den Jahren war Council aus meinem Leben nicht mehr wegzudenken. Als es immer offensichtlicher wurde, welch große Unterstützung Council bei persönlichem Wachstum, in familiären Beziehungen, in Partnerschaften und in Gemeinschaften jeder Art bieten konnte, wurden alle von uns, die sich näher mit dem Council-Prozess beschäftigt hatten, neugierig und wollten mehr über seine Wurzeln wissen.

Die Tradition von Council reicht sehr weit zurück. Auf dem amerikanischen Kontinent kann sie bis zum Völkerbund der Irokesen (die großen Einfluss auf die Form unserer Regierung genommen haben), zu den Ureinwohnern der Plains und den Pueblo-Völkern im Südwesten der Vereinigten Staaten zurückverfolgt werden. Die traditionelle Council-Praxis entwickelte sich in der heutigen Form ebenfalls aus der Native American Church. In der Tradition der Hawaiianischen Kultur ist Council aus der „ho'o pono pono"-Praxis entstanden, die heute auf den Inseln wieder lebendig wird. Hinweise auf eine Form von Council lassen sich in Schriften aus dem klassischen Griechenland finden, und zwar in keiner geringeren als Homers Ilias[2]. Die Idee des Councils ist auch in der Welt des Islams stark spürbar. Am Tag des Gebets wird eine Person ausgewählt, die den Stab trägt und für denjenigen steht, der zur Versammlung spricht, so wie es Mohammed auf dem Berg tat.

Bei unserer Erforschung des Councils wurden wir nur zum Teil von den Traditionen der amerikanischen Ureinwohner inspiriert. Andere Einflüsse kamen von den Treffen der Quäker, großen Familientreffen und zahlreichen modernen Techniken der Gruppendynamik. Die Ojai Foundation und andere Organisationen, die kulturelle Unterschiede zu vereinen suchen und spirituelle Traditionen ehren, bringen die Essenz von Council zu lebendigem Ausdruck und unterstützen seine Anwendung. Die einfachen Lehren, die aus einer erdverbundenen Lebensweise an Orten großer Kraft entstehen, wie es an der Ojai Foundation der Fall ist, haben wahrscheinlich den größten Einfluss überhaupt gehabt.

Bei der Übertragung von Council in moderne Strukturen kamen uns die gleichen Bedenken, wie sie die amerikanischen Ureinwohner und viele andere Menschen hatten: dass wir uns die heiligen Rituale einer anderen Kultur aneignen. Es war daher immer unser Ziel, eine Form von Council zu praktizieren, die den Geist der alten Rituale

---

[2] Siehe z. B. *The Anger of Achilles: Homer's Iliad*, (Der Zorn des Achill) in der englischen Übersetzung von Robert Graves (Doubleday, 1959). In der Eröffnungsszene (S. 44), in der von Graves erzählten Fassung, ist die Rede von einer Versammlung, in der ein vergoldeter Stab eingesetzt wird, um einen heftigen Disput zwischen Achilles und Agamemnon zu schlichten.

ehrt und wertschätzt, ohne jedoch vorzugeben, es handle sich um traditionelle Strukturen. *Wir glauben, dass die vielen Formen von Council allen Menschen und Völkern gehören, die sich im Kreis zusammenfinden und sich der Herausforderung stellen, aus dem Herzen heraus zu hören und zu sprechen.*

Wir haben dieses Buch auch in der Absicht geschrieben, einen praktischen Leitfaden zur Durchführung von Councils in einer Vielzahl unterschiedlicher Situationen zur Verfügung zu stellen. Da Council jedoch mehr ist als nur eine Technik, die gelernt werden kann, haben wir noch zahlreiche Geschichten und persönliche Erfahrungen einbezogen und hoffen, auf diese Weise auch den Spirit[3], den Geist, von Council, transportieren zu können. Denn für einige von uns, die regelmäßig im Kreis mit anderen sitzen, ist Council zu einer spirituellen Praxis geworden – ob es sich dabei um einen großen Kreis handelt, der mit den Problemen der Gemeinschaft umgehen muss, oder ob es nur zwei Menschen sind, die dem Geheimnis einer tiefen Partnerschaft nachspüren möchten. Der Begriff *spirituell* steht für uns in keinem Zusammenhang mit einer bestimmten Tradition oder Religion. Für uns bedeutet spirituelle Praxis alles, was den Wunsch nach einer Erweiterung des Bewusstseins weckt und Möglichkeiten bietet, dieses Bewusstsein auf unser Selbst, auf andere und auf das Große Geheimnis auszudehnen.

In einem Council ist das *Zuhören* das Eingangstor zum Geheimnis. In einem Council hören wir nicht nur mit den Ohren. Wir hören mit der gleichen Achtsamkeit, mit der ein Bewohner der Berge dem Wind in den Erlen lauscht oder mit der sich eine Mutter ihrem Kind zuneigt, das gerade Sprechen lernt. Je mehr wir uns in der Praxis des

---

3   Der Begriff „Spirit(s)" zieht sich durch viele kulturelle, religiöse und philosophische Traditionen in uneinheitlicher Verwendung. Hier verweist er generell auf die Anwesenheit von nicht-körperlichen, geistigen, transzendenten Existenzen, Wesenheiten, Kräften. Das Oxford Dictionary definiert „spirit" als „den nicht-physischen Anteil einer Person". In Zusammenhang damit wird das deutsche Wort „Geist" einmal als Summe der kognitiven Fähigkeiten (engl. „mind") als auch für die eingangs erwähnte spirituelle, transpersonale Dimension („spirit") der Existenz verwendet. (Anm. d. Übers.)

Councils üben, desto besser hören wir zu, ohne zu reagieren, ohne uns von Gedanken oder Assoziationen beeinflussen zu lassen – so wie ein Fünfjähriger seiner Lieblingsbettgeschichte lauscht. Wenn es uns gelingt, auf diese Weise zuzuhören, und wenn die Worte des Sprechenden authentisch sind, können wir erleben, wie sich seine oder ihre Geschichte vor uns entfaltet.

Die Teilnahme an einem Council lehrt uns, persönliche Erwartungen loszulassen und unsere Aufmerksamkeit ganz und gar den anderen zu schenken. Diese Übung fördert anteilnehmende Resonanz und ist eine immerwährende Quelle der Weisheit. Anteilnahme entsteht ganz natürlich, wenn wir respektvoll zuhören und wenn wir uns ehrlich und aus dem Herzen heraus ausdrücken – ob in Worten, mit einem Lied, einer Geste oder durch Stille. Weisheit erwächst aus der Ganzheit des Kreises und erweist sich als die „Wahrheit des Councils". Diese Wahrheit kann durch jeden im Kreis ausgedrückt werden oder sie entsteht aus der Stille heraus. Der Stimme des Councils zuzuhören lehrt uns, dass das Wissen des Kreises größer ist als das Wissen aller im Kreis zusammen.

In einem Kreis, der sich in einem Zustand kollektiver Achtsamkeit befindet, führen Unterschiede und Uneinigkeit nicht so schnell zu Polarisierung und Feindseligkeit. Auf die Stimme des Councils zu hören kann dazu führen, dass Menschen sogar ihre verborgenen kulturellen, ethnischen und persönlichen Vorurteile überwinden können. Das Gefühl, ein Teil des Ganzen zu sein, lässt die Angst vor der Isolation schwinden, so dass Meinungsverschiedenheit die Brücke zu größerem gegenseitigen Verstehen wird. Es ist eine unvergleichliche Erfahrung, mitzuerleben, wie sich die Wahrheit des Kreises aus einer Kakophonie unterschiedlicher Standpunkte herausbildet. Einige haben diese Erfahrung beschrieben als unhörbare Stimmen, die die Gruppe unterstützten – wie ein Kreis aus Spirits, der sich in der Kreismitte mit seiner irdischen Entsprechung trifft und diesen zu größerem gegenseitigen Verständnis und richtigem Handeln führt.

Durch dieses Gefühl löst sich die Illusion, dass wir separate Individuen sind, die innerhalb der Grenzen unserer Hautoberfläche leben, in Luft auf. Das Gefühl von Ganzheit, das sich bei einem Council einstellt, kann verblüffend sein, vielleicht weil kaum jemand von uns die Wirklichkeit unserer Interdependenz jemals so greifbar *fühlen* konnte. Die meisten Religionen lehren uns, dass es wichtig ist, andere so zu behandeln, wie wir selbst von ihnen behandelt werden möchten. In den letzten Jahren hat sich das Bewusstsein darüber, dass alle Lebensformen mit der Erde untrennbar verbunden sind, überall auf der Welt mit wachsender Dringlichkeit verbreitet. Von der globalen Erwärmung, die zunehmend in das Blickfeld der Öffentlichkeit rückt, bis zum aktuellen Interesse spiritueller Lehrer und Wissenschaftler an Selbstorganisation und damit verwandter Bereiche ist der Begriff der Interdependenz ein Teil unserer Alltagswelt geworden. Hier liegt das Land von Council – für das es heute eingängige Beschreibungen und Formulierungen in den Worten unserer Zeit gibt. Wir möchten dazu beitragen, dass wir uns der Wurzeln dieser Vorstellungen bewusst sind und sie als Beweis dafür ansehen, dass sich Council als Lebensweg immer weiter entwickeln wird.

Durch das *Fühlen* der wechselseitigen Verbundenheit in einem Council werden diese ursprünglichen Wahrheiten in unserer ganz persönlichen Erfahrungswelt verankert.

Kapitel 1

Das Council einberufen

„Where I sit is holy
Holy is the ground
Forest, mountain, river
Listen to the sound
Great Spirit circling
All around me."

Lied der amerikanischen Ureinwohner

Es ist schon einige Jahre her, da wurde ich gebeten, vor einer Gruppe von 75 Lehrern und Geschichtenerzählern[4] über die Praxis des Councils zu sprechen. Die Gruppe nahm an einer Konferenz teil, die die Kraft der Erzählung zum Thema hatte. Am Morgen des ersten Tages fand ich mich also hinter einem gewöhnlichen Rednerpult wieder und schaute frontal in die korrekt ausgerichteten Reihen erwartungsvoller Gesichter. Diese verquere Situation erwischte mich kalt. Anstatt einen Vortrag zu halten, war mir weit mehr an einer unmittelbaren Erfahrung für die Teilnehmer gelegen. Leider standen mir weniger als zwei Stunden zur Verfügung und die Umstände ließen es nicht zu, das große Plenum aufzuteilen. Einer Gruppe von mehr als 20 Teilnehmern eine Einführung ins Council zu geben, stellt schon eine große Herausforderung dar. Eine solche Veranstaltung mit 75 Personen schien ein Ding der Unmöglichkeit.

---

[4] In der deutschen Sprache ist die gleichgewichtige Berücksichtigung der weiblichen wie der männlichen grammatikalischen Form ohne eine den Lesefluss behindernde, bemühte Schreibweise (in/innen, o. ä.) nicht möglich. (Die englische Sprache kennt dieses Dilemma kaum.) Die Übersetzerin und der Übersetzer haben sich daher im Sinne einer leichteren Lesbarkeit entschieden, nur die – wie üblich – männliche Form zu benutzen. (Anm. d. Übers.)

In diesem Moment meiner Unschlüssigkeit erinnerte ich mich an das grundlegende Credo des Council-Leiters, das da lautet, kreativ, phantasievoll und lebendig den Anforderungen des Augenblickes zu begegnen. Dies umfasst auch die Bereitschaft, sich von vertrauten Mustern zu verabschieden. So ließ ich alle Vorsicht fallen und bat meine Hörerschaft, sich in einem großen Kreis anzuordnen. Das Geräusch auf dem Boden kratzender Stuhlbeine erfüllte für die nächsten Minuten den Raum. Währenddessen reifte in mir das Vorhaben, in der zur Verfügung stehenden knappen Zeit, allen 75 Teilnehmern die Möglichkeit zu geben, im Kreis zu sprechen. Manche würden es möglicherweise vorziehen zu schweigen, für die anderen aber benötigte ich ein Thema, das ihnen Gelegenheit gab, sich kurz, jedoch zu ihrer Zufriedenheit zu äußern.

Als wir schließlich alle in großer Runde beisammen saßen, war ich wieder ganz bei mir angekommen. Eine angemessene Vorgehensweise und ein geeignetes Thema tauchten in meinem Kopf auf. Ich packte die Johannisbrotschote aus, einen Sprechgegenstand, den ich üblicherweise für solche Zusammenkünfte mitnehme. Ich begann zu erzählen:

„Wir werden diese große Johannisbrotschote im Uhrzeigersinn von einem zum anderen herumgeben. Nur die Person, die sie in der Hand hält, darf sprechen. Wir anderen hören so aufmerksam wie möglich zu. Wer es vorzieht, nicht zu sprechen, wenn er an der Reihe ist, dem sei gesagt, dass Schweigen ein wichtiger Beitrag sein kann. Für dieses Council möchte ich euch einladen, eine kurze Geschichte über einen peinlichen oder beschämenden Augenblick in eurer Kindheit zu erzählen – vielleicht eine Begebenheit, die ihr bisher kaum jemandem, noch nicht einmal euren Angehörigen oder engsten Freunden, erzählt habt. Unser Kreis ist groß, daher bitte ich euch, eure Worte sorgfältig zu wählen und nur das Wesentliche der Geschichte mitzuteilen."

Ich fing mit meiner Geschichte an.

„Meine Großmutter Nellie wirkte auf viele Menschen in unserer Familie sehr einschüchternd. Ich war allerdings ihr Liebling und das war wohl einer der Gründe, weshalb ich sie so liebte. Seit ich mich erinnere, trug sie den Kopf voller weißer Haare und besaß bis zu ihrem Tode einen beißenden Humor. In den letzten Jahren ihres Lebens spielten wir beide ausgelassene Runden Gin Rommé im Wohnzimmer ihrer Wohnung in Atlantic City. Als Nellie starb, machte ich zum ersten Mal in meinem Leben die Erfahrung tiefer Trauer.

In diesen Jahren meiner Jugend bereitete es mir die größte Freude, ein klassisches Musikstück auf meinem Plattenspieler abzuspielen und dabei das Orchester zu ‚dirigieren'. Als mir meine Mutter die Nachricht vom Tode meiner Großmutter überbrachte, verkroch ich mich also in mein Zimmer und legte die getragenen Melodien von Beethovens siebter Sinfonie auf. Ich wusste, dass dieses Musikstück meine ganze Trauer zum Ausdruck bringen konnte. Ich war gerade mit Leidenschaft dabei, das Beste aus den New Yorker Philharmonikern herauszuholen, als meine Mutter ins Zimmer hineinstürmte. ‚Mach die Musik aus!', schrie sie. ‚In unserer jüdischen Tradition ist es nicht erlaubt, fröhlich zu sein, wenn ein Familienmitglied stirbt!' Ich hatte meine Großmutter mit dieser melancholischen Musik, die ich so liebte, ehren wollen. Daher ließ mich die Härte der Zurechtweisung verwirrt und beschämt zurück. Ich wusste nichts über diese Traditionen und, nebenbei bemerkt, waren wir nicht gerade eine Familie mustergültiger Juden. Tagelang schwelte in mir ein Gefühl der Ungerechtigkeit. Erst eine Woche nach der Beerdigung konnten meine Mutter und ich die Luft zwischen uns bereinigen."

Für meine Geschichte brauchte ich weniger als eine Minute. Nacheinander folgten andere mit ihren Erzählungen. Manche waren lustig, manche traurig, manche alltäglich, manche skurril. Es herrschte eine Stimmung entspannter Aufmerksamkeit, die den Kreis immer näher zusammenrücken ließ. Ein Mann sprach über eine Begebenheit, die er nie zuvor jemandem erzählt hatte. Seine Tränen waren ansteckend.

Als die Johannisbrotschote schließlich wieder bei mir angelangt war, hatte nur eine Person den Sprechgegenstand schweigend weitergereicht. Ich warf einen flüchtigen Blick auf meine Uhr. In einer Stunde und zwanzig Minuten war die Schote einmal durch den Kreis gegangen. Es war sogar noch Zeit für ein weiteres Gespräch mit diesen Menschen, die sich nun miteinander wohl fühlten und von der Magie des Councils berührt worden waren.

Die Vorbereitung

Die Größe des Kreises

Es gibt unterschiedliche Formen von Council, um mit nur zwei oder auch mit hundert oder mehr Menschen im Kreis arbeiten zu können. Die angemessene Teilnehmerzahl ist abhängig von der zur Verfügung stehenden Zeit, der übergeordneten Agenda, dem gewählten Thema und dem Grad der Aufmerksamkeit, zu dem die Gruppe fähig ist. Geht es in erster Linie darum, Vertrauen innerhalb einer Gruppe aufzubauen, so sollte jeder im Kreis mindestens einmal die Möglichkeit haben, sich mitzuteilen. Nach unseren Erfahrungen können die meisten Erwachsenen etwa zwei bis drei Stunden aufmerksam bleiben. Für junge Leute kann bereits eine Stunde achtsamen Zuhörens sehr lang sein. Im Allgemeinen (jedoch nicht immer) wächst die Zeitspanne mit der Erfahrenheit der Teilnehmer.

Council-Runden mit zehn bis 15 Teilnehmern bieten in der Regel ein Gleichgewicht zwischen der Anzahl der Stimmen und den Anforderungen an die Aufmerksamkeit. In kleineren Runden von vier, fünf oder sechs Personen – Familien-Councils beispielsweise – steht meist viel Zeit zur Verfügung, um die Anliegen ausgiebig zu vertiefen. Mit über 20 Teilnehmern können Councils schnell unhandlich werden, so dass differenzierte Formen des Ablaufs oder Zeitbeschränkungen notwendig werden können. Der Leiter kann zudem um besondere Aufmerksamkeit bitten, damit unnötiges Ausschweifen vermieden wird und jeder Gelegenheit hat, zu Wort zu kommen. Tritt langatmiges und weit ausholendes Erzählen immer wieder in einer Runde auf, so hilft ein Zeitgefühl-Council, in dem Kürze und Prägnanz der Worte im Vordergrund stehen.

Es gibt Situationen, in denen die Größe eines Councils weniger Einfluss hat als erwartet. Gigi hat erfolgreiche Kreise mit 150 Personen geleitet. Ich habe mit 90 Jugendlichen gearbeitet, die problemlos miteinander umgingen – andererseits auch einmal mit 15 jungen Leuten, die ohne Bindung zueinander und völlig unkonzentriert waren. Ich überlebte ein achtstündiges Council mit Erwachsenen, die sich gut kannten und eine gemeinsame Vision teilten und Gigi saß drei Tage lang mit einer Gruppe von Erwachsenen von Sonnenaufgang bis Sonnenuntergang zusammen: Jeder konnte leise den Kreis verlassen, um seinen alltäglichen Geschäften nachzugehen und sich danach wieder zur Gruppe zu gesellen.

Für gewöhnlich raten wir den Teilnehmern, sich die Zeit zu nehmen, die sie brauchen, und gleichzeitig auf die Bedürfnisse des ganzen Kreises zu achten. So kann es sein, dass eine Person den Sprechgegenstand eine längere Zeit behält und damit dem Bedürfnis des Kreises genau entspricht. Die wenigen noch verbleibenden Minuten könnten dann einen anderen dazu anregen, sich vollständig in einem Lied oder in Gesten, die „alles sagen", mitzuteilen. Diesem vermeintlichen Ungleichgewicht zu vertrauen und es als Element eines produktiven Prozesses zu begreifen ist Bestandteil der Magie des Councils.

Den Kreis formen

Es ist wichtig, den Kreis so zu gestalten, dass alle sich wohlfühlen. Zunächst sollten die Sitzmöglichkeiten so platziert werden, dass alle Teilnehmer sich ohne Einschränkungen oder gar Verrenkungen sehen können. Eine eher eckige oder überhaupt nachlässige Anordnung verringert die Energie, die eine geschlossene, runde Form in sich birgt. Manche Gruppen lassen abwesende Mitglieder durch Extrakissen stellvertreten. Ein leerer Platz kann für den unerwarteten oder „heiligen" Gast (wie in der Tradition des jüdischen Seder[5], einem Familienritual) frei gehalten werden. Als wir an der Ojai Foundation Probleme mit der Baugenehmigungsbehörde hatten, nahmen wir oft ein Kissen hinzu, das wir den „Ventura County Seat" nannten. Er erinnerte uns daran, dass die Bezirksbürokratie einen Einfluss auf unsere Council-Tätigkeit hatte, ob wir nun wollten oder nicht!

Wenn möglich, sollte jeder auf einem Kissen auf dem Boden sitzen, wenn erforderlich mit Rückenstütze. Die Nähe zum Erdboden unterstützt den starken Bezug der Council-Tradition zur Erde und hilft, die Gruppe ganz ankommen zu lassen. Benötigt jemand einen Stuhl, so ist dem Wunsch ohne jede Vorbehalte nachzukommen. Für manche Gruppen kann eine komplette Bestuhlung am besten sein. Das Sitzen im Council sollte nicht zum körperlichen Heldenstück geraten. Je bequemer die Teilnehmer in präsenter Haltung sitzen, desto leichter fällt es ihnen, der Person mit dem Sprechgegenstand aufmerksam zuzuhören. Übertriebenes Fläzen oder Hinlegen kann dagegen die Entstehung eines kraftvollen energetischen Raumes behindern. Wie in der Sitzmeditation steigt die Achtsamkeit mit der Aufrichtung der Wirbelsäule, was ebenso dazu beiträgt, Schmerzen und Beschwerden im Körper zu lösen.

Langes Sitzen kann allerdings zu Verspannungen im Rücken oder zum „Council-Knie" (schmerzende Kniegelenke, die nach Bewegung und Dehnung rufen) führen. Eine kurze Pause gibt in diesem Fall jedem die Gelegenheit, aufzustehen und einige tiefe Atemzüge zu nehmen. Im Vorfeld können Abmachungen über regelmäßige Toilettenpausen oder Möglichkeiten, zwischendurch kurz den Kreis zu

---

[5] Mit Seder, hebr. „Ordnung", ist vor allem die häusliche Liturgie am ersten und zweiten Abend des jüdischen Passahfestes (von den sephard. Juden auch Haggada genannt) gemeint. (Anm. d. Redak.)

verlassen, getroffen werden. Aufmerksamkeit gegenüber den körperlichen Bedürfnissen ist nicht nur die Aufgabe des Leiters. Wenn der Sprechgegenstand die Runde macht, kann jeder Teilnehmer Dehn- oder Bewegungspausen vorschlagen.

An einem Council teilzunehmen bedeutet, sich auf die Gestaltung von „heiliger Zeit und heiligem Raum" einzulassen und dem Kreis von Anfang bis Ende tiefe und ungeteilte Aufmerksamkeit zu schenken. Das heißt auch, zu Beginn rechtzeitig anwesend zu sein, nur während der Pausen den Kreis zu verlassen und bis zum Ende zu bleiben. Unterbrechungen, wie das Entgegennehmen von Handy-Anrufen oder das Versenden von SMS, sollten einzig Notfällen vorbehalten sein.

Für ältere Teilnehmer oder Kinder können durchaus verschiedene Ausnahmen vorgesehen werden, vor allem während lang andauernder zeremonieller Abläufe. Kinder können die Erlaubnis erhalten, zu kommen und zu gehen, solange die Eltern oder andere Verantwortliche sie während ihrer Anwesenheit dabei unterstützen, die Regeln des Councils zu achten. Eltern mit Kleinkindern finden sich für gewöhnlich gut im Council ein. Dies stellt eine wunderbare Gelegenheit dar, Kinder in eine spirituelle Arbeit einzubeziehen. Empfindet ein Kreismitglied die Anwesenheit eines Babys als störend, kann das Thema besprochen und ein Kompromiss gefunden werden. Uns wurde berichtet, dass bei manchen amerikanischen Ureinwohnern schwangere Frauen die Teilnahme an Councils als erste Lehrzeit für ihre noch ungeborenen Kinder betrachteten.

Verbindung mit dem Ort aufnehmen

„Willkommen in Calabasas!" So durchbrach ich die Stille vor der Widmung der Council-Runde. „Dieses Haus ist ein angemessener Platz, um das erste Treffen der Mitglieder von „New Visions Of Educations" zu beherbergen. Als vor vielen Jahren unsere Arbeit mit Kindern als Teil der Heartlight School anfing, begannen wir jeden

Tag mit einem Council hier in diesem Raum. So eröffnen wir heute diese Runde von Pädagogen an einem Ort, an dem schon Hunderte von Kreisen junger Leute stattgefunden haben, nicht zu vergessen die vielen Zusammenkünfte von Freunden und Familien."

Achtsamkeit gegenüber dem Veranstaltungsplatz ist ein wichtiges Kriterium beim Komponieren eines Councils. Vor allem dann, wenn der Ort, wie soeben beschrieben, in direkter Beziehung zum Thema oder der Agenda der Gruppe steht. Es kann sogar geschehen, dass die Geschichte des Platzes Wegweiser und Bezugsrahmen für das dort stattfindende Council darstellt. In jedem Fall übt der Ort, auch wenn es manchmal nicht wahrgenommen wird, einen Einfluss auf die Teilnehmer aus und sollte daher in die Eröffnung des Councils eingebunden werden.

Manchmal zeigt sich die Bedeutung des Ortes auf überraschende oder synchronistische Art und Weise. Ich erinnere mich an ein magisches Lagerfeuer in der Wildnis, an dem jeder im Kreis für einen Abend zum meisterhaften Geschichtenerzähler wurde. Als wir später in die benachbarte Stadt zurückkehrten, berichtete uns ein alter Anwohner, dass vor vielen Jahren genau dieser Platz von Einheimischen für ihre Councils benutzt wurde.

Es ist die Mühe wert, die Geschichte des Platzes im Council zu ehren und sie in Beziehung zur Gegenwart zu setzen. Lange nach dem ersten „New Visions"-Treffen erlebten Pädagogen, die ebenfalls zum ersten Mal an diesen Ort kamen, ein Gefühl des Nach-Hause-Kommens. Sie hatten ein Haus betreten, dessen – wenn auch junge – Tradition diejenigen willkommen hieß, die mit Kindern arbeiteten. Sie fühlten sich dadurch inspiriert, mit ihrer wahren Stimme im Council zu sprechen.

Eine weitere Frage ist, ob ein Council drinnen oder draußen stattfinden soll. Wie schon angedeutet, bereichert ein enger Kontakt zur Erde die Erfahrung in mancherlei Hinsicht. Das Wetter, die Tages- und Jahreszeit oder gelegentliche Besuche von Tieren können unmittelbar wahrgenommen, mit einbezogen und gewürdigt werden. Gigi zog einmal mit einer Gruppe von Managern einen nahe gelegenen Park dem gewohnten Sitzungssaal vor, um frische Energie in das Council zu bringen.

Das schützende Gefäß, das ein geschlossener Raum dagegen bietet, kann dienlich sein, wenn in erster Linie die Gruppenkommunikation verbessert werden soll. Ein wechselndes Setting bietet einer fortlaufenden Gruppe sowohl die Weisheit des direkten Kontaktes mit der Erde als auch die Stille und Annehmlichkeit eines Hauses.

Einen würdigen Rahmen schaffen

Die Würdigung des Ortes, das schöpferische Gestalten des Rahmens und die angemessene Verwendung ritueller Gegenstände schaffen das zeremonielle Umfeld, in dem sich ein Council entfalten kann. Die Teilnehmer fühlen sich dadurch eingeladen, mit Aufmerksamkeit und Achtsamkeit an der Runde teilzunehmen.

Councils können zwar unter den widrigsten Bedingungen erfolgreich gestaltet werden, doch ist es von Vorteil, einen hellen, überschaubaren und geräumigen Platz zur Verfügung zu haben. Ein Geschenk an den Kreis oder ein Umgestalten der ursprünglichen Einrichtung kann dazu beitragen, die Wahrnehmung zu schärfen und ein Gefühl für das Entstehen eines besonderen, „heiligen" Raumes zu schaffen. Council ist der Meditationspraxis verwandt und die meisten von uns fühlen sich während der Meditation oder im Gebet in einer einfachen, klaren und geordneten Umgebung am wohlsten.

Gestalte daher die Mitte des Kreises auf eine harmonische Art und Weise: mit Blumen, Kerzen und Gegenständen, die für die Gruppe von Bedeutung sind oder die Jahreszeit repräsentieren. Musikinstrumente können die Teilnehmer an die Möglichkeit erinnern, ihren Geschichten in Liedern oder Bewegungen Ausdruck zu verleihen.

Fühlt sich die Gruppe einer besonderen Tradition oder Kultur verpflichtet, so können diese in der Gestaltung der Kreismitte ihre Würdigung finden. Eine buddhistische Gemeinschaft wird sich wohl von Beginn an heimisch fühlen, wenn Zafus (Sitzkissen) und eine Buddhafigur zum wohlgeordneten Rahmen zählen. Im Gegensatz dazu mag sich eine Gruppe von Geschäftsleuten beim ersten Treffen besser an ihrem Konferenztisch einfinden.

Das Entzünden einer Kerze zu Anfang unterstreicht den rituellen Charakter des Councils. Seit alters her hat überall auf der Welt das Feuer den Mittelpunkt gemeinschaftlicher Versammlungen gebildet. Die Lehre, die Hyemeyohsts Storm an die Ojai Foundation brachte, beschreibt die Kerze in der Mitte des Kreises als das „Feuer der Kinder", was auf die transformative Kraft und die nährende Wärme der Flammen in den Wohnstätten der indigenen Bevölkerung Nordamerikas hinweisen soll. Die Bezeichnung „Feuer der Kinder" erinnert daran, dass wir alles, was wir tun, für unsere Kinder tun – für diejenigen, die nach uns kommen. Und es ist gleichzeitig eine Herausforderung, uns im Council so offen und vertrauensvoll wie Kinder zu begegnen.

Trifft sich eine Gruppe zum ersten Mal, ist ein kurzer Austausch über die soeben angesprochene Form der Eröffnung nützlich. Er dient dazu, unausgesprochene oder irreführende Assoziationen mit anderen religiösen Gepflogenheiten zu vermeiden. Meistens bitten wir zu Beginn des Councils, dass jemand das Entzünden der Kerze mit einer Widmung verbinden möge. Dies kann schweigend geschehen oder in Form einer Bitte für ein kraftvolles Council, für die Heilung eines kranken Teilnehmers, die Vision der Gruppe oder einfach in Dankbarkeit dafür, sich in dieser achtungsvollen Weise zusammenfinden zu können.

Der Sprechgegenstand

Der wichtigste rituelle Gegenstand im Council ist der Sprechgegenstand (auch „Redegegenstand", „Sprechstab" o. ä. benannt). Selbst wenn eine sorgfältige Vorbereitung nicht möglich ist, kann mit seiner

Hilfe das Anliegen des Kreises erhellt werden. Der Sprechgegenstand repräsentiert das gestaltende Prinzip des Councils und verkörpert dessen Seele. Er steht für die Form und das Anliegen des Council-Prozesses. Ihn in der Hand zu halten ermächtigt zum Sprechen. Ihn durch den Kreis wandern zu sehen unterstützt das achtsame Zuhören.

Es kommt vor, dass dem Sprechgegenstand im Laufe der Zeit kleinere Objekte hinzugefügt werden, welche die Geschichten gemeinsam durchlebter Erfahrungen in sich tragen. Häufig ist der Sprechgegenstand eng mit der Vision und dem Selbstverständnis des Kreises verbunden. Sprechgegenstände, die so zur Herausbildung von Gemeinschaften beigetragen haben, sind oft mit einer langen Geschichte verbunden. Manchmal beginnen solche Geschichten mit einem viel verheißenden Auftakt:

Das, was später mein erster Sprechgegenstand werden sollte, fand ich vor über 30 Jahren unter einem majestätischen Johannisbrotbaum in Mexiko. Die ungewöhnliche Größe und die sanfte S-Form der dunkelbraunen Frucht erregten damals sofort meine Aufmerksamkeit. Ich war von dem markanten Klang angetan, den die trockene Schale beim Schütteln von sich gab, und wusste augenblicklich, dass dieses Samengefäß mit mir die Heimreise antreten würde. Auch wenn ich damals noch nicht die geringste Ahnung hatte, was ich damit einmal anfangen würde.

Die Schote verblieb, friedlich Staub ansammelnd, mehr als fünf Jahre auf einem Bücherregal in der Nähe der Eingangstür meines Hauses, bis wir die Heartlight School im September 1980 starteten. Wir hatten am zweiten Tag eine Exkursion geplant, in der Hoffnung, dass unsere kleine Schar von 13 Kindern (im Alter zwischen fünf und siebzehn Jahren) und drei Erwachsenen ein wenig enger als am Tage zuvor zusammenfinden würde.

Als ich an jenem Tag das Haus verließ, fiel mein Blick auf die vor sich hin dösende Frucht. Erstaunlicherweise löste der Anblick Erinnerungen an das Pueblos Council der Ältesten und an mein erstes Council, sechs Monate früher in der Sespe Wilderness nahe Ojai, in mir aus. Mir wurde sofort klar, dass wir an diesem Morgen ein Council halten würden – mit der Johannisbrotschote als Sprechgegenstand. Eine Stunde später saßen wir 16 um einen großen Picknicktisch im Park herum. Die Schote wanderte durch den Kreis und wir sprachen aus, wie es uns damit ging, eine neue Schule ins Leben zu rufen. In den vier Jahren, in denen sie existierte, trafen wir uns daraufhin jeden Morgen zum Council. Als unser Kreis größer wurde, fügten wir der Johannisbrotfrucht Federn hinzu, die wir beim Besuch einer Farm gefunden hatten. Muscheln von einem Tag am Strand und Streifen getrockneter Manzanita-Beeren aus unserer Heimat in Calabasas kamen hinzu. Und eine Bandage um die Mitte der Schote – aber das ist eine andere Geschichte. Der Sprechgegenstand wurde schon bald zum stillen Träger unser gemeinsamen Geschichte und erinnerte an unser Bekenntnis, aufrichtig und von Herzen miteinander zu sprechen.

Den Sprechgegenstand auswählen

Gemeinsam einen Sprechgegenstand zu gestalten gibt einem Kreis viel Kraft. Ich erinnere mich an eine dritte Klasse, die sich wochenlang mühte, ein vertrauensvolles Council-Umfeld zu schaffen, das den Schülern die Sicherheit gab, offen und ehrlich miteinander sprechen zu können. Schließlich bat mich die Lehrerin um Unterstützung. Mir gegenüber behauptete sie, dass sie von dem Programm überzeugt sei, doch als wir uns länger unterhielten, zeigten sich ihre Zweifel und Ängste gegenüber der eigenen Kompetenz, ein Council zu leiten. Die Klasse benutzte zu dieser Zeit einen Sprechgegenstand, den ihre Lehrerin mitgebracht hatte. Ich fragte mich, ob er deren Unsicherheit im Kreis abbildete. Vielleicht ließ er die Kinder spüren, dass sich ihre Leiterin im Council-Prozess nicht wohlfühlte. Das mochte sie daran hindern, aufrichtig zu sprechen.

Ich schlug der Klasse vor, zum Strand zu gehen und nach einem Stück Treibholz Ausschau zu halten. Daraus sollten sie einen Sprechgegenstand gestalten, indem sie mitgebrachte kleinere Gegenstände daran befestigten. Das Stück, das daraus entstand, mag nicht jedem gefallen haben (ein alter Ohrring, ein kleines Plastiktier, eine Feder von einem Spielzeugpapagei usw. – alles an ein verblichenes, graues Stück Treibholz gebunden), doch auf diese Weise war der ganze Kreis, die Lehrerin eingeschlossen, in der Gestaltung des Sprechgegenstands vertreten. Es funktionierte. Die Schüler begannen über Dinge zu sprechen, die sie wirklich bewegten. Das war die Geburtsstunde der Councils für Drittklässler.

Manchmal bringt ein Teilnehmer einen Gegenstand mit, der sowohl von persönlicher Bedeutung als auch von Bedeutung für die gesamte Gruppe ist. Der Vorstand der Ojai Foundation nutzte beispielsweise viele Jahre lang einen wunderschönen, wie ein Donut geformten afrikanischen Stein, der in seiner Heimat ein wertvolles Zahlungsmittel war. Gigi brachte den Gegenstand aufgrund seiner Form und seiner Geschichte mit in den Kreis. Er versinnbildlichte, dass alles, was wir besitzen, letztendlich auf die Reichtümer der Erde zurückzuführen ist. Gigi hoffte, dass der Stein das Gremium bei der Entfaltung einer weniger voreingenommenen und fortgeschritteneren Beziehung zu Wohlstand und Überfluss unterstützen könnte.

Objekte, die häufig als Sprechgegenstände Verwendung finden, sind alte Bibeln oder andere Familienerbstücke, Rasseln aller Art, Kristalle, Steine, Muscheln, Regenstäbe und unterschiedliche zeremonielle Gegenstände, die den Ort der Zusammenkunft oder die Tradition der Gruppe würdigen. An dieser Stelle will ich schnell betonen, dass der Sprechgegenstand selbst nichts Feierliches oder „Heiliges" zum Ausdruck bringen muss. Manchmal sind fröhliche oder verrückte Gegenstände angebracht, vor allem dann, wenn der Kreis sich zu ernst nimmt. Ich erinnere mich an ein angespanntes Gemeindetreffen in Ojai, für das der Council-Leiter in weiser Voraussicht einen kleinen Strauß wilder Blumen als Sprechgegenstand wählte. Eine dritte Klasse wählte für ihre Treffen, denen ich eine Zeit lang beiwohnte, ein buntes Windrädchen aus. Manchmal bliesen die Schüler hinein und schauen auf das sich drehende Rad, bevor sie zu sprechen begannen. Und dann waren da noch der Apfel, den sich eine Gruppe von Managern der Firma Xerox aussuchte, und die Trillerpfeife, für die sich die Vollzugsbeamten eines Gefängnisses entschieden...

Einfallsreichtum bei der Wahl des Sprechgegenstandes kann dazu führen, die Gruppe enger zusammenzubringen, wie die folgenden Anregungen und Anekdoten veranschaulichen:

Wenn sich eine Gruppe zum ersten Mal zu einem Council zusammenfindet, ist es meist der Leiter, der ein vertrautes Objekt als Sprechgegenstand auswählt. Einmal, ich war kaum zehn Minuten damit beschäftigt, einer beeindruckenden Ansammlung von Schulleitern, Anwälten und Eltern die Praxis des Councils vorzustellen, wurde mir klar, dass die Rassel, die ich als Sprechgegenstand mitgebracht hatte, eine ziemlich schlechte Wahl darstellte. Denn während meiner einleitenden Worte erhielt der Direktor der Gruppe eine Nachricht auf seinem Sprechfunkgerät, die für einige Minuten seine gesamte Aufmerksamkeit in Anspruch nahm. Danach legte er das Gerät vor sich auf den Tisch, lehnte sich zurück und wendete sich erneut dem Kreis zu. Als wir mit dem Council begannen, fragte ich ihn, ob er das Sprechfunkgerät als unseren Sprechgegenstand zur Verfügung stellen möchte. Die Ironie des Vorschlages entlockte ihm ein anerkennendes Lächeln.

Bei fortlaufenden Gruppen ist es sinnvoll, jeden Teilnehmer in die Auswahl des Sprechgegenstandes einzubeziehen, um gemeinsam den besonderen Raum zu gestalten. Eine New Visions Group von Schulleitern traf sich bei jeder Sitzung in einer anderen Schule. So war es die Aufgabe eines jeden Gastgebers, den Sprechgegenstand bereitzustellen. Jedes Council begann mit Anmerkungen zu dem neuen Gegenstand, der meist von persönlicher Bedeutung für den jeweiligen Pädagogen war.

Manchmal stehen in fortlaufenden Gruppen mehrere Sprechgegenstände zur Verfügung, aus denen der Leiter oder der Kreis unmittelbar vor Beginn des Councils einen Gegenstand auswählt. Dabei ist es üblich, alle Gegenstände zusammen mit der Kerze und den anderen zeremoniellen Objekten in die Mitte des Kreises zu legen. Dieses Wechseln des Sprechgegenstandes kann auf feinsinnige Art die spezifische Intention oder die innere Bewegung des Kreises würdigen.

Ein anderer, spielerischer Umgang mit der Einführung eines neuen Sprechgegenstands ist, dessen Geschichte und Bedeutung bis zum Ende des Councils geheim zu halten. Der Gegenstand trägt so seine Bedeutung still mit sich und erzeugt unvoreingenommene Resonanz und Assoziationen bei denen, die ihn zum ersten Mal in Händen halten.

Auch Rasseln und andere Objekte, die einfache Geräusche erzeugen, sind hervorragende Sprechgegenstände – insbesondere im Council mit Kindern. Seine gesprochenen Worte mit einem kräftigen Rasseln zu beschließen, ist sehr befriedigend und liefert darüber hinaus eine musikalische Interpunktion zwischen zwei Erzählenden.

Das Netz weben

Die Verwendung eines Sprechgegenstandes weckt die gestalterische Kraft von Geschichten. Ich habe mir den Kreis oft als Webstuhl vorgestellt und den Sprechgegenstand als das Schiffchen, das die Fäden der Erzählungen in unvorhersehbarer Art und Weise zusammenwebt. Das daraus entstehende Gewebe mag auf den ersten Blick verworren wirken, doch wenn die Magie des Kreises erst einmal wirkt, tritt das Muster für so manchen im Kreis offenkundig hervor. An der Ojai Foundation singen wir oft das Lied der „Spinnenfrau", der Erschafferin und Weberin in der Mythologie der nordwestamerikanischen Ureinwohner. Die Liedzeile, „Sie ist die Weberin und wir das Gewebe, sie ist die Nadel und wir sind der Faden", ruft die Anwesenheit dieser spirituellen Weberin herbei und lädt sie ein, das Council mit ihren Kräften zu formen und zu einen.

Wenn der Sprechgegenstand integraler Bestandteil des Kreises wird, kann er zu Erkenntnissen führen, die von großer Bedeutung für die Gruppe sind. Beziehungen können sich plötzlich verschieben oder verfestigen oder ein Teilnehmer auf völlig neue Art und Weise gegenwärtig sein. Die bereits angedeutete Geschichte, wie der Sprechgegenstand der Heartlight School zu seinem Verband kam, ist dafür ein gutes Beispiel.

Bo und Billy gingen sich seit den ersten Tagen der Heartlight School ziemlich auf die Nerven. Obwohl er fünf Jahre jünger war, konnte Billy mit Leichtigkeit die coole Fassade des 17-jährigen Bo zum Einsturz bringen und dessen Alarmknöpfe grell aufleuchten lassen. An einem unserer morgendlichen Councils konnte es Billy kaum erwarten, die Johannisbrotschote zu ergreifen. Er hatte eine Menge darüber loszuwerden, wie gemein Bo ihn am Tag zuvor behandelt hatte. Als er an die Reihe kam, legte Billy den Sprechgegenstand vor sich hin und erzählte seine Fassung der Geschichte leidenschaftlich und in allen Einzelheiten. Seine Arme ruderten dabei wild in der Gegend herum. Bos Gesicht nahm zunehmend eine lebhafte rosa Farbe an. Plötzlich sprang er auf, machte, entgegen allen Council-Regeln, einen Satz durch den Kreis und beugte sich nach vorn, offensichtlich, um Billys Hals zu würgen. Ein lautes Knacken stoppte ihn in seinem Vorhaben. Bo schaute auf seine Füße, von denen einer auf der Johannisbrotfrucht gelandet war. Er hatte sie zerbrochen. Es war totenstill. Wie unter Schock hob Bo langsam die ramponierte Schote auf und bog sie an der geknickten Stelle ein paar Mal hin und her. Dann legte er sie vor Billy nieder und schlich zu seinem Platz zurück.

Jeder wartete auf meine Reaktion. Ich spürte meinen Ärger über Bo und war gleichzeitig dankbar, dass der Sprechgegenstand ihn daran gehindert hatte, gewalttätig zu werden. „Ich habe den Sprechstab kaputt gemacht", stöhnte Bo. „Ich habe ihn tatsächlich zerstört."

„Wir können ein Holzstück als Schiene nehmen und die Wunde verbinden", sagte ich mit wackeliger Stimme. „Die Frucht ist verwundet, aber nicht zerstört... Unser Sprechgegenstand ist initiiert worden." Dann erzählte ich dem Kreis von der schamanischen Tradition des Verwundeten Heilers. Bo hörte aufmerksam zu und bat um Erlaubnis, einen Holzspan zu holen. Jemand fand einen schönen Streifen aus orangefarbenem Stoff, der als Umwicklung taugte. Ich bat Billy, Klebstoff zu holen. Als Billy, Bo und ich die gebrochene Stelle schienten, saßen wir alle um die verletzte Frucht herum. Wir begannen das Council erneut und Billy griff mit neu erwachter Achtung nach dem Stab. Er entschuldigte sich bei Bo für seine Sticheleien, schüttelte sanft die Schote und gab sie weiter. Nach diesem Council entwickelte sich eine neue Freundschaft zwischen den beiden Jungen.

Es ist nicht ungewöhnlich, dass ein Council-Leiter oder der gesamte Kreis eine besondere Verbundenheit zu einem Sprechgegenstand entwickeln, den die Gruppe lange Zeit verwendet hat. Gerade in dieser tiefen Bindung kann die Weisheit des „Nicht-Anhaftens" verborgen liegen, die über den Sprechgegenstand vermittelt werden kann.

In einem Kreis aus Schülern der 12. Klasse der Crossroads School verwandte ich einmal einen zeremoniellen Kürbis aus Peru als Sprechgegenstand. In den Kürbis waren Figuren aus der Inka-Mythologie filigran hineingeschnitzt, der sanft gebogene Stiel lag schmiegsam in der Hand. Die Gruppe entwickelte mehr und mehr Vertrauen, bis auf einen klugen, dunkelhaarigen Jungen mit Namen Steve, der sofort eine abweisende Haltung gegenüber dem Council und meiner Person einnahm. Ganz gleich, um was es auch ging, er nutzte jede Gelegenheit, den Council-Prozess, meine Leitung und die ganze Klasse schlechtzumachen. „Das ist doch nur New-Age-Scheiß", meinte er eines Tages. „Spielen wir hier Indianer, oder was? Wen wollen wir hier verarschen?"

Seine Klassenkameraden sagten ihm oft, was für eine Nervensäge er wäre, oder luden ihn ein, positiv im Kreis mitzuwirken – doch ohne Erfolg. Wochenlang ließ ich ihm viel Raum. Ich spürte, dass Council für ihn eine direkte Bedrohung darstellte, weil er das Potential des Prozesses wahrnahm, doch noch nicht dafür bereit war.

Eines Tages, nach ungefähr sechs Wochen, kam Steve mit einem finsteren Blick in die Klasse, der sich auch nach dem Entzünden der

Kerze und der Eröffnung des Kreises nicht erhellte. Als die anderen sprachen, spürte ich, wie sich die Gewitterwolken zusammenballten. Als Steve der Kürbis gereicht wurde, blitzten seine dunkelbraunen Augen wütend auf. Augenblicklich stand er auf und sprang um den Kreis herum, den Sprechgegenstand in bedrohlicher Weise hoch über seinen Kopf haltend. Einen Moment später blieb er stehen und riss seine Hand mit einer kraftvollen Bewegung nach unten, als wollte er den Kürbis auf dem harten Holzfußboden zerschmettern. Das Herz schlug mir bis zum Hals. Steve stoppte seinen Arm rechtzeitig, hielt den Kürbis einen Augenblick lang wenige Zentimeter über dem Boden, ging zurück zu seinem Platz, grinste höhnisch und gab den Gegenstand weiter.

Der Kreis schwieg wie betäubt in Erwartung meiner Reaktion. Ich hielt mich jedoch an die Council-Regeln und verharrte geduldig, bis ich an der Reihe war. Einige machten Steve Vorwürfe und schlugen vor, dass er endlich „erwachsen" werden sollte. Andere wiederum würdigten den Mut, seinen Standpunkt auf so dramatische Weise offen zu zeigen. Als der Kürbis wieder bei mir angelangt war, hielt ich ihn schweigend, während meine Finger die verschlungenen Schnitzereien ertasteten.

„Ich weiß jetzt, worum es geht, Steve", begann ich. „Ganz offensichtlich liegt die Quelle der Kraft nicht in diesem Kürbis, sondern in den Absichten des Councils selbst. Ich muss gestehen, dass mir das beinah abhanden gekommen wäre!" Ich nahm einen tiefen Atemzug. „Ich habe eine zu starke Bindung zu diesem Gegenstand entwickelt. Du hast mir das auf kreative Weise gezeigt."

Meine Rückmeldung darüber, was es für mich zu begreifen galt, und meine Anerkennung gegenüber Steve ließen das Eis schmelzen. Steve erkannte, dass ich gewillt war, ein Teil des Kreises zu sein und mich nicht darüber stellen wollte. Die Erfahrung, dass er dem Council-Prozess vertrauen konnte, gab ihm Zuversicht. Am Ende des Semesters hatte sich Steve zu einem lebhaften Teilnehmer im Kreis gemausert.

Diese Geschichten zeigen, wie sich Sprechgegenstand und Council-

Geschehen wechselseitig beeinflussen. Noch Jahre nachdem ich die Heartlight School verlassen hatte, wurde die Johannisbrotschote in den Kreisen verwendet; und wenn dann Schüler oder Eltern diesen „alten Freund" liebevoll in den Händen hielten, erzählten sie von den Einsichten, die ihnen vergangene Councils gebracht hatten. In diesen Momenten wurde die Frucht zum Bindeglied zur Vergangenheit und zum stillen Zeugen der Kraft des Councils.

Um zu erforschen, welche Rolle der Sprechgegenstand spielt und ob sich die Teilnehmer allzu sehr an ihn binden – was insbesondere in fortlaufenden Gruppen vorkommt –, tut es gut, hin und wieder ohne ihn im Kreis zu sitzen. So ist die wirkliche Beziehung zu dem Gegenstand klarer zu erkennen.

Besonders für diejenigen, die mit zeremoniellen Abläufen nicht vertraut sind oder für die der Gebrauch eines fremden „Medizinobjektes" den kulturellen Gepflogenheiten zuwiderläuft, kann der Umgang mit dem Sprechgegenstand eine große Herausforderung darstellen. Diese Situation entstand vor wenigen Jahren in Mali, als der Council-Prozess einer Gruppe von Fachleuten vorgestellt wurde. In einem solchen Fall sieht sich der Council-Leiter vor einer schwierigen Entscheidung. Einerseits könnte es notwendig sein, einen Sprechgegenstand zu verwenden, um Widerstände innerhalb der Gruppe zu überwinden. Hängt der Leiter andererseits jedoch zu sehr an der Benutzung des Gegenstandes und besteht auf seinem Gebrauch, steht dies einer freien Kraftentfaltung des Kreises im Wege.

Die Schwelle überschreiten

Es ist oft nicht einfach, sich unmittelbar aus der Anspannung des Berufsalltags oder des Familienlebens heraus – oder auch nur im Anschluss an einen „small talk" – direkt ins Council zu stürzen. Um den angemessenen Zustand einer erhöhten Aufmerksamkeit gegenüber dem Inneren und dem Äußeren zu erlangen, ist eine Übergangszeit von ein paar Minuten oder mehr, abhängig von der Gruppe und der zur Verfügung stehenden Zeit, empfehlenswert.

Dieser Übergang kann durch eine Verknüpfung von stiller Meditation, Singen und Trommeln erreicht werden. Wenn die Gruppe regelmäßig zusammen meditiert, ist stilles Sitzen eine natürliche Brücke ins Council. Ist die Gruppe eher gemischt und die Teilnehmer besitzen keine gemeinsame Praxis, sind einige Minuten der Stille und eine bewusste, einfache Verlangsamung der Atmung hilfreich, um im Kreis anzukommen. Hat sich die Gruppe eine längere Zeit nicht getroffen, ist eine langsame Gehmeditation ein ausgezeichnetes Mittel, den Übergang herzustellen.

Auch mit Hilfe der Stimme lässt sich dies gut erreichen. Ein paar bekannte Lieder, möglicherweise mit Bezug auf das Thema des Councils, wecken die Ausdrucksfreude der Gruppe, noch ehe der Sprechgegenstand die Runde macht.

Zu den wirksamsten Mitteln gehört in jedem Fall das Trommeln, vor allem in Gruppen, die gerne miteinander musizieren. Das Trommeln selbst ist eine Form des nonverbalen Councils, in dem jeder Trommler seinen Teil zu einem gemeinsamen Klangfeld beiträgt. In Ergänzung zu den Trommeln können Rasseln und andere einfache Perkussionsinstrumente benutzt werden.

Ist der Kreis nicht gewohnt, gemeinsam Musik zu machen, kann ein kurzer Austausch über das Thema Achtsamkeit hilfreich sein, bevor sich alle auf die Trommeln stürzen. (Ich habe so manches Mal in entsetzlichen Trommelkreisen gesessen, die bestenfalls als „laut" beschrieben werden konnten.) Erfahrene Musiker beschreiben drei Ebenen des Zuhörens beim Trommeln und Rasseln. Lausche zunächst dem eigenen Sound und werde dir deines Schlages, der Intonation und der Dynamik bewusst. Widme deine Aufmerksamkeit als Nächstes allen anderen Instrumenten. Fühle schließlich den Puls der ganzen Gruppe, der oft eine große Kraft entwickelt, wenn der Kreis in wirklicher Verbundenheit musiziert. Hat sich dieser Puls, dieser Rhythmus einmal gefestigt, bildet er das Fundament, auf dem sich – ohne dass es einer Lenkung bedarf – individuelle Figuren und Variationen frei entfalten können. Um an diesen Punkt zu gelangen, ist es hilfreich, wenn sich ein oder mehrere Trommler von Beginn an für den Beat verantwortlich fühlen.

Auch das Beschließen des Councils, der Weg zurück in den Alltag, sollte bewusst und achtsam vollzogen werden. Ein einfaches Lied, ein Kreis von Händen oder das Ausblasen der Kerze können den Abschluss kennzeichnen. War das Council von langer Dauer, sehr intensiv oder blieb es offensichtlich unvollendet, so mag eine komplexere Schlusszeremonie notwendig sein. Führt das Council zu keiner vordergründigen Lösung, so kann auch dies seine Würdigung finden, indem der Kreis dieser Gegebenheit reihum in kurzen Worten oder Gesten oder einigen Minuten des Schweigens seine Anerkennung ausspricht. Die Bitte, dass der Geist des Councils durch jeden Teilnehmer bis zum nächsten Zusammentreffen weiterwirken möge, begleitet alle aus dem Kreis.

Kapitel 2

Die Reise beginnt

„Follow the light within
You've got to follow the light within
It's your heart that's telling you
Where is your freedom
Follow the light within."

Aus einem afro-amerikanischen Spiritual

Das Council ist vorbereitet und der Sprechgegenstand gewählt. Wir sind bereit, die Kerze anzuzünden und zu beginnen. Auch die Leitlinie ist klar: Nur die Person, die den Sprechgegenstand in der Hand hält, ist ermächtigt zu sprechen. Abgesehen von Notfällen oder dem Hinweis, den Sprecher nicht zu verstehen, sind Ausnahmen von dieser Regel einzelne Worte, Geräusche oder Gesten der Bekräftigung. Solche, von traditionellen Council-Runden überlieferten Worte der Zustimmung oder der Anerkennung sind „Ho" oder „Aho". In der Tradition der Lakota ist „Ah-ho" eine Kurzform der Redewendung „Aho Mitakuye Oyasin". Sie wird als „das kürzeste Gebet" bezeichnet und bedeutet übersetzt „Für alle meine Verwandten" oder auch „Alles ist verbunden". In manchen Kreisen erklingt nach jedem Redner ein gemeinsames „Ho" als Zeichen des Respekts – unabhängig von Übereinstimmung oder Ablehnung. Verwandte des „Ho" sind „Amen", „Recht so", drei Mal in die Hände klatschen oder eine stille Verneigung mit geschlossenen oder gefalteten Händen. Eine Gruppe von Frauen, mit denen Gigi im Council saß, berührte nach jedem Redebeitrag symbolisch die Erde. Ein überschwänglicher Teilnehmer eines Jugend-Councils war dafür bekannt, dem gewöhnlichen „Ho" gleich noch „Eine Million Hos" oder auch ein „Kein-Ho" hinzuzufügen.

In der einfachsten Form des Councils wandert der Sprechstab im Uhrzeigersinn herum (im traditionellen Council mit dem Lauf der Sonne). Den Stab in der entgegengesetzten Richtung (der „Erdrichtung") herumzureichen kann ein Zeichen für ein „Coyote-Council" sein, in dem ganz besonders der innere „göttliche Schelm", „heilige Narr" oder „Trickster" eingeladen wird, sich zu zeigen. Manche Traditionen, wie die der Hopi, bevorzugen grundsätzlich diese „Erdrichtung".

Jeder im Kreis hat die Möglichkeit, den Sprechgegenstand einen Augenblick in Stille zu halten, den Kreis zu einem Lied einzuladen, eine einfache Geste anzubieten oder den Gegenstand schweigend weiterzureichen. Das Schweigen kann angemessen sein, wenn kein innerer Impuls nach außen drängt oder das Bedürfnis besteht, zunächst mehr von den anderen zu hören. Manchmal zeigt das Schweigen auch einen Widerstand oder ein Gefühl des Getrenntseins von der Gruppe an. In einem aufmerksamen Kreis wird ein solches Schweigen zum vielsagenden Ausdruck der inneren Wahrheit. Die Erwartung loszulassen, dass alle im Kreis sprechen werden, ist ein wesentlicher Teil dessen, was Council ausmacht. Schweigen ist im Council stets willkommen, was auch immer der Grund dafür sein mag.

Die Vier Absichten des Councils

Auch wenn es immer von der Gruppe abhängt, auf welche Art und Weise neue Teilnehmer in das Council eingeführt werden, so bieten sich dafür doch zunächst vier grundlegende Elemente an. Die ersten drei entstanden an der Heartlight Schule, um Gäste einzuweisen, die an den Morgenrunden teilnahmen und keine Council-Erfahrung besaßen. Die Kinder brauchten eine kurze und leichtverständliche Einführung und so entwickelten wir drei Leitsätze, die gleichermaßen poetisch und praktisch waren. Das vierte Anliegen kam erst später hinzu, als wir erkannten, wie bedeutend es ist und gleichzeitig wie schwer es fällt, dieses Prinzip selbst in erfahrenen Kreisen umzusetzen. Später erfuhren wir, dass auch zahlreiche andere Gruppen, zu denen wir keinerlei historische Verbindungen besaßen, ähnliche Ziele beschrieben.

Aus dem Herzen heraus sprechen

Die Formulierung „aus dem Herzen heraus sprechen" ist für viele Erwachsene und Jugendliche zur Grundlage der Council-Arbeit in Familien, Schulen und Gemeinschaften geworden. Ich habe vor allem Neulingen vorgeschlagen, das ganz wörtlich zu nehmen und sich vorzustellen, ihre Worte kämen direkt aus der mittleren Brustregion und nicht aus dem Mund. Auch erfahrenere Teilnehmer können immer mal wieder dieses einfache Bild wachrufen, um sich erneut mit diesem Grundanliegen des Councils zu verbinden. Wenn unsere Worte oder unser Schweigen aus dem Herzen kommen, so entsteht in uns eine fast greifbare Weite und wir fühlen eine größere Verbundenheit mit den anderen im Kreis. Persönliche Anhaftungen verblassen, Verteidigungshaltungen werden leichter aufgegeben und die tiefere Wahrheit des Kreises erschließt sich in größtmöglicher Vollkommenheit.

„Aus dem Herzen sprechen" bedeutet nicht, nur angenehme Dinge über sich selbst oder andere zu sagen. Schon Kinder wissen, dass liebevoll sein und freundlich tun nicht dasselbe sind. „Aus dem Herzen sprechen" bedeutet, sich so offen und aufrichtig zu zeigen, wie es das Vertrauen zum Kreis zulässt. Ist das Vertrauen groß, so ist die Lauterkeit der Teilnehmer, deren Ausmaß ebenso davon abhängt, wieweit sie im Alltag dazu in der Lage sind, beeindruckend. Council wird somit zu einem geschützten Ort, an dem auch unbequeme Wahrheiten gesagt werden dürfen.

„Aus dem Herzen sprechen" heißt auch, Bedeutung in die gesprochenen Worte zu legen. Im Idealfall erhält der Sprechende die ungeteilte Aufmerksamkeit des ganzen Kreises. Diese Gelegenheit sollte weise genutzt werden. Die Sprache des Herzens braucht einfache und leidenschaftliche Worte. Ausufernde, umständliche Geschichten, die in keinem Zusammenhang zum Thema stehen oder Menschen betreffen, die niemandem in der Runde bekannt sind, strapazieren die Geduld des Kreises. Sich mit authentischen Worten persönlich und aufrichtig erkennen zu geben dient weitaus besser der Aufmerksamkeit der Teilnehmer als philosophische Betrachtungen. Es würdigt darüber hinaus die Bereitschaft des Councils, Risiken einzugehen.

Mit dem Herzen hören

Hat schon das „aus dem Herzen sprechen" in unserem Alltag nur selten Platz, findet aufmerksames Zuhören so gut wie gar nicht statt. Interessiert uns das Thema eines Gesprächs, hören wir so lange zu, bis wir meinen, die Richtung erkannt zu haben, und beginnen dann, noch ehe unser Gesprächspartner geendet hat, uns unsere Antwort zurechtzulegen. Dies geschieht vor allem dann, wenn starke Emotionen beteiligt sind. Spricht uns das Gesprächsthema weniger an, werden wir unaufmerksam, was leicht zu Missverständnissen zwischen den Beteiligten führt. Wir wissen alle, wie frustrierend es ist, zu jemandem zu sprechen, der abgelenkt und nicht präsent ist. Der Erfolg eines Councils hängt weitgehend von der Qualität des Zuhörens ab. Ist sie zugewandt und achtsam, so fühlt sich der Sprechende unterstützt und es fällt ihm leichter, sich im Kreis zu zeigen und zu entfalten.

„Ich bin oft verlegen und nervös und so überrascht es mich sehr, wenn die Worte manchmal einfach so aus mir heraus kommen. Ich bin nicht gerade redegewandt, doch wenn der Kreis aufmerksam ist, kann ich sprechen, wie ich es nie für möglich gehalten hätte."

Auf der anderen Seite entsteht durch zugewandtes Hören eine stärkere Verbindung zum Sprechenden, auch wenn dieser eine mir völlig entgegengesetzte Meinung äußert.

„Ich war oft ziemlich verärgert, wenn du gesprochen hast, doch im Council kann ich darauf ja nicht sofort meine Meinung sagen. Bis der Sprechgegenstand dann bei mir angelangt war, konnte ich auch den anderen im Kreis zuhören und war nicht mehr so geladen von dem, was du gesagt hast, auch wenn ich nach wie vor anderer Meinung war."

„Während einer Meditation bat ich um eine Eingebung von oben, die mir den tieferen Sinn von Verbundenheit und Ganzheit erklärte. Diesen Zustand hatte ich kürzlich in einem Council erfahren, das unsere Mütter und Väter zum Thema hatte. Es kam eine einfache Antwort: *Wenn Menschen im Council sitzen und ihren Geschichten mit dem Herzen zuhören, hört Gott mit.*"

Die Grundregel des Councils, die die Voraussetzung für aufmerksames Zuhören schafft, lautet ganz einfach: Niemand darf unterbrochen werden. Und das ist nur der erste Schritt. Denn letztlich kann diese Fähigkeit nur dadurch entwickelt werden, dass der ganze Körper im bewussten Hören geübt wird, indem ich ständig meinen eigenen „inneren Zeugen" mit einbeziehe. Ähnlich wie beim „Sprechen aus dem Herzen" ist auch hier eine veränderte Wahrnehmungsperspektive hilfreich.

Stelle dir vor, dass du die Worte des Sprechenden mit deiner mittleren Brustregion und nicht durch deine Ohren hindurch aufnimmst. Bewahre dieses Bild des „Mit-dem-Herzen-Hörens" und mache ein paar tiefe Atemzüge. Fühlst du eine Wandlung in der Wahrnehmung? Fühlst du dich gegenwärtiger?

Nach dieser einfachen Übung stellt sich meist ein tieferes Verständnis für das Gehörte und ein stärkerer persönlicher Kontakt zum Sprechenden ein. Diese innere Bewegung lässt das intensive Gefühl einer Herzensverbindung entstehen. Ein Teilnehmer beschrieb das folgendermaßen:

„Während sie ihre Geschichte herunterleierte, war ich kurz davor wegzudämmern. Ich hatte solche Worte schon hundert Mal zuvor gehört. Also versuchte ich mir vorzustellen, meine Ohren wären in

Richtung Herz zu meiner Brust hinuntergewandert. Das half ein wenig. Ich nahm ein paar tiefe Atemzüge... Irgendetwas veränderte sich... Auf einmal saß ich ruhig im Kreis, lauschte und wusste, dass alles, was sie sagte, von Bedeutung war und gesagt werden musste. Mein Körper fühlte sich spürbar wärmer an. Ich hörte die Angst in ihren Worten und war überrascht, wie nah ich ihr plötzlich war."

Wenn Ungeduld oder Langeweile in dir aufkommt, hörst du möglicherweise nicht mit Hingabe zu. „Hören mit dem Herzen" gibt immer Energie, auch wenn die Rede, der du folgst, holprig oder glanzlos oder das Thema gerade nicht dein Ding ist. Wenn du wieder ins hingebungsvolle Zuhören wechselst, wirst du dir deiner Langeweile bewusst und du fragst dich nach dem Grund. Diese Frage kann zu einer Einsicht führen – dass du zum Beispiel Widerstände gegenüber dem Thema oder dem Sprecher verspürst. In jedem Falle bringt die Veränderung dich dem Sprechenden wieder näher, und die Langeweile beginnt sich aufzulösen. Es überrascht immer wieder, wie sich im Council durch aufmerksames Zuhören aus einer ablehnenden Haltung oder einem Zustand der Langeweile ein Gefühl der Zuneigung entwickeln kann.

Die Fähigkeit, mit dem Herzen zu hören, leidet, wenn der Raum schlecht belüftet, zu warm oder zu kalt ist. Der Leiter sollte zu Beginn den Kreis immer an seine Mitverantwortung erinnern. Wenn es notwendig ist, kann derjenige, der den Sprechgegenstand hält, um eine Pause, eine kurze Dehnübung, ein Lied oder eine Änderung der Gangart bitten.

Achtsames Zuhören setzt natürlich voraus, dass der Sprecher gut verstanden wird oder, bei eingeschränkter Hörfähigkeit, von seinen Lippen abgelesen werden kann. Dazu dient ein gut gestalteter Kreis, in dem jeder jeden ungestört sehen kann und jeder mit vernehmbarer Stimme spricht. Eine der wenigen erlaubten Unterbrechungen im Council ist die Bitte, lauter zu sprechen. Sind Hörgeschädigte anwesend, ist es umso wichtiger, stets klar und deutlich zu sprechen. Der Betroffene selbst wird nämlich nicht mehr als ein oder zweimal nachfragen, und dann bei Nichtbeachtung seiner Bitte innerlich abschalten. Ich habe übrigens noch nie in einem Council gesessen, in dem sich mit Zeichensprache verständigt wurde. Ich sehe jedoch keinen Grund, warum dies nicht funktionieren sollte.

Sich knapp und bündig ausdrücken

Die dritte Regel im Council ist sehr pragmatisch. „Fasse dich kurz", so heißt es bei den Kindern, weil Schul-Councils meistens durch enge Zeitpläne begrenzt sind. Grundsätzlich sollte jedem im Council mindestens einmal die ungeteilte Aufmerksamkeit des Kreises zukommen. Erlauben es die Umstände, dass das Council sich langsam entfaltet, lade ich die Teilnehmer dazu ein, sich knapp auszudrücken oder, anders formuliert, sich auf das Wesentliche zu konzentrieren. Es sollte dabei jedoch nicht aus dem Sinn verloren werden, dass manche mehr Zeit als andere für ihre Geschichten benötigen, weil sie möglicherweise gerade von dem Thema stark berührt sind. Die Frage, wie lange eine Rede sein soll, erinnert mich an die Antwort, die Abraham Lincoln einem neugierigen Verehrer gab, der ihn auf die ungewöhnliche Länge seiner Beine ansprach. „Sie sind gar nicht so lang", lautete sein überlieferter Kommentar, „gerade lang genug, dass sie bis zum Boden reichen."

Sich knapp und angemessen auszudrücken ist eine Kunst. Große Geschichtenerzähler und Poeten haben das Geschick, ihre Geschichten und Gedichte so zu verdichten, dass jedes Wort den Fortgang der Erzählung, die Charakterisierungen und die gewählten Bilder in genau dem richtigen Tempo in Szene setzt. Nur wenige von uns können eine solche Kunstfertigkeit erreichen, doch stellt das Council eine hervorragende Bühne dar, auf der die Kunst, mit prägnanten Worten und Bildern Geschichten zu beseelen, verfeinert werden kann.

Es gibt auch Geschichten, die ausufernd sind und ewig zu dauern scheinen – ohne erkennbaren Anfang, ohne Mitte und ohne Ende. Der Erzähler verliert sich und zieht den ganzen Kreis in sein mäanderndes Gespinst hinein. Lässt sich der Kreis ganz darauf ein und taucht unkontrolliert in diesen Sog hinein, kann das zu einer völlig neuen Sichtweise des Geschehens führen und für den Erzähler zu einem unerwarteten Ausgang der Geschichte:

Ich erinnere mich an einen fünfzigjährigen Mann, der während eines Wochenendseminars, in dem es um Beziehungen ging, beschrieb, wie glücklich er und seine Frau immer gewesen waren, „solange ich mich erinnern kann". Jedes Detail ihres Eheglücks gab er preis. Normalerweise hätte sich allmählich gähnende Langeweile breit machen müssen, doch die meisten von uns konnten schon bald die beiderseitige Einsamkeit und den Stillstand wahrnehmen, die in dieser Beziehung herrschten. Wir warteten gespannt auf das wahre Wesen der gesprochenen Worte. Nach einer Viertelstunde bewirkte die Intensität unseres Zuhörens, dass der Mann seine gewohnten Strukturen aufgab. In wenigen Minuten veränderte sich seine ganze Stimmung. Schrecken und Traurigkeit krochen in seine Stimme und er begann zu zittern. Er endete unter Tränen in der aufkeimenden Erkenntnis, dass er und seine Frau in einer Ehe dahintrieben, die Lebendigkeit und aufrichtige Bindung vermissen ließ.

Es ist nicht die Absicht des Councils, seine Teilnehmer zu professionellen Geschichtenerzählern oder charismatischen Rednern heranzubilden. Das „Sprechen aus dem Herzen" ruft eine ganz eigene Redegabe und Lebenskraft hervor, die unweigerlich einnehmend wirkt. Die eigentliche Herausforderung des Geschichtenerzählens besteht darin, sich so auszudrücken, dass es dem Erzähler und dem ganzen Kreis dient.

Eine Möglichkeit, um weit ausschweifende, unkonzentrierte, der Gruppe nicht dienende Erzählungen zu vermeiden, besteht darin, das Thema von Beginn an klar zu formulieren. Wenn es ausgesprochen wichtig ist, dass die Gruppe nah am Thema bleibt, bittet ein erfahrener Council-Leiter, dass jeder das Thema noch einmal als Frage an denjenigen richtet, dem er den Sprechstab weiterreicht. Wenn das Thema klar definiert ist und der Kreis dennoch während des Council den Schwerpunkt verändert, so kann der Leiter meist darauf vertrauen, dass der Kreis dabei ist, sein eigentliches Anliegen zu finden.

Ein weiterer Verbündeter auf der Suche nach dem Wesentlichen ist die Bereitschaft, denen, die unentwegt mäandern, eine ehrliche Rückmeldung zu geben. Jeder im Kreis, der den Eindruck hat, die Äußerungen wiederholten sich ständig, seien zu ausschweifend oder unklar, kann dazu etwas sagen, wenn er den Sprechstab in Händen hält. Ein Kreis, in dem so offen und ehrlich miteinander gesprochen werden kann, verfeinert für gewöhnlich das Gespür eines jeden, die Geschichte so zu erzählen, „dass sie gerade bis zum Boden reicht".

Aus dem Augenblick heraus sprechen

Die Vierte Absicht des Councils fordert unsere Spontaneität heraus. Wenn der Sprechgegenstand die Runde macht, kann eine Flut von Erinnerungen und Eindrücken ausgelöst werden, allesamt wert, mitgeteilt zu werden. Das alles erst einmal bei sich zu behalten, bis der Redestab in den eigenen Händen liegt, ist manchmal kaum auszuhalten. Dagegen hilft, sich fest vorzunehmen, die eigenen Worte nicht schon im Voraus einüben zu wollen. Die Rede einzustudieren, während andere noch sprechen, bedeutet, die Ebene des aufmerksamen Zuhörens zu verlassen.

Auch die Fähigkeit, aus dem Herzen zu sprechen, wird durch das frühzeitige gedankliche Einüben beschränkt. Es ist viel einfacher, ausgetretene Denkmuster zu verlassen und der Intuition freien Lauf zu lassen, wenn die Gegenwart vom Zwang der Vorbereitung befreit ist. Den Sprechstab eine Weile schweigend halten, die Anwesenheit des Kreises spüren und den aufsteigenden Worten Raum geben – auf diese Weise können sich übliche Reaktionsmuster und eingefahrene Standpunkte auflösen.

Beharrlichkeit in dieser Übung lehrt uns, dass nicht alles, was wichtig erscheint, augenblicklich ausgesprochen werden muss. Das, was wir „vergessen" zu sagen, stellt sich oft im Nachhinein als nicht wesentlich heraus oder gelangt durch eine andere Pforte in den Kreis. Letztlich erfahren wir, dass jede Stimme im Council, einschließlich der eigenen, Teil der umfassenderen „Stimme des Kreises" ist. Wir sprechen als die Person, die wir sind, für und von uns und gleichzeitig als Teilaspekt der Gruppenseele, der zusammengesetzten Stimme des Kreises. Um diesen überpersönlichen Aspekt voll und ganz zu entwickeln, ist es notwendig, unsere „Ich-bereite-mich-lieber-vor-weil-ich-so-aufgeregt-bin-Haltung" aufzugeben. Mit der Zeit wächst das Vertrauen, dass in dem Moment, in dem der Sprechstab gereicht wird, alles im Kreis Gehörte verinnerlicht ist und sich mit den persönlichen Vorstellungen und Erinnerungen in nützlicher Weise verknüpft.

Erfahrene Council-Teilnehmer vertrauen völlig darauf, dass genau das von ihnen gesagt werden wird, was der Kreis zu diesem Zeitpunkt braucht. Dieses Vertrauen kann durch ein paar einfache Übungen gefördert werden.

Anerkenne, während du den anderen zuhörst, deine Assoziationen, deine Erinnerungen und Einsichten liebevoll – und lasse sie dann los. Nimm ein paar tiefe Atemzüge, wenn der Sprechgegenstand weitergereicht wird, und stelle dir vor, das Council würde ständig neu beginnen. Fühle dich immer wieder wie bei einem Neuanfang. Erinnere dich, dass du ein wesentlicher Teil des Kreises bist und als solcher zu deiner ureigenen Stimme finden wirst. Gelangt der Sprechgegenstand zu dir, halte inne, atme tief, lass alle Gedanken los und frage dich: „Was ist es, dass nun gesagt werden will?" Warte auf eine Antwort. Taucht nichts vor deinem geistigen Auge auf, taste die Empfindungen deines Körpers ab, finde heraus, wo sie herkommen und wie sie sich anfühlen. Das setzt meist eine geistige Aktivität frei. Frage dich bei jedem Bild, bei Worten oder einer Geschichte, die in dir auftauchen, ob du darüber sprechen möchtest. Ist dies der Fall, dann tu's. Spürst du Zweifel oder Ängste, frage dich still die drei folgenden Fragen:

Dient es mir, dies auszusprechen?
Dient es dem Kreis?
Dient es dem größeren Ganzen?

Mit dem „größeren Ganzen" ist an dieser Stelle die größte Gemeinschaft oder spirituelle Präsenz gemeint, mit der du dich im Moment verbunden fühlst. Das kann deine Sippe sein, deine Schulgemeinschaft, die Nachbarschaft, deine Firma, dein Volk, eine kulturelle oder geschlechtliche Identität, die menschliche Gemeinschaft, die Erde mit all ihren fühlenden Wesen, Gott, der Große Geist, Buddha... Endgültige Antworten auf diese Fragen sind nicht nötig. Allein die Fragestellung befördert die Klarheit und den notwendigen Mut, die auftauchenden Gedanken auszusprechen oder sie vorbeiziehen zu lassen. Wie du dich am Ende entscheidest, gibt dir ebenfalls Hinweise auf deine langfristige Beziehung zum Kreis. Hast du häufig das Gefühl, dass das, was dir dient, nicht dem Kreis dient, so kannst du dich fragen, ob diese Gruppe der richtige Ort für dich ist. Diese Empfindung mit dem Kreis zu teilen ist Grundlage dafür, die Beziehung zu den Gruppenmitgliedern fortwährend fließend und produktiv zu gestalten.

Es soll nicht behauptet werden, dass nur bei vollständiger Wahrung dieses Leitsatzes ein gutes Council zustande kommen kann. Die meisten von uns sammeln, noch während der Sprechgegenstand herum geht, Geschichten oder Anmerkungen, die wir gern loswerden möchten. Wenn wir uns damit gut fühlen, sie mitzuteilen, können wir das tun. Im Allgemeinen dient diese Herangehensweise uns und dem Kreis. Das Vierte Anliegen ist, genau wie die ersten drei, als Angebot für den guten Fortgang eines Councils zu verstehen, nicht als dessen Bedingung. Sie sind leitende, sich immer wieder neu ausrichtende Pfade, um in Bewegung mit dem Council zu wachsen und seine Früchte zu ernten.

Vertraulichkeit

Nachdem die Kerze angezündet ist, lasse ich manchmal meine Augen durch den Kreis wandern und Kontakt aufnehmen. Ich frage mich in diesem Augenblick, wie gut dieser Kreis wohl als sicheres Gefäß taugen wird. Der Beginn eines jeden Councils ist wie der Beginn einer Reise ins Ungewisse. Ich bin neugierig, wer an Bord ist und wie weit der Crew zu vertrauen ist, wenn das Wetter unangenehm wird. Es gibt nur ein Boot, und deshalb werden alle damit untergehen oder weiterschwimmen. Geht das Gefühl von Sicherheit verloren, glauben sich die Menschen verraten und das Vertrauen beginnt zu bröckeln. Ist das Vertrauensverhältnis erst einmal zerrüttet, braucht es eine lange Zeit, um verletzte Gefühle wieder zu heilen und das Council wieder in Fluss zu bringen. Bei wiederholten Vertrauensbrüchen verliert der Kreis sein Herz, ist gestört und das Schiff bekommt Schlagseite. Daher ist es wichtig, dem Thema Vertraulichkeit ausreichend Aufmerksamkeit zu schenken.

Auch in einer Gruppe von Erwachsenen sollte nicht vorausgesetzt werden, dass mit der Integrität des Kreises jederzeit achtsam umgegangen wird. Nicht jeder besitzt die gleiche Toleranzschwelle, wenn Dinge, die vertraulich im Kreis geäußert wurden, auf einmal an anderer Stelle auftauchen. Deshalb ist zu Beginn ein Austausch über die Wahrung der Intimität des Kreises sinnvoll. Dieser Austausch sollte von Zeit zu Zeit, wenn die Gruppe sich weiter öffnet, erneuert werden, denn Übereinkünfte, die zu Beginn eines fortlaufenden Councils getroffen wurden, können sechs Monate später bereits überholt sein.

„Wie kann ich sicher sein, dass die Leute meine Geheimnisse nicht weitererzählen?", fragte Jenny seufzend, nachdem wir darüber gesprochen hatten, wie viel Kraft in Äußerungen steckt, bei denen ich mein Herz öffne.

„Das kannst du natürlich nicht", antwortete ich. „Und das ist genau der Punkt. Wir machen uns auf den Weg, um dieses Vertrauen aufzubauen."

„Doch wenn ich noch kein Vertrauen habe, wie kann ich dann ehrlich sein?"

„Indem du bereit bist, etwas zu riskieren. Sonst wird es zu einem Teufelskreis und es kann kein Vertrauen entstehen. So kommen wir nirgendwo hin."

„Das macht mir Angst."

„Das verstehe ich, doch unsere Abmachung über Vertraulichkeit und die Praxis der Vier Absichten hilft dabei. Ohne diese Übereinkünfte, wäre es wirklich schwierig. Natürlich müssen wir die auch einhalten. So lass uns nochmals darauf schauen, ob sie für alle noch klar sind."

Die Unversehrtheit des Kreises achten

Welche Vereinbarung über die Vertraulichkeit getroffen wird, hängt von der Reife der Gruppe, ihren Absichten, der Häufigkeit der Zusammenkünfte und dem sozialen Umfeld, in dem die Treffen stattfinden, ab. Hier sind ein paar allgemeine Orientierungshilfen.

1. *Prüfe, welche Informationen außerhalb des Kreises dienen.* Möchte jemand außerhalb des Kreises etwas über die Angelegenheiten des Councils wissen, frage dich, ob es für ihn wirklich notwendig ist, darüber Informationen zu erhalten. Vielleicht ist er ein Mitglied der Gemeinschaft, in welcher der Kreis stattfindet, und die Ergebnisse der Beratungen haben direkte Auswirkungen auf seine Tätigkeit. Wenn solche Informationen für die betreffende Person tatsächlich von Bedeutung sind, sprich über die allgemeinen Ergebnisse, zu denen das Council gelangt ist. Siehst du keine Notwendigkeit, so stelle klar, dass der Kreis eine Vereinbarung über die Vertraulichkeit seiner Angelegenheiten getroffen hat und dass du diese respektieren möchtest. Wenn eine entsprechende Nachfrage auftaucht, erläutere den Unterschied zwischen Geheimhaltung und Vertraulichkeit.

2. *Erforsche deine Beweggründe.* Ertappst du dich dabei, jemandem ohne Notwendigkeit über ein laufendes Council zu erzählen, frage dich, warum du es tust. Tust du dies, um dich wichtig zu machen? Tratscht du herum? Ist deine Integrität intakt?

3. *Sprich über Inhalte*, nicht über persönliche Geschichten. Die Inhalte und Anliegen, die im Council besprochen wurden, herauszufiltern, ist meist kein Problem. Wenn du dir indes nicht sicher bist, halte dich an die ersten beiden Anmerkungen. Detaillierte Nacherzählungen von Geschichten oder Äußerungen und die Preisgabe der Quelle bedeuten immer eine Verletzung des Vertrauens.

4. *Bleibe bei deiner eigenen Erfahrung.* Wenn du das Bedürfnis hast, jemandem außerhalb des Kreises etwas über das Council mitzuteilen, halte dich an deine eigenen Geschichten und Kommentare und fasse diese zusammen und nicht die eines anderen Teilnehmers.

5. *Lade die Neugierigen ein.* Wenn jemand großes Interesse am Council zeigt, lade ihn ein, an der nächsten Sitzung teilzunehmen, vorausgesetzt, die Gruppe ist einverstanden. Falle nicht in die Gewohnheit, zu einer ständigen Informationsquelle für andere zu werden, auch wenn ein begründeter Bedarf an Information besteht.

6. *Sei wachsam gegenüber dem Entstehen undichter Stellen zwischen den Treffen.* Menschen, die gemeinsam im Council sitzen, haben selbstverständlich das Bedürfnis, sich zwischen den Sitzungen darüber zu unterhalten. Daraus können „undichte Stellen" entstehen, die dem Council abträglich sind. An der Ojai Foundation nennen wir das „talking in the bushes" (das heißt soviel wie Tratsch im Treppenhaus). Vertrauliche Gespräche von und über

Menschen, die mit im Kreis sitzen, berauben das Council der Gelegenheit, wichtige Themen gemeinsam zu bearbeiten. Das ist oft der Fall, wenn mit Hilfe des „Bushtalks" einer direkten Konfrontierung innerhalb der Gruppe aus dem Weg gegangen werden soll. Wenn es vorkommt, dass du dich außerhalb des Kreises über jemanden reden hörst, stelle dir die Frage: „Würde ich dasselbe der Person auch direkt ins Gesicht sagen können?" Andererseits kann der Kreis auch zwei seiner Mitglieder darum bitten, ihr gemeinsames, persönliches Thema vor der nächsten Sitzung zu bearbeiten und dem Kreis darüber zu berichten. Diese Herangehensweise ist bei Council-Runden in Familien, Gemeinschaften oder im Geschäftsleben durchaus üblich.

7. *Triff klare Absprachen.* Wenn deine Gruppe Absprachen über die Vertraulichkeit treffen möchte, bestehe auf einfachen und klaren Formulierungen, denn Missverständnisse kommen an dieser Stelle häufig vor, vor allem in Kreisen mit Schulkindern. Es ist dabei hilfreich, die Absprachen schriftlich niederzulegen. In einem fortlaufenden Council sollte es Teil der Absprache sein, von „Bushtalk" dringend abzuraten.

8. *Handele umgehend, wenn Absprachen gebrochen werden.* Nicht nur der Council-Leiter ist dafür verantwortlich, dass Verletzungen der Vertraulichkeit vor dem ganzen Kreis offengelegt werden. Es geht weniger darum festzustellen, wer es war, sondern darum, die Verletzung anzuerkennen, mit den entstandenen Gefühlen umzugehen und die getroffenen Absprachen neu zu betrachten. Tatsächlich kann die Verletzung das Vertrauen des Kreises eine Zeit lang mindern und ihn durch einen schmerzhaften Prozess der Erneuerung führen. Vertrauensbrüche weisen einerseits darauf hin, dass die Vereinbarungen neu verhandelt werden müssen, andererseits können sie ein Anzeichen dafür sein, dass die Art der Zusammenarbeit oder die Vision der Gruppe einer Überprüfung bedarf.

9. Ermutige zur Transparenz. Wie auch immer die Vereinbarungen zur Vertraulichkeit lauten, das Wesen des Councils hat nichts mit Heimlichtuerei zu tun. Die meisten Menschen fühlen sich nicht sicher in dieser Welt, solange sie nicht unverstellten Zugang zu Informationen und zu den ihnen wichtigen Menschen haben, sei es direkt oder indirekt. Council steht in dieser Hinsicht für eine offene, freie, uneigennützige Art der Verständigung, nicht für eine sich abschottende Haltung. Auch wenn Absprachen über Vertraulichkeit im Council mit Kindern zu empfehlen sind, halten viele Gruppen eine formalisierte Vorkehrung nicht für erforderlich. Letztlich verlangt Council jederzeit einen verantwortlichen Umgang mit dem, was wir miteinander – innerhalb und außerhalb des Kreises – teilen. Ist das Council-Bewusstsein stark in einer Gruppe verankert, so sind Vertrauensbrüche nur selten ein Problem. Das Gefühl von Vertrautheit und Sicherheit entsteht vielmehr durch die Bereitschaft zu Offenheit und Austausch als durch getroffene Vereinbarungen.

Grenzen und rechtliche Verpflichtungen
Findet das Council in einer pädagogischen Einrichtung statt, können mit dem Thema Vertraulichkeit wichtige gesetzliche Auflagen verbunden sein.

„Ich bin Lehrer und da gibt es Situationen, die nicht vertraulich behandelt werden dürfen. Mein hauptsächliches Anliegen ist die physische und emotionale Gesundheit meiner Kinder. Ich bin gesetzlich dazu verpflichtet, den entsprechenden Behörden zu melden, wenn der Verdacht von Kindesmissbrauch oder lebensbedrohender Äußerungen vorliegt. Die Regeln des Councils sind zu beachten, müssen aber hinter diesen Verpflichtungen zurücktreten. Wie kann ich da die Grenze ziehen?"

Therapeuten haben vergleichbare Anliegen.

„Als Therapeut habe ich gesetzliche und ethische Verpflichtungen gegenüber meinen Klienten und meinem Berufsstand. Wenn ich im

Council mit Klienten arbeite, muss ich jede entschlossen klingende Äußerung über Tötungs- oder Suizidabsichten den entsprechenden Stellen mitteilen. Ich arbeite auch mit Jugendlichen. Welche Informationen kann ich berechtigterweise ihren Eltern vorenthalten?"

Das sind zweifellos nicht leicht zu beantwortende Fragen! Diese sowohl gesetzlichen und beruflichen als auch sehr persönlich empfundenen Verpflichtungen müssen neben allen Erfordernissen der Vertraulichkeit respektiert werden. Wenn der Council-Leiter klar und deutlich mit diesen Themen umgeht, kann die Gratwanderung gelingen, ohne die Integrität des Councils zu beeinträchtigen. Über all die Jahre, in denen ich in schulischen und therapeutischen Councils gesessen habe, gab es nur ganz wenige Situationen, in denen die Vertraulichkeit aufgehoben werden musste. Hier einige Richtlinien:

Teile der Gruppe von vorneherein mit, welchen persönlichen und rechtlichen Verpflichtungen du als Leiter, Lehrer, Therapeut, Elternteil usw. unterliegst. Stelle klar, dass die Vertraulichkeitsabsprachen des Kreises mit diesen Einschränkungen vereinbar sein müssen. Das mag die Gruppe an der einen oder anderen Stelle hemmen, ist aber nicht zu ändern.

Taucht eine entsprechende Situation auf, sprich so bald wie möglich außerhalb des Councils mit der beteiligten Person und mache deine Verpflichtungen noch einmal klar. In einer Schule solltest du den Schüler dringend bitten, mit einem Lehrer, dem Direktor oder einem Elternteil zu sprechen. Wenn du die moralische Verpflichtung spürst, Eltern über die großen Schwierigkeiten ihres Kindes zu informieren, sprich vorher mit dem Kind über deine Absicht. Schlage ihm vor, dass du und das Kind oder das Kind und ein Lehrer gemeinsam ein Gespräch mit den Eltern führen.

Wenn es unumgänglich war, außerhalb des Kreises tätig zu werden, berichte dem Kreis gerade so viel oder so wenig an Einzelheiten, wie es für die betroffenen Personen erträglich ist. Manchmal genügt die Mitteilung, dass etwas in Übereinkunft mit den Abmachungen aus dem Kreis getragen wurde.

Sich dem Thema nähern

Der Rahmen ist gesetzt, der Sprechgegenstand gewählt, die Vier Absichten des Councils sind besprochen und eine Vertraulichkeitsvereinbarung ist getroffen. Jetzt geht es darum herauszufinden, ob ein Thema, ein roter Faden für das Council gefunden werden muss. Und wenn ja, welches und welcher? Inwieweit kann einem Council ein präziser Fokus gegeben werden? Können Council-Runden durch Voranstellung einer Agenda gestaltet werden?

Ja und Nein!

Ja, du kannst den Kurs im Vorfeld abstecken, um eine gewählte Fragestellung zu erforschen, eine Entscheidung zu finden, einen bestimmten Konflikt zu lösen oder das Gemeinschaftsgefühl zu stärken. Doch im Gegensatz zu Versammlungen, die einer hierarchischen Kommunikationsstruktur unterliegen (z. B. einem Vorstandstreffen, das vom Geschäftsführer geleitet wird, oder einer Zusammenkunft des Lehrkörpers, die der Schuldirektor moderiert), hat der Council-Prozess die Eigenheit, einen einmal getroffenen thematischen Vorsatz umzuschreiben, indem er verborgene Themen zutage fördert. Es ähnelt ein bisschen dem Versuch zweier Liebenden, ihrer Beziehung im Voraus eine bestimmte Zielsetzung zu geben. Manches mag durchaus in Erfüllung gehen, doch jede Beziehung hat ein Eigenleben und der Weg zum vermeintlichen Ziel wird nur teilweise der ursprünglichen Vorstellung ähneln.

In diesem Sinne hat jedes Council seine eigene Gestalt, seine Gefühlslage, seinen eigenen Rhythmus und die eigene Geschwindigkeit. Und weil ein Council ein Ritual ist, hat es auch eine eigene spirituelle Qualität. Oft zeigen sich neue Themen und Gefühle in der Runde, welche die ursprünglichen erweitern oder verändern. Ein erfahrener Council-Leiter kann die Gruppe wieder in eine vorgewählte Richtung zurückführen, wenn sie sich weit davon entfernt hat, doch manchmal sollte der unmittelbar hervortretende „Wille des Kreises" in seiner Entfaltung nicht behindert werden. Das bedeutet nicht, dass der Leiter die Kontrolle verliert – das könnte es in einem herkömmlichen Treffen bedeuten –, sondern dass sich der Kreis seinen eigenen, unzweifelhaft folgerichtigen Weg bahnt. Ein einfühlsamer Leiter erkennt und unterstützt diese Bewegung, auch wenn sie nicht im Einklang mit der anfänglichen Intention zu stehen scheint. Tatsächlich ist es ein besonderes Vermögen des Councils, das wahre Anliegen der Gruppe aufzudecken, auch wenn es zu Beginn weder den Teilnehmern noch dem Leiter zugänglich war.

Ich erinnere mich an ein frühes Council in der Heartlight School, bei dem die Lehrer das Thema vorgegeben hatten: Wie können die Schüler größere Verantwortung bei der Instandhaltung der Schule übernehmen? Ein paar der Kinder taten zu Beginn ihr Bestes, um auf diese, für sie nicht gerade begeisternde Fragestellung zu antworten. Viele der Kommentare zeigten jedoch, dass die Kinder sich nicht ermächtigt fühlten, Entscheidungen zu treffen, die ihren Schulalltag beeinflussten. Eine Weile widerstand ich der Versuchung, den Fokus des Themas zu verändern, weil ich nicht wollte, dass die Schüler und Schülerinnen ihrer Verantwortlichkeit auswichen. Doch schon bald zeigte sich das zugrunde liegende Thema deutlich: Wer hat an der Schule das Sagen? Ich unterbrach also das Council, räumte ein, dass sich die Leitfrage verschoben hatte, und wir begannen, uns dem wirklichen Problem zu widmen. Das Ergebnis des Councils war, dass wir fortan die Schüler aktiver an unseren Entscheidungsfindungsprozessen beteiligten. Nachdem die Machtfrage einmal untersucht worden war, verringerte sich das Problem der Pflege des Schulgeländes auf ein annehmbares Maß.

Die Wahrnehmung einer stimmigen Bewegung im Council ist vergleichbar mit dem Gefühl innerhalb eines Orchesters, welches sich einem unsichtbaren Dirigenten überlässt, der klarer als jeder andere im Ensemble die Partitur der Musik erfasst. Ein guter Council-Leiter und der Kreis selbst folgen bereitwillig einer solchen Richtungsänderung, wenn sie die Anwesenheit jenes Dirigenten offenbart. So bringen sie die Musik vollends zur Entfaltung. Erfahrene Schullehrer machen übrigens eine ähnliche Erfahrung. Sie bereiten ihre Stunden sorgfältig vor, sind jedoch jederzeit bereit, den Stundenplan zu ändern, wenn ein wichtigeres, zwingendes Thema in der Klasse auftaucht.

Wenn einmal anerkannt ist, dass das wirkliche Anliegen eines Kreises nicht immer der ursprünglichen Idee entspricht, so können von nun an mögliche Themenstellungen mit Bescheidenheit und realistischer Erwartungshaltung betrachtet werden. Viele Council-Themen werden am besten in Form einer Frage gestellt. Auch die Einladung zu einer bestimmten Art von Geschichten kann Licht auf die essentiellen Motive des Kreises werfen.

Den Kreis eröffnen

Endlich kommt dein Kreis zum ersten Mal zustande. Vielleicht ist es der Beginn eines Arbeitstreffens, das Eröffnungstreffen einer Projektplanungsgruppe oder der erste Kreis einer Gruppe älterer Schüler. Als einer der Council-Leiter hast du über das Vorhaben der Gruppe gesprochen, zur Einstimmung eine oder zwei Geschichten erzählt und den Kreis mit dem Ablauf des Councils bekannt gemacht. Nun möchtest du dabei behilflich sein, dass sich die Teilnehmer gegenseitig kennen lernen und die Gruppendynamik in Bewegung gerät. Hier sind ein paar mögliche, eröffnende Fragestellungen. Ich beginne mit denjenigen, bei denen das persönliche Risiko am geringsten ist:

- Was habt ihr für Erwartungen an unsere gemeinsame Zeit?
- Welches Thema bewegt die Gruppe deiner Meinung nach im Moment?
- Welche Beweggründe haben dich in diesen Kreis geführt?
- Wie lautet dein Name? Wer gab ihn dir und warum? Was bedeutet er in seiner ursprünglichen Sprache? Magst du deinen Namen? Wenn du einen Spitznamen hast, wie hast du ihn bekommen? (Dies ist besonders in multikulturellen Gruppen ein wirkungsvoller Auftakt.)

- Wer sind deine Vorfahren? Teile uns etwas über deine Abstammungslinie mit.
- Wie würdest du den Stamm oder die Gemeinschaften beschreiben, zu denen du dich zugehörig fühlst – in Bezug auf deine Rasse, deine Kultur, dein Volk oder deine Spiritualität? (Diese Frage ist bei Erwachsenen oder älteren Jugendlichen sinnvoll.)
- Welche Erfahrung, welche Fähigkeiten oder welchen anderen Aspekt von dir bringst du als Geschenk mit in diese Gruppe?
- Worum dreht sich dein Leben im Moment? Wie hängt das mit dem Anlass unseres heutigen Treffens zusammen?
- Was wird gerade in dir geboren, wächst und ist lebendig? Was stirbt?
- Erzähle eine Geschichte über deine Großmutter oder deinen Großvater, über eine Tante, einen Onkel oder einen Mentor – wer immer dir in den Sinn kommt.
- Erzähle eine Geschichte über etwas, das dich vor kurzer Zeit völlig unerwartet getroffen hat.

Wenn es sich um eine reife Gruppe handelt, die Teilnehmer sich kennen oder sich schon einmal getroffen haben, sind durchaus „bohrende" Fragestellungen möglich. Fühlst du beispielsweise Unruhe oder Unbehagen im Kreis, können folgende Fragen dienlich sein.
- Welches Gefühl, welches Verhaltensmuster oder welchen Teil von dir möchtest du jetzt loslassen, um im Kreis ganz präsent sein zu können?
- Gibt es etwas in Bezug auf die Gruppe oder ihr Ziel, das dir Unbehagen bereitet?
- Was steht dir im Weg, damit du dich in diesem Augenblick ganz wohl fühlen kannst?
- Was ist deine größte momentane Sorge oder Angst?

Wetterberichte

Oft ist es eine gute Idee, den Kreisteilnehmern Gelegenheit zu geben, sich über ihre momentane Befindlichkeit zu äußern. Das kann verborgene Schwierigkeiten innerhalb der Gruppendynamik oder Themen für zukünftige Treffen aufzeigen. Die Hinleitung auf eine solche Council-Runde ist einfach und direkt:

„Teilt uns mit, wie ihr euch fühlt oder was euch gerade bewegt. Und was eurer Meinung nach unserer gemeinsamen Zeit dient."

Auch ein „Wetterbericht" ist geeignet, versteckte Gefühle ans Licht zu bringen: „Wie ist eure innere Wetterlage im Moment? Ist es ruhig und sonnig oder zieht ein Sturm herauf? Gebt uns einen Bericht."

„Wetterberichte" sind wirkungsvoll, wenn die Zeit des Councils begrenzt ist oder die Teilnehmer nach wie vor verhalten miteinander umgehen. Ebenso tragen sie zur Vertrauensbildung in Gruppen mit jungen Leuten bei. Die „Wetter"-Metapher unterstützt leichtherzige, einfache und bildhafte Antworten, die manchmal leichter auszusprechen sind als ganz ungeschminkte Enthüllungen, gibt den Teilnehmern aber dennoch eine Momentaufnahme des Klimas innerhalb des Kreises. (Es müssen dabei natürlich nicht nur „Wetter"-Vokabeln benutzt werden.)

In den Sturm hineinsteuern

Es ist lebensnotwendig für das Gelingen des Councils, das Vertrauen innerhalb des Kreises fortwährend zu stärken. Um Vertrauen aufzubauen, bedarf es der größtmöglichen Aufrichtigkeit der Teilnehmer. So könnte sich ein in dieser Hinsicht sinnvolles Gespräch unter erwachsenen Council-Teilnehmern anhören:

„Ich habe mich in unseren letzten Council-Runden nicht wohlgefühlt. Ich frage mich, warum ich dem Kreis mein Innerstes anvertrauen sollte. Ich fühle mich nicht sicher, auch wenn ich die einzelnen Gesichter inzwischen besser kennen gelernt habe. Ich weiß nicht, warum es mir so schwerfällt, dieser Runde Vertrauen entgegenzubringen."

„Ich ringe ebenfalls mit mir. Ich bemerke, wie wir in letzter Zeit nur an der Oberfläche bleiben. Es scheint, als ob wir einen Schutzwall um uns herum aufbauen. Ich frage mich, ob wir unsere vertrauliche Abmachung gebrochen und mit anderen über unsere Council-Runden gesprochen haben."

„ Es ist gut, das alles offen auszusprechen. Zumindest sollten wir dem Kreis so weit trauen, dass wir ihm sagen können, wenn wir dies *nicht* tun. Möglicherweise hören wir einander nicht so zu, wie wir das gewohnt sind."

Schwankendes Vertrauen ist in fortlaufenden Gruppen nichts Ungewöhnliches. Häufig können die Gründe für den Vertrauensverlust nachvollzogen werden, wenn die Gruppe das Problemfeld wirklich erforschen will. Gängige Ursachen für Vertrauensverlust sind:

- Es wurde kein klares Vertraulichkeitsabkommen geschlossen.
- Ein oder mehrere Teilnehmer haben die Vereinbarungen über die Vertraulichkeit verletzt.
- Es gibt einen Konflikt in der Gruppe, der noch nicht offen benannt wurde.
- Es haben sich Fraktionen gebildet oder es sind persönliche Feindseligkeiten aufgetreten, die noch nicht zur Sprache gebracht wurden.
- Die Council-Leiter und/oder die Teilnehmer sind unaufmerksam und deshalb nicht in der Lage, ihren Teil zum Gelingen des Prozesses beizutragen. Das Council macht daher nicht den Eindruck eines sicheren Containers.
- Einige Teilnehmer fühlen sich mit einem anstehenden heiklen Thema nicht wohl. (Vielleicht nehmen sie es selbst noch nicht einmal wahr.) Sie lachen nervös oder sprechen über etwas anderes, sobald das kritische Thema im Kreis auftaucht und sie an der Reihe sind.
- Der Kreis besteht aus einer Gruppe erfahrener Council-Leiter.

Statt diejenigen, die für die Leitung ausgewählt wurden, zu unterstützen, spielen die anderen ununterbrochen – bewusst oder unbewusst – mit dem Gedanken, sie könnten das Council viel effektiver gestalten. Sie beschäftigen sich nur noch mit ihren kritischen Gedanken und können so den wahren Intentionen des Councils nicht mehr folgen.

Manches Mal verliert sich das Wohlbefinden innerhalb des Kreises aus viel subtileren Gründen. Das Vertrauen kann sich zwar stark genug ausgebildet haben, um zu tieferen Ebenen der Wahrheit zu gelangen, doch die Gruppe wagt den Sprung nicht, manchmal, weil sie sich einfach an ihre alten Verhaltensmuster klammert. Die Leute sind unruhig und mürrisch, die Gedanken wandern hin und her. Das Council wirkt oberflächlich oder steckt fest. Schließlich spricht es jemand aus: „Wir hören einander nicht zu. Vielleicht vermeiden wir es, in die Tiefe zu gehen."

Solche Vertrauenskrisen in fortlaufenden Councils beinhalten die Chance, die Arbeit im Kreis zu vertiefen und auszudehnen, wenn die Gruppe dahin kommt, den Schwierigkeiten begegnen und aufrichtig miteinander sprechen zu wollen. Wir nennen das „das Schiff in den Sturm steuern". Ein Council, das es vermeidet, sich offen den ungesunden Anteilen seiner Dynamik zu stellen, schwächt seine Fähigkeit zur vertrauensvollen Kommunikation und verliert so die Möglichkeit gesteigerter innerer Vertrautheit. Es quält sich schließlich an der Oberfläche vorwärts.

Die einfachste Art, etwas über das Ausmaß des Vertrauens herauszufinden, besteht darin, zu fragen, ob und inwieweit die Teilnehmer dem Gruppenprozess vertrauen. Ist der Kreis in der Lage, in dieser Hinsicht Äußerungen über einzelne Teilnehmer abzugeben – umso besser. Manchmal kann der Council-Leiter außerhalb des Kreises in Gesprächen unterstützend wirken. Er kann dort diejenigen, die noch Bedenken haben, im Kreis zu sprechen, unterstützen, beim nächsten Mal ihre Befindlichkeit zum Ausdruck zu bringen.

Ist die Gruppe ganz neu oder der Vertrauensverlust ist wirklich zum

Problem geworden, können ein oder mehrere Councils zum Thema Vertrauen Abhilfe schaffen. Auch hier sind die Themen am besten als Frage oder als Bitte um eine bestimmte Geschichte zu formulieren:

- Was bedeutet es für dich, jemandem zu vertrauen?
- Wem vertraust du in deinem Leben besonders?
- Was macht gerade diese Person für dich so vertrauenswürdig?
- Wie macht es sich für dich bemerkbar, wenn dein Vertrauen ins Wanken gerät?
- Hältst du dich selbst für jemanden, dem zu trauen ist? Welche Eigenschaften machen dich besonders vertrauenswürdig? Gibt es etwas an dir, dem nicht zu trauen ist?
- Wie muss eine Gruppe beschaffen sein, damit du ihr stark vertraust? Welche Eigenschaften veranlassen dich, einer Gruppe nicht so sehr zu vertrauen?
- Erzähle eine Geschichte über eine Begebenheit, in der eine Gruppe oder ein Individuum dein Vertrauen missbraucht hat.
- Erzähle eine Geschichte über einen Vertrauensbruch deinerseits.

„Das Schiff in den Sturm hineinzusteuern" ist eine in vielen Situationen wirkungsvolle Methode. Angst, Verwirrung, Entmutigung und Orientierungslosigkeit sind weitere „Stürme", die häufig in fortlaufenden Kreisen auftreten. All diese Themen können mit Hilfe einer entsprechenden Fragestellung oder der Aufforderung zu einer passenden Geschichte im Council untersucht werden. Ist die Zeit zu kurz für eine spezielle Runde zum Thema, so löst manchmal bereits die Benennung die rauen Winde in Nichts auf.

Vor einiger Zeit sah sich die Leitung der Ojai Foundation einigen Problemen gegenüber, die teilweise durch eine unklare Vision und das Festhalten an herkömmlichen Geschäftsmethoden entstanden waren. Wir hatten eine Reihe von Abenden zur Beschaffung von Geldmitteln geplant, doch war für den zweiten Termin viel zu wenig

Werbung gemacht worden. Nicht ein potentieller Geldgeber nahm an der Veranstaltung teil. Nachdem wir eine Weile Trübsal geblasen hatten, machten wir uns schließlich über uns lustig und fragten uns, was wir aus dieser Erfahrung für uns herausholen konnten. Wir steuerten also in den Sturm hinein und hielten ein spontanes Council. Dies wiederum brachte uns auf ein Thema, mit dem wir das Treffen der Geschäftsführung ein paar Tage später eröffneten: „Stellt euch vor, wir machen die Ojai Foundation dicht, zahlen unsere Vermögenswerte aus und beenden alle unsere Projekte. Gibt es irgendetwas, das du in diesem Falle bis jetzt noch nicht getan hast oder das du bereuen würdest, nicht getan zu haben? Was müsste vorher noch bewerkstelligt werden, damit du dich rund fühlst? Dies ist nicht nur eine hypothetische Übung. Die Schließung ist eine ganz real existierende Möglichkeit."

Es war eine überwältigende und kraftvolle Übung. Jeder von uns ließ in diesem Moment auf seine Weise seine enge Bindung an die Gemeinschaft los. Wir betrauerten den Verlust und wurden uns einer Fülle unerledigter Dinge bewusst. Wir drückten unsere tiefe gegenseitige Zuneigung, unsere Liebe zum Land der Foundation und zu unserem Dienst in der Welt aus. Wir schliefen in dieser Nacht ein, ohne eine Entscheidung für die Zukunft getroffen zu haben. Am nächsten Morgen hielten wir ein „Visions-Council" (siehe Kapitel 4). Aus diesem Kreis traten die Bestimmung und die Ausrichtung der Foundation klarer denn je hervor. Verschiedene mutige, neue Ideen zur Verbesserung unserer Programme und unserer finanziellen Situation kamen ans Licht. Spät an jenem Nachmittag feierten wir unsere „Wiedergeburt".

Kapitel 3

Auftrag und Form in Einklang bringen

„Spiraling into the center
The center of the wheel
Spiraling into the center
The center of the wheel
I am the weaver
I am the woven one
I am the dreamer
I am the dream."

Gesang von Lorna Kohler,
aufgenommen von Acoustic Medicine

Die Disziplin des Councils fordert auch die Geduldigsten unter uns heraus: Vielleicht vergaß ich, etwas Wichtiges zu sagen, als ich den Redegegenstand in der Hand hielt. Vielleicht gab ich ihn schweigend weiter und nun drängt es mich zu sprechen. Möglicherweise äußerte jemand mir gegenüber etwas, auf das ich gern umgehend antworten würde, oder ich bin mir sicher, die Verwirrung in der Gruppe klären zu können, wenn ich nur... Vielleicht gibt es für eine weitere Runde keine Zeit mehr oder der Kreis ist zu groß, als dass jeder reden könnte, oder eine Auseinandersetzung zwischen zwei Teilnehmern beherrscht das ganze Council.

Der Weg des Redegegenstandes entlang des Kreises, eine Person, die spricht – das ist der kontinuierliche Pulsschlag des Prozesses. Doch selbst ein etablierter Rhythmus kann variiert werden. Denn auch wenn die Schlichtheit und die Weisheit dieses beschriebenen traditionellen Councils in vielen Situationen hilfreich ist, gibt es Gegebenheiten, in denen andere Council-Formate den Anliegen der Gruppe besser dienen. Solange die Leitsätze verstanden sind und beherzigt werden, sind die Möglichkeiten unbegrenzt.

Wechselnde Formate

Viele Formen des Councils haben sich über die Jahre bewährt. Sie haben sich in einem natürlichen Entwicklungsprozess herausgebildet. Die Formen, die überdauerten, haben sich in einer Vielzahl von Situationen als dienlich erwiesen.

Auf unserer Forschungsreise wurden wir dabei von den unterschiedlichsten Quellen inspiriert, vor allem von den verwandten Feldern der Meditation und der Konfliktlösung. Auch lernten wir sowohl aus der Art und Weise, wie Musiker oder Schauspieler miteinander agieren, als auch von talentierten Lehrern, die mit Kindern arbeiteten, ferner von anderen Traditionen, wie dem Quäker-Service oder der frühen hawaiischen Kultur.

Dialog: Das Netz

Ein Lauschangriff auf eine Gruppe von Zwölfjährigen, die eine zehnwöchige Council-Erfahrung besaßen, offenbarte ein allgemeines Dilemma.

„Ich muss noch einmal sprechen, sonst explodiere ich!"

„Pah! Lynda hat den Stab. Du warst schon an der Reihe."

„Aber ich kann Sam nicht so labern lassen, ohne dass ich…"

„Bitte! Wir sind im Council!"

„Ich kann nicht…"

„Warte doch nur, bis die Runde vorbei ist. Dann legen wir den Sprechgegenstand noch einmal in die Mitte. Dann kann ihn jeder, der möchte, noch einmal aufnehmen."

„Wenn ich das so lange aushalten kann!"

Befindet sich der Redegegenstand nach ein oder zwei Runden wieder in der Mitte des Kreises, kann ihn jeder aufnehmen, erneut sprechen und ihn danach zurücklegen. Wir nennen dies das Netz-Format, weil der Redegegenstand in geordneter, wenn auch unregelmäßiger Art und Weise hin und zurück und durch den Kreis wandert. Das Netz wird gewoben, bis die Zeit abgelaufen ist oder der Kreis seine Vollendung erreicht hat.

Der Redegegenstand in der Mitte gibt denjenigen, die zu Beginn nicht gesprochen haben, eine neue Gelegenheit, anderen bietet er die Möglichkeit, etwas hinzuzufügen oder gar die verlorenen Enden eines thematischen Fadens wieder aufzugreifen und zusammenzufügen. Hat jeder zuvor einmal gesprochen, können solche vervollständigenden Worte den bis dahin gefundenen Einsichten eine ganz neue, kraftvolle Qualität verleihen. Das Netz webt Bemerkungen oder fragmentarische Geschichten von ganz verschiedenen Teilnehmern ein und gibt die Möglichkeit, direkt auf jemanden zu antworten, der soeben gesprochen hat.

Die Netz-Form ist besonders in zeitlich begrenzten Situationen hilfreich, weil mit jedem Sprecher die Übereinkunft, das Council fortzuführen, neu getroffen wird. Das nach unserer Erfahrung geringe Risiko dieses Formates besteht darin, dass einige Wenige das Council dominieren, indem sie fortwährend den Sprechstab ergreifen. In diesem Fall haben jedoch jederzeit sowohl der Leiter als auch andere Teilnehmer die Möglichkeit, den Redegegenstand aufzunehmen und die Situation zu bereinigen.

Den Redegegenstand nach einem Durchgang noch einmal in die Mitte zu legen, ermutigt jeden im Kreis, das Gehörte zusammenzufassen oder erschöpfend zu ergänzen und das Council damit zu beenden, ohne dass der Leiter in dieser Verantwortung stehen muss.

Bei einer spielerischen Variante des Netzes kann die Person, die soeben gesprochen hat, den Redegegenstand entweder in die Mitte legen oder ihn an eine beliebige Person im Kreis weitergeben. Diese

Spielart dient der Praxis der Spontaneität. Die Person, die den Redegegenstand erhalten hat, kann – wie immer – mit Schweigen antworten, den Gegenstand in die Mitte legen oder ihn ebenfalls einem anderen Teilnehmer weiterreichen.

Persönliches Feedback: Antwort-Councils

Befindet sich eine Gruppe in einem fortlaufenden Prozess, beispielsweise einem Wochentraining, so kann es sehr wichtig sein, den Teilnehmern die Möglichkeit einzuräumen, um direkte Antwort zu bitten. Ein Teilnehmer kann dann ein persönliches Feedback erfragen, auch wenn für gewöhnlich jeder mit seiner Antwort warten muss, bis er an der Reihe ist.

Der Redegegenstand geht in diesem Fall zunächst wie bekannt im Kreis herum, doch wer ihn hält, hat verschiedene Optionen. Nehmen wir an, eine Rednerin beschreibt zunächst ihr momentanes Befinden, vielleicht fühlt sie sich isoliert oder ist über etwas wütend. Sie fährt fort mit der Einschätzung, wie das Training bisher für sie verlaufen ist und wie sie mit den Leitern zurechtkommt. Vielleicht beschwert sie sich über das Essen. Während sie noch den Redegegenstand in der Hand hält, kann sie andere Teilnehmer um eine direkte Antwort auf ihre Ausführungen bitten. Diese können Bemerkungen aus der Zeugenperspektive (siehe Kapitel 4) oder dienliche Hinweise abgeben oder direkt an sie gestellte Fragen beantworten – um was auch immer die Rednerin gebeten hat.

Durch diese Art von Council lässt sich die Luft zwischen den Teilnehmern reinigen. Ihnen wird die Möglichkeit gegeben, so viel Feedback zu erhalten, wie sie bereit sind, anzunehmen. Jeder kann somit sein eigener Council-Leiter sein. Damit liefert das Antwort-Council eine Struktur, wie sie ganz natürlich in gut funktionierenden Familien vorkommt.

Ein Antwort-Council ist vor allem dann wirkungsvoll, wenn...

- ... eine kleine Gruppe von Mitarbeitern, Kollegen oder Gleichgesinnten auf persönlicher Ebene im Austausch miteinander bleiben wollen.
- ... eine Familie die Grundform des Councils erweitern möchte.
- ... ein Einzelner oder ein Paar sich vor einer schwerwiegenden Entscheidung eine Einschätzung von Freunden oder der Familie wünscht.

Multilog: Der Doppelkreis oder das Fishbowl

Ein andere Alternative zur schlichten Council-Form ist das auch anderen Kreisen als Methode zur Diskussionsführung bekannte Fishbowl-Format (fishbowl = Goldfischglas), auch „Doppelkreis" genannt. Die Gruppe, die aktiv das Council hält, bildet hierbei einen inneren Kreis, während die anderen im äußeren Ring sitzen. Dies ist ein gern gewähltes Modell, wenn die Gruppe zu groß ist, um in einer begrenzten Zeit ein konventionelles Council durchzuführen und doch jeder am Rat teilhaben sollte. Bei folgenden Gruppenkonstellationen haben wir gute Erfahrungen mit diesem Format gemacht:

- Der innere Kreis besteht aus erfahrenen Council-Teilnehmern, die dem unerfahreneren äußeren Kreis die Praxis aufzeigen.
- Der innere Kreis besteht aus Council-Auszubildenden, die aus dem Moment heraus entscheiden, welches Format, welchen Redegegenstand und welchen Leiter sie wählen wollen. Der äußere Kreis bezeugt den Prozess und bietet Reflexion und Beratung an.
- Der innere Kreis besteht aus von der Gruppe gewählten Mitgliedern, im äußeren Kreis sitzen diejenigen, die ihre Vertreter während des Councils beobachten möchten. Diese spezielle Anwendung des Doppelkreises ähnelt dem traditionellen Weisheits-Council, in dem der innere Kreis durch die Ältesten der

Gemeinschaft gebildet wird. Sie werden gerufen, um ihre Einsichten und Erfahrungen mit den anderen zu teilen. Ein uns bekanntes Gymnasium wendet das Fishbowl an, wenn es seine regelmäßigen Schüler-Councils abhält. Schülervertreter und Vertreter der Fakultät formen den inneren Ring, während der Rest der Schule eingeladen ist, den äußeren Zeugenkreis zu bilden. Dieses Format erlaubt dem Schülerrat effizient unter Beobachtung der ganzen Fakultät und des Schulkörpers zu agieren.

- Der innere Kreis bildet sich spontan durch Eigenwahl oder Auslosung und soll die gesamte Gruppe während der Erforschung einer bedeutsamen Fragestellung repräsentieren. Das Miterleben der Bemühungen des inneren Kreises, einen Konflikt beizulegen, eine Entscheidung zu treffen oder sich mit einem Thema auseinanderzusetzen, kann für den äußeren Ring sehr aufschlussreich sein und unter Umständen die Notwendigkeit weiterer Beratungen innerhalb der ganzen Gruppe vermeiden. Das Fishbowl kann den Teilnehmern, die durch ein bestimmtes Thema besonders berührt oder betroffen sind, die Möglichkeit geben, dieses vor der ganzen Gruppe zu debattieren.

- Der innere und der äußere Kreis stellen eine natürliche Aufteilung der gesamten Gruppe dar (Frauen/Männer, Kinder/Erwachsene, Jugendliche/Älteste, Eltern/Lehrer, Angestellte/Aufsichtsrat usw.). Das Ziel ist es, jeder Gruppe die Gelegenheit zu bieten, mit anzuhören und dabei zu erfahren, wie die anderen Teile der Gemeinschaft funktionieren. Folglich wechseln in diesem Format die Fraktionen nach einem Durchgang ihre Plätze.

- Gigi erinnert sich an einen der ersten Doppelkreise, den sie leitete:

- „…Nach 20 Jahren Erfahrung mit Gruppen dachte ich, nun alles gehört und gesehen zu haben. Doch als ich Zeugin eines Männerkreises wurde, der seine Schmerzen über das Leid in der Welt zum Ausdruck brachte, musste ich mich erst einmal niederlegen. Ich befand mich in einem Zustand, der mich ‚zwischen den Welten' hören ließ. Auch wenn ich fürchtete, dass ich für manche im Kreis nicht mehr anwesend war und mein Zeugenamt aufgegeben hatte, musste ich mit der Wahrheit meines Körpers gehen. Als ich an der Reihe war, setzte ich mich in völliger Wachheit auf und spürte, dass die tiefe Anteilnahme der Männer wie nie zuvor eine große Last von meinen Schultern genommen hatte. Ich fühlte mich begleitet und nicht mehr allein. Mein innerer Frieden ließ mich wieder aufleben und brachte ein neues Vertrauen in die Männer in mir hervor, das ich seit meiner Kindheit vermisst hatte."

Feinschliff: Die Spirale

Stelle dir vor, in deiner Gruppe sind dreißig, vierzig, fünfzig oder gar hundert Menschen, von denen viele etwas zu einem speziellen Thema zu sagen haben. Ein traditionelles Council würde hier sehr langwierig sein, Wiederholungen wären an der Tagesordnung, weil jeder am Auskundschaften des Themas teilnehmen wollte und die Gelegenheit dazu auch bekäme.

Eine Praxis, die in diesem Fall sehr gut funktioniert, ist eine Abwandlung des Fishbowl, die wir „Spirale"[6] nennen. In der Mitte des großen Kreises werden je nach Gruppengröße vier bis acht Sitze platziert. Nachdem das Thema formuliert ist, wird die Methode vorgestellt.

„Wir werden die Spirale nutzen, um unser Thema zu erkunden. Diejenigen, die es zu sprechen drängt, nehmen zu Beginn einen der freien Plätze in der Mitte ein. Nachdem sich der innere Kreis gefüllt hat, wird die Widmung gesprochen und ein jeder in der Mitte kann

---

6 Einige Mediatoren nennen die Spiralform „Fishbowl", was uns unpassend erscheint, da durch die Spirale ein offener und kontinuierlich wechselnder Raum entsteht.

den Redegegenstand aufnehmen und beginnen. (Um der Spirale ihre Richtung und Form zu geben, ist es sinnvoll, den Sprechstab entsprechend dem Lauf der Sonne wandern zu lassen.) Derjenige, der gesprochen hat, wartet zunächst den Redner nach ihm ab, bevor er seinen Platz frei macht und sich wieder in den äußeren Kreis begibt. Daraufhin kann der frei gewordene Platz erneut besetzt werden. Diese Methode bricht mit dem in unserer Kultur üblichen Verhaltensmuster, nach einer eigenen leidenschaftlichen Äußerung nicht mehr der Antwort zuzuhören, die diese auslöst. In dieser Form von Council gibt es eine spiralförmige Bewegung der Stimmen aus dem inneren in den äußeren Kreis und umgekehrt. So wechselt der Ring der Zeugen in einem kontinuierlichen Fluss. Wir beenden das Council, wenn dessen Zeit abgelaufen ist oder sich der Prozess als abgeschlossen erweist."

Ist die Gruppe nicht zu groß oder müssen nicht sämtliche Meinungen gehört werden, darf der innere Kreis mehrmals betreten werden. In jedem Fall sollte das Feingefühl gegenüber dem Verlauf des Prozesses die eigene Entscheidung, wann und ob zu sprechen angebracht sei, tragen. Am besten ist es zu warten, bis sich der innere Kreis gefüllt hat, der Redegegenstand ausgewählt und die Kerze entzündet wurde. Hat das Council begonnen, sollte nicht jedes Mal die Komplettierung des inneren Kreises abgewartet, sondern der Gegenstand in einem kontinuierlichen Fluss im Uhrzeigersinn durch den Kreis gereicht werden, auch wenn nicht alle Plätze besetzt sind.

Die Council-Leiter können sowohl aus dem inneren als auch aus dem äußeren Kreis heraus teilnehmen. Sie können sich auch vorab entscheiden, nur als Zeugen anwesend zu sein. Das Council kann ausklingen, indem der Leiter einen freien Sitz aus dem inneren Kreis entfernt und die verbleibenden Teilnehmer um einen ihnen passenden Abschluss bittet. Danach können noch einige letzte Kommentare aus der Zeugenperspektive die Spirale zum Ende führen.

Es gibt unzählige nützliche Abwandlungen der Spirale. Zum Beispiel kann der ganze innere Kreis in der Mitte verweilen, bis der Letzte gesprochen hat. Dann verlässt diese Gruppe das Zentrum und eine neue kommt hinein. Dieser serielle Doppelkreis ist weniger fließend als die Spirale, erlaubt jedoch einen umfassenden Austausch innerhalb der jeweiligen Zentrumsgruppen.

Die Teilnahme an einer Spirale kann zu einer kraftvollen Erfahrung werden. Die Bewegung zwischen dem äußeren und dem inneren Teilnehmerkreis führt dem behandelten Thema stets frische Impulse zu. Den anderen bei ihrem Austausch zuhören zu können, ohne ständig darin vollkommen involviert zu sein, schafft eine gute Balance zwischen unvoreingenommenem Bezeugen und persönlicher Anteilnahme. Diese Art von Perspektive hilft, sich und die Diskussion von eingefahrenen Positionen zu befreien. Die Spirale ist ein ausgezeichnetes Format, um das Wertebild des Kreises zu erforschen und jeden Teilnehmer mit seinen „unumstößlichen" Annahmen in Berührung zu bringen. Wenn wir in der Spirale gleichermaßen bezeugen und teilnehmen, können die inneren Einstellungen und Ansichten der anderen offener und nicht von eigenen Standpunkten blockiert wahrgenommen werden. Unsere eigenen Wertvorstellungen und „Vorurteile" werden durchlässiger, wenn es uns gelingt, fremden, für uns zunächst nicht annehmbaren Vorstellungen zuhören zu können, ohne darauf zu reagieren. Es kann sehr befreiend wirken, eine bedeutsame Aussage zu einem Thema zu machen und dann davon abzusehen, es erneut bekräftigen zu müssen. Es ist ein Geschenk, das, was wir selbst gern gesagt hätten, von jemand anderem zu hören – auf eine viel deutlichere und lebendigere Art, als wir selbst es jemals gekonnt hätten.

Die fließende Bewegung innerhalb der Spirale ist hilfreich, um Polarisierungen oder Parteilichkeiten zu vermeiden. Jede Stimme bringt einen neuen Aspekt der momentanen Wahrheit zum Ausdruck. So kann das „Größere Bild" hervortreten, das alle geäußerten Ansichten mit großer Klarheit abbildet.

Konflikt-Erforschung

Ich erinnere mich an ein Treffen der Angestellten der Ojai Foundation, das sich mit dem Thema „Arbeitseinsätze" beschäftigte, das zu einem ausufernden Problem geworden war. Für eine Weile ging es hin und her, vor allem weil Nancy und Merle sich daran festbissen, wer am nächsten Samstag wohl arbeiten müsse. Schon bald wurde deutlich, dass ihre unterschiedlichen Auffassungen über Arbeitspläne nur die Spitze des Eisbergs waren. Schließlich sah ich keine andere Möglichkeit, als die beiden zu unterbrechen und auf den höchst persönlichen Charakter ihres Konfliktes hinzuweisen.

„Unsere Zusammenkunft steckt fest. Die Auseinandersetzung dreht sich meines Erachtens nicht nur um Ablaufplanungen", sagte ich. „Wenn alle einverstanden sind, schauen wir genauer auf das, was zwischen euch gerade abgeht. Das könnte uns auf lange Sicht Zeit sparen. Wir könnten ein Council halten und das Fishbowl nutzen. Sind alle bereit? Gut. Nancy und Merle, wir laden euch ein, in der Mitte zu sitzen. Jede von euch kann einen von uns als Zeugen wählen. Dafür benötigen wir zwei weitere Kissen. Lasst uns diesen Stein als Redegegenstand nehmen und Nancy und Merle zwei Runden lang die Gelegenheit geben, ihre Probleme miteinander zum Ausdruck zu bringen. Auf diese Weise habt ihr Gelegenheit, der anderen zu antworten. Je ehrlicher ihr miteinander sein könnt, desto besser. Danach können die beiden Zeugen sprechen. Weniger um Partei zu ergreifen, als vielmehr um so unvoreingenommen wie möglich die beobachtete Interaktion zu schildern. Wir können danach weitere Zeugen um einen Beitrag bitten. Möglicherweise löst das nicht alles, was zwischen euch vorgeht, doch vielleicht hilft die offene Aussprache, dass wir unser Treffen fortsetzen können."

Und so war es. 45 Minuten später machten wir mit unserer Konferenz auf deutlich produktivere Weise weiter. Nancy und Merle führten ihren Dialog in der folgenden Woche unter sich fort, manchmal unter Anwesenheit eines Zeugen, manchmal ohne.

In einer Variante dieses Formates sitzen die beiden Konfliktparteien allein in der Mitte und stehen sich, mit dem gesamten Kreis als Zeugen, Rede und Antwort. Diese Form ist hilfreich, wenn die Gruppe klein ist und ihre Teilnehmer gewohnt sind, vertraulich miteinander zu arbeiten.

Entscheidungsfindung

Die Spirale ist ein sehr hilfreiches Format in Entscheidungsfindungsprozessen. Geht es beispielsweise darum, zwischen zwei gut durchdachten Alternativen, nennen wir sie A und B, entscheiden zu müssen, so kann die Anordnung des inneren Kreises wie folgt aussehen:

```
                    Fürsprecher von B
Fürsprecher von A                        Fürsprecher von A
                    Fürsprecher von B
```

Im Fortlauf der Spirale werden die Sitze entsprechend gefüllt, bis eine Alternative offensichtlich die Oberhand gewinnt, eine dritte Möglichkeit auftritt oder es deutlich wird, dass die Gruppe nicht in der Lage ist, eine Entscheidung zu fällen. Vor allem im letzteren Fall ist es gut, eine Zeugenrunde herbeizuführen. Gibt es von Anbeginn an eine Vielzahl von Alternativen, so ist es sinnvoll, die Zahl der Möglichkeiten zunächst mit Hilfe einer konventionellen Spirale (ohne spezifisch bezeichnete Plätze) einzugrenzen.

Geht es um die Wahl zwischen zwei sehr weit gefassten, nicht präzise herausgearbeiteten Varianten, kann das Doppelkreis-Format in zwei Schritten durchgeführt werden. Zunächst teilt sich die große Gruppe in die Anhänger der beiden Möglichkeiten, sodann bildet die eine Gruppe den inneren, die andere den äußeren Kreis. Der innere Kreis hält ein einfaches Council, um seine Positionen zu klären und zu präzisieren. Der äußere Kreis nimmt die Zeugenperspektive ein.

Danach wechseln die Kreise ihre Plätze. Schließlich entscheidet ein gemischter Kreis, wie weiter verfahren werden soll. Kommentare von Zeugen können ihn hierbei unterstützen. Diese Vorgehensweise ermöglicht jeder Gruppe vor einer Beschlussfassung, sowohl ihre eigenen Ansichten genauer zu fassen, als auch die Ansichten und den Klärungsprozess der anderen Gruppe mitzuverfolgen. Daraus resultiert meist ein größeres Verständnis und weniger Polarisierung im Hinblick auf die behandelte Angelegenheit.

Wenn es darum geht, wichtige Entscheidungen zu fällen, kann sich jede Gruppierung – ob internationale Gemeinschaft, Schulgemeinschaft oder Unternehmensorganisation – in Meinungsverschiedenheiten über unterschiedliche Wertesysteme, Leitsätze oder philosophische Anschauungen[7] festfahren. Anstatt sich nun in endlosen Debatten aufzureiben, kann ein Weisheits-Council einberufen werden, das die zugrunde liegenden Probleme beleuchtet. Diejenigen, welche die Plätze des Weisheits-Councils besetzen sollen, können Fachleute von außerhalb der Gemeinschaft, die Ältesten der Organisation, die Kinder oder eine Handvoll ausgewählter Personen sein. Oft ist es nicht so sehr das individuelle Wissen oder die Erfahrung, sondern vielmehr eine Offenheit gegenüber den im Prozess hervortretenden Einsichten, die jemanden dazu befähigt, einen „Platz der Weisheit" einzunehmen. Ein Weisheits-Council als Zeuge zu begleiten, hilft den Teilnehmern des äußeren Kreises, sich neu zu orientieren und die zugrunde liegenden Fragen für sich zu klären, um dann wieder kreativ in den Entscheidungsfindungsprozess eintreten zu können.

Manchmal verlässt die Gruppe das Council in dem Wissen, dass zwar keine Entscheidung gefunden werden konnte, aber ein Prozess eröffnet wurde, der zu einer Lösung in naher Zukunft führt, möglicherweise ohne ein weiteres Zusammentreffen. Einmal oder

---

[7] Der Einsatz von Council-Runden zur Unterstützung von Entscheidungsprozessen in Organisationen wird in den Kapiteln 10 und 11 eingehender behandelt.

zweimal „darüber schlafen" reicht vielleicht aus, um die Ernte des Councils einfahren und einen klaren Konsens erzielen zu können. Wenn manche sehr an ihren Positionen kleben, kann es eine gewisse Zeit brauchen, eine Zeit der Ruhe, um die Dinge loszulassen und die „Stimme des Councils" zu hören. Diesem Prozess zu vertrauen stellt eine ertragreiche Alternative gegenüber einer zwanghaft und ohne wirkliches Verständnis herbeigeführten Entscheidungsfindung dar.

Wie geduldig und ausdauernd eine Gruppe manchmal sein muss, bevor sie zu einem tragfähigen Beschluss finden kann, zeigte das Beispiel der Ojai Foundation, als es darum ging, den Ort für die Installation einer Solaranlage zu bestimmen. Die sechs Mitglieder der Gruppe, die für die Betriebsanlagen verantwortlich waren, hatten die Frage seit Monaten mit und ohne Council ergebnislos debattiert. Am Ende gab es vier verschiedene Standorte, für die es jeweils starke Fürsprecher gab. Damit waren wir am Ende der Leiter angelangt, denn die Solarpanels sollten in weniger als einer Woche geliefert werden. Eine Entscheidung musste also her und der Leiter der Gruppe entschied sich für eine ungewöhnliche Vorgehensweise. Er bat unsere Gruppe, die bisherigen Ideen über die Installation der Anlage so gut es ging loszulassen und sich in einen ausgeglichenen und offenen Gemütszustand zu versetzen. Dann führte er uns mit ruhiger Stimme in eine Meditation.

„Stellt euch vor, es ist fünf Jahre später und ihr führt eine Besuchergruppe auf eine ausgedehnte Tour durch das große Gelände der Foundation. Euer spezieller Fokus ist unser grüner Ansatz der Energiegewinnung. Die Solaranlage ist ein Höhepunkt der Führung und ihr freut euch darauf, vor den Besuchern die Vorzüge einer völlig unabhängigen Energiegewinnung zu loben. Wo auf unserem Land würdet ihr gern Halt machen, um euer Projekt anzupreisen?"

Wir sechs spielten das Spiel mit, versetzten uns in die Zukunft und begaben uns auf die Führung. Es fühlte sich sehr wirklich an. Als wir uns ein paar Minuten später wieder trafen, waren wir sehr überrascht, dass fünf von uns die Panels an genau der gleichen Stelle „gesehen" hatten. Schnell gaben wir uns dieser Vision hin und die Entscheidung war getroffen.

Wenn die Einigkeit der Gruppe als Voraussetzung für eine Entscheidung gilt, ist es, wie im oben angeführten Beispiel, oft hilfreich, verschiedene Formen von Councils auszuprobieren, um Alternativen zu erkunden. Das Gleiche gilt für den Fall, dass die Verantwortung für die Entscheidung einer einzelnen Person übertragen wurde. Der „Entscheider" kann in höchstem Maße davon profitieren, wenn er erfährt, wie es den betroffenen Personen mit seiner Entscheidung geht. In diesem Falle steigen die Chancen für eine gelungene Umsetzung des Entschlusses meist deutlich.

Council kann auch hilfreich sein, wenn eine einzelne Person eine wichtige Entscheidung treffen muss, ganz gleich, ob sie eine unterstützende Gruppe zur Verfügung hat oder nicht. Sie beginnt mit einem „inneren Council", das die individuellen Aspekte, die für die Entscheidung eine Rolle spielen beleuchtet – beispielsweise das Herz, den Verstand, den Körper und das Überpersönliche. Der innere Kreis könnte auch aus anderen Teilnehmern bestehen: der Angst, der Zuversicht, der Stimme, die sich am besten im Thema auskennt, und der Stimme, die in erster Linie aus dem Bauch heraus entscheidet. Ein vertrauter Ratgeber könnte in diesem inneren Council sitzen, ein Elternteil, eine weise Großmutter und/oder frühere Lehrer oder Kollegen. Dann gilt es, sich in einen stillen, meditativen Zustand zu begeben und alle Teilnehmer des Kreises einzuladen. Nachdem das Council eine Widmung erfahren hat und der Kontext für die Entscheidung noch einmal verdeutlicht wurde, wird jeder Stimme die Möglichkeit gegeben, sich zum Thema zu äußern. Ein imaginärer Redegegenstand dreht seine Runden. Dieser Vorgang kann nicht nur zu einem fruchtbaren Beschluss führen, sondern gibt dem, der das Council mit sich hält, auch einen nützlichen Einblick in seine eigenen Entscheidungsfindungsprozesse.

Wenn Gigi mit Gruppen arbeitet, die vor bedeutenden, existentiellen Beschlüssen stehen, nutzt sie häufig den Prozess des inneren

Kreises in Verbindung mit dem „Circle of Law" (siehe Kapitel 4). In diesem Format wird der Kreis dreimal in Form des Antwort-Councils durchlaufen, indem die Stimmen der Himmelsrichtungen angesprochen werden, die, im Sinne archetypischer Quellen der Weisheit, den höchstmöglichen Einfluss auf das Leben repräsentieren. Die letzte Stimme ist dabei die des „Entgegengesetzten", die unser vermeintliches Wissen um das Richtige gerade dann auf den Kopf stellt, wenn wir glauben, es bereits zu besitzen. Dies hilft uns auf eine Art und Weise, die oft nicht leicht zu erklären ist. Manchmal gilt es eben ein „Nein" zu formulieren, um schließlich ein „Ja" zu fühlen. Oder wie Gigi es ausdrückt: „Erst nach den vollen drei Runden schließe ich das Council, stehe ich auf und sehe dann, wie ich weitergehen werde. … Zu diesem Zeitpunkt ist die Wahrheit klar, auch wenn sie lautet ‚keine Entscheidung' – und dafür bin ich dankbar."

Kapitel 4

Die Praxis vertiefen

„We are an old people, we are a new people
We are the same people, deeper than before
Cauldron of changes, blossom of bone
Arc of eternity, hole in the stone."

Gesang, Will Shepardson zugeschrieben

Ich erinnere mich an ein Council vor vielen Jahren, in dem sich Angestellte und Vorstand der Ojai Foundation das übliche Wir-gegen-euch-Spiel lieferten. Obwohl es viele enge Bindungen zwischen den Mitgliedern gab, fühlten sich die einzelnen Gruppen nicht ausreichend anerkannt. Sie waren überarbeitet und es mangelte an Vertrauen untereinander.

Das Council zog sich qualvoll dahin. So sehr wir uns auch bemühten, wir konnten unsere Differenzen doch nicht beilegen und zu der Harmonie gelangen, die wir uns alle so sehr wünschten. Manchmal gab es einen kleinen Fortschritt, doch dann genügte eine provokante Äußerung und schon steckten wir wieder in der Sackgasse. Nach zwei Stunden Council war die Situation so vertrackt wie nie zuvor.

Glücklicherweise hatten wir drei Besucher der Foundation als Zeugen in unsere Sitzung eingeladen. Ihre Unterweisung vor dem Council war recht einfach gewesen.

„Ihr seid eingeladen, unser Council als Zeugen zu begleiten. Sitzt mit uns, hört – so wie wir alle – aufmerksam zu und bleibt in Stille bis zum Ende des Kreises. Dann werden wir euch um kurze Kommentare über das, was ihr beobachtet habt, bitten. Achtet dabei mehr auf die Gruppendynamik als auf die Inhalte und teilt uns dann mit, was für uns aus eurer Sicht hilfreich sein könnte."

Die drei nahmen die Einladung an und beobachteten geduldig unsere langwierige und anstrengende Reise. Wir fühlten uns am Ende des Councils so ausgelaugt, dass wir beinah vergaßen, sie um ihre Beobachtungen zu bitten. Die erste Zeugin teilte ihre Bewunderung für unsere Beharrlichkeit mit. Die zweite räumte ein, dass Differenzen zwischen Angestellten und Vorstand in einer Gemeinschaft kaum zu vermeiden seien. Sie warf einen flüchtigen Blick auf ihre Notizen, sprach ein paar Worte der Aufmunterung und entschuldigte sich dafür, nicht weiter hilfreich sein zu können.

Die dritte Zeugin veränderte die Situation im Kreis völlig. Sie dankte uns kurz für die Möglichkeit, eine Gruppe in einem solchen Zustand der Verwundbarkeit begleiten zu dürfen. Dann beschrieb sie, ohne zu zögern und ohne irgendwelche Notizen zu Hilfe zu nehmen, was sie beobachtet hatte. Sie legte uns ziemlich bloß. Sie sezierte geradezu chirurgisch die Interessengruppen in unserer „Gemeinschaftskultur", die Widersprüchlichkeiten in unseren Positionen und die Ironie, die in dem Verlust aller Liebe während unserer Grabenkämpfe lag. Sie beschrieb ganz neutral, ohne jede persönliche Verstrickung, sowohl die im Kreis geäußerten Standpunkte als auch ihre eigenen Beobachtungen. Ihre Worte und Bilder bezogen alle im Kreis eingenommenen Positionen mit ein. Als wir ihrem Exposé zuhörten, erinnerten wir uns erneut an unsere eigene Ganzheit. Ihre Klarheit war die Eingangspforte, die wir zu finden nicht in der Lage gewesen waren.

Nachdem sie geendet hatte, entstand eine lange Pause. Wir überhäuften sie mit Ausdrücken der Bewunderung und Anerkennung: „Brillant", „einfühlsam", „transformativ", riefen wir einhellig. Der Council-Leiter lobte ihre beispielhafte Zeugenrolle in höchsten Tönen. Natürlich hatten wir weiterhin unsere Probleme vor uns, doch indem wir *gesehen* worden waren, fühlten wir neues Vertrauen in unsere Möglichkeiten, die Schwierigkeiten zu lösen.

Die Geschichte hatte ein interessantes Nachspiel. Am Tag nach dem Council sprachen einige von uns mit unserer „Star-Zeugin", in der Hoffnung, sie könnte mit der Ojai Foundation auf irgendeine Art verbunden bleiben. Die Unterhaltung schwappte von einer anregenden Möglichkeit zur anderen, doch nie machte es so richtig „klick". Wir sahen uns einer sehr gescheiten, unternehmungslustigen jungen Frau gegenüber, die sich in einer wichtigen Phase ihres Lebens befand und nicht bereit war, uns gegenüber irgendwelche Verpflichtungen einzugehen. Sie verließ uns am nächsten Tag inmitten einer Reihe von Versprechungen, in Kontakt zu bleiben. Wir hörten nie wieder von ihr. Sie hatte uns ihr Geschenk gegeben und im Gegenzug hoffentlich auch eines von uns erhalten.

Die Rolle des Zeugen

Es ist oft von Vorteil, wenn in einem Council Zeugen benannt werden. Das können, in wechselnder Folge, einige ständige Teilnehmer des Councils sein. Eine andere Möglichkeit ist es, jemanden mit Council-Erfahrung von außen hinzu zu bitten. Oder es können, wie unsere Geschichte belegt hat, Gäste eingeladen werden, um sich mit der Gruppe vertraut zu machen und einen Beitrag zu leisten. So kann eine Gemeinschaft die Anwesenheit eines Besuchers auf produktive Art und Weise würdigen, ohne ihre Planungen zu ändern und ihre Konzentration zu verlieren. Das entspricht dem Geist des Councils, weil der Kreis offen bleibt und Gefühle von Ausgeschlossensein geheilt werden können.

Zeugen sitzen mit im Kreis, geben den Redegegenstand schweigend weiter und werden am Ende des Councils eingeladen, ihre Beobachtungen mit dem Kreis zu teilen. Dabei geht es in erster Linie um den Prozess, einschließlich der Art, wie das Council geleitet wurde. Äußerungen über den konkreten Inhalt des Gehörten sollen auf ein Minimum reduziert werden.

Manchmal ist es hilfreich, die Zeugen nach einer größeren Zäsur in der Agenda oder einer besonders intensiven Runde um ihre Bemerkungen zu bitten. Die Zeugen werden vor Beginn des Councils vorgestellt und am Ende gewürdigt, unabhängig davon, ob sie gesprochen haben oder nicht.

Council bildet uns dazu aus, die grundsätzliche Qualität unserer Zeugenrolle zu verbessern. Die Praxis des achtungsvollen Zuhörens bedeutet, sowohl dem Sprechenden gegenüber aufmerksam zu sein, als sich auch der eigenen Wahrnehmung bewusst zu werden. Wenn wir sprechen, lernen wir uns selbst zu hören, während wir gleichzeitig die anderen beobachten, wie sie uns zuhören. Im Council lernen wir, zur gleichen Zeit sowohl verbunden, als auch losgelöst zu sein.

Die persönliche Herausforderung kann dabei umso größer sein, wenn du dich dem Kreis sehr zugehörig fühlst. Denn wenn die Leidenschaft oder die Emotion geweckt wird, wird die Haltung der unbefangenen Wahrnehmung schnell verlassen. Es könnten Entscheidungen im Kreis getroffen werden, die jeden Teilnehmer persönlich berühren. Besteht der Kreis aus Familienmitgliedern oder Klassenkameraden oder Mitarbeitern, interessiert es dich sehr wohl, wie sie über dich denken. Ihr Urteil ist von Bedeutung. Wenn die Gefühle alles überlagern, braucht der innere Zeuge manchmal Hilfe von außen. Als Zeuge bist du dazu aufgefordert, dich über deine persönliche Perspektive zu erheben und der sich im Kreis entfaltenden grundlegenden Geschichte gewahr zu werden.

Die Perspektive des Zeugen wählen

Es gibt verschiedene „Landkarten" des menschlichen Bewusstseins, die als Orientierung für eine bestimmte Zeugenrolle Verwendung finden können. Aus der Sicht des Zeugen zu sprechen bedeutet im Council, den eigenen Standpunkt zu verlassen und sich einem umfassenderen Blick auf die Dinge zuzuwenden. Die universelle Betrachtungsweise der vier Himmelsrichtungen, die häufig traditioneller Bestandteil erdverbundener Kulturen ist, stellt beispielsweise eine Vielfalt relevanter Perspektiven zur Verfügung. In der Tradition der nördlichen Cheyenne sieht der Zeuge vom Süden her auf den

Kreis mit der „Unschuld des Kindes", vom Westen mit der „Kraft der Introspektion", vom Norden mit „Logik und Weisheit" und vom Osten mit „Erleuchtung und dem weiten Blick des Adlers".[8]

Weitere, mit dem Medizinrad der nordamerikanischen Ureinwohner verbundene Systeme, sind die Lehre der Zwölf Heiligen Schilde, die der Sonnentanz-Tradition innewohnt, und der Circle of Law (Kreis des Gesetzes), der verschiedene archetypische Aspekte der Erkenntnis auf dem Rad[9] beschreibt. Auch das System des Tarots kann in diesem Zusammenhang Verwendung finden.2 So können die Karten der Großen Arkana – wie die des „Magiers" (Fertigkeiten und Diplomatie), der „Herrscherin" (Fruchtbarkeit und Tat), des „Hierophanten" (Gemeinschaft und Dienstbarkeit), des „Einsiedlers" (Besonnenheit), des „Gehängten" (Weisheit und Umsicht) oder des „Narren" (Torheit und Berauschtheit) – als Koordinaten für das Zeugnis im Council gewählt werden. Eine andere reiche Quelle bilden Annäherungen aus der Perspektive von Tieren. Die unberechenbare Brillanz und der Humor des Coyoten, die Stärke und die innere Weisheit des Bären, die Unmittelbarkeit der Maus oder die Weit- und Scharfsicht des Falken sind qualitative Aspekte, die die Beobachtung im Council unterstützen können.

Für viele ist es in der Tat nicht leicht, die Haltung einer solchen Perspektive während des Prozesses zu bewahren.

Vor langer Zeit hatten Jaquelyn, ein enger Freund und ich ein außerordentliches Gespräch über die Möglichkeit, Bewusstheit über unseren Tod zu erlangen, obwohl wir noch in unseren Körpern inkarniert sind. Das Gespräch hatte uns in einen Zustand erhöhter Wahrnehmung versetzt. Nach ein paar Stunden musste ich meine Gesprächspartner, die außerhalb des Hauses saßen und die Sterne betrachteten, verlassen, weil ich versprochen hatte, das Abendessen vorzubereiten. Meine Freunde luden mich jedoch ein, unsere inten-

---

8 *Sieben Pfeile*, Hyemeyohsts Storm, Fink (Wilhelm), 3. Aufl., 2008.
9 Ebenda, Seiten 8–10 (in der Originalausgabe).

sive Beziehung aufrechtzuerhalten, indem ich das Bild unseres Beisammenseins in mir bewahrte, während ich Gemüse schnipselte und Nudeln kochte. Doch ich tat mich damit schwer. Das Schälen der Zucchini nahm mich ganz in Anspruch und so vergaß ich die sternenklare Nacht und unsere Dreisamkeit für bestimmt eine halbe Minute, bevor ich es bemerkte. Ich machte mir Mut, dass mir das nicht noch einmal passieren würde, und kehrte zu meiner Vorstellung zurück. Doch eine Minute später war es wieder um meine Aufmerksamkeit geschehen. Das hielt ich so noch für zwanzig Minuten durch, bevor ich das Experiment abbrach.

Glücklicherweise ist es für einen Zeugen im Council nicht ganz so schwierig, eine bestimmte Perspektive aufrechtzuerhalten. Schon die Gegenwart des Kreises und das innere Bekenntnis zu den Vier Absichten des Councils stellen eine sprudelnde Quelle der Achtsamkeit bereit. Die Aufgabe des Zeugen ist es, dieser Achtsamkeit auf eine besondere Art und Weise zu begegnen. Dies kann mit Hilfe immer wieder erneuerter bildlicher Vorstellungen (beispielsweise eines emporsteigenden Adlers für den Osten oder eines Kindes mit großen, neugierigen Augen für den Süden) in Zusammenhang mit einem langsamen, bewussten Atmen zuwege gebracht werden. Daraus kann eine geradezu begnadete Identifikation mit der eingenommenen Perspektive entstehen.

Gigi und ich begleiteten einmal eine Gruppe zukünftiger Council-Leiter, die, zusammen mit uns beiden, aus 20 Frauen und vier Männern bestand. Wir hatten uns entschlossen, als Teil der Ausbildung das Fishbowl zu verwenden und abwechselnd mit Männern und Frauen zu besetzen. Als die Reihe an den Frauen war, schlugen wir den Männern vor, als Zeugen die Perspektive der vier Himmelsrichtungen einzunehmen. Die anderen drei stimmten sofort freundlich zu und nahmen ihre Positionen im äußeren Kreis ein. Als ich mich auf den von keinem eingenommenen Platz im Westen setzte, stieg sofort das Bild einer uralten und weisen Großmutter in mir auf.

Die Frauen im Kreis sprachen von ihrem ständigen Kampf um

Stärkung der Frauen in der Welt. Geschichte um Geschichte handelte von der mangelnden Unterstützung durch die Männer. Sie bedauerten, wie wenig die Männer von ihren Frauen wissen und, daraus folgernd, wie schwierig es für die Frauen ist, sich wirksam in der Welt zu engagieren. Als Redegegenstand diente ein altes Messer der Ureinwohner Nord-West-Amerikas, das eine der Frauen zur Ausbildung mitgebracht hatte. Das Messer spiegelte glänzend den Tonfall des Kreises wider. Während ich mein Bestes versuchte, mit Großmutters Ohren und Herzen zuzuhören, rang ich in meinem Inneren sowohl mit angriffslustigen als auch abwehrenden männlichen Positionen. Ich stellte mir einen Kreis alter Weiber vor, die um das Feuer herumsaßen und sich Geschichten erzählten, die kaum ein Mann zuvor gehört hatte. Ich dachte an meine Ehefrau Jaquelyn und andere Frauen, die genug Vertrauen zu mir besessen hatten, um ihr Leid mit mir zu teilen. Ich stellte mir vor, dass ich die Körper der Frauen heilte, die von Männern missbraucht worden waren. Ich tat eine Reihe von tiefen Atemzügen.

Nachdem die Frauen geendet hatten, berichteten meine drei Kollegen, das Messer behutsam in den Händen haltend, sehr feinfühlig, was sie wahrgenommen hatten. Als mir die Klinge übergeben wurde, fühlte ich eine abrupte Veränderung in meinem Körper. Sie begann an meinen Füßen und bewegte sich nach oben, als ob jemand eine unsichtbare Harke durch mich hindurchzog. Als diese Empfindung an meinen Armen angelangt war, war „Ich" verschwunden. Meine Hand krallte sich um das Messer und stach es ein paar Mal in die Erde. Eine uralte, heisere Stimme kam aus meinem Mund, die alle im Kreis aufschreckte. Großmutter war an meine Stelle getreten. „Sie" sprach von der Kraft der Frauen, über ihre Empörung über das Jammern und Klagen des gegenwärtigen Kreises, über die Notwendigkeit, dass Frauen ihre Kraft gegenüber den Männern deutlich machen und nicht warten, bis ihnen endlich Anerkennung zuteil wird. Sie sprach mit einfachen und leidenschaftlichen Worten, das Messer ab und zu in die Erde stechend. Die Welt würde zu leiden fortfahren, wenn die Frauen nicht damit begännen, *sich selbst* zu ermächtigen und die Männer herausforderten, endlich zu verstehen, dass jede Form von Leben mit allen anderen verbunden ist – so endete Großmutter.

Ich war durchaus in der Lage wahrzunehmen, was geschehen war, doch im Nachhinein konnte ich mich kaum mehr daran erinnern, was Großmutter gesagt hatte. Glücklicherweise hatte eine der Frauen flüchtige Aufzeichnungen gemacht. Die Worte hörten sich vertraut an – und ich zweifelte nicht an ihnen –, doch waren es nicht „meine" Worte gewesen. Es klang nicht nach meiner Wortwahl. Ich fühlte mich müde und zugleich freudig erregt. In den nächsten Monaten kehrte Großmutter hin und wieder in meinen Träumen und einmal für kurze Zeit in einem Council zu mir zurück. Ich fühle mich seitdem dank der Tiefe dieses Erlebens ihrer Weisheit ein Stückchen näher.

Humor

Manchmal befindet sich eine fortlaufende Council-Gruppe den größten Teil ihrer Zeit in einer andächtigen und ernsthaften Stimmungslage. Das ist weder notwendig noch erstrebenswert. Vielmehr wird der Zustand einer andauernden asketischen Feierlichkeit die meisten Menschen eher befremden, vor allem natürlich Kinder. Es ist bekannt, dass Humor und Verspieltheit starke Verbündete in Gruppenprozessen sind. Sie gerade in sehr salbungsvollen Runden zu pflegen, kann die Wahrnehmungsfähigkeit der teilnehmenden Beobachter unterstützen.

Dieser spielerische Zugang zur Zeugenrolle erfordert die Überwindung des emotionalen Anteils in uns, der sich gern genüsslich und hartnäckig an Problemen festkrallt. Ist die von dieser Haltung erlöste Perspektive des Zeugen einmal eingenommen, können auch vermeintlich dunkle und bedrückende Interaktionen auf spielerische und doch profunde Weise weiterverfolgt werden. Das ist gerade dann sehr hilfreich, wenn mehrere Paare ihre Beziehungen im Council erforschen. Nicht nur wird die Ergriffenheit auf ein gesundes Maß gesenkt, auch schwerwiegenden Meinungsverschiedenheiten wird bereitwilliger und aufrichtiger begegnet.

Meine Knie schmerzten und ich sehnte mich nach einem stillen Spaziergang entlang des Bergrückens. Unsere Probleme fühlten sich erdrückend und unüberwindlich an. Zwei Tage Vorstandstreffen hatten uns an den Rand der Erschöpfung gebracht. Die Finanzen und ein paar schwierige Entscheidungen ragten weiterhin drohend aus der Agenda hervor. Ich brauchte einen Perspektivenwechsel. In diesem Augenblick fing ich einen Blick von Gigi auf, die gerade sehr bewegt beschrieben hatte, wie die Diskussion für sie aus dem Gleichgewicht geraten sei. Das war es, was ich gebraucht hatte. Unsere ganze Ernsthaftigkeit schien mir plötzlich absurd. „Wir könnten jederzeit einen Imbiss in der Stadt aufmachen, um unsere Rückstände auszugleichen", sagte ich. Vielstimmig folgten „kreative" Ideen zu meinem Vorschlag.
„Pita und Alfalfa-Sprossen, na klar!"
„Wir könnten Fastenprogramme anbieten und so die Ausgaben kürzen."
„Wir könnten unsere Vorstandssitzungen auf Video aufnehmen und daraus eine fetzige Seifenoper fürs Fernsehen machen."
„Oder ein Samstagnacht-Spezial über spirituelle Zentren!"
„Tolle Idee!"

Wir ulkten ein paar Minuten lang so weiter und griffen dann unser Thema wieder auf. Die letzte Stunde des Treffens verlief leichtgängig und ergiebig.

Die Natur der Verspieltheit kann sowohl ganz direkt angesprochen als auch thematisch umschrieben werden. Ein paar Vorschläge.

- Viele Spiele und Übungen, die sich in der Arbeit mit Kindern bewährt haben, können gut in Erwachsenenkreisen genutzt werden.[10]

---

10 Siehe *Council Program Activities Guide: For Use in the Middle School Classroom*, zusammengestellt von Joan Apter, The Ojai Foundation, 1994, und *The Mysteries Sourcebook*, erhältlich über die Crossroads School, Santa Monica, CA.

- Wenn die vorausgegangenen Kreise sich als sehr zäh erwiesen haben, ist ein leichtes Thema für die nächste Eröffnungsrunde hilfreich.
  Eine Geschichte über eine gerade erlebte absurde Erfahrung.
  Eine „Die-Lacher-waren-auf-meiner-Seite"-Geschichte.
  Eine Geschichte über jemanden, der dich zum Lachen bringt.

Geschichtenerzählen

Weisheit über das Mensch-Sein und über unsere Beziehung zu anderen Lebensformen wurde jahrtausendelang, bis zum Beginn schriftlicher Niederlegung vor gerade mal 3000 Jahren, ausschließlich mündlich überliefert. Seit dieser Zeit werden beide Formen der Geschichtserzählung, die mündliche und die schriftliche, dazu verwendet, die Jugend zu unterweisen, Glaubensvorstellungen zu überliefern und Beziehung zum Göttlichen zu knüpfen. Alte Geschichten leben im kollektiven Bewusstsein der Kulturen und werden durch Nacherzählung, in Zeremonien und in Träumen weitergegeben.[11]

Wie aber wurden diese traditionellen Geschichten einst in die Welt gesetzt? Waren sie das Ergebnis eines lange dauernden, viele Menschen involvierenden evolutionären Prozesses, an dessen Ende sie fest im Feld des Kollektivbewusstseins der Kulturen verankert waren? Es ist durchaus vorstellbar, dass im Laufe des Erzählens und Wiedererzählens verschiedene persönliche Geschichten ineinander flossen, von unwichtigen Einzelheiten gereinigt wurden und so mit der Zeit zu den essentiellen und kraftvollen Mythen wurden, die Anthropologen und Geschichtenerzähler heute so gut kennen.

In den letzten hundert Jahren wurde die Rolle des gesprochenen Wortes zunehmend durch die Schrift ersetzt und mittlerweile vor allem in der westlichen Kultur auch durch die visuellen Medien (und

---

11 Vgl. *Der Mensch und seine Symbole*, C. G. Jung, Walter-Verlag, 15. Aufl., 1999.

in den letzten Jahren vor allem durch das Internet). Dennoch ist die Kraft des Geschichtenerzählens, die uns vom Menschsein und von der gegenseitigen Abhängigkeit aller Lebensformen berichtet, noch sehr lebendig. Wir finden sie in den leuchtenden Augen der lauschenden Kinder wieder und im neu erwachten Interesse an mündlichen Traditionen im Dienste von Erziehung und auch Unterhaltung.

Das Geschichtenerzählen und das Council sind untrennbar miteinander verbunden. Die ersten Councils überhaupt mögen entstanden sein, nachdem Zuhörer spontan auf die Worte eines Erzählers mit Assoziationen und eigenen Geschichten geantwortet haben. Nicht nur die nordwest-amerikanischen Ureinwohner führen diese Tradition des Geschichten-Councils weiter. Oder was sonst ist eine Gruppe von Oldtimern, die um den Kanonenofen herumsitzen und Seemannsgarn spinnen, oder eine Gesprächsrunde von Müttern, die ihre Geburtserlebnisse miteinander teilen? Oder Cliquen von Seeleuten, Sportlern oder Globetrottern, die ihre Abenteuer erzählen? Dies alles sind in der Tat rudimentäre Formen von Geschichten-Councils, auch wenn sie nur selten als solche angesehen werden.

Das Geschichtenerzählen in den Kreis einzuladen, ist somit einer der einfachsten Wege, die gegenseitige Verbundenheit der Teilnehmer im Council zu stärken.

„Erzähle uns eine Geschichte über
- … einen deiner Großeltern, zu dem du einen besonderen Draht hast.
- … eine nahe Verwandte, mit der nicht gut Kirschen essen ist.
- … den Tod eines Tieres, das du geliebt hast.
- … über den Geruch in eurer Küche, als du klein warst.
- … einen Moment, in dem du am meisten um dein Leben gefürchtet hast."

Oder, wenn genügend Zeit vorhanden ist:

- „Erinnere dich an die erste Geschichte, die du als Kind erzählt bekommen hast."
- „Erzähle uns über eine Begebenheit, die dein Leben verändert hat."

Ein Council mit Kindern, besonders in multikulturellen Gruppen, kann vom Leiter gut mit einer Geschichte aus einer traditionellen Kultur eröffnet werden. Die Kinder können dann die geschilderten Ereignisse frei mit ihrem eigenen Leben assoziieren. Die Möglichkeit, solche persönlichen Rückwirkungen in einem Kreis von aufmerksamen Zuhörern zum Ausdruck zu bringen, ohne unterbrochen zu werden, lässt die zugrunde liegende Weisheit einer Geschichte offener zutage treten. Wird mit Geschichten aus verschiedenen Kulturen auf solche Art umgegangen, lernen die Kinder, Unterschiede und Ähnlichkeiten zwischen den Traditionen zu erkennen. Dieses Erkennen und Anerkennen führt letztlich zu wachsendem Respekt und Toleranz – einer der wesentlichen Gründe, warum Geschichten-Councils die Gegensätze von Rasse und Kultur in multikulturellen Schulen mildern helfen.

Natürlich ist die Kraft von Geschichten-Councils nicht Kindern vorbehalten. Der Wechsel zum „Es war einmal…" kann, im richtigen Augenblick, eine Gruppe von Erwachsenen, die sich in den Wirrungen ihrer Meinungsverschiedenheiten blockieren, zu größerem Zusammenhalt führen.

Hin und wieder, wenn es galt, schwierige Zusammenkünfte von Geschäftsleuten, Lehrkörpern oder Gemeinden zu leiten, überraschte ich die Anwesenden zu Beginn mit einer Geschichte, die die vor uns liegende Problematik bereits zum Inhalt hatte. Dann bat ich um Reaktionen auf das Gehörte, einschließlich meines eigenen Kommentars. Sich so einem komplizierten Council-Thema indirekt durch das Medium Geschichte anzunähern, hat oft ein größeres persönliches, ungezwungenes Engagement der Teilnehmer zur Folge und lässt sie tiefer blicken.

Um ein Geschichten-Council zu planen, schlagen wir die folgenden Schritte vor.

- Wähle zunächst eine persönliche oder überlieferte Geschichte aus, die zumindest so ungewöhnlich ist, dass sie die Inspiration des Kreises anregt. Ist der kulturelle Abstand zwischen der Geschichte und den Teilnehmern jedoch zu groß, könnte sie nicht ausreichend angenommen werden. Andererseits sind überraschende Wendungen, eine gute Portion an Irritation oder der Kontakt mit dem Rätselhaften bestens geeignet, erhöhtes Interesse zu wecken. Eine gute Geschichte wirft mehr Fragen auf, als sie beantwortet.

- Wenn du eine geeignete Geschichte aus einem Buch auswählst, mach dir die Mühe, sie auswendig zu lernen. Erzählen ist in jedem Falle besser als vorlesen; Augenkontakt oder eine größere Bandbreite im stimmlichen Ausdruck verleihen dem Vortrag eine persönliche Note.

- Keine zwei Menschen erzählen dieselbe Geschichte auf die gleiche Art und Weise. Mach dir die Geschichte zu eigen. Halte deine Sprache schlicht und knapp. Erzähle die Geschichte so, als ereignete sie sich gerade in diesem Augenblick vor deinen Augen. Diese Art der Beschreibung ist kraftvoller als ein Erzählen aus der Erinnerung heraus. Hast du Talent oder gar eine Ausbildung zum Geschichtenerzählen, großartig! Wenn nicht, lass dich davon nicht entmutigen. Jeder kann seine Fähigkeiten ausreichend entwickeln – besonders mit Hilfe der eigenen Erfahrungen. Wenn du jemanden eine Geschichte erzählen hörst, die deine Phantasie anregt, versuche herauszufinden, warum das so ist, und verfeinere dein eigenes Können dementsprechend.

- Leitest du ein Geschichten-Council, sei nicht überrascht, wenn einige Teilnehmer den Redegegenstand schweigend weiterreichen. Für viele ist es am Anfang nicht einfach, eine eigene Geschichte zu erzählen oder auf eine andere Bezug zu nehmen. Manche Gruppen brauchen eine ganze Weile, bis sie ganz in einem Geschichten-Council angekommen sind.

- Die vierte Leitlinie des Councils („Bereite dich nicht auf deine Worte vor, solange du nicht den Redegegenstand in Händen hältst") ist besonders in einem Geschichten-Council nicht leicht zu befolgen. Geschichten treten Geschichten los. Wenn sich Gedankenketten in deinem Kopf aufreihen, gilt es, sie wieder loszulassen und sich dem aufmerksamen Zuhören zuzuwenden. Vertraue darauf, dass die „richtige" Geschichte in dem Moment auftaucht, da der Redegegenstand zu dir gelangt.

Träumen

Council hat schon immer einen geschützten Raum für die Arbeit mit Träumen bereitgestellt. Als Wegbegleitung in Familien und anderen Gemeinschaften ist der Umgang mit unseren nächtlichen Bildern eine der ältesten Aufgaben des Kreises. Auch wenn du dich häufiger mit eigenen oder mit den Träumen von anderen beschäftigst, kann dich der Council-Kontext bei dieser Arbeit zu neuen Sichtweisen führen.[12]

Träume als Geschichten

In einer fortlaufenden Gruppe ist es Teil des natürlichen Vertrauensbildungsprozesses, Träume oder seherische Erfahrungen miteinander auszutauschen. Träume können während eines „Wetterberichts" erzählt werden, in einem Ideensammlungs-Council oder wann immer sie für das behandelte Thema von Bedeutung sind. Eine morgendliche Runde bietet eine der besten Gelegenheiten, die Träume der vergangenen Nacht, die meist im Laufe des Tages in Vergessenheit geraten, abzuholen. Der Redegegenstand kann dabei in gewohnter Weise herumgereicht werden oder die Traumgebilde werden nach

---

12 Siehe auch *The Council Process in Dream and Personal Myth Work*. Ein Interview mit Jack Zimmerman, Dream Network Journal, Vol. 10, No. 2–3, Frühling/Sommer 1991.

einer Meditation oder einem leisen Trommeln spontan aus der Stille heraus erzählt.

Die interpretierende Analyse individueller Träume hat meistens im Council nichts zu suchen, weil sie eine therapeutische Intervention bedeutet, die sich auf eine Person konzentriert. Wird der analytische Verstand jedoch außen vor gelassen, so stellen Traum-Councils eine große Bereicherung des Gruppenprozesses dar. Ein Austausch auf der Traumebene des Bewusstseins schafft mittels Übertragungen auf den ganzen Kreis tiefe Bindungen innerhalb der Gruppe.

Im Council sehen wir Träume als „Geschichten der Nacht" an oder als „Geschenke aus der Traumzeit". Die Intention ist es, *mit dem Träumer den Traumzustand zu betreten.*[13] Diese Praxis, ähnlich der in manchen traditionellen Kulturen, schafft eine nicht-polarisierende Umgebung, die den Sinn für gegenseitige Vernetzung im Kreis fördert. Ob nun Letzteres in Worte gefasst wird oder nicht, so führt doch allein der Austausch der Träume bereits zu einem deutlichen Gefühl der Verbundenheit. Diese nicht-analytische Haltung stärkt den geschützten Raum und vermeidet es, in den unbewussten Bereich eines Menschen einzudringen, ohne dass eine Einladung dazu erfolgt wäre.

Der Traumstern

Wenn ein vertrauter Kreis bereit ist, mit den Träumen und seherischen Erfahrungen der Teilnehmer zu arbeiten, so empfehlen wir ein Format, das sich Traumstern nennt. Dieses kraftvolle Verfahren ist am wirksamsten, wenn der Kreis bereits gegenseitiges Vertrauen und Risikobereitschaft entwickelt hat.[14]

---

13 Für die australischen Aborigines bedeutet Traumzeit nicht nur die historische Epoche, aus der die Erde, Tiere und Menschen hervorgingen, sondern bezeichnet auch eine moderne, visionäre Welt, die die Quelle nächtlicher Träume und visionärer Erfahrungen ist.

14 Wir sind Maureen Murdock zu Dank verpflichtet, die uns zum ersten Mal mit dieser Praxis bekannt machte.

Für den Traumstern wird eine entsprechende Anzahl von Kissen in einem engen, dichten Kreis gelegt. Die Teilnehmer werden gebeten, den Raum schweigend zu betreten und sich mit dem Kopf auf das Kissen, die Füße in Richtung Außenkreis, auf den Rücken zu legen – und so die Stern-Formation zu bilden. Eine sanfte Hintergrundmusik kann die ruhevolle Atmosphäre unterstützen.

Der Council-Leiter führt die Gruppe in eine kurze Entspannungsübung, beispielsweise in ein tiefes Atmen mit geführter Wahrnehmung der einzelnen Körperteile. Schreitet die Gelassenheit voran, lädt der Leiter die Teilnehmer ein, ihr Bewusstsein in den Traumzustand zu versetzen und ihre Nachtgeschichten oder visualisierten Phantasien in den gegenwärtigen Augenblick fließen zu lassen.

Nun können wir die Traumzeit gemeinsam betreten, entspannt und bereit, uns mit unseren Träumen und Visionen zu verbinden. Erzählt eure Geschichten in der Ich-Form, so als würden sie sich in diesem Moment ereignen. Lasst uns mit euren Bildern, mit Geräuschen, mit euren Gefühlen so spürbar wie möglich an euren Träumen oder Visionen teilhaben. Wir beginnen mit unseren Geschichten aus der Stille heraus, wenn wir uns dazu gerufen fühlen.

Der Leiter legt sich sodann in den Kreis zu den anderen. Nachdem alle Träume und Visionen mitgeteilt wurden, fährt er fort.

Nun beginnen wir, die Träume miteinander zu verweben, jeden als Spiegel unseres kollektiven Traumzustandes. Wir suchen nach den gemeinsamen Fäden in unseren Bildern und entdecken, wie der Traumweber uns führt, nicht nur als Individuen, sondern als Gemeinschaft. Ich beginne das Weben, und dann ist jeder eingeladen, je nach Reihenfolge, den Faden weiterzuspinnen. Lasst uns gemeinsam unsere große Geschichte entdecken.

Der Leiter beginnt das Traumweben, indem er gemeinsame Motive benennt, die in den Vorstellungen aufgetaucht sind. Das können ähnliche Landschaften sein, gemeinsame thematische Merkmale (sich auf eine Reise begeben, der Angst begegnen, Tod oder Wiedergeburt usw.), wiederholt auftretende Symbole, Tiere, übersinnliche Elemente und gemeinsame emotionale Qualitäten. Nach einer kurzen Stille lädt der Leiter den Kreis dazu ein, die Betrachtung fortzuführen. Indem jeder unterschiedliche Aspekte benennt, kann sich langsam eine die verschiedenen Träume vereinende Geschichte herausbilden. Mythische und persönliche Assoziationen beginnen sich ineinander zu weben. Manchmal erreicht die Gruppe einen Zustand gemeinsamer Bewusstheit, in dem die Traumgeschichten alle einem einzigen, vielgesichtigen Wesen entsprungen zu sein scheinen. Nachdem sich zum Schluss jeder aufgesetzt hat, kann der Prozess beschlossen, die geteilte Einsicht gewürdigt und dem Traumweber für sein Geschenk gedankt werden.

Eine Gruppe, die den „Traumstern" regelmäßig praktiziert, wird zu einem tieferen Verständnis der inneren Verbundenheit des Kreises gelangen. Teilnehmer tauchen in den Träumen der anderen auf. Geschichten überlagern und durchdringen sich mehr und mehr. Das fördert ein wachsendes Gefühl gegenseitiger Vertrautheit.

Ohne Worte

Council stellt eine nährstoffreiche Umgebung für verbale Interaktion dar. Manche Menschen finden im Council zum ersten Mal zu ihrer wahren Stimme. Viele erweitern hier ihre Fähigkeiten, Gefühle auszudrücken, Geschichten zu erzählen und klar und aufrichtig zu formulieren. Den Garten des Councils mit Geduld und Ausdauer zu pflegen bedeutet in dieser Hinsicht reiche Ernte. Dies schließt auch die Frucht des Schweigens mit ein. Die gesprochenen Worte durch eine stille Pause wirken zu lassen oder, den Redegegenstand in der Hand, schweigend mit jedem in der Runde Augenkontakt aufzunehmen stellt ein bedeutendes Element der Praxis dar.

Während eines sehr intensiven Wochenendes, wenn die verbale Kommunikation ins Stocken geraten ist, kann ein Schweige-Council angebracht sein. Der Wechsel in den stillen Modus kann Blockaden lösen und die Konzentration erneut auf das „Sprechen vom Herzen" lenken. Auch wenn das Council fließt und durchlässig ist, sind Schweigerunden dazu geeignet, bereits Gesagtes zu integrieren und den Raum für tiefere Sichtweisen zu öffnen. Es kann geschehen, dass erfahrene Teilnehmer sich gleichzeitig sowohl im Zustand innerer Stille als auch voller Geschichten und Einsichten wahrnehmen. Wenn eine Gruppe während einer Phase intensiver Council-Arbeit sich in eine Schweige-Runde begibt, ist es, als ob sie einen langen tiefen Atemzug nähme, bevor sie erneut ins Gespräch findet. Während dieses Atemzuges zeigt sich, was in der darauf folgenden Council-Runde wahrlich hervorgebracht werden sollte.

In Ergänzung zu stillen Meditationsphasen kann auch Bewegung als Ausdrucksmittel in wortlosen Council-Formaten genutzt werden. Bewegungs-Councils sollten thematisch einfach und offen gehalten werden. Stille „Wetterberichte" ohne Worte, Würdigungen oder Bewegungsformen, die die Bedürfnisse des Kreises formulieren, sind eine typische Eigenart solcher Runden. Die Anleitung erfolgt zunächst mit Worten. Es folgt eine Zeit des Schweigens, aus der heraus die Bewegungen entstehen. Der Redegegenstand kann dabei wandern und zu Beginn der Bewegung vor sich niedergelegt werden. Allerdings bevorzugen wir in diesem Falle eine weniger formale Runde, in der sich die aktive Person als Zeichen der Beendigung ihrer „Rede" der nächsten zuwendet.

Wortlos kann sich auf unterschiedliche Weise ausgedrückt werden.

- Durch Mudras: Der Kreis bleibt sitzen und jede Person benutzt lediglich ihre Hände, Arme oder den Oberkörper, um sich zu entfalten.

- Durch Bewegung: Jeder bewegt sich intuitiv durch den Kreis und nimmt dabei in rücksichtsvoller Weise irgendeine Form von nicht-physischem Kontakt mit den anderen auf.

- Durch Bildung einer Skulptur: Jeder bewegt sich solange, bis er eine Pose gefunden hat, die seine Haltung zum Thema vermittelt.

- Durch Spiegeln: Jeder formt eine Bewegung, die vom Rest des Kreises nachgeahmt wird.
- Durch Weitergabe einer Bewegung: Eine Geste oder eine Bewegung kann wie ein Redegegenstand im Kreis weitergegeben werden. Während sie von einem zum anderen wandert, verändert sie ihre Form. An der Ojai Foundation begannen wir für gewöhnlich unseren Council-Tag, indem ein Teilnehmer für kurze Zeit eine Bewegung für alle vorgab, um dann spontan diese Rolle einem anderen zu übergeben.

Menschen, die sich überwiegend auf verbale Kommunikation beschränken, haben in Bewegungs-Councils manchmal Schwierigkeiten. Für sie erfordert die Teilnahme Mut, gegenseitiges Vertrauen, das Loslassen kritischer Beurteilung und eine gute Portion Humor. Andere wiederum, die sich im Wort unsicher und nicht so zu Hause fühlen, sehen Schweige-Councils als wunderbare Möglichkeit an, ihre Gefühle auf für sie angenehmere Art zum Ausdruck zu bringen.

Ein Schweige-Council endet am besten mit einer stillen Danksagung, einem gemeinsamen Händehalten oder einer kurzen Meditation. Die Versuchung, sich über die Erfahrung der Stille auszutauschen ist zwar groß – und manchmal auch sinnvoll –, meistens jedoch wird dadurch die kraftvolle Erfahrung des Schweigens verwässert. Die Herausforderung besteht darin, zu vertrauen, dass der Prozess in jedem Fall die notwendigen Informationen bereitstellt, wenn die Gruppe erneut im Gespräch zusammenkommt.

In den letzten Jahren hat Gigi viele neue Formen von Geräusch-, Klang- oder Bewegungs-Councils in unsere Schulungen hineingetragen. Aufgrund der guten Erfahrungen hat dies dazu geführt, dass nun viele Council-Leiter nonverbale Gestaltungen in ihren Gruppen anwenden. Hier nun ein paar Hinweise für die Anleitung von Geräusch- und Bewegungs-Councils:

Wer immer beginnt, tut dies zunächst ohne Bewegung mit einer kurzen, einfachen Geräusch- oder Klangsequenz. Nach ein paar Wiederholungen wendet sich die Person nach links und gibt das Geräusch an den nächsten weiter, der daraufhin das Geräusch, so gut es geht, nachahmt. Wenn der Urheber des Klanges der Ansicht ist, die Sequenz sei gut aufgenommen, wendet er sich wieder in Stille der Kreismitte zu. Der neue „Sänger" wandelt nun ohne Unterbrechung den Klang in eine eigene Tonfolge um. Ist diese „Melodie" etabliert und wiederholt, gibt er sie auf die gleiche, bekannte Art weiter. So wandert das Geräusch in ständiger Variation um den Kreis herum und immer mit der Aussicht, sich in Stille zu verwandeln. Ist solch ein Council Teil einer Schulung, ist es sinnvoll, zunächst fünf bis sieben Freiwillige in die Mitte eines Doppelkreises zu bitten, mit den restlichen Teilnehmern als Zeugen im Außen. Das mindert den Druck, etwas „aufführen" zu müssen, besonders dann, wenn der Klang ein paar Mal im Kreis herumgeht. Im Anschluss kann der Leiter um die Perspektive der Zeugen bitten, zunächst aus dem inneren Kreis und dann aus dem äußeren. Sodann kann ein neuer Klang mit einer neuen Gruppe im inneren Kreis die Runde machen.

Oft ist es sinnvoll, einem Geräusch-Council ein stilles Bewegungs-Council folgen zu lassen. Das gibt der Gruppe die Möglichkeit, die innere Verflechtung der verschiedenen Formate kennen zu lernen. Das wiederum steigert die Wertschätzung wortfreier Council-Formen.

Sind Geräusch und Bewegung bereits einzeln vorgestellt, können sie in verschiedenen Varianten gemeinsam genutzt werden. In Ausbildungssituationen können gerade im Doppelkreis Freiwillige verschiedene Kombinationen ausprobieren.

Eine sehr wirkungsvolle Variante ist das Beibehalten der eigenen „Melodie", nachdem diese weitergegeben wurde. Die Aufmerksamkeit, die erforderlich ist, den eigenen Klang in der allgemeinen Kakophonie aufrechtzuerhalten und dabei gleichzeitig die anderen Geräusche wahrzunehmen, unterstützt die Fähigkeit tiefen Zuhörens und die Erfahrung gegenseitiger Verflechtung im Council.

Wir möchten Council-Leiter dazu ermutigen, solche Formen auszuprobieren, sich mit ihnen anzufreunden und die darin enthaltenen Lehren zu erforschen. Im Folgenden ein paar Kommentare von Teilnehmern, die mit Gigi im Council „saßen", das sie mit Geräusch und Bewegung eröffnete.

„Wow. Das war besser als Worte - eine sehr ursprüngliche Beziehung."

„Ich habe euch viel besser gesehen und wahrgenommen, als während aller Gespräche im Jahr zuvor."

„Hey, ich hatte bis jetzt gar nicht gewusst, wie viel ich während des Councils plane und vorbereite. Das war mein erster Schritt in wirkliche Spontaneität."

„Eure Geräusche und Bewegungen nachzuahmen hat mir tiefes Zuhören erfahrbar gemacht. Jetzt fühle ich mich ganz und gar anwesend."

Ist ein Council-Leiter mit Geräusch- und Bewegungs-Councils vertraut, kann er sie auf verschiedene Art einsetzen – um ein Council zu eröffnen, um das vorhandene Feld zu verändern, das Zuhören zu vertiefen oder um das Council zu beenden. Solche Formen erinnern uns an die vielen Möglichkeiten von Kommunikation, von gesehen und gehört werden. Neben persönlicher Einsicht können uns nonverbale Councilformen der Erfahrung von Verbundenheit und Gemeinschaft manchmal weitaus näher bringen als „sprechende Herzen" – ganz zu schweigen von „sprechenden Köpfen".

Visions-Councils

Viele von uns kennen den Prozess des Brainstormings, in dem meist kleine Gruppen spontan Ideen austauschen, um anstehende Probleme neu zu betrachten und Lösungsmöglichkeiten herbeizuführen. Dieses Ideensammeln funktioniert am besten, wenn jeder sich völlig frei ausdrücken kann und auch bereit ist, den anderen zuzuhören. Es funktioniert nicht so gut, wenn einige Wenige im Vordergrund stehen, sei es aufgrund ihrer starken Persönlichkeit, rhetorischer Fähigkeiten oder Hierarchien (Geschäftsführer, Schuldirektor, Gemeindevorstand u. ä.).

Idealerweise erzeugt der Ideen-Kreis eine gemeinsame Erkenntnis- und Kreativitätsebene, als ob ein einziger Gruppengeist wirke. Wird Brainstorming mit Council verknüpft, kann dieser Effekt deutlich verstärkt werden. In diesen Visions-Councils ist die Gruppenseele durch das zum Ausdruck gebracht, was wir fortan „die Stimme des Councils" nennen. Diese Stimme kann durch jeden Kreisteilnehmer erklingen und wirkt ziemlich unvoreingenommen, phantasievoll und unabhängig. Im günstigsten Fall führt ein solcher Visions-Prozess in die intuitive und interaktive Erforschung eines Themas, die über die gewöhnlichen Muster vernunftgesteuerter Diskurse hinausgeht.

Ich erinnere mich an die Geschichte, frei überliefert, wie Einstein sich seiner Speziellen Relativitätstheorie genähert haben soll. Der Schlüssel sei gewesen, die vorliegenden experimentellen Informationen mit der Vorstellungswelt des Kindes, das keine Ahnung von Newtonscher Physik hat, zu verknüpfen. Nur so habe Einstein die gängigen mechanistischen Vorstellungen vom Lauf der Welt hinter sich lassen können. Augenscheinlich kann ein Genie wie Einstein für sich allein zu solch einer Freiheit der Betrachtung gelangen. Die meisten von uns benötigen dafür die Wechselbeziehung mit anderen Menschen, um sich von alten Sichtweisen zu befreien – zum Beispiel in einem Visions-Council.

Manchmal bricht sich die auf die Zukunft gerichtete Stimme auf überraschende Art Bahn. Gigi erinnert sich an eine Gemeinschaft, die ihren Gründer von der Notwendigkeit eines Visions-Councils überzeugen wollte. Er verweigerte sich, weil er offensichtlich seine eigene Vision nicht durch fremde Ideen überlagert sehen wollte. So entschied sich die Gruppe schweren Herzens ohne ihn weiter zu machen.

„Es geschah etwas Außergewöhnliches", entsinnt sich Gigi weiter. „Nach zwei Council-Runden formulierte eines der neuen Mitglieder die Vision mit einer solchen Klarheit, dass uns der Atem stockte. Wir erkannten, dass die Abwesenheit des Begründers die Gruppe von ihren alten Verhaltensmustern befreit hatte. Wieder einmal war das

Auftauchen einer gemeinsamen Vision nicht an eine bestimmte Person und nicht an die Tatsache gebunden, dass die Kreisteilnehmer alle untereinander sehr vertraut sind. Durch jeden, der bereit und offen ist, die Stimme des Councils zu vernehmen, kann eine klare Vision ins Außen gelangen."

Teil eines erfolgreichen Visions-Councils zu sein gleicht der Beteiligung am Traumweben, der Improvisation mit guten Musikern oder dem spontanen Tanz mit einer kreativen und nahestehenden Gruppe. Obwohl dieser Prozess ohne Analyse auskommt, scheint er auf drei tragenden Säulen zu stehen.

Es gilt, die Absicht klar zu formulieren,

die Aufmerksamkeit und den Spürsinn der Gruppe anzuregen,

eine einladende und mit einbeziehende Form der Antwort zu pflegen („Ja! Und …" ist besser als „Ja! Aber…" oder „Nein! Weil…")

Die Absicht formulieren. Ein Visions-Council wird am besten durch die Formulierung von einer oder mehreren einfachen Fragen eingeleitet. Das ist besser als verschiedene differenzierte Alternativen auszuarbeiten und die Gruppe vor eine Wahl zu stellen. Nehmen wir als Beispiel ein kleines privates Kolleg, das sich angesichts schwindender Studentenzahlen einer finanziellen Krise gegenübersieht. Ein Visions-Council würde in diesem Fall gewöhnlicherweise einige der folgenden Möglichkeiten verfolgen.

- Die Studenten sollten nach ihren Kurswünschen befragt werden.
- Kurse mit geringen Einschreibungszahlen sollten gestrichen werden.
- Das Lehrpensum sollte erhöht werden.
- Ein professioneller Geldbeschaffer sollte angestellt werden, um das Spendenaufkommen zu steigern.

Sehr viel erfolgversprechender wäre es jedoch, zu Beginn die folgende Frage aufzuwerfen: „Wenn du die völlige Freiheit hättest, welchen neuen Kurs würdest du am College anbieten? Lass dich bei der Antwort auf diese Frage nicht von gängigen Kursangeboten oder früheren Lehrplänen beeinflussen." Anstatt eine Debatte über verschiedene mögliche Aktionspläne loszutreten, könnte eine Frage dieser Art Begründungen für den Studentenschwund liefern (mangelnde Leidenschaft der Lehrer, veraltete Lehrpläne usw.) und im Lauf des Councils zu kreativen Lösungsmöglichkeiten führen.

Die Absicht eines Visions-Councils eindeutig zu fassen erfordert Einfachheit und Klarheit in der Sprache. Eine neu gebildete Gemeinschaft, die ihre gemeinsame Bestimmung sucht, mag feststellen, dass ihre Mitglieder das Wort „spirituell" in sehr unterschiedlicher Art und Weise verstehen. Deshalb ist es sinnvoll, sich von vornherein Aufschluss über alle mehrdeutigen Begriffe zu verschaffen.

Die Wahrnehmungsfähigkeit und den Scharfsinn der Gruppe schärfen. Wachsen die Wachsamkeit und die Scharfsinnigkeit der Gruppe, werden ausgetretene Pfade der Beziehungen untereinander verlassen und Energien für die Entfaltung einer Vision bereitgestellt. Die Bitte um Unterstützung durch die Stimme des Kreises wird bereits im Vorfeld des Visions-Councils durch zeremonielle oder andere gemeinsame Handlungen bekräftigt. Ziel dieser Vorbereitungen ist es, die Intention der Gruppe zu stärken und der Vision einen fruchtbaren Boden zu bereiten. Die vorangehenden Aktivitäten könnten so aussehen.

- Sich zu einer Meditation oder zu einem Gebetskreis zusammenfinden.
- Eine Pilgerfahrt oder eine Exkursion planen, die in Zusammenhang mit den Zukunftsabsichten stehen.[15]

---

15 Wenn es um die Errichtung von Obdachlosenheimen geht, könnte die Exkursion in ein nahegelegenes Elendsviertel führen. Wenn die Absicht des Kreises darin besteht, mit bestimmten Kindern zu arbeiten, so wäre ein mögliches Ziel eine Schule, die von dieser Art von Kindern besucht wird.

- Gruppenmitglieder, die allein eine Zeit in der Wildnis verbringen.
- Zusammenarbeit in einem Projekt, das in Verbindung mit dem zukünftigen Vorhaben der Gruppe steht.[16]
- Eine Rucksacktour, ein Wildwasser-Rafting oder ein Kletterkurs (für die Mutigen).[17]

Offene Antworten. „Nein, weil…" oder „Ja, aber…" – solche einschränkenden Antworten auf neue Ideen, die im Kreis geäußert werden, verhindern die uneingeschränkte Kreativität, derer es in vorausschauenden Councils bedarf. Jemand, der in diesen üblichen Schemata antwortet, bringt häufig eine vorgefasste Meinung mit und hat Angst, dass sich der Kreis in eine andere Richtung entwickeln könnte. Auch wenn sie „gut gemeint" sind, begrenzen solche Antworten die wechselseitigen Beziehungen im Kreis und behindern den unentbehrlichen freien Fluss der Kreativität.

Ein Kreis, der sich dagegen „Ja, und…"-Antworten bedient, heißt jedermanns Beitrag uneingeschränkt und offenen Herzens willkommen. Ist eine Ausführung ohne unmittelbaren Belang, fällt sie natürlicherweise durch das Sieb, weil kaum jemand darauf reagieren wird. Es bedarf somit keiner direkten Zurückweisung. Offene, annehmende Antworten kommen vermehrt vor, wenn die Gruppenmitglieder ihre visionären Kräfte untereinander achten und darüber hinaus in der Lage sind, sich von Erwartungshaltungen zu lösen.

Mit offenen Antworten zu arbeiten gleicht dem gemeinsamen, nur durch eine vage Vorstellung geleiteten Gestalten eines Wandgemäldes durch Lehrlinge. Jeder leistet seinen Beitrag dazu, um sodann die Arbeit der anderen voller Neugier anerkennend zu betrachten.

---

16 Eine Hütte in den Bergen zu bauen als Teil eines Rehabilitations-Programmes für Jugendliche, die sich in der Nachsorge eines Entzuges befinden, würde der Gruppe die Möglichkeit eröffnen, ihr Programm nachhaltig in konkrete Aktivitäten umzusetzen.

17 Ein Kletterkurs bietet beispielsweise viele Übungen, die auf niedrigem Level vor allem die Kooperation der Gruppe fördern und auf fortgeschrittenem Niveau auch weitere persönliche Herausforderungen mit sich bringen.

Niemand weiß, wie das Bild am Ende ausschauen wird, doch jeder vertraut dem zugrunde liegenden kreativen Prozess.

Am Ende eines Beziehungs-Seminars, das Jaquelyn und ich vor einigen Jahren in Santa Barbara hielten, wurden die Teilnehmer in kleine Gruppen geteilt. Ihre Aufgabe bestand darin, kleine Theaterstücke zu kreieren, die Probleme mit Vertrautheit zum Thema hatten. Wir zeichneten die Vorbereitungen auf, um sie später mit den tatsächlichen Darbietungen zu vergleichen. Nach den Aufführungen schauten wir uns mit zwei Gruppen die Aufnahmen an. In der ersten Gruppe hatten alle während der Proben mit viel Begeisterung die Ideen der Teilnehmer aufgenommen. „Großartig", oder „wir könnten auch noch…", so oder ähnlich lauteten die Antworten. Die folgende Aufführung der Gruppe hatte einen roten Faden, war humorvoll und aufschlussreich. Die Reaktionen innerhalb der zweiten Gruppe waren während ihrer Vorbereitungsphase dagegen eher zurückhaltend. „Nein, das wäre einfach zu hart…", „Das ist zu blöd…" oder „So etwas können wir nicht durchziehen…", hieß es häufig. Diese Gruppe brachte in der vorgegebenen Zeit kein Konzept zustande. Ihre „Vorführung" war letztlich eine Wiederaufbereitung ihrer trostlosen Vorbereitungserfahrungen.

Viele Jahre lang war ein Visions-Council fester Bestandteil der jährlichen Abschlussfeiern der Ojai Foundation mit deren Angestellten und ihren Freunden. Als Vorbereitung diente uns ein Neujahrs-Council, das die Höhen und Tiefen der vergangenen zwölf Monate zum Thema hatte. Danach beteten wir gemeinsam in der Schwitzhütte, um am Ende mit unseren Schlafsäcken in der Meditationsjurte zusammenzukommen, einige Stunden auszuruhen und gemeinsam zu träumen.

Früh am nächsten Morgen begannen wir das Council mit Trommeln und einer Zeit des Schweigens. Die Leiter stellten das Thema vor: „Ihr seid eingeladen, eure Visionen und eure Vorstellungen über das neue Jahr miteinander zu teilen. Ihr könnt eure Aufmerksamkeit dabei auf euch selbst, eure Familie, die Foundation oder die ganze

Welt richten – auf alle oder auf keinen von diesen. Frische Träume, speziell aus der vorigen Nacht, sind besonders willkommen." Viele der geäußerten Befürchtungen, der persönlichen Probleme und der Vorstellungen von der Zukunft ähnelten sich auf bemerkenswerte Weise. Manchmal erzählten verschiedene Personen ganz eng verwandte Träume über das zukünftige Jahr. Die Verbundenheit in diesen Councils bildete Jahr für Jahr einen Nährboden für die Angestellten der Foundation, auf dem sie unserer großen Familie in außergewöhnlichem Maße zu dienen in der Lage waren.

Coyote Council

Wie in Kapitel 1 angemerkt, wandert der Redegegenstand für gewöhnlich im Uhrzeigersinn, der Sonnenrichtung, durch den Kreis. Die entgegengesetzte „Erdrichtung" ist dem Coyote-Council vorbehalten. Nahezu jede spirituelle Tradition kennt die Figur des Gauners, des Schwindlers, des Trickreichen: Hanuman, der Affengott in der Hindu-Tradition, Hermes, der Götterbote der Griechen, und Coyote, der gerissene Zeitgenosse der nordamerikanischen *Heyoehkah*-Folklore. Indem Coyote ständig in Schwierigkeiten steckt und sich am Ende wieder herauslaviert, vermittelt er uns seine Lehren. Coyotes Geschichten nehmen Themen wie Großspurigkeit, Heiligkeit, Stolz, Arroganz und sexuellen Exzess aufs Korn. In unserem Alltag zieht uns Coyote gerade dann den Boden unter den Füßen weg, wenn wir es am wenigsten erwarten, nicht selten ausgelöst durch eine „psychische Bananenschale", die wir unachtsamerweise auf unserem Lebensweg liegen gelassen haben. Wenn wir Glück haben, spielt einer unserer Freunde von Zeit zu Zeit in unserem Leben den Coyoten – auch wenn wir in einem solchen Moment unser großes Glück vielleicht gar nicht zu erkennen vermögen. Für viele Eltern liegt die Personifizierung von Coyote in einem ihrer Kinder. Auch wenn Coyote zeitweise naiv und kindisch daherkommt, kann er durchtrieben wie der Fuchs und weise wie die Eule sein. Häufig ist er die Zielscheibe seiner eigenen Späße und die der anderen. Und nicht selten lacht er dabei zuletzt.

In einem fortlaufenden Council wird die Coyote-Rolle oft von einem einzelnen Teilnehmer übernommen, dessen Toleranzschwelle in punkto Ernsthaftigkeit als eher niedrig zu bezeichnen ist. So jemand wird schnell unruhig, wenn die Stimmung zu selbstgerecht oder selbstgefällig wird, und neigt dazu, den Coyoten auszuleben. Diese Menschen sind für ein Council außerordentlich wertvoll, sofern sie damit konfrontiert werden, wenn sie sich allzu oft hinter ihrer Coyote-Rolle verstecken.

Wann immer die Anwesenheit von ein oder zwei Coyoten nicht ausreicht, um die Schwerfälligkeit oder Kopflastigkeit einer Council-Runde auszuhebeln, steht ein Coyote-Council auf der Tagesordnung. In diesem Kreis ist jeder aufgefordert, mit seiner unverschämten, respektlosen und ungezähmten kreativen Stimme zu sprechen, die wir so oft zurückhalten. Es liegt in der Natur von Coyote-Councils, dass sie sich selten an ein Thema halten.

Ein Coyote-Council ist zu verordnen, wenn die Gruppe leidet
- an Berechenbarkeit,
- an Geistesabwesenheit und Langeweile,
- an Erwachsensein-itis (Verlust des Kontaktes zu meinen verspielten, kindlichen Anteilen),
- an Geschichtenentzug,
- an Symptomen von „es-muss-im-Leben-doch-noch-mehr-geben",
- an Selbstverherrlichung (wir sind eine tolle Gruppe, so weise, so einfühlsam und unserer Schatten so bewusst),
- an Council-itis (der Glaube, dass Council die Lösung für alle Probleme liefert).

Gigi und ich wurden vor vielen Jahren während eines fortgeschrittenen Trainings in ein spontanes Coyote-Council verwickelt. Zwei

Teilnehmer, die gebeten waren, einen Rollenspiel-Kreis mit Sechstklässlern zu gestalten, taten dies auf eine Weise, die das störrische Kind beim Rest der Gruppe erwachen ließ. Wir beide nutzten diese seltene Gelegenheit, um unsere rebellische Seite auszuagieren, was zu einer Menge Durcheinander führte. Kein Wunder, dass unser wildes coyotehaftes Verhalten unsere Auszubildenden vor große Herausforderungen stellte. Bei der anschließenden Runde gestanden sie, wie verzweifelt und hilflos sie sich gefühlt hatten. Gigi und ich lernten eine Menge aus dieser Erfahrung. Vor allem, wie wichtig es für uns ist, unser spielerisches Wesen während Ausbildungen und ähnlichen Zusammenkünften zum Ausdruck zu bringen.

Dann gab es noch die Zeit, als wir uns nach einem langen abendlichen Council derartig unvollständig fühlten, dass Coyote nicht die Tür vor der Nase zugeschlagen werden konnte. Wir läuteten die Glocke um Mitternacht und riefen jeden wieder ans Council-Feuer, der bereits zu Bett gegangen war. Anfängliche Missfallensäußerungen machten schnell einem großen Vergnügen Platz, als unsere unverschämte Aktion den Kreis wieder in Fahrt brachte.

Wenn du im Council sitzt und der Redegegenstand in der entgegengesetzten Richtung weitergegeben wird, nimm dich in Acht! Sei nicht überrascht, wenn dein Geist rast, dein Herz schneller schlägt und du ganz schön die Kontrolle verlierst. Schließlich liegt das Council jetzt in den Händen unseres vierfüßigen, pelzigen Verbündeten!

Kapitel 5

Leitung von Councils

„*If we have courage, we shall be healers
Like the sun we shall rise
If we have courage, we shall be healers
Like the sun we shall rise
We are alive as the earth is alive
We have the power to live all our freedom.*"

Gesang, zugeschrieben Starhawk und Rose May Dance

Als ich mit Council zu arbeiten begann, führte ich sowohl einzelne Kreise als auch die Ausbildungen zum Council-Leiter allein durch. Später, 1986, machte mich Gigi darauf aufmerksam, dass es der Idee des Councils eher entspräche, wenn zwei Leiter partnerschaftlich den Kreis begleiten. Mehr Flexibilität und Ausgewogenheit in den Schulungen wären die Folge. Gigi bot mir also an, das nächste Treffen zukünftiger Council-Leiter mit mir gemeinsam durchzuführen. Die Tatsache, dass Gigi bereits viele Jahre im Council gearbeitet hatte und so für mich eine unschätzbare Partnerin darstellte, half mir, meine Vorstellung vom alleinverantwortlichen Leiter zu überwinden. (Ein Muster, dem viele Männer in unserer Kultur folgen. Meine Frau *[Jaqueline]* Jaquelyn nennt es das „Einsamer-Jäger"-Syndrom). So machten Gigi und ich unser Bekenntnis zur Partnerschaft im Council-Prozess zur offiziellen Doktrin. In den Ausbildungs- oder Retreat-Programmen an der Ojai Foundation fühlen sich heute fast alle diesem Partnerschafts-Modell verpflichtet.

Partnerschaft

Partnerschaft in der Leitung hat viele Vorteile. Das Wissen um die aufmerksame Anwesenheit eines Begleiters erlaubt eine intensivere eigene Teilnahme am Kreisgeschehen. Gruppenleiter mit unterschiedlichen Arbeitsweisen können sich zudem ergänzen. Der eine mag besondere Fähigkeiten besitzen, andere Menschen einfühlsam „zu lesen", während seine Partnerin kompetent den Überblick im Prozess behält. Das Partnerschafts-Modell, bestehend aus einer Frau und einem Mann, bietet darüber hinaus mehr Möglichkeiten, geschlechtsbezogene Aspekte im Council in der Balance zu halten.

Das Co-Leitungs-Modell erleichtert die Entscheidung, wann der Leiter das Wort ergreifen sollte. Zu Beginn des Councils kann er beispielsweise Anhaltspunkte zum Umgang mit dem anstehenden Thema geben. Manchmal ist es auch angebracht, am Schluss der Runde zu sprechen, um das Gehörte noch einmal zu akzentuieren und den Durchgang zu komplettieren. Diese beiden wichtigen Aufgaben können sich die Partner während einer Council-Runde teilen.

In fortlaufenden Gruppen kommt es vor, dass die Teilnehmer sich mit der Zeit dem Leiter sehr verbunden fühlen. Dies führt sowohl zu positiven als auch negativen Assoziationen in Bezug auf Autorität und Vorbildfiguren. Auch die bekannten Auswirkungen hinsichtlich Übertragungen[18] sind dann festzustellen. Die Arbeit zu zweit entschärft die Kraft solcher Projektionen, besonders dann, wenn die Partner ehrlich und offen mit ihren Gegensätzlichkeiten umgehen.

Nicht immer ist es möglich, zu zweit zu arbeiten. In Schulprogrammen ist das ein eher seltener Luxus. In Gemeinschaften, in Unternehmen oder in großen Familienkreisen ist es jedoch in jedem

---

18 Wir benutzen den Ausdruck „Übertragung" im klassischen Sinne, um den Prozess zu beschreiben, in dem eine Person ihre Emotionen und Verhaltensmuster zeigt, die Ausdruck verdrängter, vergangener Erfahrungen sind. Der Prozess wird von einer Autorität angeregt, die zur Projektion der verdrängten Impulse der Person wird.

Fall von großem Wert, das Muster der alleinigen Verantwortung zu durchbrechen.

Viele Gruppen entwickeln für ihre Councils ein Modell wechselnder Leitung. Solche Rotationsmodelle funktionieren besonders in Kreisen von Kollegen oder Gleichgesinnten (oder, wie die Zeremonienmeisterin und Lehrerin Elizabeth Cogburn sagt: „Herzverbundenen"). Jeder ist in diesem Falle aufgefordert, das Council zu leiten, ob allein oder in Partnerschaft. Das erwähnte Problem der Übertragung verteilt sich so auf alle Gruppenmitglieder.

Findet ein Council in einer Umgebung mit traditionell hierarchischer Organisationsstruktur statt (wie z. B. in Unternehmen, Gemeinden, Regierungskreisen und Schulen), kann ein Rotations-Modell dem entgegenwirken, indem es die in der Hierarchie weiter unten Stehenden zur Leitungsrolle ermächtigt. Der Vorteil liegt darin, dass sich neue Talente beweisen können, dass Einschüchterungsstrukturen ausgehebelt werden und größeres Vertrauen in den Organisationsapparat gebildet wird. Ohne den Chef am Ruder wird nicht selten das spielerische und kreative Potential der Gruppe angeregt. Die der Natur des Councils eigene ausgeprägte Gemeinschaftlichkeit beeinflusst auch die überaus festgefahrenen strukturellen Hierarchien auf signifikante Art und Weise.

Auch in Schulprogrammen kann Rotation unter den Schülern gewinnbringend sein, vorausgesetzt die Jugendlichen sind mit Council und auch untereinander ausreichend vertraut. Für gewöhnlich wachsen die jungen Leute an der Aufgabe, ein Council zu leiten, und es macht ihnen Spaß, Themen auszusuchen. Der Lehrer oder ein anderer Erwachsener kann als Teilnehmer dabei sein. Dabei muss vorher festgelegt werden, wann er einzugreifen hat, sollte sich das Council auf unsicherem Boden bewegen.

Auch bei Familien-Councils bewährt sich eine Rotation. Sie befähigt auch die Kinder, Themen auszuwählen und das Council zu leiten, und erinnert die Eltern daran, wie es sich anfühlt, einem fremden Drehbuch zu folgen.

In unseren jährlichen Zusammentreffen der Council-Leiter an der Ojai-Foundation gaben Gigi und ich häufig die Leitung an jeweils zwei Teilnehmer ab. Jedes Paar wurde gebeten, die Fragestellung und die dem aktuellen Prozess angemessene Form für das folgende Council zu bestimmen. Wir nahmen dann an den Kreisen mit ganzem Herzen teil und boten, wie jeder andere auch, am Schluss unsere Bemerkungen als Zeugen des Prozesses an. Auf dem Treffen im Jahr 2007 nahmen wir uns noch weiter zurück und übertrugen die Leitung des Treffens dem ganzen Kreis. 2008 wurden zwei erfahrene Ausbilder gewählt, um das Treffen – an dem ich als ein Ältester teilnahm – zu leiten.

Besteht eine Gruppe aus erfahrenen und unerfahrenen Teilnehmern, sollten die Leitungspartner jeweils aus den unterschiedlichen Gruppen ausgewählt werden. Der erfahrenere Partner verhält sich dem anderen gegenüber dann wie ein Mentor, speziell in der Vorbereitung und in der Nachbetrachtung. Während des Councils bemühen sich beide um eine harmonische Aufgabenverteilung. Gigi hat es zu ihrer Praxis gemacht, einen der Kreisteilnehmer als Partner hinzuzuziehen, wenn sie zum ersten Mal in Organisationen und Gemeinden Council vorstellt. Dies hat für die gewählte Person einen hohen Ausbildungswert und vereinfacht letztendlich die Übertragung der Leitungskompetenz an die Organisation selbst.

Andere Faktoren, die in einer ausgewogenen Partnerschaft Beachtung finden sollten, sind Geschlecht, Alter, individuelle Kenntnisse und Herkunft. Wann immer es möglich ist, sollte die Partnerschaft ganz im Geiste des Councils die Ganzheit und die Vielschichtigkeit der Gruppe widerspiegeln.

Herausforderungen

Ein Council-Leiter ist ausreichend qualifiziert, wenn er drei miteinander verwandte Anforderungen erfüllen kann.

Die Vier Leitsätze des Councils in vorbildlicher Weise verwirklichen und auf dieser Grundlage für eine angemessene innere Haltung im Kreis Sorge tragen.

Eine gesteigerte Wahrnehmungsfähigkeit entwickeln, und das „interaktive Feld" im Council lesen können.

Zum Hüter des Councils werden, indem glaubwürdige, aufrichtige (An-) Teilnahme mit einer gut ausgeprägten Fähigkeit des Bezeugens verbunden wird.

In diesem und im darauffolgenden Kapitel werden wir herausarbeiten, was wir unter den Begriffen „gesteigerte Wahrnehmungsfähigkeit", „interaktives Feld" und „Hüter des Councils" verstehen. Ergänzend wollen wir anfügen, dass die Bezeichnung „Council-Leiter" keinesfalls befriedigend ist, weil das Konzept „Leitung" für viele Menschen eine hierarchische Struktur bedeutet, die aber dem Council-Prozess nicht eigen ist. So gebrauchen wir auch folgende Bezeichnungen.

- *Caller of Council - Der zum Council aufruft:* Dieser Titel verweist auf die einladende Haltung, die einem wirkungsvollen Führungsstil entspricht. Der Leiter dient dem Council im Sinne eines Gastgebers.

- *Council Chief oder Road Chief:* Diese Bezeichnungen sind traditioneller Natur und demgemäß schwer zu übersetzen. Der Gebrauch ist ebenfalls mit der Assoziation an hierarchische (und männliche) Strukturen verbunden. Die Begriffe „Anführer", „Chef" geben das treffend wieder. Road Chief ist indes eine Bezeichnung für den Council-Leiter in der Kirche der amerikanischen Ureinwohner. Eine eher unprätentiöse und erdverbundene Bezeichnung, die zudem Council richtigerweise als eine Reise auf dem Weg zur Verständigung bezeichnet.

- *Guide – Führer, Begleiter:* Diese Bezeichnung weist darauf hin, dass jedes Council ein Eigenleben besitzt, das zwar begleitet, möglicherweise geleitet, doch niemals kontrolliert werden kann.

- *Carrier of Council – Träger des Councils:* Die Bezeichnung deutet an, dass der initiierte Council-Leiter das Council mit innerer Verpflichtung und Hingabe weiterträgt.[19]

Wie wir sehen werden, erfordert die Rolle des Council-Hüters das unbedingte Bekenntnis, dem Kreis zu dienen und den Pfad des Councils als spirituelle Praxis anzunehmen. In dieser Hinsicht ist der Titel Träger des Councils der treffendste von allen. Der Träger des Councils wird allen drei genannten Herausforderungen gerecht.

Um allen Aspekten zu dienen, werden wir die verschiedenen oben angeführten Bezeichnungen in Zukunft abwechselnd, vorwiegend allerdings die des „Leiters" benutzen.

Die erste Herausforderung

Ein Anhänger des Councils werden

Was für besondere Fähigkeiten der Council-Leiter auch immer haben mag, er sollte die Vier Absichten des Councils vorbildlich verinnerlicht haben: das Sprechen vom Herzen, das teilnahmsvolle Zuhören, Prägnanz in der Ausdrucksweise und Spontaneität. Mit „vorbildlich" meinen wir leidenschaftlich und authentisch. Idealerweise erfüllen Council-Träger diese Absichten mit einer Hingabe, die weit über ein funktionelles Befolgen von Regeln hinausgeht und als Gefolgschaft bezeichnet werden kann. Wenn ein Leiter „seine Worte lebt", ist jeder im Kreis aufgefordert, es ihm gleich zu tun. Daraus ergibt sich wie selbstverständlich und ohne autoritäres Verhalten die Council-Ordnung.

Treten Schwierigkeiten beim Leiten einer Gruppe auf, empfehlen

---

19 In der Tradition der nordamerikanischen Ureinwohner wird die Person, welche die rituelle Pfeife hütet, oft „pipe carrier" (Träger der Pfeife) genannt.

wir zunächst den Blick nach innen. Die entscheidende Frage lautet dann: „Habe ich die Vier Leitsätze in der Art und Weise, wie ich mit dem Kreis in Beziehung trete, überzeugend angewandt?" Kommt kein klares „Ja" als Antwort, sollte das Bekenntnis erneuert werden, ohne Energie in eine Selbstanklage zu verschwenden. Je deutlicher die persönliche Überzeugung hervortritt, desto stärker werden die Teilnehmer inspiriert sein, ihre eigene Anwesenheit im Kreis auf ähnliche Art zu hinterfragen und zu verfeinern. Mehr als einmal habe ich bei mir ein wachsendes, außerordentliches Befremden gegenüber einer Person im Kreis festgestellt. Wenn ich dem nachspürte, stellte ich immer wieder fest, dass ich dieser Person nicht mit meiner ganzen Aufmerksamkeit zugehört hatte. Es war dann an mir, diese Haltung zu korrigieren, ohne mich für mein mangelhaftes Verhalten anzuklagen. Gelang mir dies, entspannte sich die gestörte Beziehung für gewöhnlich in harmonischer Weise.

Um solch einem anspruchsvollen Problem zu begegnen, braucht es Beharrlichkeit. Gerade für einen neuen Leiter ist es nicht einfach, die Vier Absichten beständig im Council zu leben. Zweifel und Selbstanklage sind zu Beginn nichts Ungewöhnliches. Die Erfahrung wächst mit dem Entdecken und Erforschen der eigenen Fähigkeiten. Diese müssen fortdauernd kultiviert und weiterentwickelt werden, ohne ständig in Glaubenskrisen zu geraten. *Die Herausforderung lautet, die Notwendigkeit für Veränderung zu erkennen und die entsprechenden Korrekturen ohne kraftraubende Selbstverurteilung vorzunehmen.*

Die Ordnung gestalten

Jede rituelle Reise hat ihre Risiken und Hindernisse. Die damit verbundene gesteigerte Empfindsamkeit und erhöhte Bewusstheit brauchen einen starken, sicheren Container. Die Teilnehmer müssen sich so ausreichend geschützt fühlen, dass sie sich ganz dem Prozess überlassen können. In manchen Traditionen werden „Seelenwächter" ernannt, die den zeremoniellen Raum bewachen und so dazu beitragen, den physischen und spirituellen Container zu gestalten. Die Seelenwächter patrouillieren an den Grenzen der rituellen Erfahrung und sorgen für individuellen Schutz und Unterstützung während des Prozesses.

Auch das Council-Ritual braucht Seelenwächter zum Schutz des zeremoniellen Raumes. Jeder im Kreis trägt zwar einen Teil der Verantwortung, doch der Leiter ist insbesondere gehalten, den Gefahren, die während der rituellen Reise drohen, besondere Aufmerksamkeit zu schenken. Dies gilt vor allem dann, wenn der Kreis aus jungen oder generell im Council unerfahrenen Menschen besteht. In diesem Zusammenhang taucht die Bezeichnung des Road Chief wieder auf. Der Road Chief ist üblicherweise der verantwortliche Seelenwächter im Council. Wie der Führer einer anspruchsvollen Exkursion, hat der Road Chief den Weg vorher ausgekundschaftet und kennt sich auf dem Terrain gut aus. Wird das Weitergehen schwierig, sorgt der Road Chief dafür, dass jeder konzentriert bleibt und die eigene Sicherheit wie die der anderen im Auge behält. Im Council schließt diese Aufgabe auch den Umgang mit den alltäglichen Regelverletzungen ein:

- Zu spät kommen, nicht geplante Pausen einlegen, das Council vor dem Abschluss verlassen.

- Unablässig kurze Kommentare außer der Reihe abgeben, sonstige Council-Regeln verletzen, die beispielsweise mit der Beachtung eines bestimmten, vorher festgelegten Formats in Zusammenhang stehen.

- Eine demonstrativ respektlose Körperhaltung einnehmen (in eine dem Kreis abgewandte Richtung schauen, sich hinfläzen, sich schlafend stellen).

- Den Redegegenstand absichtlich missachten (in einem Moment des Ärgers oder des Widerstandes).

- Seinen Nachbarn auf irgendeine Art physisch stören.

Jeder im Kreis kann einen Kommentar zur Disziplin oder Disziplinlosigkeit machen, wenn er den Redegegenstand in der Hand hält. Dennoch liegt es in erster Linie in der Verantwortung des Leiters, bei einer Verletzung der Regeln die Integrität des Councils wiederherzustellen. Es gibt verschiedene Möglichkeiten einzugreifen, die von der Art des Vorfalles, der zur Verfügung stehenden Zeit, der Größe des Kreises, der Erfahrung der Teilnehmer und dem Selbstvertrauen des Leiters abhängen:

- Nimm Augenkontakt mit der betreffenden Person auf und bekräftige schweigend die elementaren Übereinkünfte des Councils. Bist du erfahren (und ein echter Anhänger des Councils), so reicht deine Anwesenheit und Aufmerksamkeit oft aus, um Übertretungen, wenn auch nicht die schwersten, zu handhaben.
- Warte, bis der Redegegenstand bei dir angelangt ist, und behandele dann das Thema als Mitglied des Councils.
- Warte, bis der Sprecher geendet hat, und bekräftige danach noch einmal verbal den vereinbarten Umgang und die Regeln im Council.
- Unterbrich den Ablauf und weise auf das vereinbarte Verhalten im Council hin und sprich die betreffende(n) Person(en) darauf an.

Wiederholte Überschreitungen können einschneidende Eingriffe erfordern, beispielsweise ein Gespräch mit den betroffenen Personen nach der Council-Runde. Wenn die Gruppe gerade mit der Praxis begonnen hat, kann es sinnvoll sein, die Regeln häufiger zu wiederholen und zu erklären. Auf lange Sicht ist diese Zeit gut investiert. Je häufiger auch kleine Verletzungen der Council-Disziplin, wie Außer-der-Reihe-Kommentare, unbeachtet bleiben, desto schwieriger wird es, sie später zu korrigieren.

Stören Council-Teilnehmer regelmäßig den Fluss des Kreises und reagieren nicht auf entsprechende Hinweise, gibt es zwei Möglichkeiten. Die erste lautet „in den Sturm hineinsteuern" (siehe Kapitel 2).

Der Leiter stellt dem Kreis beispielsweise die Frage: „Wie beeinflusst deiner Ansicht nach dieses Verhalten das Council und was sollten wir deswegen tun?" Führt jedoch nichts dergleichen zu einer Veränderung der Situation, ist die zweite Möglichkeit, diejenigen, die für die ständigen Disziplinlosigkeiten verantwortlich sind, zu bitten, den Kreis zu verlassen, und zwar solange, bis sie in der Lage sind, sich angemessen zu verhalten.

Stephen schlug sich mit seiner Gruppe von Sechstklässlern mehrere Wochen lang im Council herum. Die Konzentrationsfähigkeit von ein oder zwei Schülern war äußerst gering. Andere waren nie in den Genuss gekommen, von ihren Klassenkameraden angehört zu werden. Grundsätzlich war aufmerksames Zuhören ein Fremdwort für die ganze Gruppe. Einen Großteil seiner Energie musste Stephen aufwenden, um die Jugendlichen wegen ihrer Unterbrechungen zu maßregeln. Nach vier Wochen, ständig an der Grenze zum Chaos, entschloss sich Stephen schließlich, seine Frustration auf sehr persönliche Weise zum Ausdruck zu bringen.

„So können wir nicht weitermachen", sagte er, den sanft geschwungenen Stein, den die Gruppe als Redegegenstand ausgewählt hatte, in der Hand haltend. „Ich höre mich immer mehr wie ein ärgerlicher, nörgelnder, schimpfender Vater an. Offen gesagt, freue ich mich nicht mehr darauf, mit dieser Klasse weiterzuarbeiten. So sehr ich Council auch schätze, doch dieser Kreis führt anscheinend ins Nichts. Was sollen wir tun? Mir fällt nichts mehr ein. Ich muss etwas von euch hören."

Ohne Umwege das anzusprechen, was vor sich ging, brachte die zementierten Verhaltensmuster zum Einsturz. Die Schüler begannen, über ihre eigenen Enttäuschungen und ihre Langeweile im Council zu sprechen. Das sich anschließende Gespräch führte in der folgenden Woche zu einem weiteren Thema, dem des Vertrauens. Langsam kam die Gruppe zur Sache. Stephen und der Beratungslehrer baten den unaufmerksamsten der Schüler, die Zeit während des Councils als Studienzeit zu nutzen, bis er gewillt war, die Vier Leitregeln des Councils zu befolgen. Indem er die Verantwortung für den Erfolg des

Council an die Schüler zurückgab, hatte Stephen einen hohen Grad an Glaubwürdigkeit bewiesen, der das Council zum Leben erweckte. Als die Schüler sich endlich gegenseitig aufmerksam zuhörten, fiel es ihnen leicht, ihren verbannten Kameraden ein paar Wochen später in den Kreis zu integrieren.

Gerade wenn die Aufmerksamkeit im Council nicht die beste ist (in Schulprogrammen oder auch in wichtigen Gemeindesitzungen), ist es hilfreich, wenn der Leiter die Teilnehmer daran erinnert, dass sie unter Beachtung der Vier Leitsätze „das Council-Spiel spielen" und dabei genügend Raum für Kreativität im Ausdruck, eine Portion Wildheit und sogar eine Prise Rebellion finden können. Der Grad der Freiheiten hängt dabei von den Fähigkeiten der Gruppe und des Leiters ab, den Container sowohl ausreichend sicher als auch genügend flexibel zu gestalten.

Muss ein Teilnehmer aus gesundheitlichen Gründen, wegen eines dringenden Anrufes oder eines Notfalles ganz plötzlich den Kreis verlassen, so kann der Leiter dies unaufgeregt zur Kenntnis nehmen, dem Betreffenden die erforderliche Hilfe zur Verfügung stellen und daraufhin wieder zum Council-Prozess zurückkehren. Wie wir bereits erwähnten, braucht jeder Kreis eine Abmachung über bestimmte Formen von Unterbrechung oder, bei langem oder gar zeitlich unbegrenztem Council, die Erlaubnis für die Teilnehmer, die Runde unauffällig für kurze Zeit zu verlassen.

Die zweite Herausforderung

Das Interaktive Feld wahrnehmen

Den wahren Auftrag eines Kreises herauszufinden gleicht dem Gefühl, von einem unsichtbaren Dirigenten geführt zu werden, der die zu spielende Partitur bestens kennt. Diese allgegenwärtige, durchklingende Sinfonie nennen wir das Interaktive Feld des Councils: *Das Interaktive Feld bezeichnet das dynamische Ineinanderwirken aller Council-Teilnehmer, wobei eine übergeordnete, nicht greifbare Energie den Kreis zu einer sinnstiftenden Interaktion anzuleiten scheint.* Die Herausforderung für den Leiter besteht darin, dieses Interaktive Feld zu erkennen und zu unterstützen. Dies setzt voraus, dass er in einen Zustand erweiterter Bewusstheit eintritt, den wir erhöhte (oder gesteigerte) Wahrnehmung nennen.

In diesem Zustand kann der erfahrene Council-Leiter das Beziehungsgeflecht zwischen den Teilnehmern intuitiv erkennen. Dieses intuitive *Sehen* führt zu einem unmittelbaren Wissen, das sich radikal von der Erkenntnis, die aus analytischer Beobachtung resultiert, abhebt. Intuition ist ein bedeutender Anteil unseres Sechsten Sinnes – ein direkter Weg, mit dem Dasein in Kontakt zu treten, ganz anders als unsere alltägliche Sinneswahrnehmung. Die Qualität dieser intuitiven Bewusstheit kann uns manchmal verblüffen. Wir sind es nicht gewohnt, Wissen zu erlangen, ohne zuvor den Prozess sinnlicher Wahrnehmung und anschließender gedanklicher Analyse zu durchlaufen. Council kann dagegen einen Grad von Wahrnehmungsfähigkeit herbeiführen, der intuitive Kompetenzen bis in den Bereich unmittelbarer („psychischer") Erkenntnis ausdehnt.

Der Zustand erhöhter Wahrnehmung kann für mich auf verschiedene Weise aktiviert werden. Manchmal nehme ich aufgrund einer veränderten Tonlage eines Teilnehmers oder durch intensiven Augenkontakt eine neue Bewegung innerhalb des Interaktiven Feldes wahr. In unseren Familien-Councils sind es manchmal die überraschenden Einsichten oder die energisch betriebene Konfrontation eines unserer Kinder, die die Tür öffnen. Wenn mich mein Sohn beispielsweise mit der – wahren – Bemerkung herausfordert, ich sei in einer Auseinandersetzung mit ihm nicht aufrichtig gewesen, fühle ich mich entwaffnet und ungeschützt. Meine Elternrolle beginnt sich aufzulösen und schon nach kurzer Zeit, wenn meine Fassung wiederhergestellt ist, kann ich mich selbst und unsere Beziehung mit größerer Klarheit betrachten.

Diejenigen, die mit dem „Scannen" des Energiefeldes eines Körpers vertraut sind[20], können das Interaktive Feld im Council als ein sich ständig im gesamten Kreis veränderndes Feld ansehen. Diese Dynamik entsteht aus dem vielschichtigen Ineinanderwirken der feinstofflichen Körper der Kreisteilnehmer. Den Zustand erhöhter Wahrnehmungsfähigkeit zu betreten bedeutet, die eigenen intuitiven, subtilen Sinne zu nutzen, um das Energiefeld des ganzen Kreises zu lesen. Jeder im Kreis besitzt diese Möglichkeit der Wahrnehmung als energie-empfindliche Variation unserer alltäglichen Sinne. Es ist die Aufgabe des Leiters, den Kreis auf diese Art zu scannen, den „energetischen" Aufenthaltsort einer jeden Person wie mit einer hochsensiblen Antenne zu orten. Gelingt dies, sind die anderen im Kreis durch „intuitive Resonanz" besser in der Lage, dorthin zu folgen. Je mehr Teilnehmer sich des Interaktiven Feldes bewusst sind, desto mehr wird die Energie dieser Erkenntnis das gesamte Feld beeinflussen und wechselwirkend das individuelle *Sehen* begünstigen.

Diese sich gegenseitig stärkende Wechselbeziehung zwischen dem Zustand erhöhter Wahrnehmung und dem Interaktiven Feld ist ein Beispiel für die grundlegende Untrennbarkeit zwischen der Wahrnehmung von mir und von anderen. Die heutige Wahrnehmungsforschung steht auf dem Standpunkt, dass wir anfänglich unser Bewusstsein entwickeln, indem wir unsere Umgebung und vor allem andere Menschen wahrnehmen.[21] Fred Alan Wolf fasst die neuesten Erkenntnisse auf diesem Gebiet wie folgt zusammen:

„…Bewusstsein besteht nicht nur aus unserer Erinnerung oder unserer Reflektion. Es ist nicht das besondere Vermögen eines Verstandes in der Isolation, sondern eines Verstandes, der sich in Kom-

---

20 Siehe *Joy's Way*, W. Brugh Joy, J. P. Tarcher, Los Angeles, 1978. (Eine deutsche Übersetzung ist nicht bekannt.)

21 Siehe *The Dreaming Universe*, Fred Alan Wolf, Simon and Schuster, 1994 (dt. Übersetzung nicht bekannt). Siehe auch Montegue Ulman, *Dreams, Species-Connectedness and the Paranormal*, Journal of the American Society for Psychical Research 84, no. 2, April 1990.

munikation mit anderen befindet. Wir entwickeln Bewusstsein, weil wir uns in Kommunikation mit anderen Menschen befinden. ... Die Existenz des Einzelnen steht nicht im Zentrum des eigenen Selbst, sondern im Zentrum der Beziehung zwischen dem eigenen Verstand und dem der anderen."

Diese radikale Betrachtungsweise des Bewusstseins hat Konsequenzen für die Teilnehmer in einem Council. Die Erfahrung all der Verknüpfungen und Beziehungen, die während des Councils in das Interaktive Feld münden, führt zu einer gesteigerten *individuellen* Wahrnehmungsfähigkeit. Daraus folgt, dass jeder das Feld mit größerer Klarheit sehen kann. Aktuelle psychologische Studien (wie auch traditionelle schamanistische Sichtweisen) stützen unsere Beobachtung, wonach das kollektive Feld erhöhter Wahrnehmungsfähigkeit und das Interaktive Feld sich gegenseitig anreichern.

Auch die erste und die zweite Herausforderung für einen Council-Leiter, die wir bereits angesprochen haben, fördern sich gegenseitig. Ernsthaftigkeit in der Ausübung der Vier Absichten des Councils erfordert zunächst die Verpflichtung zur *gewöhnlichen Achtsamkeit*, die sich in erster Linie auf unsere alltäglichen Sinne stützt. Hören wir mit der Zeit achtungsvoller zu und sprechen intensiver aus dem Herzen, wird die subtile und intuitive Sinnesfähigkeit mobilisiert und die Tür ist der *außer-gewöhnlichen Achtsamkeit* als Grundlage der gesteigerten Wahrnehmungsfähigkeit geöffnet. Mit deren Erscheinen[22] ist unsere Fähigkeit, den Vier Leitsätzen des Councils zu folgen, sehr viel ausgeprägter, weil nun unsere alltägliche Fähigkeit des Hörens und Wahrnehmens durch subtilere Empfindungen ergänzt wird. So macht die Auseinandersetzung mit der ersten Herausforderung den Weg frei für die zweite, und umgekehrt.

Der Zustand gesteigerter Wahrnehmungsfähigkeit führt auch zu

---

22 Der Parapsychologe Charles Tart benutzt den Begriff „lucid waking" (luzides Erwachen). Siehe *Hellwach und bewußt leben: Wege zur Entfaltung des menschlichen Potentials – eine Anleitung zum bewußten Sein*, Charles Tart, Arbor-Verlag, 1995.

einer positiven Rückkoppelung auf unsere Art zu sprechen. Der Terminus „streaming" („fließen") beschreibt diese Erfahrung. Die Worte fließen ohne weitere Aufbereitung durch den Alltags-Verstand aus dir heraus. Manche deiner Metaphern oder gar der Standpunkt selbst, den du zum Ausdruck bringst, mögen dir erfrischend fremdartig vorkommen. „Wer war das?", fragst du dich hinterher. Die Quelle des „streaming" ist jedoch nicht gänzlich unbekannt. Du hast diese Stimme schon einmal gehört, die Erfahrung ist die eines „déjà-vu". Vielleicht geschah etwas Ähnliches in einem Traum oder während einer Zeit in der Natur, als du dich mit deiner Umgebung verschmolzen fühltest, oder während eines freudigen Momentes in deiner Beziehung. Ich erinnere mich an eine Gruppe, die ihre Wahrnehmung vollständig veränderte, weil bei einigen Teilnehmern das „streaming-Bewusstsein" erweckt worden war.

Die späte Nachmittagssonne durchflutete den Raum, als wir das Council begannen. Der komplette Lehrkörper war anwesend, nur wenige hatten bereits zuvor einmal im Council gesessen. „Was sind die größten Herausforderungen, denen die Schule momentan gegenübersteht?", lautete das Thema. Die ersten Redner – der Direktor, der Dekan und einige ältere Lehrer – sprachen das Thema ohne Umschweife an, skizzierten die Personalentwicklung und die Lehrziele für das nächste Jahr. Nach etwa der Hälfte des Kreises begann ein junger Englischlehrer, der ebenso sachlich wie seine Vorredner begonnen hatte, in eine Erzählung über seinen Vater abzugleiten. Die intensiven Gefühle, die in seiner Geschichte der Entfremdung und Versöhnung zum Ausdruck kamen, brachten uns aus unseren Köpfen und direkt in unsere Herzen. Als sich unser Zuhören weiter vertiefte, öffnete sich für viele im Kreis die Tür zur erhöhten Wahrnehmung.

Kurze Zeit später beschrieb der Schulverwalter sein Gespräch mit Schülern während der Arbeit im Gemüsegarten. Sein gedehnter, westlicher Akzent regte die Aufmerksamkeit des Kreises zusätzlich an. Einsame Kinder und die Sehnsucht nach engeren Bindungen zwischen Schülern und Lehrern war ganz offensichtlich das Thema des Kreises geworden, ohne dass es jemand direkt aussprechen musste. Stattdessen erzählten viele über ihre eigene Einsamkeit und ihre kindliche Unfähigkeit, Beziehungen zu Erwachsenen einzugehen. Die Stimmen klangen mild, waren behutsam und ohne jede Verlegenheit. Manche beschrieben ohne Anklage oder Verurteilung die Situation der Schule, die nicht ausreichend in der Lage sei, ihre Kinder zu erreichen. Niemand nahm eine Verteidigungshaltung ein. Als der Redegegenstand zu mir zurückkehrte, saßen wir gemeinsam in einem Gefühl tiefer Verbundenheit im Spiel der Schatten, die die einsame Kerze im Zentrum des Kreises tanzen ließ.

Die Einsichten, die aus dem „streaming"-Prozess erwachsen, sind mit denen alltäglicher, bewusster Denkprozesse nicht zu vergleichen. Fragt jemand nach der Quelle solcher Einsichten, könnte er zur Antwort erhalten: „Ich habe nur das wiedergegeben, was spontan in mir aufstieg." Du übernimmst die volle Verantwortung für das, was du sagst, die Anerkennung gebührt jedoch nicht dir allein. (Manchmal geht das soweit, dass du dich am Ende deiner Rede nicht mehr an deine Worte erinnern kannst.) Diese transpersonale Qualität befreit dich von der Verlockung, dich zu wichtig zu nehmen, und ebenso von übermäßiger Selbstverurteilung. Beide stehen der Ausdehnung der Wahrnehmungsfähigkeit im Wege.

So wie die Worte „Es war einmal…" ein Kind unwillkürlich in den Zustand intensiven Zuhörens versetzen, so ruft auch „streaming" größere Aufmerksamkeit hervor. Es ist ein erstes Anzeichen für gesteigerte Wahrnehmungsfähigkeit. „Streaming" ist ansteckend. Ist der ganze Kreis dort angekommen, so ermöglicht „Streaming" jedem Teilnehmer einen unmittelbaren Zugang zum Interaktiven Feld. Die vermeintliche Getrenntheit von den anderen löst sich auf und die Ganzheit des Kreises wird zur greifbaren Wirklichkeit. „So ist das Königreich des Himmels", um den letzten Satz einer Novelle von Aldous Huxley zu zitieren. Mit Charles Tart gesprochen, ist Council ein Weg zu „luzider Wachheit". Wenn sich die Fähigkeit des *Sehens* ausbildet und auch außerhalb des Council-Kontextes zur Verfügung steht, sind die Kommunikationsmöglichkeiten bedeutend erweitert. Beispielsweise sind etliche Menschen in der Lage, im Voraus zu *sehen*, ob ihre Worte auch angemessen Gehör finden werden. Dank dieser Wahrnehmung ist es ihnen möglich zu entscheiden, wann und wie von ihnen was zu sagen ist.

Das Thema in der Spur halten

Aufmerksam sein gegenüber plötzlichen Themenverlagerungen. Wenn ein Council einem inhaltlichen Schwerpunkt folgt, kann der Leiter das Thema in der Spur halten, indem er das Interaktive Feld beobachtet. Während der Redegegenstand die Runde macht, betrachtet er sorgfältig den sich ständig verändernden „Council-Film". Solange im Ablauf keine abrupten Brüche oder Missklänge auftauchen, bleibt der Leiter in seiner zurückgenommenen Haltung. Verändert sich das Interaktive Feld, verfolgt der Council-Leiter die abweichende Bewegung, um zu prüfen, ob sich damit auch das zugrunde liegende Thema verändert hat. Dies kann jederzeit geschehen, ganz gleich, wie maßgeblich die Aufgabenstellung auch ist. Der Leiter hat dann verschiedene Handlungsmöglichkeiten:

- Er nimmt die Veränderung als angemessen wahr und unterstützt die neue Ausrichtung.
- Er verfolgt weiterhin das Interaktive Feld, bis sich die Situation geklärt hat.
- Wenn er an der Reihe ist, spricht er das sich verändernde Energiemuster an. Er bittet sodann andere um ihre Betrachtung und legt den Redegegenstand zurück in die Mitte. Er schlägt vor, dass die ganze Gruppe entscheidet, was nun zu tun sei.
- Er erwägt, das Council-Format zu ändern (beispielsweise in ein „Fishbowl", wenn einige Teilnehmer mehr Zeit oder Aufmerksamkeit benötigen oder ein Problem dringend der Klärung bedarf).

- Er interveniert, wenn die Veränderung völlig unangemessen scheint und nicht der ganze Kreis in den Prozess der Rückorientierung eingebunden werden muss.

Manche Situationen sind unkompliziert. Ganz zu Beginn des Councils ist das Interaktive Feld, abgesehen von der Energie des Anfangsrituals, weitestgehend unentwickelt. Wenn der erste Sprechende nun die Fragestellung offensichtlich missverstanden hat, schätzt der Road Chief kurz ein, ob das Thema tatsächlich eine Veränderung braucht, und wenn nicht, unterbricht er und justiert das Council neu.

Hat sich das Interaktive Feld jedoch bereits entwickelt, muss der Leiter möglicherweise komplexere Eingriffe vornehmen. An dieser Stelle sind allgemeine Regeln schwer auszugeben. Manche Leiter schreiten so gut wie nie ein. Andere, vor allem solche, die mit Jugendlichen arbeiten, sehen sich öfter zur Intervention gezwungen. Es ist daher aufschlussreicher, einige konkrete Beispiele für Veränderungsmöglichkeiten im Interaktiven Feld anzuführen und zu beschreiben, wie diese Situation zu begleiten wäre. In diesem Zusammenhang möchten wir nochmals die Rolle des Zeugen hervorheben. Denn der Leiter ist gleichzeitig Zeuge des Prozesses und authentischer Teilnehmer. Deshalb ist der Council-Leiter nicht so ausschließlich mit dem Lesen des Interaktiven Feldes beschäftigt, wie es die folgenden Anekdoten zeigen.

Sich verzetteln. Das ist eines der häufigsten Probleme im Council. Wenn ein oder zwei Kreisteilnehmer ihre Rede zu lange ausdehnen, beginnt sich die Energie im Interaktiven Feld zu zerstreuen und die Konzentration des Kreises löst sich auf. Der Verlust der Aufmerksamkeit wächst dabei zusehends und auch ein unerfahrener Leiter wird dies schnell merken. Stell dir vor, du seist im folgenden Beispiel der Council-Leiter.

Eine Gruppe von etwa 30 Personen trifft sich für das Eröffnungs-Council ihres Wochenendes in einem großen, hohen Raum. Viele in der Gruppe arbeiten bereits seit über fünf Jahren intensiv miteinander und ein paar weitere halten regelmäßig Kontakt. Doch die ganze Gruppe hat sich seit 15 Jahren nicht getroffen und die meisten wissen nicht, was sie von diesem Wochenende erwarten können. Das Planungsteam hatte als ersten Programmpunkt vorgeschlagen, zunächst die Vergangenheit zu würdigen und alle noch offenen oder ungeklärten Angelegenheiten auszusprechen. Nachdem die Kerze entzündet wurde, stellst du als Leiter des Councils dieses Thema dem Kreis vor.

„Erinnert euch mit der Weisheit des Augenblickes: Welche Rolle hat diese Gemeinschaft vor 20 Jahren in eurem Leben gespielt? Wie hat sie euch geholfen, welche Probleme hattet ihr mit ihr? Gibt es unerledigte Dinge aus diesen Tagen, die nun ausgesprochen werden wollen?" Du schaust noch, ob eine der Co-Leiterinnen etwas ergänzen möchte. Du siehst sie lächeln. Du erinnerst noch einmal an die Leitsätze des Councils, stellst den Redegegenstand vor und gibst ihn herum.

Einige sprechen knapp und positiv über ihre vergangenen Erfahrungen. Die Gruppe hatte ihnen viel bedeutet, sie hatten später eine solch vertraute Gemeinschaft vermisst und sie freuen sich nun, alle wiederzusehen. Bis dahin ist die Beteiligung vorhersehbar und eher oberflächlich, das Feld ist von geringer Intensität und wartet auf Ausrichtung. Niemand geht ein Risiko ein, bis Esther die Rede-Rassel in Händen hält. Sie legt sie in ihren Schoß und überlegt, ob sie „den Sprung" wagen soll oder nicht. Du schickst ihr eine stille, unterstützende Botschaft. Sie beginnt. „Ich trage etwas mit mir herum ..."

Esther spricht über mangelnde Anerkennung und den Schmerz, den sie darüber vor 20 Jahren empfunden hatte. Sie sagt, dass sie nicht die einzige war, die damals so fühlte. Daraufhin entschuldigt sie sich unbeholfen, die Stimmung im Kreis so negativ verändert zu haben. Tatsächlich aber hat sie das Council erst zum Leben erweckt. Du vermutest, dass Esther noch mehr mit sich herumträgt, als sie herausgelassen hat. Du *siehst*, dass der über lange Zeit ungelöste Schmerz Teil ihrer persönlichen Geschichte ist. Die nächsten Redner wagen sich ein wenig weiter als zu Beginn mit ihren Äußerungen vor, doch das von Esther genährte Feld dehnt sich nicht mehr weiter aus.

Dann nimmt Mitchell das Redestück mit einer schwungvollen Handbewegung auf, als warte er schon ungeduldig darauf, gehört zu werden. Er beginnt mit „Geschichtsbewusstsein", beschreibt in epischer Ausführlichkeit Ereignisse, die 20 Jahre zurückliegen. Du hoffst, er wird diese Erzählart bald verlassen und sich direkter dem Thema des Councils widmen, doch er tut es nicht. Er erzählt sich durch die Jahre hindurch. Du kannst seinen persönlichen Tagesordnungspunkt erkennen: „Ich habe die Möglichkeit, einer geistesverwandten Gruppe meine Lebensgeschichte zu erzählen. Diese Chance werde ich so schnell nicht wieder bekommen." Du erinnerst ihn leise an die Größe des Kreises und an dessen Absicht. Dann bemerkst du, dass einige Teilnehmer ganz bei der Sache sind, weil sie in Mitchells Geschichte Teile ihrer eigenen hören können. Ein paar andere jedoch, auch die Planungsgruppe, werden zunehmend ungeduldig. Du *siehst*, dass das Interaktive Feld, durch die Intention des Kreises vorgeformt und durch Esther weiter angeregt, in zwei unterschiedliche Teile gespalten ist.

Geteilte Felder führen in ein Dilemma. Du fragst dich, ob einer der Teilnehmer, die nach Mitchell im Kreis sitzen, in der Lage ist, das Thema wieder neu zu zentrieren. Schwer zu sagen, doch viele im Kreis sind Council-unerfahren und möglicherweise dazu nicht in der Lage. Du überfliegst die erfahrenen Teilnehmer im Kreis. Sie haben bereits alle gesprochen. Ein paar nehmen Augenkontakt mit dir auf: „Ich hoffe, der Junge findet bald ein Ende. Deswegen sind wir nicht hier." Aber sie überlassen dir die Angelegenheit.

Du atmest tief durch. Mitchell ist gerade im Jahre 1983 angelangt, gerade mal die Hälfte der 20-jährigen Geschichte ist erzählt. Du rückst ein wenig auf deinem Kissen hin und her und lässt deinen Geist wandern. Dann bemerkst du, dass du Mitchell nicht mit ganzer Anteilnahme zuhörst. Du ärgerst dich und widmest ihm sofort deine ganze Aufmerksamkeit. Deine Wahrnehmung verändert sich. Du hörst eine „Jedermann"-Qualität in Mitchells Erzählung. Die darunter befindliche Geschichte ist klar: „Seit 15 Jahren vergehe ich an meinem Hunger nach Gemeinschaft." Andere im Kreis fühlen offensichtlich auf die gleiche Weise. Doch die Ungeduldigen pflichten nicht bei. Sie fürchten, dass andere Mitchells Beispiel folgen könnten und das Council somit ewig andauern würde. Du *siehst,* dass das nicht der Fall sein wird. Du weißt, dass du jeden, der in ein ähnliches Fahrwasser geraten sollte, sanft unterbrechen wirst. Eine „Jedermann"-Geschichte genügt.

Innerlich trittst du zurück und betrachtest den Kreis aus einer weiter entfernten Perspektive. Da bemerkst du, dass die beiden vermeintlich getrennten Felder einem größeren angehören. Das Erzählen einer Lebensgeschichte dient dazu, den Kreis in die Gegenwart zu bringen. In Mitchells Saga verknüpfen sich die Fäden der 20 Jahre, die vergangen sind, seit die Gruppe ihre Geschichten regelmäßig miteinander teilte. Mitchell war Teil dieses Kreises gewesen. Hätte die Gruppe fortbestanden, wären seine Erzählungen Bestandteil ihrer kollektiven Geschichte geworden. Du berührst in dir etwas, dass nach mehr Geduld verlangt. Du gibst diesen Impuls schweigend an die Ungeduldigen im Kreis weiter.

Du lässt Mitchell gewähren und übst dich in achtungsvollem Zuhören. Er nimmt sich acht weitere, qualvolle Minuten, um schließlich ins Heute zu gelangen. Manche nach ihm bedanken sich überschwänglich für den Reichtum seiner Geschichte, die dem Council zum Leben verholfen habe. Du bist erleichtert, solche bekräftigenden Worte zu hören. Dennoch fragen dich nach der Runde drei Mitglieder der Planungsgruppe, warum du es versäumt hast, den Monolog zu stoppen. Sie sind der Meinung, du seiest zu nachsichtig gegenüber Mitchell gewesen. Du erklärst deine Untätigkeit mit Geduld. Du erinnerst sie daran, dass die Intervention nur einen letzten Ausweg für den Leiter bedeutet. Darüber hinaus muss das, was dem Einzelnen diene, nicht notwendigerweise auch allen anderen dienen.

Ein Council, wie das soeben beschriebene, stellt eine gute Übung dar, allen Aspekten im Kreis Raum zu geben. Du würdigst daher auch die Haltung der Planungsgruppe und wirst darauf achten, beim nächsten Mal, in einer ähnlichen Situation, deren Perspektive aufmerksamer im Auge zu behalten.

Verlagerung vom Kollektiven zum Persönlichen. Der Kreis hat ein gruppenorientiertes Thema behandelt und nun wechselt jemand urplötzlich in eine sehr persönliche Angelegenheit.

Eine Gruppe, die schon seit langem zusammen arbeitet und im Council sitzt, stellt sich die Frage: „Wie kann unsere Gruppe ihre Arbeit in der Welt wirkungsvoller gestalten?" Nachdem die Ersten sehr direkt zum Thema gesprochen haben und sich das Interaktive Feld gut entwickelt hat, beginnt eine Frau sich über ein persönliches Gesundheitsproblem auszulassen, das ihre Teilnahme an den Kreisen eingeschränkt habe. Du bemerkst die Veränderung im Feld und schickst dem nächsten Redner eine stille Botschaft, er möge das Council wieder in die Spur bringen. Doch du merkst schnell, dass er das Feld nicht auf die Weise sieht wie du. Von der Vorrednerin beflügelt, verliert er sich in einer Schilderung seiner Eheprobleme, die ihn in den letzten Monaten sehr in Anspruch genommen hätten. Anstatt kurz darauf hinzuweisen, dass er für die Arbeit der Gruppe aufgrund dieser Probleme in letzter Zeit nicht ausreichend zur Verfügung stand, und sich daraufhin wieder den übergeordneten Gruppenangelegenheiten zuzuwenden, kaut er weiter auf seiner persönlichen Situation herum.

Du fragst dich, ob diese persönliche Geschichte das ist, was die Gruppe gerade braucht. Vielleicht haben die gemeinsamen Themen bis dahin zu viel Zeit in Anspruch genommen und die Beschäftigung mit den individuellen Lebenswegen ist zu kurz gekommen. Wie auch immer, als die Minuten vergehen, wächst deine Unruhe. Du *siehst*, wie das Feld an Energie verliert und sich auf unproduktive Weise verändert. Dies wird durch dein wachsendes Desinteresse an den Worten des Redners und eine spürbare körperliche Unruhe bestätigt. Du schaust dich um und bemerkst, dass die Konzentration im Kreis stetig nachlässt. Einige weitere Minuten vergehen, in denen du vergeblich versucht hast, dem Redner eine stille Botschaft zuzusenden, er möge wieder zum Thema zurückkehren. Du entschließt dich einzuschreiten: „Peter, es tut mir leid, dich zu unterbrechen, doch ich glaube, wir sind gerade dabei, unser Thema zu verlassen. Ich höre dich sagen, dass es dein Privatleben momentan schwierig macht, an der Arbeit der Gruppe teilzunehmen. Der Umfang deiner Erläuterungen entfernt uns allerdings sehr weit von unserem Vorhaben. Wir wollten uns anschauen, wie die ganze Gruppe wirkungsvoller zusammenarbeiten kann. Hast du, abgesehen von deinen geschilderten persönlichen Schwierigkeiten, noch etwas zu diesem Thema beizutragen?"

Peter kennt die „Spielregeln" des Councils gut und antwortet daher: „Der Kern ist, dass ich durch meine Probleme mit Marjorie ziemlich vereinnahmt bin. Das bedeutet für mich, dass ich für die Arbeit der Gruppe eher eine Behinderung darstelle. Ich sehe das in dem Umstand bestätigt, dass ich mich hier so lange über meine Beziehung äußere. Deshalb höre ich jetzt auf und versuche wieder Kontakt zur Gruppe zu finden. Über meinen persönlichen Kram kann ich später, vielleicht in einem anderen Council, sprechen."

Ein anderer als Peter hätte sich durch die Unterbrechung vielleicht herabgesetzt gefühlt und hätte wütend oder abweisend geantwortet. Jede dieser möglichen Reaktionen hätte zwar weiterhin die Aufmerksamkeit der Gruppe in Anspruch genommen, wäre aber wohl letztlich produktiver gewesen als eine fortgesetzte Quälerei mit Peters Geschichte.

Verlagerung vom Persönlichen zum Kollektiven. Wird die persönliche Ebene plötzlich verlassen, ändert sich das Interaktive Feld ebenso signifikant. Beispiel:

Die Mitglieder einer Gemeinschaft fühlen sich ausgelaugt, weil sie seit geraumer Zeit ununterbrochen an gemeinsamen Projekten arbeiten. Sie wünschen sich und brauchen daher mehr persönlichen Kontakt zu den anderen. Ein profunder „Wetterbericht" ist angesetzt, um die Luft zu reinigen.

Als der Redegegenstand herumgeht, werden viele sehr ehrliche Geschichten erzählt, einige fröhlich, andere problembeladen. Es entsteht schon bald ein Interaktives Feld, das verschiedene Themen ineinander fügt: hart arbeiten und keine Anerkennung finden, nicht genügend Zeit haben, um sich nachhaltig zu erholen, und der Versuch, Privatleben und Anforderungen der Gemeinschaft in Einklang zu bringen. Mit dem wachsenden Feld werden die Teilnehmer immer beherzter und legen ihre Probleme mit großer Offenheit dar. Auch wenn viele der Probleme nicht gelöst werden können, wächst allmählich im Kreis eine nährende, wohltuende Vertrautheit.

Dann bekommt Bella, das neueste Mitglied im Kreis, den Redegegenstand. Mit blasser Miene beginnt sie über ein Buch zu erzählen, das sie gerade liest und das sich mit der desaströsen Lage des Schulwesens im Lande beschäftigt. Bella war früher Lehrerin und das Thema berührt sie offensichtlich sehr, doch legt sie die ganze Zeit ihren Akzent auf den Inhalt des Buches. Du *siehst*, wie das Feld sich verändert. Bella spricht weder über ihr eigenes Befinden, noch bezieht sie sich auf jemand anderen im Kreis. Im Zustand erhöhter Wahrnehmungsfähigkeit kannst du Bellas Unbehagen über die große Vertrautheit in der Runde erkennen. Du hörst, dass ihre eigentliche Geschichte die Angst beschreibt, ihr Innerstes nach außen zu kehren. Vielleicht fühlt es sich für sie im Kreis noch nicht sicher an, vielleicht hat sie sich nie in einer Gruppe sicher gefühlt, vielleicht ist ihr Gefühl der Getrenntheit noch zu angsteinflößend, als dass sie sich irgendjemandem offenbaren könnte. Das ist die Botschaft, die sie zwischen den Zeilen ihres Buchreports vermittelt.

Du schickst Bella eine stille Botschaft: „Sei mutig und gestehe ein, dass du nicht bereit bist, dich uns mitzuteilen. Es ist in Ordnung, sich nicht sicher zu fühlen. Und was den Inhalt des Buches angeht, kannst du uns vielleicht sagen, wie die Notlage der Schulen dein persönliches Leben beeinflusst." Die Konzentration des Kreises beginnt sich zu zerstreuen. Du *siehst*, dass andere Gruppenmitglieder Bellas Vermeidungsstrategie bemerken. Harry wirft dir einen Was-sollen-wir-tun?-Blick zu. Du stellst Augenkontakt zu ihm her und gibst ihm zu verstehen, dass der Kreis lernen muss, selbst für sich zu sorgen, und sich nicht in zu hohem Maße auf dich verlassen soll.

Als Bella fortfährt, entscheidest du dich, das Interaktive Feld noch eine Weile zu beobachten. Auch wenn die Energie nachgelassen hat, ist es noch intakt. Du nimmst wahr, dass die nächste Sprecherin in der Lage sein wird, den Kreis wieder zum Thema zurückzuführen. Du entspannst dich und fühlst daraufhin, dass Bella die Stimme der Schüchternheit und der Angst für den ganzen Kreis übernommen hat. Niemand hat diese Stimme bis dahin hören lassen. Du prüfst diese Wahrnehmung... und siehst sie bestätigt. Nun ist dir klar, dass du Bella nicht unterbrechen wirst. Ihre Vermeidungshaltung dient stellvertretend dem ganzen Kreis. Du nimmst dir vor, ihrer Stimme am Ende des Councils Anerkennung zu zollen, ohne sie zu sehr ins Rampenlicht zu stellen. Vielleicht wirst du auch nach dem Council noch einmal mit ihr sprechen.

Schmerzen ertragen. Manche Menschen haben eine starke Neigung, die emotionalen Schmerzen anderer, so schnell wie möglich zu lindern. Diese Erlösung von Leid oder Trauer kann sich während des Councils durchaus im Zentrum des Interaktiven Feldes befinden, doch der richtige Zeitpunkt ist hierbei entscheidend. Unterbricht jemand das Council in dem Versuch, die Seelenschmerzen eines anderen voreilig zu stillen oder zu „heilen", so kann das zum Bruch im Interaktiven Feld führen. Es *kann*. Ist die Reaktion integer und frei von Eitelkeit oder bittet die betroffene Person direkt um Unterstützung, so ist die Veränderung im Feld normalerweise sehr gering oder fast nicht zu spüren. Der Wunsch nach körperlichem Trost während eines Councils stört das Feld kaum, solange es sich nicht um eine andauernde Form der Manipulation handelt.

Das Council hatte sich eine Zeit lang seinem Thema gewidmet, bis Marylin eine sehr schmerzvolle persönliche Situation beschreibt, die viele nach ihr im Kreis zu anteilnehmenden Worten veranlasst. Du *siehst*, wie sich das entwickelte Feld zusammenzieht und seinen Fokus auf Marylin richtet. Die Stimmung im Kreis wird bedrückend. Du bist wachsam, doch noch besteht kein Handlungsbedarf. Als Jesse den Redegegenstand bekommt, legt er ihn vor sich auf den Boden und springt auf. „Ich möchte dich nur einmal umarmen", sagt er zu Marilyn. „Mehr Worte würden im Moment nicht helfen." Du *siehst*, wie sich das kontrahierte Feld entspannt, als die emotionale Last vom Kreis abfällt. Du wartest mit den anderen, bis sich Jesse und Marylin umarmt haben. Das Gefühl ist liebevoll und aufrichtig. Jesse geht zu seinem Platz zurück, nimmt den Sprechgegenstand und fährt fort. Das Feld dehnt sich wieder aus. Du sendest Jesse eine stille Botschaft der Dankbarkeit für seine Feinfühligkeit zu.

Stelle dir nun vor, der Redegegenstand sei nach der ersten Runde wieder in der Mitte gelandet und Marylin fühlte sich mit ihrer Geschichte noch nicht vollständig. Sie entschließt sich deshalb, noch einmal zu sprechen: „Bevor wir das Council beenden, möchte ich um Unterstützung bitten. Ich habe euch so viel erzählt und fühle mich jetzt verletzlich. Ich weiß nicht, was zu tun ist... Vielleicht würde eine Umarmung mir helfen!" Michael, einer der führenden „Umarmer" der Gruppe, befriedigt die Nachfrage sofort.

Ein abrupter Wechsel des Feldes kann stattfinden, wenn jemand den Versuch macht, das Unbehagen eines anderen abzufangen, um den darunter verborgenen Themen aus dem Weg zu gehen. Stell dir vor, Marylin sei eine der Ersten, die spricht. Sie erzählt ihre Geschichte auf eine Weise, die keinerlei sofortige Unterstützung benötigt. Du *siehst*, dass sie mit ihrem Problem selbst umgehen oder um Hilfe bitten kann, wenn es ihre Situation erfordert. Das Feld konzentriert sich für kurze Zeit auf Marylin, doch es ist weiterhin im Fluss. Bernice, die die Situation offensichtlich anders einschätzt, springt quer durch den Kreis zu Marylin und legt ihre Arme um sie. „Worte können hier nichts bewirken", sagt Bernice während ihrer stürmischen Umarmung. Du fühlst dich irritiert. Die Szene hat einen unangenehmen Beigeschmack. Du *siehst*, dass viele der Umarmungsarie nichts abgewinnen können, du *siehst*, dass die Umarmung weitaus mehr Bernices als Marylins Bedürfnisse befriedigt. Da Bernice gesprochen hat, ohne an der Reihe zu sein, ergreifst du, nachdem sie sich wieder gesetzt hat, als Nächster das Wort.

„Ich muss zuerst als Zeuge etwas anmerken, bevor es weitergeht. Bernice, ich wertschätze dein Bedürfnis, Marylin zu trösten, doch hast du damit die Council-Ordnung verletzt. Ich habe mit der Zeit genug Vertrauen in diesen Prozess entwickelt, um dein Verhalten in Frage zu stellen. Wenn der Redegegenstand die Runde macht, haben wir alle die Möglichkeit, auf Marylins Situation zu antworten. Umarmungen sind dabei eingeschlossen, wenn uns danach ist. Der Kreis ist dann für sie da, wenn sie um unsere unmittelbare Unterstützung bittet. Wenn sie es tut." Bernice wirkt ein bisschen niedergeschlagen. Andere sprechen über die Themen, die Marylins Geschichte hervorgerufen hat. Als der Redegegenstand in ihre Hände gelangt, hält ihn Bernice eine Zeit lang schweigend. Du bemerkst den plötzlichen Wechsel im Feld und die Tränen in ihren Augen. Sie weint still, bevor sie zu sprechen beginnt. „Marylins Worte erinnerten mich an eine dunkle Zeit in meinem Leben, als ..." Bernice erzählt eine bewegende Geschichte, die den ganzen Kreis Anteil nehmen lässt. Als sie endet, hat sich das Feld ausgedehnt und ein großes Bild ist entstanden, das sowohl Bernices als auch Marylins Geschichte abbildet. Das Council hat begonnen. Es fließt.

Wenn du den Drang verspürst, die Person, die soeben gesprochen hat, zu unterstützen, ist es gut, zunächst deine eigenen Bedürfnisse zu untersuchen. Vielleicht hat die Geschichte deine eigene Not aufgedeckt. Wenn dem so ist, hast du die Wahl, das zu würdigen – unter Umständen auch laut, wenn du an der Reihe bist. Jemanden im Council zu umarmen, kann auf stille und körperlose Art und Weise geschehen. Achtungsvolles Zuhören und anteilnehmendes *Sehen* haben, unter anderem, eine solche Qualität. Wenn die Umarmung, die du geben willst, echt ist, kannst du versuchen, sie vom Ort erhöhter Wahrnehmung aus schweigend anzubieten – und auf körperliche Art nach dem Council.

Herausforderungen für den Leiter. Eine Vielzahl schwieriger Situationen, die direkt mit der Leitungsfunktion in Verbindung stehen, kann im Council auftauchen. Beispiele:

Der Kreis ist bereits einige Zeit im Gange, als jemand vorsätzlich die Richtung ändert, nachdem er sich kritisch zu dem von dir anfangs vorgestellten Thema geäußert hat. Warum ist dadurch das bereits gut entwickelte Feld auf die Probe gestellt? Ist das Thema dienlich? Warst du zu autoritär bei der Vorstellung oder der Leitung des Councils? Ist die Infragestellung des Themas ein indirekter Angriff auf deine Führungsqualitäten?

Wenn du auf Herausforderungen dieser Art wie auf einen persönlichen Angriff reagierst, wirst du wahrscheinlich das Gefühl für das Feld verlieren und von den Turbulenzen der Konfrontation weggespült werden. Dann kann das Council in unruhiges Fahrwasser geraten. Geht der Kreis weiter, kannst du vorschlagen, dass ein anderer die nächste Runde leitet, und so einem möglichen Machtkampf zuvorkommen. Oder du kannst das Gesagte einfach annehmen und etwas zu der Bemerkung sagen, wenn du an der Reihe bist. Bleibt das Problem weiter bestehen, kannst du ein kurzes Fishbowl wie in der folgenden Geschichte vorschlagen.

Es ist das Ende eines stürmischen Councils mit einer Gemeinschaft, innerhalb derer du eine wichtige Funktion einnimmst. Kaum hast du den Redegegenstand wieder in die Mitte gelegt, reißt ihn Mark schnell an sich. „Ich sitze hier und werde von Minute zu Minute wütender", platzt er heraus und starrt dich dabei an. „Ich mag die Art nicht, wie du die Councils leitest. Du sagst, dass du dir wünscht, jeder in der Gemeinschaft solle mehr Führungsverantwortung übernehmen, doch das glaube ich dir nicht. Du bist zwar bereit, über Selbstverwaltung zu sprechen, aber du tust immer so, als ob du wüsstest, was das Beste für uns sei – und du nimmst dir immer das letzte Wort."

Du wartest einen Moment, um dich von der Wucht der Konfrontation zu erholen. Du fühlst dich aufgefordert, dein Kontrollbedürfnis und deine Art der Council-Leitung zu überprüfen. Allerdings bist du immer noch der Road Chief. Du *siehst*, dass sich das Feld unwiderruflich verändert hat, doch die neue Richtung ist unklar. Du greifst langsam zum Redegegenstand. „Es wird dich nicht überraschen zu hören, dass ich die Situation anders einschätze. Mark, du bist mit meiner Art der Leitung nicht glücklich und, so weit ich weiß, auch mit kaum einer anderen. Nun, da du das Thema im Council eingebracht hast, könnten du und ich in die Mitte des Kreises gehen und Betsy die Leitung übergeben – wenn der Kreis das möchte. Im Fishbowl könnten wir genauer betrachten, was vor sich geht." Du schaust dich im Kreis um und hörst einen Chor von „*Ho's*".

„Ich wollte das schon seit langem tun", sagt Mark, als er das Kissen im Kreis einnimmt. Deine Führungskompetenz ist unmittelbar angezweifelt worden. Es war nicht leicht für dich, die Konfrontation als Teil des Interaktiven Feldes anzusehen, doch das Fishbowl könnte genau das sein, was der Kreis jetzt bräuchte. Mit dieser Vorgehensweise hast du den Geist und die Form des Councils, trotz der direkten persönlichen Herausforderung, respektiert. Deine Führungsqualitäten und dein Kontrollbedürfnis werden nun, ebenso wie Marks Widerstand gegenüber Autorität, erforscht. Und als Zeugen im äußeren Kreis haben alle anderen die Gelegenheit, ihre eigenen Probleme hinsichtlich Autorität und Kontrolle auszuloten.

Kapitel 6

Das Council weitertragen

„My words are tied in one with the great mountain
With the great rocks and the great trees
In one with my body and my heart
Will you all help me
With supernatural power
And you day and you night
All of you see me
One with this world."

Gesang der Yokuts-Indianer, gesammelt von
A.L. Kroeber, um 1920

Die ersten beiden Voraussetzungen zur Leitung von Councils hat erfüllt, wer die Vier Intentionen beherzigt und gelernt hat, das Interaktive Feld zu lesen. Um jedoch ein Multiplikator des Councils zu werden, den wir Träger des Councils nennen, ist es wichtig, auch der dritten Anforderung zu genügen – zum „Hüter" des Councils zu werden. Dieser Weg beginnt mit dem Kennenlernen verschiedener Modelle und der Teilnahme an Kursen und Fortbildungen darüber, was es bedeutet, ein Hüter des Councils zu sein. An erster Stelle steht dabei, sich der Weisheit des Councils anzuvertrauen und diese als grundlegende Lehrerin anzunehmen. In vielfacher Hinsicht gleicht die Situation der eines angehenden Musikers, Schauspielers oder jedes anderen Spezialisten. Zu den ersten Lernschritten gehören der Besuch einer Schule, das Finden eines Mentors und das Absolvieren einer Lehrzeit. Schließlich geht es darum, das Lernen mit praktischer Erfahrung zu verbinden und in diesem Weg ganz aufzugehen.

Die dritte Herausforderung: Das Council hüten

Die Fähigkeit zu besitzen, gleichermaßen als Teilnehmer und als Zeuge im Council präsent zu sein, ist die Grundlage dafür, Hüter des Councils zu sein. *Die entscheidende Fähigkeit ist, sich selbst als Teil des Interaktiven Feldes wahrzunehmen.* Um das besser zu verstehen, müssen wir die Kunst des *Sehens* ausführlicher betrachten. Auch wenn wir uns in diesem Kapitel weiterhin mit den Qualitäten eines Council-Leiters beschäftigen, sollte nochmals daran erinnert werden, dass sich jeder im Kreis ähnlichen Anforderungen gegenübersieht und in vergleichbarer Weise Nutzen aus der Praxis zieht.

Balance und die Kunst des „Streamings"

Wir haben dargelegt, wie das Erkennen des Interaktiven Feldes im Zustand erhöhter Wahrnehmung durch achtsames Zuhören gefördert wird. Die anderen drei Anliegen beziehen sich auf den eigenen Ausdruck: Sprechen aus dem Herzen heraus, Prägnanz der Worte und Spontaneität. Was haben diese Qualitäten mit der Fähigkeit des Leiters, zu *sehen* zu tun? Mit anderen Worten, wie erlangt ein angehender Träger des Councils die Kunst des „Streaming"?

Da der Leiter gleichzeitig Teilnehmer des Councils ist, kann die Balance zwischen Teilnehmen und Beobachten, während der eigenen Rede, von einem Lernenden ebenso wie von jedem anderen Teilnehmer im Kreis angestrebt werden. Zum Beispiel kann sich der Leiter die drei in Kapitel 2 vorgeschlagenen Fragen stellen:

1. „Dient das, was ich sage, mir selbst?"
2. „Dient das, was ich sage, dem Kreis?"
3. „Dient das, was ich sage, dem Ganzen?"

Der Leiter hat jedoch außerdem die Verantwortung, dem Kreis in der Weise zu dienen, dass er das Interaktive Feld und seine Beziehung dazu mit besonderer Aufmerksamkeit verfolgt. Spricht und beobachtet er gleichzeitig aus der Perspektive der gesteigerten Wahrnehmung heraus, inspiriert er den Kreis, es ihm gleich zu tun. Die folgenden Hinweise dienen (ihm und allen anderen) dazu, dieses Ziel zu erreichen.

- Übe fleißig das Nicht-Antizipieren. Warte, bis du den Redegegenstand bekommst, um so intensiv und unbelastet wie möglich auf das Interaktive Feld zu schauen.
- Ist das Feld gut definiert und entwickelt sich weiter, äußere dich zurückhaltend und trage mit deinen Worten dazu bei, das Feld für den Kreis transparent zu machen.
- Ist das Interaktive Feld konturlos oder schwach, drücke dich energischer aus, um dem Kreis zusätzliche Energie zu geben.
- Sei mutig und spreche leidenschaftlich und persönlich, wenn der Kreis das Sprechen aus dem Herzen heraus vermissen lässt.
- Beachte – insbesondere bei neuen Kreisen und Councils mit Kindern – dass es einen Einfluss auf das Interaktive Feld hat, wie viel du von dir selbst preisgibst. Ehe du über persönliche Dinge sprichst, überlege gut, ob dies nicht ein bereits geformtes Feld in starkem Maße beeinflussen und verschieben könnte. Die Entscheidung sollte sich daran orientieren, ob deine Äußerung sowohl dir als auch dem Kreis dienen könnte. Grundsätzlich kannst du durch die Preisgabe persönlicher Einzelheiten den Prozess der Übertragung der Teilnehmer auf dich als Autorität im Kreis verringern. Sieht dich der Kreis als denjenigen oder diejenige an, „ohne den oder die im Council nichts läuft", können persönlichere Äußerungen dazu beitragen, dieses Muster aufzubrechen und das Interaktive Feld zu stärken.[23] Ob tatsächlich ein Übermaß an Verlass auf den Leiter vorliegt, ist gut an

---

23 Dies gilt nicht für Councils mit Kindern. Es ist eher unpassend, einen Kreis mit Kindern dazu aufzufordern, an deinen persönlichen Angelegenheiten Anteil zu nehmen, obwohl es für diese Art von Kreis sehr hilfreich sein kann, persönliche Dinge oder Probleme, mit denen du dich als Jugendlicher rumschlagen musstest, zu kommentieren.

der Blickrichtung der sprechenden Personen abzulesen. Lassen die meisten Redner ihren Blick durch den Kreis wandern, so ist das ein Zeichen dafür, dass der Leiter keine dominierende Rolle spielt. Schauen die meisten, während sie sprechen, ständig zum Leiter, sollten Wege gefunden werden, um diese Übertragung zu zerstreuen.

Das sieht so aus, als müsste gleichzeitig vieles bedacht werden, doch tatsächlich ist *Sehen* der grundlegende Prozess im Zustand gesteigerter Wahrnehmung, nicht Denken. Im Laufe der Praxis wird es zur Selbstverständlichkeit, alle diese Möglichkeiten im Kreis präsent zu haben.

Dem Council dienen

Die Fähigkeit, das Interaktive Feld auch während des eigenen Redebeitrags zu *sehen*, sollte weise genutzt werden, um eine Kontrolle oder Manipulation des Councils zu vermeiden. Der Schlüssel, mit der eigenen Machtposition einsichtsvoll und besonnen umzugehen, liegt auch hier in der Hingabe an das übergeordnete Wohl. In dem Maße, wie sich der Council-Leiter in den Dienst des Kreises stellt und authentisch bleibt, wird die Fähigkeit zum Sprechen im Zustand der erhöhten Wahrnehmung weise genutzt werden. Dies sind wesentliche Voraussetzungen, um ein Hüter des Councils zu werden.

Wie bereits erwähnt, ist es letztlich der Council-Prozess selbst, der einen Leiter zum Hüter ausbildet. Um dieses Niveau zu erreichen, muss der Leiter sich verpflichten, die Praxis des Councils als Weg zu persönlichem Wachstum anzunehmen. Damit erkennt er an, dass *die höchste Autorität des Councils dem ganzen Kreis innewohnt.*

Glücklicherweise sind im Council einige Mechanismen eingebaut, die verhindern, dass der Council-Leiter ein zu hohes Maß an persönlicher Autorität ausübt. Da es das Wesen des Councils ist, jedem Einzelnen im Kreis Verantwortung und Autorität zuzugestehen, gleicht sich der Kreis immer wieder selbst aus, auch wenn der Leiter gegenüber den anderen einen Erfahrungsvorsprung besitzt. Werden die Vier Absichten des Councils gewissenhaft befolgt, wird das Interaktive Feld deutlich wahrgenommen und der Leiter stellt sich bereitwillig in den Dienst des Kreises. Zum Hüter des Councils zu werden ist somit mit einem Erweckungsweg zu vergleichen. Das ist der Weg des Councils.

Das Hüten des Councils gründet auf einer Haltung des Dienens, nicht der Kontrolle. Ein Gutsverwalter strebt mehr an, als nur die Befriedigung persönlicher Bedürfnisse durch das Land, das er verwaltet. Durch „Hinhören" und durch seinen direkten Bezug zum Land erkennt er, was angebaut und errichtet werden kann. Welchen Ertrag er ernten kann, basiert letztendlich auf seiner visionären und konkreten Beziehung zu seinem Gut.

Entsprechend liegt die Gabe des Council-Hüters darin, dem Kreis zu dienen und nicht darin, ihn zu kontrollieren. Wurde ein Council gut gehütet, sagen die Teilnehmer am Ende „das war ein kraftvolles Council", und nicht „er ist ein großartiger Council-Leiter". Selbstsicherheit, Demut und weder Großspurigkeit noch falsche Bescheidenheit sind die Elixiere des Council-Hüters.

Parallelen zu schamanischen Lehren

Die Ausbildung zum Hüter des Councils hat viel mit schamanischen Lehren gemeinsam, denn es ist ein Weg des Erweckens. Die eigentliche Absicht des Council-Hüters ist es, in einen Zustand erhöhter Wahrnehmung zu gelangen, um anderen zu dienen. Mehrere Untersuchungen über schamanische Traditionen haben betont, dass zeitgenössische Schamanen ihre Herausforderung darin sehen, Zustände erhöhter Bewusstheit zu nutzen, um die Beziehungsmuster auf der alltäglichen Bewusstseinsebene zu verbessern.[24] Der Weg zum Hüter

---

24 Der Weg des Schamanen: Das praktische Grundlagenbuch zum Schamanismus, Michael Harner, Ariston Verlag, 1. Auflage 2007, sowie Der Geist des Schamanismus von Roger N. Walsh, Patmos Verlag; 1. Auflage 2005.

des Councils und die schamanische Ausbildung ähneln sich auf folgende Weise.

In beiden Welten zu Hause. Der Schamane hat Erfahrung mit Reisen „zwischen den Welten". Das bedeutet, dass er oder sie bewusst eine andere geistige Ebene betreten und anschließend wieder sicher in unsere gewöhnliche Welt zurückkehren kann. Die Fähigkeit des Council-Leiters, im Kreis teilzunehmen und gleichzeitig das Interaktive Feld zu beobachten, ist eine verwandte Gabe. Der Zustand erhöhter Wahrnehmung wird vom Schamanen durch die Herbeiführung einer Trance erreicht, wozu er sich einer Kombination aus Trommeln, Tanz, Meditation und der Aufnahme heiliger Pflanzen bedient.[25] Der Träger des Councils ruft einen vergleichbaren Zustand durch vorbereitende Rituale hervor – stille Meditation, Gebete, die Verbindung mit dem Ort, die Gestaltung und Einleitung des Kreises – und anschließend durch die Beachtung der Vier Absichten.

Wahrnehmung von Energiemustern. Der Schamane lernt, Energiemuster in der geistigen Welt aufzuspüren und sie in Bezug zur physischen Realität zu setzen. Auch der ausgebildete Council-Träger ist in der Lage, ähnliche Beziehungen herzustellen. Indem er seine subtilen Sinne nutzt, *sieht* er die Energiemuster, die das Interaktive Feld enthält, und lernt durch Erfahrung, welche realen Interaktionen solche Strukturen hervorrufen. Das Interaktive Feld liefert somit einen Überblick über die energetische Komplexität „gegenwärtiger" Wirklichkeit, die mit den fünf Sinnen und dem Verstand praktisch nicht erfahren werden kann. Mit der Zeit wächst die Wahrnehmungsfähigkeit aus der Zusammenarbeit mit anderen Council-Leitern. Zwei erfahrene Council-Träger werden dasselbe Feld *sehen*, auch wenn sie es mit unterschiedlichen Worten beschreiben.

Nicht einem Ergebnis verhaftet sein. Wenn der Schamane sich auf die Reise in die geistige Welt begibt, um Krankheiten zu heilen oder

---

25 Siehe: Der Geist des Schamanismus von Roger N. Walsh, Patmos Verlag; 1. Auflage 2005, und Die Speisen der Götter von Terence McKenna, Synergia/Syntropia Verlag, 1996.

den Gesundheitszustand der Gemeinschaft zu verbessern, bittet er dort die anwesenden Kräfte, ihm den Grund für die Schwierigkeiten zu eröffnen und den Heilungsprozess anzuleiten. Der Schamane geht mit einer klaren Absicht auf die Reise, ist jedoch nicht dem Ergebnis verhaftet. So könnte seine Erkenntnis lauten, dass Heilung zum gegenwärtigen Zeitpunkt nicht möglich ist.

Auf ähnliche Weise unterstützt der Council-Hüter die Vorsätze des Councils, ohne sich mit dem Geschehen im Kreis zu verbinden. Es kann sein, dass das Council keine Lösung für das benannte Problem finden kann. Die Wahrheit des Councils – also die Stimme des Interaktiven Feldes – könnte lauten, dass eine Lösung in der zur Verfügung stehenden Zeit nicht möglich ist. *Sieht* er dies, so unterstützt der Council-Träger den Kreis, sich in Geduld zu üben und keine Entscheidung erzwingen zu wollen.

Nicht verhaftet zu sein bedeutet auch, jegliche Vorstellungen darüber loszulassen, wie ein „gutes" Council zu verlaufen hat – eine große Herausforderung für viele Leiter, besonders für diejenigen, welche mit Kindern im Kreis sitzen. Das erwünschte Council-Szenario sieht normalerweise so aus: tief gehender Austausch, Achtsamkeit, ohne die Notwendigkeit, Disziplin einzufordern, Humor, vielleicht ein paar Tränen und über allem Begeisterung für den besonderen Raum, den ein Council eröffnet. Müßig zu erwähnen, dass es nicht immer zu diesem erstrebenswerten Ergebnis kommt. Das Festhalten an der Vorstellung vom „idealen" Council beschneidet häufig den Mut zum Risiko und authentische Erfahrungen.

Betrachtet der Council-Leiter ein Council als gescheitert, wenn es die Erwartungen der meisten Teilnehmer nicht erfüllt, so schafft er damit ein Umfeld, in dem die Teilnehmer ihm entweder mit „vorbildlichem" Verhalten gefallen wollen oder sich gegen diese Erwartungshaltung mit Disziplinlosigkeit auflehnen. In beiden Fällen werden die Intentionen des Councils kompromittiert und das Interaktive Feld entsprechend ausgehöhlt. Im Gegensatz dazu wird die Glaubwürdigkeit des Kreises gefördert, wenn es der Council-Leiter vermeidet, auf ein bestimmtes Ergebnis hinzuwirken. Dann erst kann das Interaktive Feld aufblühen.

Zugang zu Weisheit. Das Wissen des Schamanen und seine Fähigkeit zu heilen sind untrennbar mit den traditionellen Ritualen und Glaubenssätzen seiner Gemeinschaft verknüpft. Gleichermaßen können Council-Träger zu Lehrern und Heilern werden, wenn der Kreis und der Augenblick diese Gaben in ihre Kraft setzen. Die Weisheit, die durch den Council-Träger und alle anderen im Kreis zum Ausdruck kommt, wird durch die Geschehnisse im Kreis zum Leben erweckt. Sie lässt sich nicht durch vorher festgelegte Lehrinhalte einplanen.

Mut zum Risiko. In unserer Kultur umgeben sich Geistliche, Lehrer, Ärzte und Therapeuten in ihrer Beziehung zu Gemeindemitgliedern, Schülern, Patienten oder Klienten mit einem psychologischen Schutzwall, der sie vor persönlicher Öffnung und Verletzung schützt. Dagegen setzen sich Council-Träger wie Schamanen dem gleichen Risiko von Verletzung aus, wie die anderen Mitglieder des Kreises. Dieser Mut zum Risiko kann die Vertrautheit im Kreis beflügeln, Hierarchien abbauen und zu einer spürbaren Stärkung des Interaktiven Feldes führen.

„Meinst du nicht, das Council war ein Disaster?", fragte Sabrina, als wir uns über eine der längsten Council-Runden, die ich je geleitet hatte, unterhielten. Meine sehr geschätzte Kollegin war erst wenige Tage zuvor mit dem Council-Prozess vertraut gemacht worden.

„Nicht ganz", antwortete ich. „In jedem Falle war es lang und schwierig. Mathew hat wohl 15 Minuten gesprochen.

„Das hat die Richtung für die anderen vorgegeben", fügte Sabrina spitz hinzu. „Melie hat wohl noch länger gesprochen. Ich konnte nicht fassen, dass du sie nicht gestoppt hast. Ich dachte schon, ich müsste den Kreis verlassen."

„Ich freue mich, dass du es nicht getan hast", antwortete ich. „Ich habe schon erwogen abzubrechen, doch ich hatte keine klare Vorstellung, was vor sich ging. Deshalb habe ich es laufen lassen."

„Ich hätte Mathew nach fünf Minuten gestoppt. Alles danach war nur noch vergeudete Zeit. Ich denke, wir haben eine Menge Leute dieses Councils verloren. Ich hoffe, wir können sie morgen zurückgewinnen."

Wir beendeten unsere Diskussion und beschlossen, am nächsten Tag das Council mit einem Wetterbericht zu beginnen.

Während am folgenden Morgen die Kerze entzündet wurde, hallten Sabrinas Worte in mir nach. Ich schaute mich im Kreis um und *sah* mich veranlasst zu beginnen. Ich hielt den Redestein eine Minute lang schweigend in meinen Händen. Ich war unsicher und wartete. Als ich schließlich begann, klang meine Stimme kehlig.

„Das Wetter hier drinnen *(ich zeigte auf meine Brust)* ist schwer…, überwiegend traurig und ein wenig ängstlich. Ich denke, ich habe die Sache gestern vergeigt. *(Einige Teilnehmer richteten sich auf ihren Sitzkissen auf)*. Unser Council dauerte zu lange, doch ich war nicht klar genug, um es auf den Punkt zu bringen. Ich merke, dass meine Unsicherheit mit dem Umstand zu tun hat, dass ich zum ersten Mal gemeinsam mit Sabrina ein Wochenende leite. Meine Bewunderung für sie verunsichert mich. Dies ist ihre erste Erfahrung mit Council und ich wollte, dass alles besonders gut läuft. Das ist keine gute Voraussetzung für einen Council-Leiter…"

Ich hielt inne, doch es kamen keine Worte mehr, daher gab ich den Stein weiter. Einige Teilnehmer dankten mir für das Gesagte und teilten ihre eigenen Gefühle über das lange Council mit. Als sie an der Reihe war, schaute mich Sabrina anerkennend von gegenüber an. „Deine Worte und die Art und Weise, wie andere darauf antworteten, hat das Council für mich mit Leben erfüllt. Nun sehe ich, wie authentisch dieser Prozess sein kann. Dein Vertrauen in dich selbst und in den Kreis hat es dir ermöglicht, aus der Leiterrolle herauszutreten. Danke, dass du dieses Risiko eingegangen bist."

Ich nahm an, dass Sabrina in ihrer Reaktion milde gewesen war, und war beunruhigt, dass meine „Autorität" gelitten haben könnte. Beim Abendbrot jedoch hatten sich meine Ängste völlig aufgelöst. Sabrina und ich leiteten das Abendprogramm auf kraftvolle Art und Weise. Am nächsten Morgen *sah* ich im Council so klar wie lange nicht mehr.

Charaktereigenschaften

Council-Träger entwickeln bestimmte Führungsqualitäten, die den Zustand erhöhter Wahrnehmung unterstützen. Die folgenden vier Qualitäten sind wesentlich.

Geduld. Der Leiter, der sich auf dem Weg befindet, ein Hüter des Councils zu werden, ist mit den vielfältigen Kräften seiner natürlichen Umwelt und der menschlichen Natur in engem Kontakt. Es gibt ein tiefes Einverständnis darüber, dass sich *alles zu seiner Zeit entfaltet.* Das Interaktive Feld gleicht dem sprichwörtlichen Fluss, den du nicht anzuschieben brauchst und auch nicht kannst – er fließt von selbst. Absichten können benannt werden, Interaktion mit dem Feld kann stattfinden, doch letztlich geschieht das, was geschehen soll. Dominiert Ungeduld im Council, erstarrt das Interaktive Feld und zieht sich zusammen.

Bei den ersten Council-Erfahrungen musst du wahrscheinlich einen nervösen Körper und einen überaktiven Verstand bändigen, um überhaupt mit dem Herzen hören zu können. Wenn du mit dem achtsamen Zuhören besser vertraut bist, wird Geduld zur deiner Verbündeten und auch lange Councils können Freude bereiten. Geduld ist die Gabe, die es dem Council-Träger erlaubt, klar zu *sehen* und gut arbeiten zu können, ohne sich dabei durch Unruhe stören zu lassen.

Beharrlichkeit. Weitsicht und Einsicht allein reichen manchmal nicht aus, um negative Gedanken zu verwandeln, fest verwurzelte emotionale Muster aufzubrechen oder den Körper zu heilen. Doch selbst stärkster Widerstand oder Starrsinn können durch Beharrlichkeit überwunden werden. Obwohl Beharrlichkeit nicht so glanzvoll oder charismatisch wirkt, wie manch andere Charaktereigenschaft, ist sie doch eine wesentliche Qualität auf dem Weg zum Council-Hüter. Sie hilft Frustration zu überwinden, wenn die Wahrheit des Councils lautet: „Im Moment ist keine Lösung möglich", und führt dich dann erneut mit aller Offenheit und Hingabe zur nächsten Sitzung. Beharrlichkeit nährt ebenso das Vertrauen, dass auch die größten persönlichen Hürden auf dem Weg zu einem guten Council-Leiter letzlich überwunden werden können. Die folgende Situation ist nicht ungewöhnlich.

Sheila hatte einige Monate lang zweimal in der Woche mit einer ganz besonders renitenten Gruppe von Sechstklässlern gearbeitet. Die Anführerinnen der Klasse hatten untereinander beschlossen, dass Council „völlig daneben" sei, und sabotierten Sheilas kreative Bemühungen und Themenvorschläge samt und sonders. Bis auf einen oder zwei hatten alle Jungen eine nur minimale Aufmerksamkeitsspanne. Die meisten zappelten nur herum oder alberten mit ihren Sitznachbarn. Sheilas Anstrengungen, die Council-Ordnung aufrechtzuerhalten, hatten wenig Erfolg. Nicht selten regierte das Chaos. An manchen Tagen fuhr Sheila weinend nach Hause und fragte sich, warum sie sich dieser Tortur aussetzte. Und dennoch blieb sie mit der Unterstützung einiger anderer Council-Leiter dabei. Sie brachte die Schüler dazu, ihre Gefühle mit dicken Filzstiften zu malen, sie versuchte, ihnen verschiedene Lieder beizubringen, sie grub ganz neue Aktivitäten aus, die sich speziell für 11-Jährige eigneten. Ein paar aufmerksame Momente hier und da waren alles, was die Gruppe zustande brachte.

Dann, drei Wochen vor Ende des Schuljahres, gestand Sheila dem Kreis ihre Enttäuschung. Es war nicht das erste Mal, doch schließlich zahlte sich ihre Ausdauer aus. Erst begann eines der Mädchen, dann ein weiteres aus der „In"-Clique, aufrichtig im Kreis zu sprechen. Die eine bewunderte Sheilas Bemühungen, es immer und immer wieder zu versuchen. Eine andere entschuldigte sich, so zickig gewesen zu sein, eine Dritte gestand, dass sie sich mittlerweile auf die Council-Runden freute. Von der Veränderung der Mädchen angespornt, wechselten in Windeseile auch die Jungs ihr Verhalten. Am Ende des Semesters fanden zu Sheilas Freude kraftvolle und konzentrierte Councils statt.

Mitgefühl. Mitgefühl zu zeigen inspiriert die Arbeit im Council. Der mitfühlende Council-Träger bemüht sich mit Hingabe, den Vier Absichten gerecht zu werden, und lädt so die Teilnehmer ein, alle ihre

Gefühle in den Kreis einzubringen. Mitgefühl stärkt unsere Fähigkeit, zu *sehen* und gibt uns die Möglichkeit, uns ohne Selbsturteil auf das Interaktive Feld einzulassen.

Der Council-Träger kennt den Unterschied zwischen Mitgefühl und Sentimentalität. Mitgefühl zu haben ist nicht das Gleiche wie „total verknallt" zu sein, wie die Jugendlichen an der Heartlight School zu sagen pflegten. Buddhisten sprechen von „dunklem Mitgefühl" (dark compassion), Experten in Elternschaft nennen es liebevolle Strenge. Mitgefühl gründet auf der Wahrheit des tatsächlichen Geschehens, nicht auf einem Phantasiegebilde. Es kommt vor, dass bereits etwas mehr Aufmerksamkeit das Tor zum Mitgefühl öffnet, wie die folgende Geschichte zeigt.

Lola kannte Russels Geschichte ein wenig, bevor dieser zum ersten Mal in unseren Kreis kam. Nachdem ich das Council eingeleitet hatte, begrüßte ich ihn kurz, wie ich es immer bei neuen Teilnehmern tue. Doch Lola *sah*, dass meine Worte nicht genügten, um Russell wirklich im Kreis ankommen zu lassen. Sie unterbrach mich, als ich der Person zu meiner Linken den Redestein reichen wollte. „Entschuldigt, dass ich unterbreche, doch ich möchte Russell ebenfalls willkommen heißen", sagte sie. „Er kommt gerade aus Salt Lake City, wo sein Vater im Krankenhaus ist. Außer dass er sich für eine Stelle bei uns bewerben möchte, besucht er hier auch seinen ältesten Sohn, den er ein Jahr lang nicht gesehen hat...". Sie fuhr etwa ein oder zwei Minuten lang fort und ging dabei auf das Übermaß an Schatten in Russels Leben ein. Als er später den Stein in Händen hielt, sprach er sehr vertrauensvoll über die anstehenden Schwierigkeiten in seiner Familie, was ohne Lolas Intervention nicht möglich gewesen wäre. Als ich das Council beendete, dankte ich ihr begeistert für ihre Aufmerksamkeit gegenüber Russels Unbehagen.

Inneres Wissen. Durch seine Befähigung, das Interaktive Feld zu lesen, entwickelt der Council-Träger mit der Zeit einen Zugang zu einer besonderen Form des Wissens. Dieses Wissen befähigt ihn, in Kontakt mit der „Welt hinter den Dingen" oder, in anderem Sprachgebrauch, dem Reich des Spirit zu treten.²⁶ In biblischen Zeiten hieß es, dass die Menschen in der Lage waren, Gott zu *erkennen*, wenn sie ein gottergebenes Leben führten. Ebenso hieß es, dass ein Mann und eine Frau sich im Geheimnis ihrer intimen Verbundenheit *erkannten*. In unserer Kultur ist diese Vorstellung von Wissen der oberflächlichen Sucht nach Information gewichen. Informationen kommen von außen nach innen zu uns. Der Council-Träger lernt, Wissen aus seinem Inneren heraus zu entwickeln. Diese Befähigung, etwas innerlich zu wissen, reift auf dem „Weg des Councils" durch den Prozess erfahrungsorientierten Lernens. Dies ist buchstäblich der „Weg der Kraft" des Council-Leiters. Die folgende ist nur eine von vielen Geschichten darüber:

Als in einem Council-Training die Frage eines Lehrers nach dem Umgang mit widerspenstigen Kindern auftauchte, sagte Gigi, sie wolle diesmal darauf eine Antwort geben. Normalerweise übernahm ich die Aufgabe, an dieser Stelle etwas über Councils mit Kindern zu sagen. Sie begann etwas zögernd, nahm dann jedoch Fahrt auf und sprach bereits nach ein oder zwei Minuten mit Volldampf. Ihre Einsichten beeindruckten mich. Ich hörte eine Weisheit, die von jenseits ihrer unmittelbaren Erfahrung mit Kinder-Councils zu kommen schien – die möglicherweise aus den vielen Kreisen erwachsen war, die sie mit Lehrern geleitet hatte, oder aus Erfahrungen ihrer eigenen Kindheit, vielleicht auch durch die „Stimme des Kreises", die uns manchmal segnet. Als sie geendet hatte, bemerkte ich, wie viel ich aus ihren Worten gelernt hatte – und wie neu sie in meine Ohren waren. Sie gestand, dass ihre Ideen auch für sie selbst recht neu geklungen hatten. Dies löste eine großartige Diskussion darüber aus, wie das Council den verborgenen Lehrer in uns allen zum Leben erwecken kann.

---

26   Siehe Kreative Imagination im Sufismus des Ibn Arabi, Henry Corbin, Lucis Verlag.

Der Gute Leiter / Der Schatten-Leiter

An dieser Stelle möchten wir ein frei erfundenes Gespräch mit all den Lesern führen, die von unseren Ausführungen zur Council-Leitung ein wenig überwältigt sind. Vielleicht dachten einige, dass es nur darum ginge, ein paar Regeln zu lernen, einen Redegegenstand zu besorgen und mit ein paar wohlmeinenden Menschen im Kreis zu sitzen. Das Tableau des Councils ist täuschend einfach, der Weg zum Council-Hüter kann rätselhaft und schwierig sein. In dieser Hinsicht ähneln sich Council und Meditation. Beide Formen sind einfach und leicht zu vermitteln, doch – einmal damit in Kontakt – gibt es viel zu entdecken. Zum Beispiel haben wir die ganze Zeit in erster Linie über den „Guten" Council-Leiter gesprochen.
Über wen, bitte?
Wir haben über einen Leiter gesprochen, der nicht nur einfühlsam und hingebungsvoll ist, sondern auch voll guter Absichten und sich seiner selbst bewusst ist. Niemand entspricht dieser Beschreibung so ganz.
Es freut mich, das zu hören. Ich komme mir schon ziemlich unzulänglich vor.
Wir sprechen nicht über mangelnde Fähigkeiten oder Erfahrungen. Wir sprechen über den Anteil in jedem von uns, der unsere lautersten Absichten zum Scheitern bringen kann, ohne dass wir uns darüber bewusst sind. Wir sprechen über den „Schatten-Leiter".
Klingt ziemlich geheimnisvoll.
Wird die Existenz des Schatten-Leiters nicht erkannt, *kann* das zu einer Reihe von Schwierigkeiten führen. Wenn wir wie selbstverständlich davon ausgehen, dass unser Handeln und unsere Wahrnehmung ausschließlich auf unseren bewussten Vorsätzen basieren, dann laden wir die Probleme geradezu ein. Ein angehender Council-Träger muss sich der Möglichkeit bewusst sein, dass er unbewusste Motive

und verborgene persönliche Geschichten in sich trägt.[27] Jeder Leiter hat eine lichte und eine dunkle Seite. Die lichte Seite regiert uns als „Statthalter eines Königreiches" – völlig dem Wohlergehen und der Stärkung der ganzen Gemeinschaft ergeben. Dieser Leiter ist gewillt, auf diesem Weg allen persönlichen Hindernissen entgegenzutreten.
Klingt wie der Träger des Councils.
Genau. Demgegenüber ist der Schatten-Leiter vor allem an persönlicher Macht interessiert. Wir glauben vielleicht, dass wir uns ausschließlich für die Gemeinschaft einsetzen, doch der Schattenanteil in uns strebt in Wirklichkeit nach Macht und möchte sich bewundern lassen. Manchmal ist der Schatten-Leiter so geschickt, dass er selbst dann, wenn er im Dienst des Kreises steht, die Aufmerksamkeit auf sich lenkt.

Gigi erinnert sich an eine Zeit, als sie mehrere Tage lang sehr aufmerksam den Problemen und Angelegenheiten eines Kreises von Kollegen zuhörte. Schließlich wurde sie gebeten, ein Council zu leiten. Als sie den Redegegenstand hielt, trat der Schatten-Leiter in Form des „überkritischen Beobachters" aus ihr hervor. Sie demonstrierte jedem Anwesenden, wie er sich verbessern und seine Arbeit in der Gruppe verfeinern könnte. Der *Inhalt* ihrer Beobachtungen war sehr treffend, geradezu brillant, doch in ihrem Auftreten und in der Wahl des Zeitpunktes lag eine forcierte und unsensible Eindringlichkeit, die dem Kreis das Gefühl gab, beurteilt zu werden, und alle sprachlos machte. In der Nachbetrachtung erkannte Gigi, dass sie übertrieben stark auf das intensive Zuhören der vorausgegangenen Tage reagiert hatte. Sie wollte jeden in der Gruppe „in Ordnung bringen", um in Zukunft nicht mehr so vielen anstrengenden

---

27   Hierbei handelt es sich um die Archetypen des guten (vollendeten) Königs und des Schattenkönigs – oder der Königin –, die in alten Volksmärchen und traditionellen Mythologien auftauchen. Siehe z.B. König, Krieger, Magier, Liebhaber, Robert Moore und Douglas Gillette, Kösel Verlag, 1992.

Geschichten zuhören zu müssen. Das brachte den Schatten-Leiter auf den Plan und hielt sie davon ab, die Bedürfnisse des Kreises zu erkennen.

Wenn wir Councils leiten, kann unsere Schattenseite den Kreis dazu benutzen, unser Ego aufzupolieren, anstatt das Interaktive Feld zu entwickeln. Während wir glauben, wir hätten den Zustand erhöhter Wahrnehmung erlangt, erkennen wir nicht, wie die persönliche Verwicklung unser *Sehen* bereits ernsthaft verzerrt hat. Es kommt vor, dass sich der Schatten-Leiter derart subtil einschleicht, dass er uns im Griff hat, ehe wir es bemerken. Diese Gefahr besteht auch bei sehr erfahrenen Council-Hütern.

Ich erkenne das Muster. Das Teuflische daran ist, dass ich es meistens nicht wahrnehme, wenn mein Schatten bereits das Programm bestimmt.

Das ist genau das, was „Schatten" bedeutet.

Was können wir also tun, damit der Schatten-Leiter nicht allzu viel Unheil anrichten kann?

Dieses Biest ist so gerissen, dass es keine Garantie gibt, es davon abzuhalten, sein Unwesen zu treiben. Doch es gibt eine Reihe von Vorsichtsmaßnahmen, die du treffen kannst, um die Gefahr einer unbewussten Leitung zu begrenzen.

- Denke vor Beginn des Councils daran, dass du einen Anteil des Schatten-Leiters in dir trägst, und rufe immer wieder deinen inneren Zeugen wach.

- Wann immer es möglich ist, leite das Council mit einem Partner. Es kommt kaum vor, dass gleich zwei Schatten-Leiter zur selben Zeit den Prozess übernehmen. Siehst du den Schatten bei deinem Partner auftauchen, kannst du etwas unternehmen. Oft genügt ein einfaches Zeichen oder eine leise Bemerkung. In seltenen Fällen kann es jedoch nötig werden, direkt zu intervenieren – mit oder ohne Redegegenstand. Wenn du eine Vermutung hast, dir jedoch nicht sicher bist, sprich nach dem Council mit deinem Partner darüber.

- Lasse die Teilnehmer von vornherein wissen, dass sie sich äußern sollen, wenn ihnen ein Aspekt deines Führungsstils nicht behagt. Trifft sich der Kreis regelmäßig, bitte auch immer wieder um eine Bewertung deines Umgangs.
- Manche Leiter fühlen sich auf einmal unbehaglich oder angespannt, sobald sie in das Muster des Schattenleiters hineinrutschen. Versuche, deiner Reaktion und deinen Gefühlen während des Councils auf die Spur zu kommen – und lasse dir danach von deinem Partner oder einer anderen Person aus dem Kreis dabei helfen. Achte auf wiederkehrende Verhaltensmuster. Sei besonders wachsam, wenn dich die Worte oder das Verhalten eines Teilnehmers reizen, vor allem dann, wenn deine Reaktion darauf heftiger ausfällt, als es die Situation erfordert. Die Person könnte einen Aspekt deiner Schattenseite gespiegelt haben, eine Eigenschaft, die du ablehnst oder verachtest. Dies ist die häufigste Art, in der das Council wie ein Kreis von Spiegeln wirkt. Aufmerksam sein gegenüber der Resonanz mit auftauchenden Schattenanteilen ist für jeden im Kreis eine hilfreiche Übung. Oft widmen erfahrene Council-Teilnehmer ihre Aufmerksamkeit besonders der Person, die ihnen direkt gegenübersitzt. Die Person auf diesem Platz scheint einen unverhältnismäßig deutlichen Spiegel für Schattenthemen zu bieten. Wir benutzen oft die Formulierung „Er oder Sie sitzt dir im Kreis gegenüber" als Synonym für Personen, die unsere „Knöpfe drücken", also besonders heftige Reaktionen auslösen.
- Wenn du häufig Councils leitest, solltest du hin und wieder an Kreisen teilnehmen, in denen du nicht die Leitung hast. „Nur" Teilnehmer zu sein kann Aufschlüsse über den Schatten-Leiter in dir liefern, besonders im Hinblick auf Macht- und Kontrollaspekte.
- Das Wichtigste zum Schluss: Erinnere dich immer daran, dass *die Kraft des Kreises im Kreis selbst liegt*. Verpflichte dich dem Weg des Hüters. Übe dich in den Vier Absichten und der Kunst

des *Sehens* und tue alles, um dich in dieses Feld einzuschließen. Je vollständiger du dich im Zustand erhöhter Wahrnehmung befindest, desto verlässlicher wirst du das Erscheinen des Schatten-Leiters bemerken. Nimm gleichzeitig die Führung des Councils an – mit dem Herzen, dem Verstand und, wenn notwendig, mit deinem Handeln. Lass das Bedürfnis los, führen oder einschreiten zu wollen, sondern *vertraue dem Kreis, dass er für sich selbst sorgen kann.*

Stelle dir beispielsweise vor, du leitest ein Council, das bereits lange andauert, aber immer noch eine Menge auf der Tagesordnung hat. Du fühlst dich ein wenig angespannt, doch du befindest dich immer noch im Zustand erhöhter Wahrnehmung (glaubst du zumindest). Du tust dein Bestes, um das Interaktive Feld kraftvoll und im Fluss zu halten. Der Redegegenstand liegt eine Zeit lang in der Mitte. Du nimmst ihn auf und nachdem du den Kreis leidenschaftlich ermahnt hast, mit dem anstehenden Thema fortzufahren, ergreift deine Partnerin das Wort.

„Ich weiß, dass wir noch eine Menge vor uns haben, doch ich möchte die Diskussion für einen Moment unterbrechen." Sie schaut dich nachdrücklich an. „Es kommt mir so vor, als treibst du den Kreis an."

Du nimmst einen tiefen Atemzug und hörst zu. Sie fährt fort: „Du bist gerade auf einem anderen Dampfer, der dich möglicherweise von dem, was hier passiert, wegführt. Ich bin mir nicht sicher, ob der Kreis in der Lage ist, umgehend eine Lösung zu finden, und ich merke, wie du dieser Möglichkeit nicht offen gegenüberstehst. Ich weiß nicht, ob du gern zum Ende kommen möchtest oder ob du ein persönliches Interesse an dem Ergebnis unserer Überlegungen hast. Ich liege vielleicht falsch, doch das ist es, was ich sehe."

Du fühlst dich so, als ob du mit beiden Händen in der Keksdose erwischt worden wärst. Du *siehst*, dass du *gesehen* wurdest. Ein Teil von dir ist wütend und verteidigungsbereit. Du erinnerst dich an eine Zeit, als sich deine Partnerin auf einem noch viel falscheren Dampfer befunden hatte, und eine selbstgerechte Erwiderung liegt dir auf der

Zunge. Glücklicherweise bestimmt der Teil in dir, der weiß, dass du *gesehen* wurdest, die Wahl deiner Worte.

„Okay, ich ziehe mich erst einmal zurück", sagst du mit zittriger Stimme. „Mach du allein weiter und ich versuche, mich wieder neu zu konzentrieren."

Stufe um Stufe

Der Weg, ein Träger des Councils zu werden, führt typischerweise über folgende Etappen:

- Du hörst etwas über Council oder nimmst an einem Council teil und dein Interesse erwacht. Dann vergisst du es wieder eine Zeit lang.
- Ein Freund berichtet dir von einem tollen Council, an dem er teilgenommen hat. Du erinnerst dich an deine Erfahrung und versuchst, mehr über das Thema herauszufinden.
- Du rufst jemanden an, der sich mit Council beschäftigt, und sie erzählt dir über eine Erfahrung mit einer Frauen-Wildnis-Gruppe… oder er erzählt dir etwas über eine Männergruppe… oder einen Schreib-Kreis… oder ein Schulprojekt… oder ein Programm an der Ojai-Foundation.
- Du meldest dich für ein Programm an, das auch Council zum Thema hat, oder du nimmst regelmäßig an einem Kreis teil.
- Nach einiger Zeit nimmst du deinen Mut zusammen und versuchst, ein Council in deiner Klasse, in deiner Gemeinde, deiner Firma oder deiner Familie zu leiten. Es läuft ganz gut, doch du spürst, wie viel mehr es noch zu lernen gibt. Du hörst von einem Council-Training und meldest dich an.
- Das Training haut dich um. Du erkennst, dass Council weit mehr ist als nur eine Form des respektvollen Umgangs bei der

Kommunikation in Gruppen. Du bekommst einen Geschmack davon, was möglich ist, wenn Menschen aus dem Herzen heraus miteinander sprechen und sich ebenso gegenseitig zuhören. Es fühlt sich an, als habest du soeben zum ersten Mal Eiscreme gegessen.

- Du entscheidest, dich weiterhin ernsthaft damit zu beschäftigen, und beginnst ein Praktikum an einer staatlichen Schule (vielleicht vermittelt durch das Council Practitioners' Center des Schulbezirks von Los Angeles) oder du entschließt dich, dir einen Council-Mentor zu suchen oder dich am Animas Valley Institute oder bei PeerSpirit weiterzubilden[28]. Möglicherweise erforschst du die Wurzeln des Councils in traditionellen Kulturen, in deiner eigenen Tradition oder in der natürlichen Welt.

- Du leitest ein paar Councils in deiner Familie, deiner Gemeinschaft oder deinem Arbeitsplatz – mit wechselndem Erfolg. An manchen Tagen glaubst du, dass Council die Lösung aller Probleme auf dieser Welt ist. Zu anderen Zeiten fragst du dich, warum du in einem Kreis sitzt und dich mit einer Gruppe desinteressierter und völlig unkooperativer Menschen herumplagst.

- Du hältst durch und beginnst, regelmäßig an deinem Arbeitsplatz, in deiner Gemeinde, deiner Familie oder mit deinem Lebenspartner oder deiner Partnerin Councils abzuhalten.

- Du bemerkst, dass Council in deinen Gedanken auftaucht, wann immer die Frage nach authentischer Kommunikation gestellt wird. Gelegentlich hörst du dich selbst wie ein Missionar in Sachen Council reden. Und wenn dich dann eines Tages jemand fragt, was du so tust, gibst du unter anderem „ich leite Councils" zur Antwort.

---

28 Seit einer unterstützenden (Mentoring-)Veranstaltung mit Gigi Coyle im Juni 2008 in Deutschland und einem ersten Treffen im Februar 2009 in Österreich ist das Europäische Council Netzwerk (ECN) im Begriff sich zu entwickeln. Für Informationen bezüglich Ausbildungsmöglichkeiten und Council-Angeboten im europäischen Raum siehe daher: www.council-network.eu

- Du möchtest deine Fähigkeiten verfeinern, indem du mit anderen Council-Leitern im Kreis sitzt. Daher besuchst du eine Zusammenkunft in einer Gemeinschaft oder einer Institution, die Council zum wesentlichen Teil ihrer Praxis gemacht hat (das jährliche „Treffen der Council-Träger" an der Ojai Foundation beispielsweise).[29]
- Auf dem Treffen merkst du, dass die Flitterwochen vorbei sind. Du bist überrascht, dass du dich nicht verbunden fühlst und dich geradezu langweilst. Du stellst das ganze Getue um Council in Frage. Du findest die Gruppenrituale zum Abgewöhnen und bist es überdrüssig, dich wie ein Kindergartenkind zu fühlen. Nach dem Treffen zweifelst du an den Konzepten von Spirit, heiligem Raum und Ritual. Und am Ende bist du des Sitzens, des Zuhörens, Redens und „gestärkt Werdens" müde. Du möchtest deine Angelegenheiten alleine erledigen.
- Nachdem du eine Zeit lang mit diesen Gefühlen gelebt hast, fühlst du dich merkwürdigerweise erneut gerufen. Du bist dir klarer als je zuvor, dass es an der Zeit ist, das Risiko einzugehen und Council zu deinem Ding zu machen. Dass du deine eigene Art finden musst, Councils zu leiten und dich dem Weg des Council-Hüters verpflichten musst.
- Nun wirst du schnell ein Träger des Council!

Zusammenfassung von Aufgaben

Wir beschließen dieses Kapitel mit einem Rückblick auf die verschiedenen Schritte, die hilfreich sind, um Councils zu führen. Zur Bekräftigung unseres Bekenntnisses zur Partnerschaft setzen wir voraus, dass zwei Leiter das Council begleiten.

---

29 Siehe vorangehende Fußnote in diesem Kapitel.

1. *Sich auf das Council vorbereiten.* Hierzu zählt das Nachdenken darüber, was in den vorherigen Runden vor sich ging, sofern die Gruppe regelmäßig stattfindet, sowie die Auswahl möglicher Themen und die Wahl des Formats für die nächste Sitzung.

2. *Sich auf die Leitungsrolle vorbereiten.* Manche Leiter bereiten sich rituell auf das Council vor, indem sie
   - mit dem Ort in Beziehung treten, durch Gebete, durch „das Land begehen", durch eine Gabe,
   - sich durch Meditation zentrieren,
   - sich jede Person im Kreis vor Augen führen,
   - um Führung und Unterstützung beten.
   - Die Ausführung eines oder mehrerer dieser Rituale dient auch der zusätzlichen Einstimmung des Co-Leiters.

3. *Den Rahmen vorbereiten.* Zu der Vorbereitung gehört das Reinigen und Verschönern des Treffpunktes, die Sitzkissen oder Stühle bereitstellen, die Mitte mit Blumen, Kerzen u. ä. gestalten, den Redegegenstand auswählen und eventuell Musikinstrumente bereitstellen.

4. *Übergang.* Wenn es passt, trommeln manche Leiter gern vor Beginn des Councils. Trommeln eröffnet den Teilnehmern eine Möglichkeit „anzukommen", setzt den Rahmen und bildet einem hervorragenden Übergang in die Council-Arbeit. Manche Leiter legen gern eine einstimmende CD auf, wenn die Teilnehmer eintreffen. Andere wiederum singen Lieder, rezitieren oder schweigen, um das Feld zu gestalten. Ein einfühlsamer Leiter kann eine Menge erfahren, wenn er während der Übergangsphase aufmerksam lauscht. Der Zusammenhalt und die Achtsamkeit der Gruppe ergeben sich aus dem Klang der Musik oder dem Feld, das im Schweigen entsteht. Dies kann unter Umständen die Art und Weise beeinflussen, mit der der Leiter das Council

eröffnet. Zum Beispiel zeigt die Qualität des Schweigens, ob die Stimmung im Kreis ärgerlich oder zerrissen ist, was besonders deutlich wird, wenn der Kreis regelmäßig zusammentrifft und Vergleiche möglich sind.

5. *Begrüßung und Eröffnung des Councils.* Ein ruhiger Augenblick oder die Stille nach dem Trommeln bilden den eigentlichen Übergang zur Eröffnung des Councils. Dieser kurze Moment im Anschluss an die Stille ist wichtig für den Ton, den „Klang", den das Treffen haben wird. In einigen Kreisen halten sich die Teilnehmer an der Hand, singen, und/oder räuchern mit Salbei, um das Council zu eröffnen. Anschließend dankt der Leiter dem Ort, an dem das Treffen stattfindet, begrüßt Gäste, stellt fest, ob wichtige Personen fehlen, spricht nochmals über die Vertraulichkeit und erläutert, welche Pausen stattfinden, und dankt dann der Gruppe für die Möglichkeit, ihr als Leiter zur Verfügung zu stehen. Einige dieser Aufgaben können auch von anderen Teilnehmern übernommen werden. Wenn die Council-Leiter von einer Gemeinschaft, Konferenzveranstaltern oder Einzelpersonen eingeladen wurden, sollte das unbedingt anerkannt und den Gastgebern gedankt werden. Diese sollten auch die Möglichkeit erhalten, vor Beginn des Councils zu sprechen. Bei manchen Gelegenheiten gehört es zu den traditionellen Gepflogenheiten, wenn die Ältesten um Erlaubnis für die Zusammenkunft gebeten werden. Dann bitten die Leiter, dass jemand die Kerze anzünden und eine Widmung sprechen möge. Gegebenenfalls wird die Person, die den Redegegenstand mitgebracht hat, gebeten, etwas über die Bedeutung des Gegenstandes zu erzählen, oder wie er mit der Gruppe, dem Versammlungsort oder der Tagesordnung in Zusammenhang steht. Dann nennen die Leiter das Thema, erläutern nochmals die Vier Leitsätze (sofern erforderlich) und fangen an. Normalerweise sitzen die Leiter nebeneinander, so dass einer beginnt und der andere die Runde beendet. Ein einzelner

Leiter entscheidet an dieser Stelle, ob er „den Ton angibt" und zuerst spricht oder bis zum Ende der Runde wartet, um dann die Fäden zusammenzufügen.

6. *Den Geist des Councils übermitteln.* Während des Übergangs-, Begrüßungs- und Eröffnungsrituals hat der Leiter Gelegenheit, durch das Wechseln in einen Zustand erhöhter Wahrnehmung den Geist des Councils zu übermitteln. Indem er die Menschen beobachtet, wie sie im Kreis zusammenkommen, und dem Trommeln, Singen oder der Stille während der Übergangsphase zuhört, wählt ein erfahrener Leiter instinktiv die Stimmlage und den Sprechrhythmus, die sich am besten eignen. Ist die Energie der Gruppe niedrig, kann der Leiter entsprechend mehr Intensität in Stimme und Ausdruck legen. Wirken einige Mitglieder erregt oder gestresst, kann er in langsamem und beruhigendem Ton sprechen. Wenn die Aufregung durch das aktuelle Thema verursacht wird, tut der Leiter gut daran, die Energie nicht vor Beginn des Councils zu zerstreuen, sondern für die Runde zu nutzen. Wie auch immer die Stimmung des Kreises ist, der Leiter hat in erster Linie die Aufgabe, die Tür zur erhöhten Wahrnehmung zu öffnen und die entsprechende Haltung gegenüber den Vier Absichten zu vermitteln.

7. *Den Zustand erhöhter Wahrnehmung aufrechterhalten.* Während des Councils unterstützen sich die Leiter gegenseitig darin, zu *sehen*, was im Kreis vor sich geht. Regelmäßige stille Bestätigungen dieser Absicht sowie Augenkontakt sind hilfreiche nonverbale Möglichkeiten in dieser Hinsicht. Unterstützung dieser Art kann im Rahmen des eigentlichen Council auch in Worten ausgedrückt werden.

8. *Spontan die Form verändern.* Vielleicht *sieht* der Leiter, dass nach der gängigen Redestabrunde (oder bereits davor) ein anderes

Council-Format notwendig wird. Wenn zum Beispiel die Gruppe zu groß für eine vollständige Runde ist, es aber dennoch wichtig ist, jede Stimme zu hören, reicht es aus, die Teilnehmer um ihre Namen und ihre Anschrift zu bitten, und damit ein „Council in Erinnerung " zu erschaffen, dass sehr kraftvoll sein kann. Ein Lied und sich an den Händen halten kann ebenfalls die Energie von Council zu einer großen Gruppe bringen, auch wenn nicht ausreichend Redezeit für jeden gegeben ist. Oder den Redestab wieder in die Mitte legen, eine zweite Runde mit demselben oder einem anderen Thema beginnen, oder aber ins Fishbowl-Format wechseln, um einen Fokus zu setzen oder die Zeugenrolle zu betonen. Die beiden Leiter entscheiden durch Augenkontakt oder einen kurzen Austausch über diese Alternativen – möglicherweise mit lauter Stimme, so dass der Kreis den Dialog mitverfolgen kann. Oder die beiden Leiter einigen sich vor Beginn des Councils, wer von ihnen eine derartige Entscheidung treffen wird.

9. *Zusammenfassung des Councils.* Dies ist zwar nicht immer notwendig, dennoch können die Leiter vor dem Abschluss des Councils kurz noch einmal die Höhepunkte zusammenfassen (beschreiben, was sie *gesehen* haben), auf mögliche zu ergreifende Maßnahmen hinweisen, ein geeignetes Thema für das nächste Treffen vorschlagen, erwähnen, wer das Council leiten wird, usw. Dies alles sagt entweder derjenige, der als Letzter spricht, oder beide abwechselnd. Alternativ kann der Redestab in die Mitte gelegt und alle aufgefordert werden, im Popcorn-Format jeweils einen Satz mit einem wichtigen Aspekt des Councils zu formulieren. Das ist hilfreich, um sich besser erinnern zu können. Wenn das Council im Rahmen einer Ausbildung zum Council-Leiter stattfand, sollte an dieser Stelle der Prozess in der Rückschau betrachtet und über den Weg des Council-Hüters gesprochen werden.

10. *Kommentare von Zeugen.* Nach der Zusammenfassung und vor dem Abschluss werden die Zeugen um ihren Kommentar gebeten. Jeder von ihnen nimmt den Redegegenstand und jede ihrer Anmerkungen wird von den Council-Leitern und anderen Teilnehmern begrüßt.

11. *Abschlussritual.* Es ist wichtig, das Ende des Councils (wenn auch nur kurz) mit einem Lied, einem Wort der Anerkennung, einer kurzen Stille, bei der sich alle an den Händen halten, einer Gabe oder einer „dedication of merit" („Widmung des Verdienstes" – nach buddhistischer Praxis) zu markieren. Wenn die Menschen den Kreis ohne Abschlussritual verlassen, verliert sich die Kraft der Zusammenkunft leicht. Wenn am Ende ein Punkt gesetzt wird, fällt es leichter, das nächste Council vorzubereiten. Trifft sich die Gruppe kein zweites Mal, sollte auch dies ausgesprochen werden, um gegebenenfalls andere Möglichkeiten vorzuschlagen, bei denen Ziel und Zweck des Councils weitergeführt werden können.

12. *Nachträge.* Solange die Erfahrung noch frisch ist und die Leiter sich (hoffentlich) noch im Zustand erhöhter Wahrnehmung befinden, können sie kurz über das Council reflektieren. (Ein einzelner Leiter könnte mit jemandem aus dem Kreis sprechen oder, noch besser, mit jemandem von außerhalb des Kreises, der mit Council vertraut ist.) Es könnte dabei um Missverständnisse zwischen ihnen gehen, ihre Fähigkeit als Leiter und die Frage, wie angemessen Thema und gewählte Form waren. Sind beide oder einer der beiden unerfahren mit der Arbeit, sollte eine etwas umfangreichere Bewertung stattfinden, wobei aber zu beachten ist, dass langatmige Diskussionen und Analysen Energie schlucken und die Magie des Erlebten verwässern können.

Kapitel 7

Councils mit Kindern

„Humble yourself inside your children
You got to bend down low
Humble yourself inside your children
You got to know what they know
And we will lift each other up
Higher and higher
And we will lift each other up."

Herkunft unbekannt

Seitdem es Schulen gibt, hat es auch immer Lehrer gegeben, die mit den Kindern im Geiste des Councils zusammen gesessen haben. Seit vielen Jahren sind Grundschüler, die in „Morgenrunden" oder „Herzensrunden" im Kreis zusammensitzen, zum vertrauten Bild sowohl in staatlichen als auch privaten Schulen in den Vereinigten Staaten geworden. Programme zur Stärkung des Selbstvertrauens und der Gemeinschaft, die auf offener Kommunikation mit den Schülern beruhen, finden in den letzten 25 Jahren mehr und mehr Akzeptanz in öffentlichen Einrichtungen. Viele dieser Aktivitäten dienen der Verbesserung konkreter Missstände, zum Beispiel dem Drogen- und Gewaltmissbrauch. Sie nutzen zu diesem Zweck Kommunikationsmethoden, die in ihren Intentionen denen des Councils verwandt sind.[30]

---

[30] Zum Beispiel das School-Based Impact Program: Impact 1 und 2, Los Angeles Unified School District: Office of Instruction, Training Manuals X-134, überarbeitet 1990, und X-135, 1988.

Wie ich schon erwähnte, begann für mich der Sprung in das Council mit Kindern mit der Gründung der Heartlight School im Jahre 1980. Wir eröffneten jeden Schultag mit einem Wetterbericht oder einem thematisch orientierten Council, an dem alle Kinder von 5 bis 18 Jahren teilnahmen. Wir nutzten den Council-Prozess auch in den Klassen des „Mysteries"-Programms, in denen Mittel- und Oberstufenschüler während des ganzen Schuljahres dreimal die Woche zusammenkamen. Wir wählten diesen Begriff, weil unsere Themen, die wir im Council, beim Lesen, durch künstlerischen Ausdruck oder beim Schreiben auskundschafteten und die das Curriculum der Klasse bildeten, auf dem gründeten, was die Kinder als ihre unerklärlichen Geheimnisse bezeichneten. Es waren dies die drängenden Fragen, die ihr Leben bestimmten und auf die sie weiterführende Antworten suchten.

Angeregt durch unsere Erfahrungen an der Heartlight School lud Paul Cummins, damals Direktor der Crossroads School in Santa Monica, 1983 sowohl mich, als auch Maureen Murdock, Ruthann Saphier und andere Lehrer ein, um auch an seiner Schule ein „Mysteries"-Programm zu starten. Die Crossroads ist eine Grund- und weiterführende Schule, die auf den zukünftigen Besuch einer Universität vorbereiten soll. Sie hat ein spezielles Programm zur Rückstellung von Schulgeld entwickelt, das es vielen talentierten asiatischen, afroamerikanischen und kaukasischen Schülern erlaubt, die Schule zu besuchen.

Das „Mysteries"-Programm an der Crossroads School wuchs blitzartig, umfasste schließlich auch alle Mittel- und Oberschüler und ist mittlerweile zum gut eingeführten, zentralen Teil des Curriculums geworden.[31] Seit 1983 haben auch viele andere, auf die Universität vorbereitende Privatschulen Council-Programme eingeführt, von

---

31 The Mysteries Sourcebook beschreibt dieses Programm; erhältlich über die Crossroads School, 1714, 21st Street, Santa Monica, CA 90404. Siehe auch Anhang III. In der 11. Klasse wird aufgrund des umfassenden akademischen Programms und der College-Prüfungen kein „Mysteries"-Programm durchgeführt.

denen die meisten noch heute existieren: Zum Beispiel an der Polytechnic School in Pasadena, Happy Valley School in Ojai, Chadwick School in Palos Verdes, New Roads School in Santa Monica, Highland Hall Waldorf School in Northridge, Oak Grove and Ojai Valley Montessori Schools in Ojai sowie Archer Secondary School, Pressman Academy und Odyssey Schools – alle in Los Angeles. Mit den Jahren etablierten sich auf Council basierende Schulprogramme ebenfalls in Colorado, der Bucht von San Francisco und der Nordwest-Region am Pazifik.

Schon 1980 träumten viele von uns davon, Council an die öffentlichen Schulen zu bringen. Abgesehen von einzelnen Lehrern, die das Council in ihre Klassenräume trugen, dauerte es jedoch noch zehn Jahre, bevor die ersten Programme, von denen wir wissen, an öffentlichen Schulen begannen. Es handelte sich um die Programme an der New York City Alternative School, die unsere Kollegin Rachael Kessler startete (sie leitet mittlerweile das Passageways Institut in Colorado), und um das Palms Middle School Programm in Los Angeles, initiiert von meinem Kollegen Tom Nolan und mir im Jahre 1992.

Zwischen 1992 und 2005 stellte das Palms Programm wöchentliche Councils für sage und schreibe zweitausend Mittelschüler lateinamerikanischer, afro-amerikanischer, kaukasischer und asiatischer und anderweitiger Herkunft bereit, die damals die Schülerschaft bildeten.

Mit dem Jahre 1995 war das Palms Programm zum Modell für Council-Konzepte an anderen öffentlichen Schulen des Los Angeles Unified School Districts (LAUSD) sowie in Südkalifornien und überall im Lande geworden.

In den darauffolgenden Jahren begannen Trainer des Ojai Foundation Center for Council Training (CCT) mit weiteren Projekten in verschiedenen LAUSD-Mittelschulen (Daniel Webster, Marina del Rey, Walter Reed, Horace Mann, Mulholland) und einigen Grundschulen (Open Magnet Charter, Wonderland). Hochschulprogramme wurden an der Malibu High und Ojais Nordoff High School ausgerichtet.

Manche dieser Projekte blühten eine Zeit lang, wurden jedoch nicht in den allgemeinen Lehrplan aufgenommen. Manche gibt es heute noch (Open Magnet, Daniel Webster, Malibu u. a.).

Obwohl das Palms-Programm über viele Jahre erfolgreich war, wurden die meisten der Councils durch von außen kommende, ausgebildete Leiter des CCT gehalten. Selbst nach zehn Jahren betätigte sich nur eine Handvoll der Lehrer selbst als Council-Leiter. Dieser Umstand erforderte jedes Jahr erneut beträchtliche Geldbeschaffungsmaßnahmen und machte es notwendig, immer wieder neue Lehrer und Verantwortliche vom Wert dieser Programme zu überzeugen. Im Jahre 2004 wurde schließlich Folgendes klar:

1. Damit Council sowohl in ökonomischer als auch pädagogischer Hinsicht fest an einer Schule verankert werden kann, sollte ein maßgeblicher Anteil des Lehrkörpers (und der Verwaltung) in der Praxis des Councils ausgebildet werden, um das Programm mit Begeisterung zu vertreten. Ein weiteres zentrales Element bei nachhaltiger Gestaltung von Schulprogrammen ist die Etablierung eines „Schul-Council-Leitungsgremiums", das die Bedürfnisse aller Interessenvertreter der Schulgemeinschaft berücksichtigt und das selbst Council nutzt, um seine Aufgaben zu erfüllen.
2. Ein zentrales Büro für Council-Programme war im LAUSD notwendig, um die erforderliche Leitung bereitzustellen und sowohl die ersten Schritte, als auch die nachhaltige Entwicklung zu koordinieren.

2005 erhielt die Ojai Foundation eine dreijährige finanzielle Bewilligung durch die Herb Alpert Stiftung in Santa Monica, um ein „Zentrum für Council Praktizierende" („Council Practitioners Center", CPC) im LAUSD aufzubauen. Sein Name ist Programm und einige der damaligen Mitglieder des Leitungsteams des Palms Council Program (Joe Provisor, Monica Chinlund und Natalie White) haben mittlerweile dort Schlüsselpositionen inne. Im Anhang 1 stellen wir weitere Informationen über das CPC sowie über die Logistik zum

Start von Council-Programmen an Schulen bereit und erläutern ein Mentorenmodell, das Lehrer und Verwaltungspersonen von Anfang an als Council-Leiter einbinden soll. In diesem Kapitel wollen wir unsere persönlichen Erfahrungen über Council mit jungen Leuten weitergeben, insbesondere im Rahmen der Palms- und Crossroads-Programme, wie sie in den Achtzigern und Neunzigern stattfanden.

Aus verschiedenen Gründen hatte ich Tom Nolan gebeten, die ersten Councils an der Palms School mit mir zu leiten. Abgesehen davon, dass er ein Pädagoge ist (heute Dekan an der Crossroads School), war Tom auch Schauspieler und ein erfolgreicher Musiker – Eigenschaften, die ihn während der langjährigen Council-Arbeit an der Crossroads School unverzichtbar gemacht hatten. Um Material für dieses Kapitel zu sammeln, führten wir vor einigen Jahren ein mehrstündiges Gespräch. Danach hatte ich den Eindruck, dass das „Mithören" einer gedruckten Fassung unserer Unterhaltung bestens dafür geeignet wäre, unsere Ansichten über die Einführung von Council als Teil des Curriculums an öffentlichen und unabhängigen Schulen zu erläutern. Unser Gespräch (mit einigen wenigen nachträglichen Ergänzungen) scheint mir dafür auch nach so vielen Jahren noch hilfreich.

Geschichten aus dem Grenzgebiet

Tom Nolan: Kinder dazu zu ermutigen, vom Herzen zu sprechen, ist eine starke Botschaft. Sie zu fragen, wie sie sich fühlen, und ihnen dann die Möglichkeit zu geben, mit einer Antwort zu ringen hilft ihnen, sich ihrer Gefühle bewusster zu werden. Aus dem Herzen heraus zu sprechen gibt Kindern die Stärke, zu einer Gruppe zu sagen, „das ist, was ich denke. Das ist, was ich fühle". Wenn eine Einrichtung wie die Schule dazu einlädt, sich offen und ehrlich auszudrücken, und wenn sie daraufhin respektvoll antwortet, fühlen sich Schüler beachtet und somit verantwortlich für ihre eigene Erziehung. Das Council wird zum Transmitter, in dem das Eigene seinen Weg ins Außen findet – umso gründlicher, je mehr das Council angenommen und geliebt wird. Es mag für manchen Pädagogen geradezu revolutionär wirken, Kindern an der Schule ein solches Forum zum Reden zu gewähren.

Jack Zimmermann: Es ist revolutionär – solange das, was die Kinder sagen, mit vollem Respekt entgegengenommen wird. Ganz gleich, wie merkwürdig, unbequem oder gar brutal es klingen mag. Alles im Council ist heilig: Wut oder Verzweiflung ebenso wie Liebe. Wie viele Lehrer oder verantwortliche Personen an Schulen wollen schon wirklich wissen, was die Kinder zu sagen haben – unzensiert, unverfälscht, ungeschminkt? Die Bereitschaft innerhalb einer Schulgemeinschaft, aufrichtig den anderen zuzuhören, macht die revolutionäre Qualität von Council an Schulen aus.

Tom: So viele Kinder, selbst Kinder aus wohlhabenden Familien, haben erstaunlich wenige Möglichkeiten, ihre Meinung zu sagen und zu wissen, sie werden gehört. Das ist traurig. Daher ist das, was wir mit dem Council-Projekt anbieten, so wichtig, vor allem da wir jetzt das Konzept an öffentliche Schulen getragen haben. Da gibt es jede Menge Geschichten zu erzählen.

Vorurteil

Tom: Die Einladung, das Council-Programm an der Palms School zu beginnen, wuchs aus der Sorge über die kulturellen Ressentiments an der Schule. Unser Programm startete unmittelbar nach den gewalttätigen Ausschreitungen, die sich 1991 als Folge des umstrittenen Urteils im Rodney-King-Prozess[32] ereigneten. Es war eine Zeit, in der die Leitung der Palms School in großer Sorge über den Mangel an

---

32 Rodney King war ein afroamerikanischer US-Bürger, der 1991 während einer Polizeikontrolle von drei weißen und einem Latino-Polizisten unverhältnismäßig brutal traktiert wurde. Die Polizisten wurden später von einem kalifornischen Gericht freigesprochen. In der Jury hatten sich überwiegend Weiße und kein Afroamerikaner befunden. Das Urteil löste massive Unruhen in Los Angeles aus. (Anm. d. Übers.)

Verständnis und über das Gewaltpotential unter den verschiedenen Ethnien auf dem Campus war. Ich erinnere mich an ein Council mit Sechstklässlern mit vorwiegend lateinamerikanischer Abstammung. Die Schüler kamen aus Guatemala, El Salvador, Nicaragua, Mexiko und aus Kolumbien. Ebenso waren einige asiatische, kaukasische und afro-amerikanische Jugendliche dabei. Das Thema des Councils war *Vorurteil*. Ich bat die Kinder, zu erzählen, wie sie einmal gegenüber einem anderen Menschen voreingenommen waren oder selbst Opfer einer Verfolgung geworden sind.

Jeder konnte eine Geschichte, entweder über sich selbst oder über tief sitzende Vorurteile innerhalb seiner Familie, erzählen. Es gab Episoden über Leute aus El Salvador, die die aus Guatemala nicht mochten, Mexikaner, die Menschen aus El Salvador ablehnten, Nicaraguaner, die Mexikaner nicht ausstehen konnten, und Koreaner, die über Japaner die Nase rümpften. Manche Geschichten kamen mir sehr bekannt vor: Afro-Amerikaner, die Kaukasier nicht mochten, Kaukasier, die Afro-Amerikaner nicht mochten, japanische Kinder, die chinesische nicht mochten.

Allen diesen Erzählungen zuzuhören machte den Kindern klar, dass Vorurteile allgegenwärtig sind. Als die Councils während des Semesters ihre Fortsetzung nahmen, hörte ich jedoch mehr und mehr Aussagen wie:

- „Du bist jemand, mit dem ich wohl außerhalb von Council nie gesprochen hätte!"
- „Mit dir hätte ich nie zusammen Mittag gegessen oder mit dir abgehangen."
- „Es kommt mir vor, als ob ich dich jetzt kenne – und du bist gar nicht so verkehrt!"
- „Ich hätte mich vor dir sogar fürchten können, aber jetzt kann ich vor dir sprechen und habe keine Angst mehr."

Hatten die Kinder einmal ihre Voreingenommenheit wahrgenommen, konnten wir die Diskussion auf die nächste Stufe bringen. Wir erkannten, wie Vorurteile auf individueller Ebene als Nebenprodukte unseres Bedürfnisses entstehen, andere Menschen einzuordnen, und wie wir uns dann an diesem Bestimmungssystem festhalten. Am Ende des Jahres ließen die Kinder aufgrund ihrer unmittelbaren Erfahrungen viele ihrer Befangenheiten fahren. Council gab ihnen die Möglichkeit, ihre Geschichten miteinander auszutauschen und den anderen auf neue Art und Weise zu erleben.

Der Zahnpasta-Zwischenfall

Jack: Council kann auch hilfreich sein, wenn Probleme ganz unvermittelt in Gruppen auftauchen. Auf dem ersten Palms-Schüler-Retreat an der Ojai Foundation im Jahre 1995 zeichneten sich drei übermütige Sechstklässlerinnen dadurch aus, dass sie die Schlafsäcke zweier Jungen eines Nachts innen mit Zahnpasta beschmierten. Die Mädchen hatten Ojai als „Camp" ausgemacht und in Camps sind Streiche eben üblich.

Ich saß mit den zwei Jungen in ihrem Zelt. Einer von ihnen war tief verletzt und weinte. Er nahm es sehr persönlich, auch als wir ihm versicherten, dass die Mädchen keine Ahnung gehabt hatten, wem sie die Paste in den Schlafsack getan hatten. Er war so aufgebracht, dass er nicht schlafen gehen konnte. Der andere Junge nahm sich das Ganze nicht so zu Herzen. Die unbedachte Aktion der Mädchen, auch wenn nicht ungewöhnlich, erzeugte ein Gefühl von Verrat in mir, da wir im Eröffnungs-Council sehr engagiert darüber gesprochen hatten, wie wir in Ojai Brücken zwischen uns allen bauen wollten.

Bevor das Council am nächsten Morgen begann, beschlossen die drei Moderatoren[33] und ich, unsere Pläne zu ändern und den Vorfall im Council zu behandeln. Ich konnte mich von meiner Missstimmung gegenüber den Mädchen nicht lösen. Der alte Spruch, dass „Kinder eben Kinder bleiben", konnte mir nicht weiterhelfen.

---

33   Lehrer, die ein Council leiten, können auch als „Moderatoren" bezeichnet werden.

Ich fragte nicht, wer es gewesen sei, und ich tadelte die Gruppe auch nicht. Ich sagte ihnen nur, dass ich darüber bestürzt sei und erklärte auch, warum. Das Council kam sofort in Fahrt. Die drei Mädchen gaben sich zu erkennen und beschrieben, wie mies sie sich fühlten. „Wir haben gar nicht nachgedacht". sagten sie. „Wir haben es einfach getan." Tatsächlich hatten sie nicht gewusst, wessen Schlafsäcke sie beschmiert hatten. Der weniger betroffene Junge beschrieb ausführlich, wie es sich anfühlte, in den Schlafsack zu kriechen und das Unheil zu bemerken. Der andere Junge sagte nicht viel, weil er es vermeiden wollte, vor der Gruppe zu weinen.

Unsere Gesprächsrunde brachte die ganze Gruppe auf eine Art und Weise zusammen, die kein vorbereiteter Prozess hätte in die Wege leiten können. Ein gewöhnlicher Zwischenfall war im Rahmen des Councils zur bedeutsamen Lehre geworden. Manche der Jugendlichen nahmen das Ereignis als eine Aufforderung zu ernsthafterem und umsichtigerem Handeln und Verhalten.

Wir betonen immer, dass wir die Jugendlichen dazu bringen wollen, mehr Eigenverantwortung zu übernehmen, doch die eingefahrenen Autoritätsstrukturen an vielen Schulen stehen mit ihrer „Wir-hier-und-ihr-dort"- Dynamik diesem Ziel im Wege. Die Folge ist, dass Kinder entweder ihre Verantwortung ablehnen oder den größten Teil ihrer Energie dafür aufwenden, der Autorität Widerstand zu leisten. Diese bekannte Polarisation verhindert die Möglichkeit einer wirklichen Synergie von Autorität und Partnerschaft. Junge Menschen müssen Gelegenheit bekommen, ihre eigene innere Autorität wahrzunehmen. Sie müssen diese auf natürliche Weise mit Hilfe authentischer Erwachsener weiterentwickeln. Council unterstützt den Prozess der Authentizitätsfindung und der Übernahme von Verantwortung. Beide Qualitäten unterstützen die Schüler bei der Ausprägung ihrer eigenen inneren Autorität. Das Herz der Arbeit für den Council-Leiter ist es, die Integrität des Council-Prozesses aufrechtzuerhalten, ohne eine gebieterische Haltung gegenüber dessen Inhalten einzunehmen. Zugegebenermaßen ist das ein schmaler Grat. Wenn der

Leiter die Form und die Intentionen des Councils nicht ausreichend unterstützt, kann der Prozess nicht in Gang kommen. Sind sein Verhalten oder seine Haltung jedoch zu bestimmend, kann das trennend wirken und die Schüler neigen sodann dazu, ihre Gefühle für sich zu behalten.

Ein Grund für die Sensibilität dieser Situation ist, dass manche Leiter in ihrer Council-Begeisterung versuchen, ein erwünschtes Resultat auf die Gruppe zu projizieren. Zu Beginn eines Councils checken die Jugendlichen sehr genau, „was abgeht" – so wie sie es immer in der Schule tun. Sie „erschnüffeln", was der Moderator vorhat. Ist das Council von den verborgenen Absichten des Leiters geradezu durchdrungen, nehmen die Jugendlichen diesen Ball schnell auf und spielen das Spiel im Sinne des Moderators. Oder sie rebellieren. Egal wie, das Council verliert in jedem Fall an Energie. Council-Leiter sollten sich und ihre verborgene Agenda gut genug kennen, um damit nicht unbewusst das Council in eine bestimmte Richtung zu lenken.

Tom: Dein Zahnpasta-Zwischenfall zeigt, wie eine kleine, plötzliche Begebenheit die Jugendlichen enger zusammenbringen kann als eine große politische Fragestellung. Ich erinnere mich an eine Council-Runde an der Palms School, die aus vielen verschiedenen Splittergruppen bestand, einschließlich einigen wenigen sehr zurückhaltenden Jugendlichen, die sich nicht trauten, vor den anderen etwas zu sagen. Ständig gaben sie den Redegegenstand schweigend weiter. Eines Tages stolperten wir in ein Council mit dem Thema „dein Hund oder ein Hund, den du kennst" hinein. Jedes Kind hatte eine Hundegeschichte zur Hand – eine emotionale Hundegeschichte – und so rückte die Gruppe zum ersten Mal richtig zusammen. Das führte uns in der nächsten Runde zum Thema „Regen". Jedes Kind hatte auch eine Geschichte über eine Erfahrung im Regen. Manchmal sind es die einfachen, universellen Erfahrungen, welche die Kinder zusammenbringt.

Jack: Geschichten über Tiere oder über die Natur geben den Kindern die Möglichkeit, indirekt etwas über sich selbst mitzuteilen. Über

Hunde lässt sich einfacher reden als über einen Freund oder über sich selbst. Solche Themen führen dazu, dass die Kinder sich wichtigen persönlichen Anliegen durch die Hintertür nähern.

Khalils Traum

Jack: Ich erzähle mal eine andere Geschichte, die zeigt, wie Council das Selbstwertgefühl von Schülern fördern kann.

Im ersten Jahr des Palms-Programmes, als wir beide jeweils einen Teil der Pilotgruppe leiteten, war in meiner Gruppe ein sehr scheuer iranischer Junge aus der siebten Klasse. Im Frühling schließlich hatte Khalil genügend Vertrauen gefunden, dem Kreis mitzuteilen, dass er mit der Einladung kämpfte, in eine Gang einzutreten. Seine Mitgliedschaft würde ihm geben, was er so vermisste – Rang und Macht. Manche seiner Freunde rieten ihm davon ab, dieser Verlockung zu erliegen, und auch er selbst hatte Vorbehalte. Der Kreis unterstützte ihn in seiner ablehnenden Haltung. Der Lehrer der Gruppe und ich sprachen über unsere eigenen jugendlichen Erfahrungen mit Gangs und Cliquen. Eines Tages brachte Khalil den Mut auf, uns einen seiner Träume zu erzählen. Manche der Jugendlichen hatten bereits von ihren Träumen berichtet. Wir hatten ihnen als „Geschichten der Nacht" zugehört und sie nicht interpretiert. Manchmal reagierten die Kinder auf die Erzählungen mit Bemerkungen wie, „… oh, ich hatte auch mal einen solchen Traum". Khalils Traum hatte eine außergewöhnliche, mythische Qualität. Die komplexe Geschichte spielte in einer vergangenen Zeit im Iran und handelte von zwei gegensätzlichen Gruppen. Die eine Gruppe war dunkelhäutig, setzte sich aus alten und jungen Menschen zusammen und wurde von Khalils Großvater angeführt, der ein traditioneller, friedliebender Muslim war. Die hellhäutigere, militante Gruppe bestand aus jungen Leuten, die unerbittlich versuchten, Khalil in ihre „Kultur" einzubeziehen. Nach einem langen Kampf, gerade als er dabei war, der Versuchung zu erliegen und der Gruppe beizutreten, erschien ein weißes Pferd mit einer langen, wehenden Mähne. Er ergriff die Mähne, saß auf und verschwand.

Einige Studenten kommentierten die offensichtliche Beziehung zwischen dem Traum und Khalis aktueller innerer Auseinandersetzung. Ich würdigte seinen Mut, uns den Traum zu erzählen, und sprach über die Bedeutung von Träumen, die uns dabei helfen zu verstehen, wer wir sind. Eine Woche später nahm mich Khalil vor einem Council beiseite. Am vorigen Tag, als er gerade in der Cafeteria an der Essensausgabe gestanden hatte, fühlte er sich plötzlich in seinen Traum hineingezogen. Wieder befand er sich zu einer früheren Zeit im Iran inmitten der beiden verschiedenhäutigen Traummenschen. Gleichzeitig war ihm bewusst, dass er sich in der Cafeteria zwischen sich unterhaltenden und lachenden Menschen befand.

Als Khalid mir dies erzählte, fühlte ich, dass er damit insgeheim den ganzen Kreis einlud, an seiner Geschichte teilzuhaben. Ich fragte ihn, ob er dazu bereit wäre, und er war einverstanden. (Ich informierte auch den Vertrauenslehrer, damit dieser mit dem Vorgang in Kontakt sein konnte.)

Die Cafeteria-Geschichte und das erneute Erzählen des Traumes fesselte Jedermanns Aufmerksamkeit. Nachdem Khalil geendet hatte, sprach ich in die entstandene Stille hinein: „Khalis Traum war von so großer Bedeutung für ihn, dass er ein zweites Mal auftauchte, als Khalil in der Schule und wach war. Weil er sich dafür entschied, uns die Begebenheit mitzuteilen, können wir die Bedeutung des Traumes würdigen, indem wir Khalil mitteilen, was seine Geschichte in uns auslöst. Wir helfen damit Khalil, seinen Traum noch tiefer zu verstehen." Daraufhin gaben wir den Redegegenstand in die Runde.

Weil wir bereits seit einem Jahr im Geschichtenerzählen geübt waren, gab es keine Schwierigkeit, den Traum als „Khalils Geschichte" anzunehmen. Die Jugendlichen knüpften Verbindungen zu ihren eigenen Träumen und Erfahrungen und gaben Anregungen, warum sein Traum so wichtig für Khalil wäre. Manche kommentierten das, was wir als „Geschichte unter der Geschichte" bezeichneten (in diesem Fall unser aller Konflikt zwischen „gut" und „böse"). Sie nahmen Anteil an Khalils innerer Auseinandersetzung und boten Assoziationen zu dem Pferd mit der langen Mähne an. Ich brauchte nichts weiter zu sagen. Als ich an der Reihe war, bekräftigte ich das Gehörte, indem ich die Anteilnahme und die Einsichtskraft des Kreises, die er Khalil zur Verfügung gestellt hatte, würdigte.

Khalil blühte vor unseren Augen auf. Am Ende des Councils saß er ganz aufgerichtet und wirkte geradezu größer denn je. Den Traum erneut zu erzählen und ein solches Feedback zu erhalten stellte eine von Grund auf bestärkende Erfahrung für ihn dar. Ein paar Tage später teilte er uns seine Entscheidung mit, der Gang nicht beizutreten – zumindest nicht zum jetzigen Zeitpunkt.

Die Auseinandersetzung mit Khalils Traum bedeutete Heilung für uns alle. Wir konnten uns mit seinem Konflikt identifizieren. Es ist bedauerlich, dass einige von uns ihre Träume immer noch in eine andere, unzugängliche Welt verweisen und sich ihnen, wenn überhaupt, nur über Therapie und Analyse nähern. Tatsächlich sind Träume und persönliche Geschichten aus dem gleichen Stoff gemacht. Ein Council stellt für den Umgang mit diesen beiden Welten einen geschützten Raum zur Verfügung.

Tom: Träume und Geschichten sind Eintrittspforten in das Innenleben. Kinder haben nur wenige Möglichkeiten, sich selbst im Wesen der anderen wiederzuerkennen. Träume sind ein allbekannter Weg dorthin. Manche meiner brenzligsten Council-Gruppen fanden durch das Mitteilen von Träumen zueinander. Ein Kind erzählt einen aufregenden Traum über einen tiefen Fall oder über ein hinter ihm herjagendes Monster und gleich bemerken andere: „Oh, so einen Traum hatte ich auch mal!" Und schon geht es los und alles fließt. Es dauert meist nicht lange, bis wir uns sehr verbunden fühlen. Normalerweise wird durch das Erzählen von dunklen, geheimnisvollen Träumen sehr viel preisgegeben, doch die Kinder fühlen sich dabei sicher, weil ihre Enthüllungen in den Traumgeschichten verborgen und gut aufgehoben sind.

Jack: Dunkle Träume oder Geschichten zu erzählen ist für mich, als ob ich schwierige, schmerzliche Gefühle preisgebe. Wenn ich dann höre, dass sich auch andere in ähnlicher Lage befinden, so löst das den Eindruck meiner Isolation auf. Ich merke, dass ich nicht die einzige Person auf der Welt bin, die so fühlt oder solche beängstigenden Träume hat. Im Council kann jeder eine solche simple Erfahrung machen.

Werden Kinder im Council zum Erzählen ihrer Träume eingeladen, taucht damit so manche Herausforderung für die Moderatoren auf. Hier einige Hinweise:

- Frage dich, ob sich der Kreis sicher genug anfühlt, um einen intensiven Traum zu erzählen. Würdest du einen deiner Träume erzählen – vorausgesetzt, du siehst ihn als geeignet für die Kinder an?
- Überlasse die Antworten auf die erzählten Träume überwiegend den Kindern selbst.
- Nimm in erster Linie nur dann teil, wenn du den Kreis bestätigen willst, und halte den Prozess frei von bedrückender Schwere und Ungleichgewicht. Die meisten Kinder erkunden gerne ihre Träume. Achte jedoch darauf, wenn die Neugier eines Kindes gegenüber seinem Traum in Zurückhaltung umschlägt, weil es sich bewertet oder beurteilt fühlt. Sobald der Erzähler ein solches Unbehagen erkennen lässt, ist es an der Zeit, einzuschreiten und den Druck von ihm zu nehmen. So kann durch ein paar allgemeine Erläuterungen zu Träumen die Runde wieder neu ausgerichtet und der Fokus vom einzelnen Kind weggenommen werden.
- Und besonders wichtig ist es, nicht mit erhobenem Zeigefinger zu sprechen und Bemerkungen wie, „das ist es, was uns der Traum sagen will", zu vermeiden. Nimmt ein Leiter diese Über-Position ein, verliert der Kreis seine Kraft.

Tom: Ich glaube fest daran, dass Träume einem Council Leben einhauchen können, weil sie uns eine Ahnung vom Zugang zu einer anderen Welt geben. Träume sind ein Fenster zum Spirit. Sie transportieren transzendente Zustände, die geheimnisvoll und unerklärbar sind. Betreten Kinder miteinander regelmäßig diesen Raum, indem sie auf vertraute Weise Träume und Geschichten miteinander teilen, lernen sie sich gegenseitig in der Gruppe anzuerkennen. Vielleicht können Councils über Tiere deshalb so kraftvoll sein. Die meisten Kinder spüren bei Tieren – insbesondere wilden Tieren – eine größere Verbindung zu den Spirits als bei Menschen. Deshalb identifizieren sie sich weitaus mehr mit Tieren, als es Erwachsene tun. Kinder betrachten ihr Menschsein mit weniger Hochmut.

Jack: Auf eine Weise sind nicht nur Träume, sondern alle Geschichten Eingangstüren zur geistigen Welt. Es braucht nur die Worte, „Es war einmal…" und schon kann ein Wechsel im Bewusstseinszustand eintreten. Das bringt uns zum nächsten Thema, weil ich weiß, dass du Councils mit Kindern liebend gern mit einer Geschichte beginnst!

Mit Schülern im Council

Der Anfang

Tom: Wenn ich ein Council eröffne, beginne ich oft mit der Bemerkung, dass jeder von uns eine Geschichte lebt. Diese Geschichte hat einen Anfang, ein Mittelteil und ein Ende. Wenn wir unser Leben leben, tragen viele Menschen zum Verlauf unserer Geschichte bei: Großeltern, Eltern, Freunde und natürlich wir selbst. Im frühen Verlauf unseres Lebens spielen in erster Linie die anderen eine gewichtige Rolle im Manuskript unserer Biografie. Wachsen wir auf, nehmen wir den Füllfederhalter mehr und mehr selbst in die Hand. Verlassen wir schließlich die Schule, schreiben wir unsere Geschichten hoffentlich meist selbst. Nach diesem Beginn beschreibe ich mitunter, wie die Weisheit unserer Spezies seit Anbeginn der Zeit durch die Kunst des Geschichtenerzählens weitergegeben wurde. So wanderte der „gute Stoff" von Familie zu Familie, von Stamm zu Stamm und von Generation zu Generation. Ich lade die Kinder ein, ihre Träume und persönlichen Geschichten im Council zu erzählen und ihre Assoziationen und Reaktionen darauf mit dem ganzen Kreis zu teilen. So erfahren wir alle mehr über das Wesen unserer Menschlichkeit und wie wir unser alltägliches Leben leben können.

Es geht dann für gewöhnlich ganz einfach weiter. Bevor ich Council überhaupt erwähne, bitte ich die Kinder, sich zu zweit zusammenzufinden und zu interviewen. Das ist gewissermaßen der Einstieg ins Geschichtenerzählen in der großen Runde. Die Fragen können lauten: Mit wem lebst du zusammen? Wo lebst du? Was ist dein Lieblingsessen? Welche Musik hörst du? Wie heißt das beste Buch, das du je gelesen hast? Das sind Fragen, die keine allzu große Herausforderung darstellen. Sie funktionieren zu diesem frühen Zeitpunkt am besten, weil die Kinder oft noch sehr schüchtern sind. Wenn sie dann in den Kreis zurückkehren, stellt jeder seinen Partner mit Hilfe der Informationen, die er gesammelt hat, vor. Dieses erste kleine Format legt bereits die klaren Vorgaben über das *Sprechen* und das *Zuhören* im Council an. Das gelingt, weil aus dem Zuhören ein Spiel wird. Die Kinder sollen versuchen, sich an das Erfragte zu erinnern, sie dürfen sich keine Notizen machen. Und hoffentlich werden sie von ihrem Partner dafür gelobt, ein aufmerksamer Zuhörer zu sein.

Jack: Jedes Kind sieht sich in dieser Übung durch die Augen (und Ohren) seines Gegenübers. Das ist eine neue Erfahrung.

Tom: Und in den Antworten auf die Fragen bemerken die Kinder auch augenblicklich Ähnlichkeiten mit anderen im Kreis, die sie zuvor gar nicht gekannt hatten. Eine Antwort, die, wie ich finde, bedauerlicherweise oft zu hören ist, lautet: „Ich habe kein Lieblingsbuch!" Andere häufige Angaben, in denen sich viele wiedererkennen können, sind: „Ich lebe ziemlich weit weg von der Schule" oder „Mein Vater lebt nicht mehr bei uns." Um es den Kindern leichter zu machen, ihre Geschichten zu erzählen, beginne ich manchmal mit einer meiner Lieblingserzählungen und bitte die Kinder daraufhin, ihr eigenes Leben mit meiner Geschichte in Zusammenhang zu setzen. Normalerweise verwende ich kurze, überlieferte Geschichten aus unterschiedlichen Kulturen, um unsere multikulturellen Anliegen zu transportieren und um ein Beispiel für die Kürze, die Klarheit und die Kunst guten Erzählens zu geben. Dann gilt es nur noch, der Geschichte einen verständlichen Rahmen zu geben. Das heißt, ihr Grundthema und mit einfachen Worten den kulturellen und sozialen Hintergrund, auf dem sie entstanden ist, zu benennen. Von da an bin ich nur noch ein guter Zuhörer. Und selbstverständlich gibt es, so wie es geborene Sportler oder Sänger gibt, unter den Kindern auch solche, denen das Geschichtenerzählen im Blut liegt. Das ist ein Segen für jedes Council.

Weil Geschichten so kraftvoll und wichtig sein können, ist es von Vorteil, wenn der Council-Begleiter mit jeder Art von Erzählung gut umgehen kann. Kinder können schreckliche Geschichten erzählen und das ist Teil des Prozesses. Der Begleiter sollte wissen, wie er solche heftigen Darstellungen im Kreis halten und mit der Wildheit, die ihnen entspringt, arbeiten kann.

Jack: Ich erinnere mich an einen Jungen aus der dritten Klasse, der mit unbewegtem Gesichtsausdruck berichtete, wie er einem Käfer einzeln die Beine ausgerissen hatte, bis dieser sich nicht mehr bewegen konnte. Die Geschichte erzeugte einen starken Widerhall im Kreis, auch wenn sie für Kinderohren gar nicht so außergewöhnlich war. Es war wohl der Umstand, dass der Junge keinerlei Gewissensbisse zeigte, der starke Reaktionen hervorrief. Ich sagte zunächst nichts, stelle jedoch ein paar Fragen, als ich an der Reihe war: „Hat jemand von euch mal etwas Ähnliches getan? Was ist in uns, dass wir so etwas tun? Tun Erwachsene so etwas auch? Hat Martys Geschichte etwas mit Gewalt zu tun?" Ein fesselndes Council über das Thema gedankenloser Gewalt folgte.

Es ist noch nicht so lange her, da beschrieb ein Mädchen aus meinen Mittelschul-Councils, wie ihr wütender, angetrunkener Vater die Mutter während einer Auseinandersetzung über Geld geschlagen hatte. Einige der anderen Mädchen regten sich darüber sehr auf und fingen an zu weinen. Daraufhin herrschte ein bedrücktes Schweigen im Kreis. Schließlich schlug ich vor, den Sprechstab in die Mitte zu legen, damit jeder, der dazu bereit war, die Möglichkeit hatte, seine Gefühle zum Ausdruck zu bringen. Es brauchte mehr als eine halbe Stunde, in der wir uns durch unsere Gemütsbewegungen hindurch arbeiteten, bis wir einige der hinter der Geschichte liegenden Themen benennen konnten: Alkoholismus; männliche Wut und Hilflosigkeit, die aus Arbeitslosigkeit entsteht; weibliche Angst und Zorn über die Gewalt der Männer; der Druck, den Armut auslöst; der Schrecken der Kinder, wenn ihre Eltern sich gewalttätig auseinandersetzen, und so weiter. Die Diskussion überdauerte die nächsten Councils, in denen viele Kinder verblüffende Einsichten preisgaben und leidenschaftlich darauf bestanden, niemals so handeln zu wollen, wenn sie selbst einmal Eltern wären.

Doch zurück zum Thema Council-Eröffnung. Eine meiner überwältigendsten ersten Council-Sitzungen entstand wie aus dem Nichts heraus. Ich war bereits früh an der Palms School eingetroffen, gut vorbereitet, um der Projekt-Gruppe Council nahezubringen. Als die Schüler eintrafen, stellte sie mir ihr Lehrer, der gleichzeitig mein Co-Leiter war, einzeln vor. Ihre Namen machten mich neugierig. Viele wiesen unmittelbar auf die Sprache und den Kulturkreis ihrer Träger hin. Es gab israelische, iranische, mittelamerikanische, afro-amerikanische, asiatische und auch englische Namen. Augenblicklich entschloss ich mich, meine ursprünglichen Pläne fallenzulassen und ein Council über Namen zu machen. Ich bat die Schüler, ihre Namen zu sagen und allen mitzuteilen, was diese in ihrer Sprache bedeuteten, nach wem sie benannt wurden, wer ihnen den Namen gegeben hatte, welche weiteren Gründe für die Namensgebung bestanden, wie sie sich mit ihrem Namen fühlten, ob sie irgendwelche Spitznamen hatten und ob sie sich jemals gewünscht hatten, ihren Namen zu ändern. Ich war begeistert, wie viel ich über die Kulturen lernte, die in dem Kreis repräsentiert waren – von den Jugendlichen ganz zu schweigen!

In manchen Kulturen werden den Menschen im Rahmen von Übergangsritualen neue Namen gegeben. Bei uns wechseln die Namen für gewöhnlich nicht. Lediglich Verkleinerungsformen oder Spitznamen fallen meist weg, wenn wir älter werden. Deshalb machten wir an der Ojai Foundation das Namens-Council zum Teil des Übergangs-Retreats für die Crossroads-Senioren. Du erinnerst dich, wie dieses spielerische Ritual vonstatten ging.

Wenn der Sprechstab zu – sagen wir – Maria kommt, steht sie auf und wandert langsam dreimal im Innenkreis herum. Während sie dies tut, betrachtet sie jeder und lässt Bilder, Sätze oder Namen spontan in seiner Vorstellung entstehen. Wenn Maria sich wieder setzt, erhält die Person zu ihrer Linken den Redegegenstand und nennt die Namen oder die Bilder, die sich ihm zeigten, während Maria ihre Runden drehte. Diese assoziative Namensgebung geht einmal durch den Kreis. Wenn der Sprechstab wieder bei Maria ist, kommentiert sie einige oder alle der neuen Bezeichnungen, die ihr soeben gegeben wurde. Sie dankt einem jeden und gibt das Redestück an den Nächsten weiter, der nun mit einer neuen Namensrunde beginnt. Diese Zeremonie vertieft die Vertrautheit innerhalb des Kreises und bringt auch eine gute Portion Humor hervor.

Tom: Humorvolle Geschichten sind überhaupt ein guter Weg, einen neuen Kreis zu eröffnen. Wir wissen alle, dass die gewöhnliche Schulzeit nicht gerade spaßig ist. An der Schule lache ich am meisten in Councils mit Kindern. Wenn sich die Kinder sicher fühlen, kann der Leiter Themen vorstellen, die Spaß machen: „Erzähle eine Geschichte über eine Begebenheit, bei der du dich ziemlich blamiert hast." Die Aufgabe für den Council-Leiter besteht darin, den Kindern im Council das Gefühl von Sicherheit zu vermitteln, so dass sie von Herzen lachen können. Dies erfordert oft eine Diskussion über den Unterschied zwischen *mit jemandem lachen* und *über jemanden lachen*. Wenn zuvor über diesen Unterschied gesprochen wurde, kann der Leiter in diesem Sinne einschreiten, wenn das Gelächter während des Councils ins Respektlose abdriftet.

Den rituellen Raum einführen

Tom: Wenn ich Council zum ersten Mal Schülern vorstelle, vor allem dann, wenn sie schon in den höheren Klassen sind, betone ich zunächst die rituellen Aspekte nur wenig. Ich beginne mit Councils, in denen wir über individuelle oder kulturspezifische Rituale sprechen, und lade dann die Schüler ein, selbst einfache Formen zu gestalten, die in Zusammenhang mit ihrer Klassengemeinschaft stehen. Wir breiten beispielsweise ein kleines Tuch im Zentrum des Kreises aus, dimmen das Licht, bitten in wechselnder Folge jemanden, eine Widmung zu sprechen, singen ein Lied oder würdigen den Geburtstag eines Schülers, indem jeder die Möglichkeit bekommt, ein Geschenk aus Worten zu überbringen. So steigern wir mit der Zeit die rituelle Qualität des Councils.

Jack: Ich merke, dass du die Begriffe *Zeremonie* und *Ritual* unterschiedlich gebrauchst.

Tom: Ja. Für mich bezeichnet Ritual einen bestimmten Zustand der Anwesenheit, eine gemeinsam gesteigerte Bewusstheit für den gegenwärtigen Moment und seine unmittelbare transformative Kraft. Eine Zeremonie dagegen hat mit gewohnheitsmäßigen, individuellen und kulturellen Verhaltensmustern zu tun – so etwas wie das Abspielen der Nationalhymne vor Sportereignissen, die allabendlichen Spätnachrichten und die wöchentliche 5-Dollar-Spende am Sonntag in der Kirche.[34] Ich lasse die natürliche Sehnsucht nach dem Heiligen lang-

---

[34] Anthropologen, Soziologen und Religionswissenschaftler haben sich nicht erst seit Victor Turner (Das Ritual. Struktur und Anti-Struktur, New York, 1969) mit Ritualtheorien beschäftigt. Es ist nicht Anliegen dieses Buches, dem ein weiteres Kapitel hinzuzufügen. Allerdings benutzen die Autoren die Begriffe „ceremony" (Zeremonie) und „ritual" (Ritual) entgegengesetzt der uns bekannten Weise. Danach wären die Qualitäten des Councils – von „ausrufender" Ritualisierung (Ronald Grimes), z.B. dem Entzünden der Kerze, bis hin zum „fragenden" Schwellenzustand der Liminalität (Victor Turner) – dem Kontext eines Rituals zuzusprechen. Im Ritual kann „das Unbewusste mit dem Lebensgeist und den Spirits kooperieren..." (Malidoma Somé). Die Zeremonie steht für „Verkündung, Bewahrung, Vorhersehbarkeit und Sichtbarmachung eines „wir-und-die-anderen" (Grimes). Nach Rücksprache mit den Autoren bezeichnen wir das Council Setting daher in der deutschen Übersetzung generell als rituellen Raum und nicht als Zeremonie. (Anm. d. Übers.)

sam und organisch im Kreis wachsen. Ich will es den Schülern nicht verordnen. Du kannst dem Kreis zwar den Gebrauch von Ritualen auferlegen, die Erfurcht davor jedoch nicht erzwingen.

An der Crossroads School sitzen wir zu Beginn des Councils manchmal auf Stühlen und benutzen dabei einen möglichst banalen Redegegenstand, einen Füllfederhalter beispielsweise. Später kann ein Gegenstand von größerer Bedeutung eingeführt werden. Das kann der Kristall des letztjährigen Ältesten-Councils sein oder eine Kinderflöte, die jemand im Kreis besonders gut zu spielen weiß. Schließlich können die Kinder sich selbst einen Redegegenstand basteln. Ich erinnere mich an eine Rassel, die eine Gruppe aus einem im Supermarkt gekauften Zierkürbis fertigte. Wir lassen sie sich demnach langsam warmmachen und arbeiten dann gemeinsam an der Gestaltung des Rituellen.

Führe ich eine Gruppe an den rituellen Raum heran, versuche ich mir stets bewusst zu machen, dass jede Situation ihren eigenen Charakter hat. Mitglieder einer Kirchengruppe haben meist einen entspannteren Zugang zum Zeremoniellen als Teenager. Doch auch das Gegenteil kann eintreten. Manchmal haben Jugendliche solch einen Hunger danach, ihr „rituelles Selbst" zutage zu fördern, dass sie eine sich bietende Gelegenheit sofort ergreifen.

Jack: Ich stimme dir zu, dass Rituale organisch wachsen müssen, und es gibt noch eine weitere Realität, die ebenfalls gesehen werden will. Wenn wir von vornherein auf das Rituelle verzichten, kann es zwar gelingen, niemanden vor den Kopf zu stoßen, doch zugleich versäumen wir auch die Chance, dem Council von Anbeginn an eine numinose Qualität zu verleihen. Es gibt Augenblicke, in denen mich mein „Bauch" auffordert, dies zu tun. (Meistens in Kreisen mit Erwachsenen, selten auch mit Kindern.) Manchmal genügt es, eine Geschichte mit etwas eindringlicherer Stimme zu erzählen oder die Trommel dabei zu schlagen. Oder ich gehe etwas mehr Risiko ein. Dann schlage ich eine kurze Zeit des Schweigens vor, in der sich jeder eine ihm bis dahin unbekannte Person im Kreis vor Augen ruft, mit der er sich vorstellen kann, befreundet zu sein. In jedem Falle dient die vorbereitende Handlung dazu, das Mythische ins Council einzuladen. Diese Erfahrung von Anbeginn an zu machen lässt ermessen, dass Council mehr ist als ein profaner Prozess.

Im Allgemeinen bin ich der Ansicht, dass Kinder, vor allem junge Kinder, Zeremonien und Ritualen offener gegenüberstehen als Erwachsene. Ihre Spiele können schon von Natur aus einen solchen Charakter haben. Sie dienen oft einem bestimmten Zweck, sie setzen sich selbst vielschichtige Regeln und beziehen die Anrufung außergewöhnlicher Kräfte mit ein. Manchmal imitieren sie dabei Erwachsene auf eine ähnliche Weise, wie es Menschen in traditionellen Kulturen tun, wenn sie in mythologischen Dramen oder Tänzen die Rollen von Göttern übernehmen. Da viele Erwachsene in unserer Kultur die Fähigkeit verloren haben, Rituale zu gestalten, ist es umso wichtiger, die natürliche Vorliebe der Kinder auf diesem Gebiet zu fördern.

Tom: Es geht darum, das Ritual sich entwickeln zu lassen, ohne dass es mit dem Glaubenssystem der Teilnehmer in Konflikt gerät. Ich spreche jetzt beispielsweise über die Bildung des heiligen Raumes als einer bewussten Angleichung von Herz, Verstand und Umgebung.[35] Auch wenn es ein langer Weg ist, beginnen die Menschen sich dieser Möglichkeit zu öffnen. Gestaltet der Leiter für sich selbst diesen Raum, können auch die anderen sich darauf einlassen. Kinder fühlen das fast sofort.

Jack: Das berührt eine der zentralen Herausforderungen der Council-Führung. Auf der einen Seite scheint es „kein großes Ding" zu sein, ein Council zu leiten. Du berufst den Kreis ein, wählst ein Thema, findest einen Redegegenstand und bewahrst ein gewisses Maß an Regeln, Disziplin und Integrität. Doch Führung benötigt weit mehr. Mit deinen Worten gesprochen, muss er das Herz und den Verstand mit der Umgebung und dem Kreis in Einklang bringen, und zwar auf eine Art und Weise, die den Geist des Councils nährt. Manche Leiter

---

35   Ich bin unserem Kollegen Zachary Terry sehr dankbar für diese einfühlsame Metapher.

tun sich schwer damit, zu dieser inneren Justierung zu gelangen. Sie führen die nötigen Schritte durch, sind aber innerlich nur unzureichend mit dem – wie du sagst – heiligen Raum im Einklang, als dass sie die entsprechende Qualität im Kreis hervorrufen könnten.

Tom: Die Fähigkeit, diesen inneren Einklang herzustellen und aufrechtzuerhalten, erwächst aus der Haltung, sich selbst als Hüter, als Diener des Councils anzusehen, und nicht aus der Vorstellung, im Kreis seine persönliche Show abzuliefern. Zu dieser Grundhaltung gehört auch eine völlige Wachheit. Mein Bild von den großen Council-Leitern – du nennst sie Council-Träger – ist, dass sie gewissermaßen den ganzen Kreis umarmen und ihn mit Hingabe annehmen; ihn gleichzeitig *sehen* und ihm dienen. Sich ganz diesem Dienen zu unterstellen ist eine große Aufgabe. Deshalb sagen wir unseren angehenden Leitern: „Wenn du dich auf dem Weg befindest, Councils leiten zu wollen, sei dir darüber im Klaren, dass du ununterbrochen damit beschäftigt sein wirst, an dir selbst zu arbeiten. Denn all deine eigenen Themen werden sich zwangsläufig im Kreis offenbaren."

Der Rebell gehört dazu

Tom: Der Rebell und der Saboteur sind oft die stärksten Stimmen im Council. In den meisten Schulen grenzt allein die Vorstellung, dass Schüler eine eigenständige Stimme besitzen, per se bereits an Rebellion. Der Rebell ist derjenige, der diese Vorstellung ganz und gar Wirklichkeit werden lassen will. Wenn also die Stimme des Rebellen zum Ausdruck kommt und in den Kreis gebracht wird, kann dieser zum Anführer der Gruppe werden. Diese Stimme wirklich zuzulassen, beweist dem Rest der Gruppe, dass es dem Council-Leiter ernst damit war, als er sagte: „Hier kannst du aus ganzem Herzen sprechen." Wird der Rebell zum Schweigen gebracht, weiß die Gruppe, dass der Kreis nicht wahrhaftig ist. Stattdessen lernt sie die Botschaft, dass jeder alles sagen kann – solange er mit dem Leiter übereinstimmt.

Jack: Nimm einmal an, der Rebell sabotiert ununterbrochen den Council-Prozess, indem er absichtlich und außer der Reihe dazwischenredet, andere Teilnehmer nachäfft oder ständig unterbricht.
Tom: In diesem Zusammenhang muss ein breiteres Verhaltensspektrum berücksichtigt werden. Manche Kinder sind von ihrem Entwicklungsstand her nicht in der Lage, im Council zu sitzen. Da ist dann eher eine innere Ruhelosigkeit und weniger Rebellentum die Ursache für Störungen. Und dann gibt es Kinder, die es derart darauf anlegen, das Council zu sabotieren, dass du nicht anders kannst, als sie zu bitten, den Kreis zu verlassen. Das Risiko, sich selbst ganz offen zu zeigen, ist für diese Kinder so bedrohlich, dass sie nicht anders können, als diese Möglichkeit im Keim zu ersticken. Deshalb attackieren sie den Kreis, um seine Integrität zu verletzen. Glücklicherweise ist der Saboteur meist das Kind, das Grenzen ausloten will und daher auch bei deren Gestaltung von Nutzen sein kann. Ich sitze oft links neben dem Saboteur, um seine Worte ohne große Verzögerung in eine konstruktive Gestaltung des Kreises zu führen.
Jack: Ich erinnere mich an einen charismatischen Vierzehnjährigen mit Namen „Skipper", der einen unserer frühen Wildnis-Ausflüge an der Heartlight-School mitmachte.

Für gewöhnlich hielt unsere Gruppe gut zusammen, doch dieser junge Fremde hatte eine ausgesprochene Gabe, den Rebellen in den anderen Kindern herauszukitzeln. Trotz seiner jungen Jahre sah sich Skipper ganz in der Rolle eines Visionärs und es dauerte nicht lange, da wurde er zum Katalysator für eine ordentliche Rebellion. Zunächst wollte er die Hälfte der Gruppe aus unserem Camp hinausführen, weil er der Ansicht war, der Platz, den wir gewählt hatten, sei voller „dunkler Kräfte". (Ich glaube, dass Skippers Erkenntnis mit den Heerscharen von Moskitos an unserem Platz zu tun hatte!) Nach einer Stunde lauter Auseinandersetzung erklärte ich den Heartlight-Kindern, dass sie nicht länger die Schule besuchen dürften, wenn sie das Camp verlassen und die Integrität der Gruppe verletzen würden. Das beendete zwar den Exodus, doch die Rebellion zerstreute sich erst, als ich anbot, Skipper im anschließenden Council einen Ehrenplatz einzuräumen und jeden, der in den Kreis zurückkehrte, willkommen zu heißen. Skipper war einverstanden. Im Council sprachen wir über den Aufstand und Skipper legte seine Vorbehalte gegenüber unserem Campplatz dar. Langsam stellte sich in der Gruppe ein neues, wenn auch noch wackeliges Gefühl der gemeinsamen Verbundenheit wieder ein, das durch Skippers schwer einzuschätzende Gegenwart spürbar bereichert wurde.

Tom: Moderatoren sollten immer vor Augen haben, dass Councils mit Kindern kontinuierlich dem Prozess von Erschaffen und Zerstören und erneut Erschaffen und wieder Zerstören unterliegen. Das ist ein Teil der Lehre. Mit meinen Sechstklässlern hatte ich beispielsweise des Öfteren großartige Council-Runden, in der jeder dem anderen zuhörte, alle ganz mit dem Herzen anwesend waren und bereit, sich vor dem Kreis zu öffnen. In der nächsten Woche saßen wir mit derselben Gruppe im Kreis und jeder behandelte den anderen wie ein Stück Dreck. Vertrautheit und Nähe machen Angst, deshalb mussten die Kinder mal eine Zeit lang Abstand davon nehmen. Wenn das geschieht, hat der Moderator immer die Möglichkeit, diese Angst zum Thema des nächsten Councils zu machen.

Council und Mainstream

Jack: Mehr und mehr kann sich Council im pädagogischen Mainstream etablieren, weil Lehrer, Schüler und Eltern die reiche Ernte entdecken, die ein Schul-Council-Programm hervorbringt. Selbstverständlich gibt es dabei viele Schwierigkeiten, wie z. B. der Umgang mit Kindern aus unterschiedlichen kulturellen, ethnischen und sozialen Zusammenhängen. Es muss eine gemeinsame Sprache gefunden werden, in der der Kreis kommunizieren kann. Verschiedene religiöse Zugehörigkeiten sind zu berücksichtigen. Und letztlich müssen immer wieder skeptische Lehrer und Verantwortliche überzeugt werden, dass Council den Aufwand, den es erfordert, wert ist. Glücklicherweise sind die Aussichten so reichhaltig wie die Probleme: verbesserte Ausdrucksfähigkeit für die Schüler, gewaltfreie Konfliktlösungspotentiale, erhöhtes kulturelles und ethnisches Verständnis, die Gelegenheit, die Schulgemeinschaft zu stärken, und auch eine verbesserte Lernfähigkeit der Schüler – um nur einige zu nennen.[36]

Multikulturelles Lernen – Herausforderungen und Chancen

Tom: Wenn du eine kulturell unterschiedliche Gruppe von Kindern hast, brauchst du keine multikulturellen Themen anzukurbeln. Sie tauchen ganz von selbst in den persönlichen Geschichten auf, weil Kinder bis zum Alter von sieben Jahren ein starkes kulturelles Selbstverständnis entwickelt haben. Wenn der Council-Leiter selbst dafür steht, andere kulturelle Traditionen zu würdigen, so folgen die Kinder seinem Beispiel, entdecken die gemeinsamen Elemente in den verschiedenen Kulturen und lernen, den Unterschieden respektvoll zu begegnen.

An einer derart multikulturell geprägten Schule wie der Palms School sind die Möglichkeiten, diese Vielfalt zu erforschen, nahezu unbegrenzt. Alles, was du tun musst, ist ein solch harmloses Thema auszuwählen wie „Erzähle uns, was deine Familie im Dezember in den Winterferien macht" oder „Wie lässt dich deine Familie wissen, dass du erwachsen wirst?"

Jack: Dieser indirekte Zugang ist sehr gut, weil Kinder dazu neigen, auf „politisch korrekte" Antworten auszuweichen, wenn multikul-

---

36 In den Jahren 2000-2001 führte WestED, eine große Organisation zur Evaluation im Bildungsbereich, ein Council-Programm an der gesamten Palms School durch. Neben den erwarteten positiven Auswertungen im sozial-emotionalen Bereich (Schüler fühlen eine engere Beziehung zu den Mitschülern, den Lehrern und der Schule, sie fühlen sich auf dem Schulgelände sicherer, sie sind besser in der Lage, sich authentisch zu äußern, und sie hören unvoreingenommener zu), registrierte die Studie auch eine unmittelbare Verbesserung der Durchschnittsnoten bei den Schülern, die regelmäßig an Councils teilnahmen. Eine Evaluation von 207 Programmen zur Förderung des sozial-emotionalen Bereiches, einschließlich Council, durchgeführt durch CASEL (Collaborative for Academic, Social, and Emotional Learning) kommt aktuell zu vergleichbaren Schlussfolgerungen.

turelle Themen direkt angesprochen werden. In der Palms School führten die Differenzen in Herkunft und Kultur seltener als erwartet zu Kontroversen, weil so viel der Arbeit mit dieser Thematik indirekt erledigt wurde.
Tom: Die beste Arbeit im Council geschieht immer auf indirekte Art und Weise, wenn die Kinder sich frei und offen äußern dürfen. Die Resultate, die wir uns erhoffen, kommen dann gewöhnlich durch die Hintertür.
Jack: Wenn die Schülerschaft in kultureller und ethnischer Hinsicht homogen ist, hat der Leiter zwei Möglichkeiten: Er kann Themen wählen, die direkt mit Vorurteilen und einem Mangel an Verständnis zu tun haben, oder die Problematik eher indirekt mit Hilfe von Geschichten und Analogien bearbeiten, die von Vorurteilen in Schule, Sport oder Wirtschaft handeln. Direkte Themen werden von Lehrern bevorzugt, die „moralische Zwickmühlen" dazu nutzen, um sich mit ihren Schülern über Werte auszutauschen. Beispielsweise führt der Leiter seinen Schülern das folgende Szenario vor Augen: „Stellt euch vor, ihr seid zu einer Party eingeladen, auf der alle Kinder, außer einem, die gleiche Herkunft und den gleichen kulturellen Hintergrund haben wie ihr. Stellt euch vor, manche eurer Freunde fangen an, auf diesem einen Kind herumzuhacken. Was würdet ihr tun?"

Beispiele für indirekte Themen sind:
- Erzähle eine Geschichte aus der Zeit, als du dachtest, jeder in der Klasse sei klüger als du, oder als dich jemand nervös machte, weil er eine langsamere Auffassungsgabe hatte wie du.
- Erzähle, wie es war, als du beim Sport einmal als Letzter oder annähernd Letzter in eine Mannschaft gewählt wurdest.
- Warst du einmal ärmer als die meisten in deiner Gruppe? Wie hat sich das angefühlt?
- Warst du einmal reicher als die meisten deiner Freunde? Wie hat sich diese Situation angefühlt?

Tom: Wenn starke kulturelle Feindseligkeiten im Kreis auftauchen, muss der Leiter unerschütterlich an der Form und den Leitsätzen des Councils festhalten. Sind die Schüler in der Lage, sich im Council ihren Ängsten, ihrer Wut, ihrem Misstrauen sowie unterschiedlichen Sichtweisen zu stellen, kann der Prozess fortschreiten. Zumindest aber sollten die Kinder sich darauf verständigen können, mit der vorliegenden unversöhnlichen Situation im Kreis nicht einverstanden zu sein.

Wenn die Regeln des Councils immer wieder verletzt werden, kann es notwendig sein, den Prozess zu unterbrechen und die Jugendlichen zu fragen, ob sie bereit sind, respektvoll miteinander umzugehen. Treten auch dann noch Störungen auf, sollte der Leiter möglicherweise das Council beenden. Der Punkt, auf den aufmerksam gemacht werden sollte, lautet: „Wenn sich Menschen nicht respektvoll zuhören und ihre Herzen verschlossen sind, findet Council nicht statt."

Jack: In all den Jahren habe ich nur wenige Councils aus diesem Grunde beenden müssen. Mit einer Ausnahme fühlte es sich immer so an, als ob die Gruppe meine Grenzen und meine Ehrlichkeit testen wollte – und bei all diesen Gelegenheiten verbesserte sich die Council-Disziplin in den Runden nach dieser Maßnahme rapide. In dem einen Ausnahmefall war ich von einer Gruppe sehr scharfzüngiger Erwachsener eingeladen worden, um mit der Hilfe von Council ihre internen Streitigkeiten beizulegen. Ich war fälschlicherweise davon ausgegangen, dass die Gruppenmitglieder ein wenig Erfahrung mit dem Council-Prozess besaßen. Es stellte sich jedoch bald heraus, dass sie sich eine Art „König Salomon" wünschten, der ihre Auseinandersetzungen beilegte. Die Vorstellung, sich gegenseitig mit Aufmerksamkeit zuzuhören, um so die „Wahrheit des Kreises" zu erforschen, machte ihnen eine Heidenangst. Das Ausmaß ihres ganzen Ärgers erlaubte es ihnen noch nicht einmal, einen Versuch zu wagen. Ich hing eine halbe Stunde völlig in der Luft, bevor ich entschied, dass in diesem Falle „Vorsicht besser sei, als Nachsicht", und meine Bemühungen aufgab. Ich hörte nie wieder etwas von der Gruppe.

Die richtige Sprache sprechen

Tom: Die Sprache, mit der das Council und die Themen vorgestellt werden, sollte so „weltlich" wie möglich sein, vor allem bei der Arbeit an staatlichen Schulen. Spirituelle Erfahrungen treten natürlich ungeachtet der gewählten Sprache auf, doch manche Menschen hängen sich an Worten oder äußeren Dingen gern auf.

Jack: Als wir an der Palms School starteten, mussten wir ein Halloween-Thema, das wir lange Jahre benutzt hatten, neu benennen. Wir hatten immer gesagt: „Halloween ist eine Zeit, in der wir die Verstorbenen ehren. Lasst uns also Geschichten darüber erzählen, wie die Geister unserer Ahnen in unserem Leben gegenwärtig sind." Verschiedene Lehrer an der Schule waren besorgt, dass dieser Sachverhalt die Existenz von Geistern voraussetzte, was vom traditionellen christlichen Standpunkt aus nicht zu akzeptieren war. Es war leicht, dafür eine Lösung zu finden. Wir ersetzten das Wort Geister durch das Wort Erinnerungen. Nach dieser Begebenheit achteten wir weitaus mehr als zuvor auf unsere Sprache. Dies stärkte letztlich unser Programm, indem es einer größeren Bandbreite von Personen zu Akzeptanz verhalf. Es ist absolut möglich, durch Council-Programme für Kinder (und für Erwachsene) ohne jeglichen Gebrauch spiritueller Formulierungen zu führen.[37]

Die Frage ist jedoch, ob die völlige sprachliche Säkularisierung von Council nicht einen falschen Eindruck erweckt, der auf längere Sicht doch mehr Leute vor den Kopf stößt. Mir scheint es ehrlicher zu sein, im Gespräch mit Pädagogen darauf hinzuweisen, dass spirituelle Themen im Council auftauchen können, und anzuerkennen, dass tatsächlich einige Menschen im Council Erfahrungen mit der geistigen Welt, den Spirits, machen.

Beim Umgang mit Sprache ist es hilfreich, seinen eigenen ehrli-

---

[37] Rachael Kessler, Peggy O'Brien, Bonnie Tamblyn, Adam Behrman und die anderen Autoren des Mysteries Program Source Book an der Crossroads School haben in dieser Hinsicht hervorragende Arbeit geleistet.

chen Gefühlen beim Gebrauch heikler Worte nachzuspüren. Begriffe wie „spirituell", „heilig" und „Ritual" können sehr unterschiedliche Assoziationen wecken. Die Art ihrer Rezeption hängt stark von der betreffenden Person ab. Es kann sehr aufschlussreich sein, in einer heterogenen Gruppe ein Council nur über die Vorstellungen, die solche Worte wecken, abzuhalten. Generell lautet die Empfehlung, eine Sprache zu benutzen, die zum Kreis passt, und sich gleichzeitig nicht zu scheuen, hin und wieder eine Formulierung zu benutzen, die einen gewissen Zündstoff enthält. Auf diese Weise kann sie neu belebt oder ihr gar eine überraschende Definition verliehen werden. Ein erfahrener Leiter lässt es gelegentlich zu, dass die Wellen etwas höher schlagen. Die Wahl seiner Sprache sollte jedoch stets einfühlsam gegenüber der Befindlichkeit des Kreises bleiben. Zu guter Letzt ist anzumerken, dass der Umgang mit dem sensiblen Thema Sprache eine ständige Herausforderung an den Council-Leiter und an die ganze Schule darstellt.

Vom Umgang mit Religion und Kult

Jack: Auch wenn sich unser Weg, mit Kindern im Concil zu sitzen, so entwickelt hat, dass er mit den traditionellen Zeremonien der amerikanischen Ureinwohner nur noch wenig gemeinsam hat, hören wir noch hin und wieder die Frage: „Praktizieren wir die Religion einer anderen Kultur?"

Ich glaube nicht, dass wir das tun. Wann immer ich kulturellen und historischen Einflüssen nachspüre, die mit ungewohnten spirituellen Traditionen verknüpft sind, entdecke ich ausnahmslos einen Kern von Lehren, die mir bemerkenswert vertraut erscheinen. Ich fühle mich in den tiefsten Schichten verschiedenster Traditionen „zu Hause". Council hat unterschiedlichste Wurzeln – buddhistische, griechische, germanische, solche der Quäker-Tradition und ebenso die der indianischen Ureinwohner. Unsere Praxis des Councils ist auf diesen Fundamenten begründet.

Gigi erwähnt zudem oft, dass Frauen vieler Kulturen seit Jahrhunderten in Kreisen gesessen und gearbeitet haben. Indigene Gesellschaften haben in der ganzen Welt ihre Verbundenheit mit der Natur und ihrer Umwelt in Kreiszeremonien gewürdigt, eine Lebensart, die in unserer industrialisierten Gesellschaft so gut wie in Vergessenheit geraten ist. Auf der archetypischen Ebene unserer Psyche sind diese universellen Wege des Kreises allemal existent.

Kinder über ihre eigenen Traditionen und Gewohnheiten sprechen zu lassen, führt uns so gut wie immer dahin, dass wir die Unterschiede, die uns so einzigartig machen, anerkennen und die Gemeinsamkeiten, die uns verbinden, entdecken können.

Tom: Religiöse Angelegenheiten sind für manche Lehrer und Eltern trotz alldem immer noch ein Stein des Anstoßes, besonders für die mit einem fundamentalistischen Hintergrund.

Jack: Ich erinnere mich an eine Crossroads-Schülerin, die nach ein paar Wochen Council ziemlich aufgeregt zu mir kam. „Ich fühle mich im Council langsam wie in der Kirche", sagte sie. „Aber wir sprechen gar nicht über Jesus und die Schriften, und das gibt mir das Gefühl, ich mache etwas falsch." Ich hörte ihr zu und lud sie daraufhin ein, im Kreis von ihrer Liebe zu Jesus zu erzählen, doch das kam ihr völlig unmöglich vor. Schließlich bat ich sie um Erlaubnis, mit ihren Eltern zu sprechen. Nach einer längeren Unterhaltung mit der Mutter stimmten wir darin überein, dass es am besten wäre, ihre Tochter aus dem Council herauszunehmen. Glücklicherweise gab es solche Fälle in der Arbeit mit vielen Tausenden von Kindern nur ganz selten.

Tom: Wir machen tatsächlich meist die genau entgegengesetzte Erfahrung. Ich hatte viele sehr religiöse Kinder, die sich im Council ausgesprochen wohlfühlten und die am Ende ihren eigenen Weg besser verstanden. Council-Praxis ist auf eine Art wie Meditation. Jeder kann meditieren, unabhängig von seiner spirituellen Zugehörigkeit, und damit gerade die Beziehung zu seiner eigenen Tradition vertiefen. Council funktioniert auf die gleiche Weise.

Sollten Council-Leiter Spezialisten oder normale Lehrer sein?

Tom: Meine Antwort ist einfach: Sie sollten besondere, gewöhnliche Lehrer sein! Councils zu leiten hat mich zu einem besseren Schullehrer gemacht. Ich kann Kinder jetzt besser verstehen und daher auch besser mit ihnen arbeiten.

Jack: Ho! Diese Frage ist besonders wichtig, wenn es darum geht, ein neues Programm zu etablieren. An einer unabhängigen Schule, die ihren Neuankömmlingen Council anbieten wollte, gingen alle Lehrer durch ein kurzes Council-Training, bevor das Programm anfing. Das Training war allerdings zu kurz, wie sich später herausstellte. Manche der Lehrer kamen mit der Council-Leiterrolle gut zurecht, doch diejenigen, die dem Projekt von vornherein skeptisch gegenüberstanden, hatten ihre Probleme und so geriet das Programm schließlich in eine Schieflage. Als wir das Council-Programm dann an der Crossroads School einführten, wollten wir es auf ein gesundes Fundament stellen, so dass wir Moderatoren hinzuzogen, die durch eine intensive Ausbildung gegangen waren. Zusätzlich stellten wir ihnen erfahrene Council-Leiter zur Seite. Viele Jahre lang arbeitete diese Spezialistengruppe sehr erfolgreich, doch unabhängig vom übrigen Lehrkörper. Die Folge war, dass manche der nicht involvierten Lehrer Zweifel an dem Programm äußerten, weil sie nicht wussten, was vor sich ging. Daher ist keine der beiden extremen Varianten ideal.

Eine sehr praxisnahe Lösung besteht darin, ein paar Council-erfahrene Leiter zur Verfügung zu haben, die die Schullehrer außerhalb des Programms ausbilden. Diese Council-Botschafter fungieren als Co-Leiter und beraten und betreuen die Lehrer. Nach dem zweiten oder dritten Jahr sind die Lehrer meist in der Lage, selbst Council-Leitung zu übernehmen. (Eine detailliertere Beschreibung dieses „Mentoren"-Modelles steht im Anhang 1.)

Im Idealfalle sind der gesamte Lehrkörper und die Verwaltung der Schule bereits vor dem Start des Programms mit Council vertraut. Aber dieses Modell haben in jüngster Vergangenheit lediglich einige freie, vom staatlichen Lehrplan unabhängige Schulen und kleinere Privatschulen ausprobieren können.

Tom: Crossroads blickt in dieser Hinsicht auf eine lange Tradition zurück. Council wurde systematisch dem gesamten Lehrpersonal vorgestellt und jeder neue Lehrer nimmt im Rahmen seines Einstellungsprogramms an einem Lehrgang teil. Neben dem Verständnis für das Council-Programm wird den Lehrern dabei vermittelt, auf welche Weise die Schule grundsätzlich mit Kindern umgeht.

Alle unsere Moderatoren treffen sich regelmäßig im Council. Das ist in ihren Stundenplan eingebaut. Diese unterstützenden Kreise dienen dem Erfahrungsaustausch und der Fortbildung und sind ein Forum, in dem die persönlichen Probleme hinsichtlich der Council-Leitung besprochen werden können.

Councils mit Lehrern, Schulpersonal und Eltern

Jack: Die Lehrer und die Schulführung können Council auch bei ihren Sitzungen nutzen. Das traditionelle Verständnis über Führungsrollen ist mit dem Geist des Councils indes nicht unbedingt kompatibel. Eine Möglichkeit, die kraftraubenden Folgen von Autoritätskonflikten zu minimieren, besteht darin, regelmäßig außerschulische Council-Leiter einzuladen. Leiten sie ein Council mit dem Lehrpersonal, so können die Schulverantwortlichen die Erfahrung machen, wie es ist, sich als Teil eines nicht-hierarchisch strukturierten Kreises zu verstehen.

Tom: Das Problem kenne ich gut! Wenn Hierarchien das Council überlagern, geht das Wesentliche verloren.

Jack: Was kannst du über die Reaktionen der Eltern auf Council berichten?

Tom: Normalerweise resultiert Angst vor Council aus Unwissen. Ist das Council den Eltern nicht hinreichend erklärt worden oder haben sie keinerlei eigene Erfahrungen damit, so kann das zu zahlreichen Elterngesprächen Anlass geben. „Das macht mir große Angst. Ich kann damit nicht umgehen", so können Kommentare von Eltern lauten, die Council nur vom Hörensagen kennen. Erleben sie es dann einmal persönlich und stellen fest, dass es nicht sektiererisch ist und ihre ethischen Grundsätze nicht verletzt, sondern im Gegenteil unterstützt werden, so lehnen sie sich meist beruhigt zurück. So war es an der Palms School auch. Ich denke, es war klug von uns, zu Beginn des Programms allen Eltern einen Brief zu schreiben, in dem wir Council vorstellten und sie einluden, bei Interesse oder auch Bedenken vorbeizuschauen, um einen Geschmack davon zu bekommen.

Das Abschluss-Council mit den Eltern am Ende des letzten Jahres war dann sehr wertvoll. Die Mehrheit der Eltern, die dabei waren, berichteten uns, dass das Council ihren eher introvertierten Kindern geholfen hatte, ihre „Stimme" zu finden. Viele Eltern erzählten, dass ihre Kinder zu Hause vermehrt über die Schule und über ihre Gefühle sprachen. Diese Kommentare nahmen wir als Ausdruck eines „Dankeschöns".

Jack: Als sie sahen, wie Council ihre Kinder verändert hatte, wollten manche Eltern ihre eigenen Kreise beginnen. So unterstützten wir diese fortlaufenden Eltern-Councils, doch sie währten generell nicht allzu lange.

Tom: Viele unserer Eltern meinen, nicht genügend Zeit dafür zu besitzen, und können auch nicht so recht damit umgehen, wenn Eltern eine fortlaufende Gruppe gründen, die der gegenseitigen Unterstützung dient. Unsere Eltern sind sehr hilfreich, wenn es darum geht, Schulaktivitäten tatkräftig zu fördern, doch sie sehen die Schule nicht als einen Ort an, der ihnen dient, mit persönlichen Angelegenheiten und Bedürfnissen umzugehen. Glücklicherweise ändert sich das mit unseren Eltern-Programmen, in denen wir auch des Öfteren Council nutzen.

Jack: Council in einem Programm zur Elternschulung einzusetzen ist ein guter Weg, die Bildung von fortlaufenden Elterngruppen anzuregen. Ist die Absicht da, kann die Schule so lange Moderatoren dafür bereitstellen, bis die Eltern selbst dazu in der Lage sind, ihre Kreise zu leiten. Es braucht seine Zeit, bis die Eltern die Schule ihrer Kinder als einen Ort begreifen, der auch ihr Leben bereichern kann.

Die Kraft des Councils

In den frühen Jahren der „Mysteries"-Programme an der Crossroads School war es eine unser schwierigsten Aufgaben, das Programm so zu gestalten, dass es nicht nur als eine weitere erfolgreiche, doch vom Lehrkörper und dem weiteren schulischen Kursgeschehen abgenabelte Schulaktivität angesehen wurde. Wir mussten wieder und wieder betonen, dass Council die Lehrmethoden und die Wirksamkeit des Unterrichtes, die Umweltbildung sowie den ganzen Lehrplan humanistischer Bildung stärken und verbessern konnte. Die Moderatoren wurden nicht müde, darauf hinzuweisen, dass Council bestens dazu geeignet war, den Gemeinschaftssinn an der Schule zu befördern und den Umgang mit gesamtschulischen Problemen und Krisen zu erleichtern. Viele der Schüler erkannten den Wert von Beginn an, doch manche der Verantwortlichen, der Lehrer und der Eltern brauchten einige Jahre, um zu verstehen, worum es wirklich ging.

Verbesserte Lehrmethoden

Tom: Sind die Lehrer erst einmal mit dem Council-Prozess vertraut, so können sie ihn nutzen, um die Diskussionen innerhalb der Klassengemeinschaft zu vertiefen. Einer unserer Ethik-Lehrer macht mit seinen älteren Schülern Council-Runden, damit sie lernen, sich bei unterschiedlichen Ansichten über strittige, „heiße" Themen besser zuzuhören. Er hält Council für unverzichtbar für einen Schullehrer. Andere Lehrer neigen allerdings eher dazu, ins Council einzusteigen, wenn es um Gruppendynamik, und weniger, wenn es um Inhalte geht. Sie sehen das Council als eine Problemlösungsstrategie im Klassenraum an.

So sah sich unlängst der Lehrer eines Selbstverteidigungs-Trainings einigem Zynismus und Widerstand seitens der Schüler ausgesetzt. Ihm wurde ziemlich schnell klar, dass die Kinder nicht gewillt waren, in irgendeiner Weise mitzumachen. So setzte er sich mit ihnen ins Council und bat sie, über eine Zeit in ihrem Leben zu erzählen, in der sie sich selbst fest vorgenommen hatten, etwas zu lernen. Das veränderte die Situation völlig und die Sackgasse war verschwunden. Denn – einem guten Moderator gelingt es, das „Glatteis" umsichtig für seine Zwecke zu nutzen.

Jack: Council ist ein gutes Werkzeug, um klassendynamische Prozesse zu handhaben, und ich habe erlebt, dass Lehrer dadurch ihre Art zu unterrichten verändert haben. Einige der Lehrer an der Palms School haben berichtet, dass Council ihnen half, effektiver mit den Schülern zu arbeiten, weil sie aus den Geschichten so viel mehr über deren Probleme mit dem Familienleben und den Hausaufgaben erfahren hatten.

Tom: Council verbessert die Fähigkeiten eines Lehrers, den Schülern auf einer intensiveren Ebene zuzuhören – die Geschichte hinter der Geschichte zu hören. Es liefert auch eine konkrete Erfahrung, gemeinsam mit den Schülern Unterricht zu gestalten. Im Council ist jeder gleichermaßen Schüler und Lehrer. Im Klassenzimmer ist ein guter Lehrer ununterbrochen in einem Zustand des Lernens, natürlich insbesondere von den Schülern. Wir machen ständig neue Erfahrungen über den Stoff, den wir anbieten, und über unsere Lehrmethoden. Es ist offensichtlich, dass wir von unseren Schülern die nützlichsten Rückmeldungen erhalten – und nicht nur über Klassenarbeiten und Tests. Wenn wir um ein Council bitten, das der Einschätzung der aktuellen Situation in der Klasse dient, so können wir, wenn wir zuhören, sehr genau erfahren, wie wir unsere Arbeit machen. Seit Council ein ganzheitlicher Bestandteil des Schulprogramms geworden ist, bitten immer mehr Lehrer um eine Evaluation. Wenn Lehrer den Respekt, den Council durch das mitfühlende Anhören der Kinder hervorruft, vorleben, so wird ihnen dieser Respekt in gleicher Weise zurückgegeben.

Jack: Ich träume von einer Schule, in der die Lehrer alle paar Monate ein Council mit ihren Schülern abhalten, in dem sie die Frage stellen, „Wie fühlst du dich mit dem, was du lernst, und mit der Art, wie ich unterrichte?" Es ist vielen Lehrern nicht vorstellbar, sich auf solche Art immer wieder selbst ins Fadenkreuz zu setzen. Doch alles andere ist höchst unwirtschaftlich. Klagen über Lehrer oder Klassengemeinschaften sind oft langwierig: Vom Schüler zu den Eltern, zu den Schulverantwortlichen und am Ende zurück zum Lehrer. Dieser indirekte Weg ist von beiderseitigen Ängsten und Misstrauen gekennzeichnet. Es macht so viel mehr Sinn, direkt zwischen Schüler und Lehrer mit den Problemen umzugehen.
Tom: Council erinnert uns immer wieder daran, dass Kinder sehr fähig sind, sich gegenseitig zu unterrichten. Sie vertiefen ihren eigenen Lernprozess, wenn sie anderen Schülern helfen.

Ausweitung des Lehrplans

Jack: Im Council können neue Ideen für den Lehrplan entstehen. An der Palms School integriert eine Englischlehrerin das Council in ihre achte Klasse. Sie lässt die Kinder ein Handbuch in Form einer Kindergeschichte schreiben und illustrieren, das nützliche Hinweise für die nachfolgenden Klassen liefert. Es geht darum, einen leicht zu handhabenden und nützlichen Führer für die Mittelstufe bereitzustellen, der von den „Älteren" entworfen wurde. Das Buch wird vor dem Ende des Schuljahres feierlich in den Grundschulen der Nachbarschaft präsentiert. Das Projekt passt wunderbar zum Council-Programm der achten Klassen, das den bedeutenden Übergang von der Mittelstufe zur Oberstufe zum Thema hat.
Tom: Ich glaube, dass noch eine Menge unerforschtes Terrain auf den Lehrplänen existiert, für das Council von großem Nutzen sein könnte. An der Palms School hat beispielsweise eine Lehrerin der Achten damit begonnen, mit Hilfe von Council die Untersuchungen ihrer Klasse über die Kunst des Geschichtenerzählens zu vertiefen.

Ich finde es wunderbar, wenn die Kinder entdecken, dass jeder ihrer Lebensläufe eine Geschichte erzählt – und zwar eine richtig dramatische Geschichte, die voller Weisheit und Lehren für sie selbst und für andere steckt. Das Verständnis dafür wächst, wenn die Kinder ihre eigene Geschichte mit der großen Tradition des Geschichtenerzählens verbunden wissen. Denn dann können sie diese Kunst auf ihre eigene, neue Art weiterentwickeln – mündlich wie schriftlich. Geschichten helfen auch, unsere Beziehung zur Umwelt zu vertiefen und den Herausforderungen zu begegnen, die die Bedingungen der menschlichen Natur mit sich bringen. In allen spirituellen Traditionen stellen Geschichten wichtige Zugänge zum Sakralen dar. Sie können die Schlüssel zu den Pforten der universellen Wahrheit sein.
Jack: Das erinnert mich an die „Geschichte der Armee" an der Heartlight School.

In einem Jahr hatten wir zu Schulbeginn im September keine Mädchen in der mittleren Gruppe. Die neun Jungen, zwischen acht und elf Jahre alt, benutzten des Öfteren die Morgen-Councils, um den Rest der Schule auf den neuesten Stand ihrer höchst einfallsreichen Pausenerlebnisse zu bringen. Schon bald waren wir alle mit der fortlaufenden Erzählung über einen intergalaktischen Krieg zwischen den Elementarkräften des Guten und des Bösen vertraut. Die Geschichte wurde sodann während der Freizeiten mit den kleinen G.I.-Spielzeugfiguren, die damals total angesagt waren, umgesetzt. Die Jungs kamen in Tarnkleidung zur Schule und identifizierten sich so mit ihrer Geschichte, dass sie an der Schule als die „Armee" bekannt wurden. Als wir schließlich ein Mädchen fanden, das mutig genug war, in diese mittlere Gruppe zu kommen, identifizierte sie sich als „Sympathisantin" und „Mitläuferin", um das Gefühl zu haben, akzeptiert zu werden. Am Ende verknallten sich zwei der Jungs in Rachel und diese noch schwerwiegendere „Dreiecksgeschichte" brachte die „Armee" zu Fall!

Unterstützung der Umwelterziehung

Tom: Council ist ein hervorragendes Format, um bei der Arbeit mit Kindern in der Natur die Teambildung zu fördern. Die Natur wie auch das Council sind kreisförmige Kompositionen, deshalb passt Council so gut in ein Programm zur Umwelterziehung. Bei der Arbeit draußen unter anspruchsvollen Bedingungen – bei Kletterkursen, Fastenzeiten in der Wildnis oder Rucksack-Wanderungen – ist es wichtig, kontinuierliche und ehrliche Rückmeldungen von den Kindern zu bekommen, um genau einschätzen zu können, wo jeder Einzelne von ihnen steht. Council ist dafür ein wirksames und gut funktionierendes Mittel. Und erneut gibt es auch hier die Gelegenheit für die Kinder, sich gegenseitig zu unterrichten und zu unterstützen. Dies ist besonders in Situationen mit hohen körperlichen Anforderungen von unschätzbarem Wert. (Eine eingehendere Betrachtung von Übergangsritualen und Council in der Natur ist in Kapitel 13 zu finden).

Stärkung des Programms für Bildung und Entwicklung

Jack: Als Council 1983 zum ersten Mal an der Crossroads School eingeführt wurde, gab es dort keine Abteilung für Bildung und Entwicklung. Das wurde erst einige Jahre später in die Tat umgesetzt. Heute hat die Abteilung ein großes Gewicht an der Schule und umfasst sowohl Umweltbildung, Soziale Dienste und das „Mysteries-Programm". Da alle drei Programme in dieser Abteilung verwaltet werden, wurde Council auch in den ersten beiden eingeführt. Die Entscheidung, den Vorsitzenden dieser Abteilung zum Dekan zu wählen, zeigt, wie wichtig dieser Teil des Lehrplanes für die Schulgemeinschaft ist.
Tom: Wie verwalten andere Schulen ihre Council-Programme?
Jack: An unabhängigen Schulen werden sie oft über den Bereich Bildung und Entwicklung betreut, weshalb sie auch in Gesundheitserziehungsprogrammen integriert werden können. Öffentliche

Schulen fördern ihre Bildungsaktivitäten normalerweise durch ihre Beratungsstelle, wenn sie denn über eine verfügen. Wir machten an der Palms School die Erfahrung, dass es sehr wichtig ist, einen oder mehrere Schulberater sehr eng in die Moderatorenausbildung und die Verwaltung des Council-Programmes einzubinden.

Umgang mit Krisen an der Schule

Tom: Nach den „Aufständen", dem großen Feuer im Jahr 1993 und dem Erdbeben von 1994 veranstalteten wir Councils, um allen an der Schule Gelegenheit zu geben, über ihre Ängste und Erfahrungen zu sprechen. Vor allem wegen dieser Council-Runden rückte die Schule in solch schwierigen Zeiten enger zusammen. Wir spürten erleichtert, dass es einen vertrauten Kontext gab, in dem die Kinder einen Großteil ihrer Ängste abladen konnten. Ich denke da auch an die „Klagekreise" an der Crossroads School. In den seltenen Fällen, in denen ein Schüler starb, war Council sehr hilfreich. Vor langer Zeit wurde ein Schüler der siebten Klasse nahe der Schule von einem Auto erfasst und erlag eine Woche später seinen Verletzungen. Während dieser Woche des seelischen Schmerzes und des Klagens trafen sich die Schüler der siebten und auch anderer Klassen im Council, um ihre Gefühle zum Ausdruck zu bringen.

Jack: Ich erinnere mich, wie unterschiedlich die Reaktionen der Schüler ausfielen. Die, die den Jungen kannten, standen unter Schock und waren zutiefst bestürzt. Für manche war es die erste Begegnung mit dem Tod. Einige, die den Jungen nicht kannten, konnten diese tiefen Gefühle nicht teilen und fühlten sich daher irgendwie ausgeschlossen und ein wenig schuldig. Und dann gab es die, die mit dem Jungen noch eine Rechnung offen hatten – eine Auseinandersetzung am Tage vor dem Unfall oder eine Ahnung, ihn zu sehr geärgert zu haben. Gerade diese Kinder hatten nach dem Tod eine schwere Zeit und brauchten eine Möglichkeit, ihren Empfindungen Ausdruck zu verleihen. Wie du dir vorstellen kannst, hatten es die Council-Runden in sich. Danach brachten viele Lehrer, Schüler und Eltern ihre Dankbarkeit zum Ausdruck. Die Kinder hatten einen angemessenen Platz zur Verfügung bekommen, um die Sturzflut der Gefühle, die während dieser Wochen die siebte Klasse mitgerissen hatte, zu bewältigen.

Ich kann mich noch an die Qualen erinnern, durch die Paul Cummins, der Direktor der Schule, damals hindurchging.

In jener Woche fand die letzte Sitzung eines Council-Trainings statt, zu dem auch Paul und einige weitere Schulverantwortliche gehörten. Paul traf nach dem Unfall ziemlich geistesabwesend und fertig bei der Gruppe ein. Selbstverständlich gab ich meine ursprünglichen Pläne auf und wir hielten ein Council zur Unterstützung von Paul ab.

„Was für ein Recht habe ich, Direktor einer Schule zu sein, wenn ich noch nicht einmal dafür sorgen kann, dass die Kinder am Leben bleiben", begann er. Offensichtlich brauchte er einen Ort, an dem er loslassen und trauern konnte. Er hatte an der Schule und mit der Familie des Jungen soviel aushalten müssen.

Der Kreis identifizierte sich bereitwillig mit seinen Gefühlen, manche waren in ihrem Leben durch vergleichbare Belastungen gegangen. Nachdem Paul eine Weile gesprochen hatte, antworteten wir mit unseren Geschichten. Es gab viel Anteilnahme und Unterstützung. Einige merkten an, dass letztendlich niemand allein die Verantwortung für andere tragen kann. Ein anderer Schulleiter wies darauf hin, dass es einer Anmaßung gleiche, zu glauben, irgendjemand hätte die Macht, seinen Schutzbefohlenen Unversehrtheit zu garantieren. „Das kann nur Gott tun", pflichtete jemand bei. Diese Worte holten Paul aus seiner Verzweiflung heraus und brachten ihn wieder zum Kreis zurück – auf eine Art und Weise, die alle Anteilnahme zuvor nicht bewirken konnte.

Tom: Als vor über 15 Jahren eine sehr beliebte Studentin der Abschlussklasse nach einem langen Kampf an Leukämie starb, veranstalteten wir ebenfalls Morgenkreise. Sie war seit der siebten Klasse an der Schule sehr engagiert gewesen und so trauerte die gesamte Schulgemeinschaft. Am Tag nach ihrem Tod boten wir verschiedene

Council-Runden an, die jedem die Möglichkeit gaben, seine Gefühle zum Ausdruck zu bringen.

Grenzen und Möglichkeiten

Jack: Was kommt dir in den Sinn, wenn du über die Grenzen von Council nachdenkst?
Tom: Mein erster Gedanke ist die Wahl ungeeigneter Council-Themen. „Erzähle eine Geschichte über einen Lehrer, den du wirklich hasst", ist ein solches Beispiel. Diese Art von Thema bringt gewöhnlich eine Negativität hervor, die kaum förderlich ist.
Jack: Genau. Wenn ein Lehrer oder eine Klasse Anlass zur Sorge geben, so stehen produktive Möglichkeiten zur Verfügung, um der Angelegenheit im Council nachzugehen – das erwähnten wir ja schon. Vorausgesetzt, der Lehrer ist dazu bereit. Eine passende Frage an die Schüler könnte dann lauten: „Was läuft für dich gut und was klappt nicht in der Klasse?"
Tom: Das bezeichne ich als „positive Umformulierung eines Schatten-Themas". In diesem Fall muss der Lehrer auf jeden Fall dabei sein.
Jack: Council ist definitiv nicht der Raum, um über Lehrer oder Schüler herzuziehen, die nicht anwesend sind. Wenn jemand etwas über einen im Kreis Sitzenden zu sagen hat, so gibt es produktive und geschützte Wege, damit im Council umzugehen.

Eine andere Einschränkung bei Council-Runden in Schulen ist die Pausenglocke. Es strapaziert den Einfallsreichtum eines Moderators sehr, wenn er weiß, dass er in genau 45 Minuten irgendeine Art von Abschluss hinbekommen muss.
Tom: Glücklicherweise kennen Leiter nach einer gewissen Zeit den Rhythmus ihrer Gruppe und können sehr schnell ein sinnvolles Ende herbeiführen.
Jack: Dennoch ist es nicht leicht, wenn das Council erst in den letzten fünf Minuten richtig in Schwung gekommen ist. In diesem Fall

fasse ich die Themen, die von der Gruppe angesprochen wurden, noch einmal zusammen und mache dies zum Teil des Abschlusses. Das baut eine Brücke zur nächsten Sitzung und die Gruppe kann dort weitermachen, wo sie stehen geblieben war.
Tom: Wir wissen beide, dass es, außer schlechten Themen und einem straffen Zeitrahmen, noch weitaus grundlegendere Einschränkungen beim Council mit Schülern gibt. Fühlt sich der Kreis mit der Zeit immer sicherer, beginnen die Kinder, ihre tiefer liegenden Probleme zu erzählen. Das kann geradezu einen gefühlsmäßigen Erdrutsch zur Folge haben. Der Extremfall ist, wenn ein Kind „die Bombe platzen" lässt und über Selbstmordabsichten oder Missbrauchserfahrungen berichtet. Beides muss gemeldet werden. Vor einer Horde von Kindern Themen zu bearbeiten, bei denen es um tiefe persönliche Verzweiflung geht, ist keine gute Sache. Schul-Councils sind der falsche Ort für unverarbeitete Lebensgeschichten, die eine Menge intensiver Arbeit mit dem einzelnen Schüler erfordern.
Jack: Ich stimme zu. Glücklicherweise wird „die Bombe" selten gezündet, wenn Council-Leiter im Vorfeld dem Kreis gegenüber klar zum Ausdruck gebracht haben, dass sie bei entsprechenden Themen einer Benachrichtigungspflicht unterliegen. Trägt ein Kind eine solche Geschichte mit sich, spricht es idealerweise zuerst außerhalb des Kreises mit dem Council-Leiter. Das macht es möglich, die Eltern und den Schulberater in angemessener Weise hinzuzuziehen.

Wenn ein Missbrauchs- oder Selbstmordthema plötzlich durchbricht, schlage ich vor, dass der Leiter das Council unterbricht, seine Benachrichtigungspflicht noch einmal darstellt und anschließend den Schülern Lösungsmöglichkeiten anbietet. Ich versuche in derartigen Fällen der Gruppe zu erklären, warum es nicht angebracht ist, sich zu sehr auf den Geschichtenerzähler zu konzentrieren. Es ist allerdings wichtig, dass jeder im Kreis sich zu der gehörten Geschichte äußern kann.

Ich könnte zum Beispiel sagen: „Es ist nicht angebracht, dass der ganze Kreis tief in das einsteigt, was Cassie uns gerade erzählt hat. Das ist eine sehr schwierige Situation, die einen besonderen Umgang und einen entsprechend gut ausgebildeten Berater erfordert – und eine Menge Aufmerksamkeit. Andere Mitglieder der Familie sollten mit einbezogen werden. Ich werde mit ihr nach dem Council sprechen und werde sicherstellen, dass sie die Hilfe bekommt, die sie braucht. Jetzt möchte ich vorschlagen, dass wir uns Zeit dafür nehmen, um unsere Gedanken und Gefühle über das allgemeine Problem, das Cassies Geschichte aufgedeckt hat, miteinander zu teilen. Und wenn ihr irgendwelche Fragen habt, warum wir jetzt auf diese Art mit Cassies Geschichte umgehen, bringt diese ebenfalls ins Council mit ein."

Der Aussprache so eine neue Richtung zu geben, nachdem die „Bombe" geplatzt ist, erlaubt den Schülern für gewöhnlich, einen Teil ihrer emotionalen Spannungen in der folgenden Runde loszuwerden. In diesem kritischen Augenblick erwähne ich erneut das ursprüngliche Vertraulichkeitsabkommen und frage die Teilnehmer, ob es einer Neuregelung bedarf. In den folgenden Wochen sollten daraufhin die Council-Themen und Aktivitäten mit Umsicht gewählt werden. Der Umgang mit plötzlichen Enthüllungen von Missbrauchs- oder Selbstmord-Themen stellt auch für den erfahrensten Council-Leiter eine große Herausforderung dar.

Tom: Ho! Das alles führt mich zu der Frage, welcher Unterschied zwischen Council und Therapie besteht – eine Frage, die Eltern manchmal stellen. Wenn sie selbst keine Erfahrung mit Council-Prozessen haben, ist das für die Eltern nicht leicht zu verstehen.

Jack: Das ist der Augenblick, um mal wieder die Geschichte von Frau Simmonds aus der Palms School zu erzählen.

Du warst dabei, also wirst du dich wohl noch an ihr unglückliches Gesicht in den hinteren Reihen erinnern, als ich in einem Raum voller Eltern über das Council-Programm erzählte. Sobald ich eine Pause machte, sagte sie: „Ich bin Julie Simmonds Mutter. Das klingt alles so wunderbar, doch ich habe ein Problem mit dem Programm." Einige Leute drehten sich herum, um zu sehen, wer sprach. „Stellen Sie sich vor, ein Kind kommt an seine tiefen Gefühlsebenen heran. Sind alle Council-Leiter ausgebildet, damit umzugehen? Council klingt wie eine Form der Gruppentherapie. Ich denke nicht, dass wir unsere Kinder aus diesem Grund in die Schule schicken. Wenn ich möchte, dass meine Tochter eine Therapie erhält, so wende ich mich an einen privaten Therapeuten."

Das Problem war bekannt. „Ihre Frage ist sehr gut", sagte ich und versuchte, meine Gedanken zu sortieren. „Manchmal hilft das Council den Kindern, in Kontakt mit Gefühlen zu kommen, die sie eine Zeit lang zurückgehalten haben. Selbstverständlich müssen Council-Leiter ausgebildet sein, um mit emotionalen Prozessen umzugehen. Doch Council ist keine Gruppentherapie. Gute Council-Leiter und gute Therapeuten arbeiten unterschiedlich." Ich fragte mich, wieweit ich in meiner Erklärung noch gehen sollte. Frau Simmonds lehnte sich nach vorn, überkreuzte ihre Beine und stützte das Kinn auf ihre Hand. Ihre Körpersprache sagte: „Sie müssen sich schon mehr einfallen lassen, um mich zu überzeugen." Die Botschaft kam an und ich fuhr fort. „Erst einmal möchte ich nicht verleugnen, dass Council therapeutisch sein kann. Damit meine ich, heilend sein kann. Manche der Bestrebungen von Council und Therapie sind ähnlich. Sie sind beide dazu geeignet, Selbstwahrnehmung und Selbstannahme zu erweitern. Beide können die Art und Weise, wie ein Individuum mit anderen Menschen in Beziehung tritt und wie es in der Welt wirkt, verfeinern. Doch Council und Therapie nähern sich diesen beiden Enden mit unterschiedlichen Vorgehensweisen. In der Eins-zu-Eins-Therapie liegt der Fokus gänzlich auf dem Klienten, welcher (zurecht) der Ansicht ist, dass der Therapeut – der Elter, Priester, Arzt und Lehrer in sich vereint – dazu da ist, seinem Prozess zu dienen. Selbst in einer Gruppentherapie hat *jeder Teilnehmer die Erwartung, dass mit ihm oder ihr gearbeitet wird.* Therapie ist wichtig und wirksam, wenn die emotionale Bindung des Klienten an den Therapeuten – die Übertragung – stark ist.

In einem Schul-Council liegt, wie in jedem anderen Council auch, der Schwerpunkt gleichzeitig auf dem Individuum und der ganzen Gruppe. *Die Heilung wird durch die Beziehung des Schülers zu den ande-*

ren Schülern oder Erwachsenen oder zum Kreis als Ganzem unterstützt.

Die Council-Leiter wirken als Orientierungshilfen oder Wegweiser. Sie sind der Praxis und der Idee des Councils eng verbunden, aber – und hier unterscheiden sich traditionelle Gruppentherapie und Council deutlich voneinander – sie erzählen ihre persönliche Geschichte wie jeder andere im Kreis. Das vermindert die Übertragung auf die Council-Leiter ganz signifikant. Tatsächlich findet generell mehr Übertragung auf den ganzen Kreis, als auf den Council-Leiter statt.

Auf der funktionellen Ebene unterscheiden sich Council und Therapie ebenfalls voneinander. Therapie ist entweder analytisch und konfrontierend oder nährend und unterstützend. In der Therapie werden unbewusste Verhaltensmuster zuallererst durch die direkte Intervention des Therapeuten aufgedeckt. Council baut indes weit mehr auf Synthese als auf Analyse. Schüler erhalten Einsicht in sich selbst durch das Erzählen ihrer eigenen Geschichten, Träume und Gefühle oder, indem sie den anderen zuhören und sich mit deren Erlebnissen identifizieren. Wenn wir es wagen, im Kreis unsere Geschichte vollständig und klar zu erzählen, können wir sie am Ende selbst unter neuen Aspekten betrachten. Allein das Erzählen im Kontext des Kreises führt zu einer kritischen Nachprüfung, die ein erweitertes Selbstverständnis nach sich zieht. Kurz gesagt, verarbeiten und integrieren die Schüler ihre Erfahrungen im Council, indem sie zuallererst als ihre eigenen Therapeuten agieren."

Ich bemerkte ein paar glasige Augen, deshalb hörte ich auf zu sprechen. Frau Simmonds rührte sich nicht. „Das Beste wäre, wenn Sie selbst ein Mal an einem Council teilnehmen würden", sagte ich und schaute ihr in die Augen. „Es ist so schwierig, diese Themen so abstrakt zu behandeln."

Tom: Wir schlugen damals ein Council vor mit dem Thema „Bedenken und Fragen über Council". Wir stellten die Stühle im Kreis zusammen und begannen. Viele der Eltern erklärten ihre Begeisterung für das Programm. Eine Mutter sagte: „Ich wünschte, ich hätte an meiner Schule damals an einem Council teilnehmen können. Dann wäre ich vielleicht in der Lage gewesen, aufrichtig mit meiner Mutter zu sprechen, und mein ganzes Leben wäre anders verlaufen." Ein Vater lobte den Mut der Schule, dieses Programm ins Leben zu rufen. Als sie an der Reihe war, hielt Frau Simmonds den Redegegenstand mit behutsamen Händen. Nach einer langen Pause gestand sie, dass sie nach wie vor ihre Zweifel habe, doch abwarten wolle, wie ihre Tochter sich nach ein paar Wochen des Programmes fühlen würde. Als der Sprechstab bei mir war, dankte ich ihr für die mutigen und ehrlichen Worte.

Jack: Ironischerweise liegt vielleicht die größte Beschränkung des Councils gerade in seiner Magie. Manchmal glauben die Leute, dass die Form an sich so kraftvoll ist, dass allein durch das Abhalten von Councils die ganze Schulgemeinschaft zusammenrücken wird. Dieser Glaube bringt die Form und die Idee des Councils durcheinander und wirft gleichzeitig zwei wichtige Fragen auf: Teilt die Schulgemeinschaft eine gemeinsame Vision? Hat die Schule das Council-Programm ausreichend in ihre hierarchischen Strukturen eingebettet?

Tom: Der Start eines Council-Programms ruft für gewöhnlich etwas hervor, das ich als „Spurenelemente erleuchteter Kommunikation" bezeichne. Doch ohne eine breite Übereinstimmung in der pädagogischen Vision der Schule und ohne die Überzeugung der Schulführung, Entscheidungsfindungsprozesse mit Council unterstützen zu können, wird sich kaum eine umfassend gestärkte Gemeinschaft zeigen. Diese beiden Ziele könnten im Rahmen eines weitreichenden Council-Programmes, das Lehrer, Schulführung, Eltern und Schüler einbezieht, verwirklicht werden.

Jack: Gibt es eine klare Übereinkunft hinsichtlich der Vision und dem Nutzen von Council im täglichen Leben der Schule, sind die Möglichkeiten schier unbegrenzt. Viele von uns haben von Zeiten geträumt, in denen der Weg des Councils ein anerkannter Pfad der Kindererziehung sein würde. Das große Potential des Councils liegt

in seiner Kraft, die Weisheit, die ein jeder in den Kreis hineinträgt, sichtbar zu machen und zu nutzen Und das ist es doch, worum es in der Erziehung geht.
Tom: Ho!

Kapitel 8

Councils in Familien

„Be still and know that day and night
Be still and know that dark and light
Are one holy circle."
Gesang einer englischen Gemeinschaft, um 1970

Manchmal beginnen Familien mit dem Council, wenn sie sich in einer kleinen oder großen Krise befinden. Hier ist die Geschichte meines Freundes Perry:

Wir trafen uns gelegentlich, um wichtige Familienangelegenheiten zu besprechen, doch im letzten August wurde mir klar, dass wir wirkungsvollere Maßnahmen ergreifen mussten. Die Kinder waren den ganzen Tag zu Hause, spielten und taten dabei ihr Bestes, um jegliche Hausarbeit zu vermeiden. „Wir haben Ferien", wurden sie nicht müde zu betonen. Natürlich waren Anna und ich damit nicht einverstanden, aber wir waren es am Ende leid, sie ständig zu ermahnen. In unserer Verzweiflung entschlossen wir uns, regelmäßige Familien-Councils einzuberufen.

Schon in der zweiten Sitzung erkannten die Kinder, dass ihr passiver Widerstand nicht mehr länger funktionierte. Sie änderten ihre Strategien. Bridget machte uns darauf aufmerksam, dass sie mehr im Haushalt tue als ihr Bruder. Ein zweifelhaftes Argument, da dessen Bemühungen praktisch gegen Null tendierten. Tommy erkannte, dass ich gleich in die Luft gehen würde, und probierte es auf subtilere Art und Weise: „Ich wünschte, du wärest strenger mit mir", sagte er. Dabei schaute er mich ernsthaft an und fuchtelte überzeugend mit dem Stück Treibholz herum, dass wir als Redegegenstand gewählt hatten. „Sage mir, was ich zu tun habe und was geschieht, wenn ich nicht rechtzeitig damit fertig werde – und dann sei streng!" Er versucht, den Spieß umzudrehen, dachte ich. Schlau! Doch ich hatte Zeit, mich zu sammeln, während Tommy sich über irgendetwas anderes ausließ. Wenn wir zwei uns außerhalb des Councils so begegnet wären, hätte es sicher eine hitzige Auseinandersetzung gegeben.

„Gut", sagte ich, als ich den Redegegenstand bekam. „Ich stimme zu, dass ich mit euch beiden zu nachsichtig gewesen bin. Von jetzt an lasse ich die Peitsche knallen – Fristsetzungen, Konsequenzen und das ganze Programm!" Bridget rollte mit den Augen und sandte Tommy einen tödlichen Blick zu.

In der Hoffnung, über solche profanen Interaktionen hinauszukommen, begann Anna das dritte Council mit der Frage an die Kinder, wie sie sich mit und in der Familie fühlten. Nach einer Reihe von unverfänglichen Verallgemeinerungen fand Bridget schließlich den Mut, aus dem Herzen zu sprechen.

„Es fühlt sich an, als sei dir deine Arbeit und dein gesellschaftliches Leben wichtiger als ich", sagte sie mit brüchiger Stimme zu Anna. „Du sprichst nie mit mir über meine Freunde oder darüber, was ich gerade mache. Du bist scheinbar nicht besonders daran interessiert, was in meinem Leben so vor sich geht. Du bist immerzu beschäftigt. Du sagst, dass du dir Sorgen machst, aber…"

Anna saß versteinert auf ihrem Kissen, während Bridget noch einige Minuten lang engagiert fortfuhr. Ihre Redefertigkeit überraschte uns. „Es gibt niemanden in der Welt, den ich so liebe wie euch!", sagte Anna als sie an der Reihe war. „Es gibt mir einen Stich, wenn ihr sagt, dass ich mich nicht kümmere. Nichts ist von der Wahrheit weiter entfernt… Ich muss allerdings zugeben, dass ich nicht so sehr auf eure Schwärmereien und Spielchen abfahre, wie Dad das tut. Seine Anteilnahme an eurem sozialen Leben reicht dicke für uns beide. Doch ich höre niemals auf, mich um euch zu sorgen."

Sobald Anna geendet hatte, ergriff Bridget erneut das Stück Holz. „Das verstehe ich nicht. Wie kannst du mich lieben, aber nichts über meine Freunde erfahren wollen? Das ist doch, was mir wichtig ist. Du könntest dich wenigstens etwas dafür interessieren."

Ich sagte zu Anna, dass ich mich bei dieser spitzen Bemerkung von ihr nicht gerade wohlfühlte – angesichts der Zeit, die ich damit verbracht hatte, mit Bridget über ihren neuesten Schwarm zu diskutieren. Tommy sagte, dass er es bescheuert fände, sich zu verknallen, was eine kleine Explosion bei Bridget auslöste.

„Ich wollte nicht beurteilend sein", bestätigte mich Anna mit dem Treibholz in der Hand. „Um ehrlich zu sein, bin ich neidisch auf deine Beziehung zu Bridget. Wir waren uns früher immer so nah…" Einen Moment schaute sie schweigend auf Bridget. „Ich vermisse dich", sagte sie schließlich. „Du bist entweder mit deinen Freunden zusammen oder telefonierst… oder bist bei Papa. Wir verbringen kaum Zeit miteinander." Sie legte den Sprechstab langsam in die Mitte zurück, nicht weit von Bridget entfernt.

„Ich wusste nicht, dass du mit mir zusammen Zeit verbringen *wolltest*", begann Bridget. Ihre Stimme wackelte ein wenig. „Mellies Mutter will immer alles über ihre Freunde und alles andere wissen, aber du und ich sprechen kaum einmal miteinander…" Sie erzählte weiter und versuchte, mit dem Wechsel in ihren Gefühlen klar zu kommen.

„Du musst Mama *fragen*, wenn du mit ihr sprechen willst", bemerkte Tommy. „Sie kommt nicht einfach zu dir ins Zimmer und hängt dort ab, wie Papa es macht." Er machte eine lange Pause. „Vielleicht ist sie nur so schüchtern wie ich", sagte er dann leise.

Ich war von Tommys Worten über Anna berührt. So war sie tatsächlich. Wir sprachen beide darüber, als wir im Council an der Reihe waren. „Du solltest deine Mutter nicht einladen müssen, mit dir zu sprechen", sagte Bridget trotzig, als sie den Sprechstab in die Hand nahm. Dann wurden ihre Worte milder. „Aber ich bin froh, dass du nicht einfach in mein Zimmer stürmst, so wie Mellies Mama das tut, wenn ich dort bin. Und es gibt Sachen, über die ich mit Papa nicht sprechen kann…"

„Ich denke es ist an der Zeit, dass Papa mehr Zeit mit mir verbringt und Mama mit dir", meldete sich Tommy. „Ich habe ‚ne Menge Wichtiges mit dir zu besprechen", fügte er hinzu und schaute zu mir rüber.

„Darauf wette ich", warf Bridget ein und tat Tommys Bemerkung mit einer Kopfbewegung ab. Tommy legte das Treibholz zurück und sagte nichts mehr. Ich erinnerte Bridget daran, nicht zu unterbrechen, und sagte Tommy, dass ich mich darauf freue, mit ihm zu besprechen, was immer er wolle.

Weil ich seine Kinder recht gut kannte, bat mich Perry um einen Kommentar zu seiner Geschichte (Bridget war zu der Zeit dreizehn und Tommy zehn Jahre alt). Das Council hatte Perrys Augen in mancherlei Hinsicht geöffnet, so dass es für mich nicht mehr allzu viel zu sagen gab. Es war mir aufgefallen, dass Bridget es sich offensichtlich zur Aufgabe gemacht hatte, Tommy herabzusetzen. „Er wird von ihr eingeschüchtert, weil sie so leicht Freunde findet", sagte ich. „Jeder fühlt sich zu ihr hingezogen. Tommy scheint nur einen guten Freund zu haben oder spielt allein." Natürlich hatte Perry das alles gewusst, doch erst nach diesem Council hatte es ihn mit Wucht getroffen. Er achtete fortan mehr auf die Beziehungen der Kinder untereinander. Einige Monate später erzählte er mir, dass Tommy und er ihr Verhältnis vertieft hätten und Anna und Bridget mehr Zeit miteinander verbrächten.

Warum sich die Mühe machen?

Viele, die zum ersten Mal etwas über Familien-Councils hören, stellen in Frage, warum Menschen, die sowieso jeden Tag miteinander sprechen, eine formalisierte Form der Unterhaltung benötigen. Die Antwort ist einfach: Reden und Kommunizieren sind zwei völlig unterschiedliche Aspekte in der Dynamik eines Familienlebens.

Nehmen wir einmal die täglichen Diskussionen am Mittagstisch. Auch wenn eine Familie sich regelmäßig zum Essen trifft, was leider immer weniger gepflegt wird, so sind doch die meisten der dann stattfindenden Gespräche von familiären Verhaltensmustern beherrscht. Die Eltern geben den Ton an und die Themen vor und fühlen sich für einen geordneten Ablauf verantwortlich. Oft prägt das redegewandteste Mitglied der Familie die Diskussion. Aufrichtige Dialoge sind selten.

Ein Familien-Council kann dabei helfen, diese und andere Strukturen zu überwinden – auch solche in Familien, in denen alle so beschäftigt sind, dass sie kaum einmal gemeinsam am Tisch sitzen. Auch Eltern, die glauben, dass sie eine offene Kommunikation mit ihren Kindern pflegen, sind überrascht, Aufrichtigkeit und Vertrautheit in einer ganz neuen Dimension zu entdecken, wenn die Familie das Council zur regelmäßigen Praxis macht. Verborgene Vorstellungen werden offenkundig, Kinder und Eltern fühlen sich auf neue Art gestärkt und die Familie beginnt als Gemeinschaft von Verbündeten, und nicht als Ansammlung getrennter Individuen zu agieren. Für manche Familien mögen die Verbesserungen nicht so dramatisch ausfallen, willkommen sind sie allemal. Für andere steht der neue Sinn für Offenheit im deutlichen Kontrast zu den dysfunktionalen Mustern, die bereits zum scheinbar unvermeidlichen Teil des Familienlebens geworden waren.

Aus zweierlei Gründen kann Council einen großen Unterschied in der Qualität eines Familienlebens ausmachen:

- Dem Kommunikationsprozess selbst wird im Council weit mehr Aufmerksamkeit geschenkt, als während gewöhnlicher Familienzusammenkünfte.

- Eine aufrichtige Interaktion wird erschwert, wenn die Familienmitglieder in ihren gewohnheitsmäßigen Rollen gefangen sind. Council bietet einen geschützten Raum an, der den ansonsten risikobehafteten Ausbruch aus diesen tief verwurzelten Strukturen ermöglicht.

In manchen Fällen ist dieses Risiko beachtlich. Das ist ein Grund, warum viele Familien den Entschluss zum regelmäßigen Council auf die lange Bank schieben. Oft haben sie es seit Monaten bereits „tun wollen", bevor schließlich die erste Sitzung stattfindet. Volle Terminpläne, ein, zwei desinteressierte Familienmitglieder oder der bekannte Satz: „Wir haben es einfach nicht hingekriegt, ein Council zu veranstalten", sind häufig zitierte Ausreden. Manchmal stecken beträchtliche Ängste hinter diesen „Gründen". Regelmäßiges Council kann schmerzhafte Gefühle und lang verborgene destruktive Beziehungsmuster zutage fördern. Verständlicherweise wollen manche Familien diese schlafenden Hunde nicht wecken.

Ein Kind, das Council aus der Schule kennt, könnte der Vorkämpfer sein, der die Familie überzeugt. Doch nicht jeder Schüler, der das Council in der Schule genießt, möchte diesen Prozess auch in seine Familie tragen. Es ist eine Sache, mit den Klassenkameraden im Council zu sitzen, und es ist etwas anderes, mit Mama, Papa und den Geschwistern seine Herzensangelegenheiten zu teilen. Häufiger ist einer der Eltern Initiator des Familien-Councils, indem er versucht, den widerspenstigen Lebenspartner und die mehr oder weniger desinteressierten Kinder zu überzeugen. Dementsprechend ist Durchhaltevermögen gefragt, wenn es darum geht, Familien-Councils zu initiieren.

Und es ist es wert. Eine regelmäßige Praxis hilft der Familie, sich in schwierigen Zeiten gegenseitig zu unterstützen, ermutigt auch das schüchternste Kind, sich zu entfalten und kurbelt eine offene Kommunikation außerhalb des Councils an. Eine Familie, die im Council sitzt, wird sich ihrer destruktiven Verhaltensmuster besser bewusst und lernt, wie diese umzuwandeln sind. Eine Familie, die im Council sitzt, wächst gemeinsam daran.

Der richtige Rahmen

Die ersten Schritte bei der Planung eines Familien-Councils sind Zeitplanung, Verbindlichkeit und Festsetzung eines geeigneten Rahmens.

Zeitplanung. Vereinbare einen regelmäßigen Termin. Sonntagnachmittage sind gut geeignet, ebenso wie Abende, an denen niemand anderweitige Verpflichtungen hat. Einen Council-Termin von Woche zu Woche neu festzulegen funktioniert in der Regel nicht. Wähle den optimalen Zeitpunkt und führe dann mit denen, die erscheinen, das Council durch. Wenn Mama nicht da ist, kann mit Papa im Kreis gesessen werden. Wenn Sabrina zur Council-Zeit zwei Wochen lang Proben für ein Theaterstück an der Schule hat und kein Ausweichtermin gefunden werden kann, so versammelt euch ohne sie. Je regelmäßiger die Runden stattfinden, desto mehr werden die Familienmitglieder ihre alltäglichen Termine auf diese Zeiten abstimmen. Für die meisten Familien ist es stimmig, einmal in der Woche im Council zu sitzen. In jedem Falle ist es in einer sehr geschäftigen Familie besser, zweimal im Monat verbindlich zusammenzukommen, als zu versuchen, einen wöchentlichen, wackeligen Termin durchzuboxen. Vereinbare, dass jederzeit von jedem Familienmitglied zusätzliche Councils einberufen werden können, wenn ein wichtiges, nicht aufschiebbares Thema auftaucht. Die Familie sollte dann ihr Bestes tun, um dem „Rufenden" entgegenzukommen, wenn auch gegebenenfalls nur für eine kurze Sitzung. Folgt auf das regelmäßig geplante Council eine gemeinsame Mahlzeit, so vertieft das die Vertrautheit auf eine feierliche Art und Weise.

Verbindlichkeit. „Nach drei Monaten Streit brachte ich meine Familie schließlich dazu, letzten Sonntag im Council zu sitzen", sagte Nancy. Als sie mir ihre Geschichte erzählte, tauchte ihr ganzer Frust von Neuem auf. „Es war ein völliges Desaster. Die Kinder sprachen überhaupt nicht – außer natürlich, wenn jemand anderes den Redegegenstand in der Hand hielt. Billy konnte nicht still sitzen und Seth verdrehte ständig seine Augen oder kicherte, wenn jemand etwas

Ernsthaftes sagte. Ich verbrachte die Hälfte unserer Zeit damit, sie an die Regeln zu erinnern. John zeigte sich geduldig gegenüber den Kindern oder, sagen wir es besser, leidensfähig. Doch sein Blick verriet mir ständig: ‚Ich habe dir doch gesagt, dass das eine verrückte Idee ist'. Es war unser erstes und, ich fürchte, unser letztes Council."

„Ich hoffe nicht", antwortete ich. „Manche Familien steigen direkt ins Council ein, doch bei manchen klappt es nicht gleich, vor allem dann, wenn die Kinder noch klein sind. Du musst dich schon zu regelmäßigen Sitzungen mindestens ein oder zwei Monate lang verpflichten, bevor du eine Aussage darüber machen kannst, ob es funktioniert oder nicht. Council kann sich in einem unerwarteten Augenblick kraftvoll zeigen, wenn etwas ganz Authentisches aufkommt, das die Kinder plötzlich fesselt. Sie geben ihre Widerstände für gewöhnlich auf, wenn sie erkennen, dass das Council nicht nur deinen Interessen, sondern auch ihren dient. Sei kreativ bei der Themenwahl, bitte John darum, dich aktiv zu unterstützen – und versuche es weiter. Sie testen deine wahre Bereitschaft zu offener Kommunikation innerhalb der Familie aus."

Der geeignete Rahmen. Bewahre die Integrität des Councils, indem du Unterbrechungen vermeidest. Schalte das Telefon aus und bitte im Haushalt anwesende Personen, die nicht mit im Kreis sitzen (einen Babysitter beispielsweise), nur im Notfall zu stören. Es ist wichtig, in dieser Hinsicht konsequent zu sein. Nimmt eine Familie ständige Unterbrechungen im Council mit Gleichmut hin, so zerstreut sich die Konzentration und die Bereitschaft, aufrichtig zu sprechen, lässt nach.

Kleine Kinder. Es ist schwierig vorauszusagen, wie sich kleine Kinder im Council verhalten. Manche Drei- oder Vierjährigen machen es prima, andere Sechs- oder Siebenjährige überhaupt nicht. In der Regel sind fünf Jahre ein geeignetes Alter, um mit Council zu beginnen. Selbstverständlich sollten die Themen entsprechend gewählt werden. Eltern mit Kleinkindern im Arm können sich gut einfügen, wenn die Eltern in der Lage sind, ihren Fokus auf das Council zu halten, und einverstanden sind, den Kreis zu verlassen, wenn das Kind zu unruhig wird. In manchen Familien ist es den Drei- bis Fünfjährigen erlaubt, das Council vor Ende zu verlassen, wenn sie es nicht mehr aushalten.

Treffen mit Teilen der Familie. Es kann sehr wirkungsvoll sein, hin und wieder nicht mit allen Mitgliedern der Familie im Council zu sitzen. Zum Beispiel: Vater mit den Jungs, Mutter mit den Töchtern, die Eltern mit nur einem Kind oder die Teenager unter sich oder mit einem Elternteil. Diese Versammlungen bieten die Möglichkeit, Themen wie Sexualität, Drogen und Verabredungen mit Freunden so zu behandeln, wie es mit der ganzen Familie nicht möglich wäre.

Auf der anderen Seite sind es die befriedigendsten Augenblicke im Council, die kleineren Kinder zu beobachten, wie sie von ihren älteren Brüdern und Schwestern lernen. Fühlt sich ein zehnjähriges Mädchen im Kreis gut aufgenommen, ist es in der Lage, Fragen zu erwachsenen Themen zu stellen und passende Antworten gerade von ihren älteren Geschwistern zu erhalten. Auf lange Sicht muss jede Familie selbst herausfinden, wie sie ihre jüngeren Kinder an sensible Themen heranführt, ohne sie damit zu überfordern.

Die Praxis nähren

In unserer Kultur ist es nicht leicht, Zusammenhalt im Familienleben zu gestalten. Die Zwänge, denen wir durch wirtschaftliche Schwierigkeiten, kulturelle Anpassung, Alleinerziehung und die ununterbrochene Einflussnahme durch die Massenmedien ausgesetzt sind, fordern und erfassen jedes Familienmitglied auf die ein oder andere Weise. Viele von uns spüren den Mangel an Zeit, Geduld und Vermögen, Familienangelegenheiten auf eine Art zu behandeln, die dem Geist des Councils nahekommt. Wie vielen Eltern sind Übergangsriten im Leben ihrer Kinder ein Begriff? Manche jüdischen Familien feiern das Bar- oder Bat-Mitzvah, wenn ihre Kinder dreizehn Jahre alt werden. In der protestantischen Tradition wird der Übergang in das Erwachsenenleben im Alter von zwölf mit der Konfirmationsfeier begangen. Doch viele von uns sind aufgewachsen, ohne dass dieser – oder ein anderer – wesentlicher Übergang zelebriert wurde. Wichtige Lebensübergänge finden nämlich im Alter von etwa sechs Jahren beim Eintritt in die Schule statt, später beim Beginn der Pubertät, mit der ersten Beziehung oder dem Führerscheinerwerb. Dann gibt es die eher verborgenen Meilensteine in der Entwicklung, zum Beispiel, wenn die Kinder sich meist mit sieben Jahren deutlicher der Kraft der „Welt hinter den Dingen" bewusst werden. Über die moralische Entwicklung sind sich die meisten Pädagogen im Klaren, ob sie nun Kohlberg gelesen haben oder nicht[38]. Sie sind nicht weniger lebensbestimmend als die offensichtlicheren Übergänge. Sie markieren die Bewegung von einem weitestgehend selbstzentrierten Verhaltensmuster zu einem Verhalten hin, das einen gesteigerten Sinn für Verantwortung gegenüber anderen, moralische Wertvorstellungen und die Wahrnehmung der Gesellschaft als Ganzes beinhaltet. In Familien, die das Council in ihrer Gemeinschaft eingeführt haben, werden diese Lebensübergänge viel häufiger bewusst gestaltet (mehr darüber im Kapitel 13).

Die Familiengeschichte

Council kann die Qualität des Familienlebens verbessern, indem es die Geschichte, wie die Familie als Ganzes zusammenwirkt, erhellt. Diese zugrunde liegende Familienhistorie webt die Lebensläufe ihrer einzelnen Mitglieder zusammen und verleiht den fortwährenden Dramen, Konflikten und Freuden des Familienlebens Gestalt.

Zu den treibenden Kräften, die Familiengeschichte bestimmen, zählen:

---

38 Siehe Promoting moral Growth: From Piaget to Kohlberg, Richard H. Hersh, Diana Pritchard Paolitto, Joseph Reimer, Longman, Inc.. 1979. Auch Natural Learning Rhythms, Josette und Sambhava Luvmour, Celestial Arts, Berkeley, California (Ausgaben in dt. Übersetzung nicht bekannt).

- Das Wertesystem der Eltern und das manchmal radikal davon abweichende der heranwachsenden Kinder.
- Die – oft verborgenen – erotischen Verhaltensmuster, die Familienbeziehungen stark beeinflussen.
- Das, was die Kinder im Leben mit den Eltern über Ehe und Intimität erfahren.
- Die Art und Weise, in der die Kinder die abgelehnten oder unbewussten Aspekte der elterlichen Persönlichkeiten ausleben.
- Die andauernden Auseinandersetzungen über Macht und Autorität.
- Die Art und Weise, wie die Familienmitglieder ihre Körperlichkeit erfahren.
- Wie Familienmitglieder die „Knöpfe der anderen drücken" – die emotionale Verkabelung der Familie sozusagen.
- Die unterschiedliche und womöglich widersprüchliche Art, wie Familienmitglieder ihre Erfahrungen in Bedeutungsmuster umsetzen – sozusagen die „erkenntnistheoretische Verwirrung" innerhalb der Familie.

Auch wenn diese Auflistung entmutigend erscheinen mag, muss es keineswegs eine beschwerliche und lästige Aufgabe sein, die Familiengeschichte zu erforschen. Einsichten im Council entstehen ja mehr durch das *Sehen* der Geschichte unmittelbar aus dem Zustand erhöhter Wahrnehmung heraus, und nicht so sehr aus einer mühsamen Analyse der familiären Dynamik. Dieser Prozess kann sehr wohl auch seine spielerischen Momente haben. In jedem Falle jedoch lohnt sich die Reise, auch wenn es nicht immer einfach ist. Je mehr wir über unsere Familiengeschichte wissen, desto eher können wir sie bewusst neu gestalten, um unproduktive Strukturen im Familienleben zu vermeiden.

Hat eine Familie die Geduld, Council fortdauernd zu praktizieren, so kann sich ihre Geschichte am Ende für alle sichtbar entfalten. Üblicherweise nehmen Eltern und Kinder während der ersten Council-Sitzungen ihre gewohnten Rollen ein. Der Skeptiker, der Quälgeist, die Gelangweilte, die Schüchterne, der Elternteil oder das Kind, das sich mehr Zusammenarbeit von den anderen wünscht – alle diese „Charaktere" spielen automatisch ihre gewohnten Rollen. Während dieser frühen Phase tauchen vor allem Themen wie die Klärung von Familienabmachungen, der Wunsch nach weniger Auseinandersetzungen unter den Kindern oder nach gemeinsamen Familienaktivitäten auf.

So hilfreich diese ersten Councils auch sind, ihr vorhersehbarer Ablauf ist nicht gerade inspirierend. Spontaneität ist eher selten. Gefangen in den Rollen unserer Familiengeschichte, sind wir oft nicht in der Lage, aus dem Herzen heraus zu sprechen und aufmerksam zuzuhören. Solange jeder *in* die Familiengeschichte völlig eingetaucht ist, gibt es niemanden, der die Aufmerksamkeit der Familie auf ihre Verhaltensmuster richten könnte. Ohne eine neutrale, freie Perspektive sieht niemand, was wirklich vor sich geht, und die Möglichkeiten für Veränderungen sind gering (da die Familienmitglieder die Bäume sind, können sie den Wald nicht sehen).

Council erwacht zum Leben, wenn einer das Wagnis eingeht, aus seinen gewohnten Familienmustern und -rollen herauszutreten. Manchmal braucht es dazu eine Krise als Katalysator. Oder es ergibt sich der Glücksfall, dass ein Familienmitglied spontan den Mut findet, das Muster zu verlassen, so wie in der Geschichte zu Beginn dieses Kapitels. Unterstützt von den grundlegenden Intentionen des Councils und von der Beharrlichkeit ihrer Eltern, entledigte sich Bridget ihrer Angst, die Wahrheit zu sprechen. In diesem Moment waren Bridgets Gefühle stark genug, um das Muster der Konfrontationsvermeidung in ihrer Beziehung zur Mutter zu überwinden. Erscheint solch ein Durchbruch von Authentizität, erwacht der Appetit der Familie und Augenblicke von Herz-zu-Herz-Kommunikation häufen sich. Sogleich ist damit das Familien-Council eröffnet und ins Rollen gebracht.

Vor mehr als zehn Jahren beriet ich ein sehr aktives und engagiertes Ehepaar mit zwei Kindern: Terry, ein dreizehnjähriger Junge, und Emilie, ein neunjähriges Mädchen. Maria und Dennis waren beide willensstarke und kreative Persönlichkeiten, die einander sehr liebten, sich regelmäßig miteinander austauschten – und immer noch Phasen durchliefen, in denen ihre Ehe auseinander zu brechen drohte. Ich hörte von ihnen in erster Linie während dieser instabilen Intervalle. Unsere gemeinsame Arbeit bestand dann aus Familiensitzungen und gelegentlichen Familien-Councils.

Terry und seine Mutter standen sich außergewöhnlich nahe. In jener Zeit sah er Maria als perfekt an, was für einen Jungen seines Alters ungewöhnlich war. Emilie war schneidend wie eine Peitsche, stand ihrem Vater ein wenig näher als der Mutter und war sicherlich so etwas wie eine Einzelgängerin. Die Familienbande waren gut ausgebildet, doch manchmal gingen die Kinder in der kraftvollen Dynamik der elterlichen Beziehung verloren.

Die Familie hatte eine Zeit lang wöchentliche Councils abgehalten, als Dennis um Unterstützung bat. Eine Woche zuvor, Maria war gerade von einem „Besuch bei Freunden" im Nordwesten des Landes zurückgekehrt, hatte sie Dennis gestanden, während dieses Besuchs eine kurze Affäre mit einem Mann gehabt zu haben, den sie beide schon seit einigen Jahren kannten. Das Verhältnis war vorbei und bedrohte aus Marias Sicht keineswegs die Beziehung, doch Dennis sah, nicht unerwartet, die Sache anders. Marias Ausflug hatte unmittelbar nach einer schwierigen Phase ihrer Partnerschaft stattgefunden, während der es starke Differenzen bezüglich Wertvorstellungen und Kindererziehung gegeben hatte. Das hatte ein Gefühl von Distanz zwischen ihnen entstehen lassen. Nach einigen langen nächtlichen Dialogen hatten Dennis und Maria einiges klären, doch längst nicht alle seiner schmerzlichen Gefühle von Verrat ausräumen können. Die Stimmung im Haus war seit Tagen angespannt und trostlos.

Dennis sagte mir, dass sie der Meinung waren, Maria und er könnten allein durch die Krise hindurchgehen, doch er machte sich

Sorgen um die Kinder. Seine Bedenken waren nach dem jüngsten Familien-Council vor ein paar Tagen entstanden. Er erzählte mir die Geschichte des Councils in besonders detaillierter und schmerzhafter Weise. Ich erinnere mich noch nach Jahren an die Pein in seiner Stimme.

Die Familie versammelte sich am späten Nachmittag im Wintergarten. Sie setzten sich auf die alten, grünen Kissen, so wie sie es schon viele Male zuvor getan hatten. Für eine Weile betrachteten sie gemeinsam in Stille den Sonnenuntergang. Das Gefühl der Vorfreude, das sie für gewöhnlich vor ihren Familien-Councils genossen, stellte sich nicht ein. Emilie war an der Reihe, das Council zu führen. Das bedeutete, es zu eröffnen und ein Thema zu benennen, das der Familie dienen könnte. Alle vorhergehenden Councils waren dazu da gewesen, das Zusammenwirken innerhalb der Familie zu stärken. Oft endeten sie mit Vereinbarungen über die Aufteilung der Hausarbeit, mit Beilegung der typischen älterer-Bruder/jüngere-Schwester-Konflikte zwischen Terry und Emilie oder mit Entscheidungen hinsichtlich der nächsten Ferienplanung.

Emilie entfaltete das blaue Baumwolltuch und nahm die alte mexikanische Rassel heraus, die die Familie als Redegegenstand benutzte. Sie hielt sie einen Moment vor sich, nahm einen tiefen Atemzug und begann: „Es ist eine ziemlich schlechte Stimmung hier, seit Mama wieder da ist – und davor war es auch nicht so toll gewesen. Ich dachte, dass ihr beide nur auf mich sauer seid oder so etwas. Gestern wollte ich wirklich nur in die Schule gehen, um aus dem Haus heraus zu kommen. Ich habe es eine ganze Zeit lang nicht verstanden, aber jetzt ist mir klar, dass irgendwas zwischen euch beiden ist, das nichts mit Terry und mir zu tun hat. Deshalb will ich wissen, was in eurer Beziehung los ist. Ich will wissen, was vor sich geht." Unvermittelt gab sie die Rassel an Maria weiter.

Völlig überrascht starrte Maria für einige Augenblicke auf die Rassel. Sie wartete auf irgendeine Eingebung. Später erzählte sie Dennis, sie habe sich wie eine Ertrinkende gefühlt, die ihr Leben an sich vorüberziehen sah. Bilder von Terry und Emilie als Babys überschwemmten sie, deren erster Tag im Kindergarten und vieles mehr bis in die Gegenwart hinein. Sie überlegte, wie sie auf Emilies Aufforderung reagieren konnte. Wie ehrlich konnte sie sein? Wie weit sollte sie vor Emilie und Terry gehen? Dennis erinnerte sich, dass er von Emilies Herausforderung zwar völlig überwältigt worden war, und doch in diesem Augenblick klar erkannte, dass ihr Ausscheren aus der bekannten Council-Routine das Ende einer Ära bedeutete. Er schaute mit aller Anteilnahme, deren er fähig war, zu Maria hinüber und signalisierte ihr schweigend, dass er damit einverstanden wäre, wenn sie offen sprechen wollte.

„Papa und ich sind neulich aneinandergeraten", sagte Maria. „Wir haben ein paar ziemlich steinige Plätze in unserer Beziehung betreten, besonders seitdem ich wieder zurück bin… Als ich fort war, habe ich einige Zeit mit Samuel, einem alten Freund von uns, verbracht… Das hat die Probleme zwischen Papa und mir verursacht…"

Emilie schaute ziemlich verstört drein. Terry starrte auf Maria als hätte er sie noch nie zuvor in seinem Leben gesehen. Er konnte seine Enttäuschung nicht zurückhalten.

„Worüber sprichst du?", platzte er heraus, die Council-Ordnung völlig vergessend. Dennis schaute kurz hinüber und ließ es dann geschehen. Wenn es eine Zeit gab, in der Council die Familie unterstützen konnte, dann war sie jetzt gekommen. Dennis hoffte, dass sie bis dahin oft genug im Kreis gesessen hatten, um den Geist des Councils, wenn auch nicht alle Einzelheiten der Form, ausreichend zu würdigen. Maria betrachtete Terry mit solchem Entsetzen, dass Dennis nicht anders konnte, als ihr aus der Patsche zu helfen. Er langte nach der Rassel, die Maria ihm – gleichsam erlöst – übergab.

„Was Mama – Maria – sagen wollte (es war sehr wichtig für Dennis, sie in diesem Augenblick nicht Mama zu nennen) ist, dass sie mit Samuel eine sehr innige Zeit verbracht hat, während sie fort war." Dennis machte eine kurze Pause. „Das hat mich ziemlich getroffen, auch wenn…"

„Was meinst du mit inniger Zeit?", wollte sich Terry nicht damit abfinden. „Hör auf, um den heißen Brei herumzureden!"

„Ich meine, dass sie miteinander intim waren, sie…". Dennis wollte wieder antworten, doch Maria stoppte ihn, indem sie die Rassel an sich nahm.

„Es ist nicht in Ordnung, dass du an meiner Stelle antwortest", sagte sie zu Dennis und schaute dann Terry in die Augen. Resignation und Angst begegneten sich in ihrem Gesichtsausdruck. Sie beantwortete die Frage ihres Sohnes mit rauer, doch deutlich ruhigerer Stimme als zuvor. „Ich hatte während meiner Abwesenheit zweimal Sex mit Samuel. Wir hatten es nicht geplant, es geschah einfach…, und es wird nicht wieder geschehen. Samuel und ich wissen das beide. Was ich getan habe, ändert nichts an meinen Gefühlen zu Dennis."

„Wie kannst du das sagen?", gab Terry zurück. Emilie legte den Zeigefinger an ihre Lippen und streckte ihre Hand nach der Rassel aus. Maria gab sie ihr nur zögernd. Dennis sagte mir, dass er in diesem Augenblick nicht ergründen konnte, was in Emilies Gedanken vor sich ging.

„Wie konntest du mit irgendjemandem anders zusammen sein als mit Papa?", war alles, was sie sagte, bevor sie den Sprechstab zurück in die Mitte ihres kleinen Kreises legte. Unmittelbar füllten sich Marias Augen mit Tränen. Emilies Unschuld war wie ein Schwert. Dennis erzählte, dass der Schmerz in Marias Augen seinen eigenen Ärger und seine Qualen zusammenschmelzen ließ. Terry griff nach der Rassel.

„Wie kann Sex mit Samuel deine Gefühle zu Papa nicht beeinflussen – und auch seine Gefühle zu dir?", schrie er und sah zum ersten Mal Dennis in die Augen. Dennis fühlte, dass etwas sich zwischen ihnen durchmischte, ein uraltes Erkennen, das er noch nie auf einer so tief emotionalen Ebene gespürt hatte.

„Weil ich mit Samuel Sex hatte und mit Papa – Dennis – Liebe mache", antwortete Maria und berührte mit ausgestreckter Hand die Rassel, die Terry noch in Händen hielt. „Ich mag Samuel gern, doch unsere körperliche Intimität entsprach nicht der Art unserer

Beziehung. Das war uns beiden sehr klar. Was ich getan habe, war falsch. Es hat Dennis und unserer Beziehung große Schmerzen zugefügt. Und jetzt sehe ich, dass es auch bei euch beiden Leid verursacht hat. Das tut mir aufrichtig leid, mehr als ich es hier zum Ausdruck bringen kann. Manche Menschen müssen wohl den schwierigen Weg gehen und Fehler machen, um daraus zu lernen."

Terry schaute weiterhin auf Maria, immer noch in einer Art Schockzustand, doch seine Zweifel mischten sich mittlerweile mit einer neuen Form der Anerkennung. Maria sagte später zu Dennis, dass sie in diesem Augenblick die tiefe Bindung zwischen ihnen spüren konnte, wie sie sich ausdehnte und dann an manchen Stellen geradezu einrastete. Plötzlich richtete Terry seine Aufmerksamkeit auf Dennis. „Hattest du schon einmal Sex mit einer anderen Frau, seitdem Mama – Maria – und du verheiratet seid?", fragte er. Dennis' Herz sank ihm in die Hose. Zu viel geschah auf einmal. Er wollte für Terry da sein, um ihn aufzufangen, wenn er aus seiner Nähe zu Maria herunterfallen würde. Doch in diesem Moment wusste Dennis, dass er ehrlich antworten müsste.

„Vor mehr als zehn Jahren, als wir erst ein oder zwei Jahre zusammen waren, habe ich mit einer anderen Frau ein Wochenende verbracht. In dieser Zeit waren sich Maria und ich nicht im Klaren darüber, ob wir uns beide zur Monogamie verpflichten sollten. Nach ein paar Tagen wusste ich, dass ich auf der falschen Fährte war. Ich erkannte, dass ich nur mit Maria zusammen sein wollte. Wir sind danach durch eine Menge hindurchgegangen, doch es hat uns und unsere Beziehung letztlich stärker gemacht. Das war das einzige Mal, dass ich mit einer anderen Frau sexuell zusammen war. Ich spüre, dass wir beide jetzt damit durch sind, uns auf diese Weise auszuleben."

Dennis sah Maria bei dem Wort „auszuleben" förmlich zusammenzucken. Terry schüttelte seinen Kopf und knurrte leise in sich hinein. Er war den Tränen nahe, doch hielt sich zurück. Emilie griff nach der Rassel. „Wenn ihr beide euch trennt, mit wem würden wir dann leben?", fragte sie und schaute auf den Sprechstab.

„Erst einmal wird es keine Trennung geben", antwortete Dennis sofort. Es erschütterte ihn, dass Emilie solch eine Frage überhaupt stellen musste. „Maria und ich werden diese Schwierigkeiten gemeinsam meistern. Dessen bin ich jetzt sicher, auch wenn es in der letzten Woche Zeiten gab, in denen mein Vertrauen ganz schön wackelte. Aber wir sind jetzt in Ordnung. Es wird keine Trennung geben."

„Und was ist, wenn doch?", ließ Emilie nicht locker.

„Einmal, als ich über diese Möglichkeit nachdachte, war ich der Meinung, dass Terry wohl mit Maria leben wollte und du mit mir", sagte Dennis. Seinen Worten folgte eine augenblickliche Reaktion, die ihn und Maria überraschte. Terry hörte auf, seinen Kopf zu schütteln, und kam wieder zu sich. Emilie nahm die Rassel auf, setzte sich aufrecht hin und sagte mit kräftiger Stimme.

„Ich möchte immer mit Terry sein, was auch mit euch beiden geschieht. Terry und ich trennen uns nicht – nie. Wenn ihr nicht mehr zusammen seid, werden wir beide zusammen mit einem von euch leben. Für mich ist es egal, mit wem, solange ihr uns nicht voneinander trennt!" Sie legte den Sprechstab vor Terry auf den Boden und erwartete seine Bestätigung. Er nickte, räusperte sich und nahm die Rassel an sich.

„Was Emilie sagt, stimmt. Wir müssen zusammenbleiben und auf uns aufpassen, egal, was auch passiert." Maria sagte später zu Dennis, dass sie in jenem Moment eine Mischung aus Schuld, Trauer und Freude verspürt hatte. Ein Gefühl, das keinem anderen glich, das sie je zuvor erfahren hatte. Dennis war von Emilies Stärke wie weggeblasen. Terry ebenso. Er strahlte Emilie auf eine völlig neue Weise an.

Dennis meinte, dass sie noch Tage später damit beschäftigt waren, das Council zu verdauen. Deshalb suchte er Rat bei mir. Terrys Haltlosigkeit machte ihm Sorge und er fragte sich, ob Emilie die Gefühlswelt einer Neunjährigen hinter ihrer vermeintlichen Stärke unterdrückte.

Ich war der Meinung, dass Dennis und Maria sich in dieser Situation unter den gegebenen Umständen so gut wie möglich verhalten hatten. Die Unterstützung des Councils hatte Emilie offensichtlich Kraft gegeben und jedem geholfen, das auszusprechen, was gesagt werden wollte. Ich schlug vor, dass er und Maria sich auf eine Phase der Unbeständigkeit und des Wechsels einstellen sollten, worauf eine Zeit der Ernte für alle vier folgen könnte. Aus der Loslösung von alten Mustern des Familienlebens könnte neue Stärke erwachsen. Neben dieser Art, ihnen Mut zu machen, bot ich der Familie an, mit den Kindern im Council zu sitzen – entweder allein oder mit der ganzen Familie – und ihnen so bei der Bewältigung der Krise zu helfen.

Beide Kinder hatten in der Tat fast ein Jahr lang eine schwere Zeit. Terry zog es von beiden Elternteilen fort, insbesondere von Maria, und Emilie wurde noch mehr zur Einzelgängerin. Doch die Familie führte ihre wöchentlichen Councils weiter und mit ein wenig Hilfe von außen gelang es ihnen, mit den Veränderungen in ihrer Familiengeschichte und bei jedem Einzelnen in ständigem Austausch zu bleiben. Nach einer Weile entwickelten Terry und sein Vater eine weit stärkere Bindung als zuvor. Dennis und Maria gründeten eine neue Form der Beziehung. Sie lebten ihre Liebe auf eine weniger abhängige und verschlungene Weise. Emilie hatte nach wie vor ein Problem, sich in Gruppen zurechtzufinden, doch etwa mit dem elften Lebensjahr fand sie ein paar sehr enge Freunde, bei denen sie sich völlig aufgehoben fühlte. Sie entwickelte zudem eine künstlerische Ader, schrieb Geschichten und malte Bilder, die ihre Lehrer und Eltern in Erstaunen versetzten. Eigenartigerweise hatten Terry und sie die im Council geäußerte Nähe nie verwirklicht. Dennoch hatten Maria und Dennis nie einen Zweifel daran, dass ihre Kinder für einander da sein würden, wenn es tatsächlich nötig wäre.

Dennis und Maria geht es gut, sie sind stärker denn je und sie leben sich, so weit ich weiß, nicht mehr über die Grenzen ihrer Beziehung hinaus aus, wie sie es in jener Zeit getan hatten.

Der Mut, aus alten Mustern auszubrechen und das Bekenntnis, miteinander im Council aufrichtig umzugehen, veränderte die Geschichte dieser Familie. Manchmal nehmen es die „Umstände" selbst in die Hand, einer Familie zu helfen, ihre zugrunde liegenden Strukturen zu erkennen und das Fundament für ein vertrauliches Miteinander zu legen. Dennis und Maria spürten, dass sie keine andere Wahl hatten, als Emilies Aufforderung zur Klarstellung nachzukommen. Allerdings empfehlen wir nicht in jedem Falle, solche weitreichenden Risiken im ehrlichen Umgang mit jüngeren Kindern einzugehen. Solche Themen benötigen in jeder Familie eine umsichtige Darlegung und Einschätzung. Dabei muss sowohl der Entwicklungsstand der Kinder berücksichtigt werden, als auch die Einstellung der Eltern in Bezug auf das richtige Maß an Offenheit. In jedem Falle jedoch ist Council von unschätzbarem Wert, wenn es darum geht, den Schmelztiegel bereitzustellen, in dem Transformation stattfinden kann – gleichgültig, wie langsam oder wie schnell die Familienstruktur sich ändert. Wenn es dann geschieht, kann es zu einem höchst eindrucksvollen Wechsel im Interaktiven Feld kommen, wie es bei Dennis, Maria und ihren Kindern der Fall war. Ihre Erfahrung stellte die vier Stadien, die oft während der Entwicklung in Familien-Councils durchlaufen werden, sehr anschaulich dar:

- Die Familienmitglieder sind mehr oder weniger bewusst oder unbewusst in der Familiengeschichte gefangen.
- Eines oder mehrere der Familienmitglieder erkennen die Geschichte, treten aus der Struktur heraus und eröffnen damit die Möglichkeit zum Wandel.
- Alle Familienmitglieder beginnen, die Familiengeschichte *zu sehen*.
- Aufrichtige Kommunikation blüht in der Familie auf.

Familienstrukturen durchbrechen

Eltern entwickeln ihre Rollen zum Teil aus einer Kombination sowohl der Nachahmung als auch der Vermeidung von Erziehungsstrategien, die ihnen selbst als Kindern von ihren Eltern entgegengebracht wurden. Weitere wichtige Einflüsse bilden Wertvorstellungen und

Glaubenssätze, die ihnen von der weiteren Verwandtschaft, durch religiöse Einflüsse, von Freunden, „Erziehungsexperten" und von ihrem Kulturkreis im Allgemeinen vermittelt werden. Mütter und Väter identifizieren sich mit ihren Rollen in dem Maße, wie sie ihre persönliche Kraft und ihre Identität in der Elternschaft bewahren können. Ist die Wahrnehmung der Rollenbindung eher begrenzt – wenn Eltern mehr oder weniger „automatisch" funktionieren –, dann sind sie auch weniger dazu bereit, ihre aufrichtigen Gefühle mit den Kindern zu teilen.

In der Geschichte, die im vorherigen Kapitel erzählt wurde, bewirkte Emilies Konfrontation, dass ihre Eltern ihre gewohnten elterlichen Rollenmuster aufgeben mussten und gegenüber ihren beiden Kindern auf schmerzhafte Weise die Karten aufdeckten. Solch ein Erwachen von Authentizität ist in höchstem Maße nährend, setzt aber voraus, dass die Familie sich darauf einlässt, offenherzig durch einen möglicherweise turbulenten und instabilen Übergang hindurchzugehen. Zum Beispiel mit der Hilfe von Council. Sind die Eltern in der Lage, ihre Rollen auszudehnen und zu erweitern und sich aufrichtig den Kindern mitzuteilen, wird eine Umgebung geschaffen, die die inneren und äußeren Kämpfe, die Zweifel und die Ängste der Kinder gleichberechtigt anerkennt. Wird Kindern ein ehrliches Mitteilen seitens der Eltern verwehrt, so werden sie auch ihre eigenen inneren Angelegenheiten innerhalb der Familie nicht zum Ausdruck bringen. Wenn sie dann keine entsprechenden tiefen Bindungen außerhalb der Familie haben, werden sie ihre Gefühle möglicherweise auf indirekte Art und Weise ausagieren.

Die Council-Praxis kann ebenso die Machtverhältnisse innerhalb einer Familie drastisch verändern. Als Emilie den Redegegenstand in Händen hielt, mussten Dennis, Maria und Terry ihr zuhören. Als Terry eine tief gehende Frage stellte, konnten sich seine Eltern nicht hinter ihrer gewohnten Elternrolle verstecken.

Weil jedes Familienmitglied seine Einsichten gleichberechtigt in den Kreis hineintragen kann, dient das Council dazu, Hierarchien innerhalb der Familie aufzulösen. Es war an Emilie, eine bestehende Blockade aufzubrechen. Wenn Kinder sich ermächtigt fühlen, die „Wahrheit" zu sagen, werden sie damit auch erheblich wahrnehmungsfähiger – zum Beispiel gegenüber der Beziehung ihrer Eltern. Das Familien-Council kann auf diese Weise Aspekte des Familienlebens zutage fördern, welche die Eltern bis dahin überhaupt nicht wahrgenommen haben. „Ich habe niemals bemerkt, wie viel die Kinder vom Funktionieren und Nicht-Funktionieren unserer Familie verstehen!", lautet ein häufiger Kommentar von Eltern, nachdem sie eine Zeit lang mit der Familie im Council saßen.

Die eigene Stimme innerhalb der Familie zu finden kann schwierig sein. Schüchternheit, die Angst, ausgelacht zu werden, Einschüchterungsversuche älterer Geschwister und Zweifel an dem aufrichtigen Wunsch der Eltern, die „Wahrheit" zu hören, sind allgemein verbreitete Hindernisse, denen Kinder auf dem Weg zur eigenen Authentizität begegnen. Wie immer sind die wichtigsten Verbündeten im Kampf gegen diese destruktiven Kräfte die Vier Leitsätze des Councils. Dabei kann es 10 oder 15 Zusammentreffen dauern, bis sich ein geschütztes und aufrichtiges Umfeld entwickelt hat. Es kommt darauf an, durch die erste Phase möglicherweise zäher und uninspirierter Council-Runden hindurchzugehen, bis das Feuer nachhaltig entfacht ist.

Eine Möglichkeit auf dem Weg zur Authentizität besteht für die Eltern darin, sich im Council über ihr jeweiliges Verständnis von Kindererziehung auseinanderzusetzen. Natürlich macht es in diesem Zusammenhang Sinn, sich zunächst allein im Council auszutauschen, um über die unterschiedlichen Auffassungen Klarheit zu erlangen. Themen, die dabei häufig auftauchen, sind:

Die Eltern sind zwischen den Bestreben, ihre Kinder behütet aufwachsen zu lassen und sie gleichzeitig zur Selbständigkeit zu ermutigen, hin und her gerissen. Ein häufiges Beispiel ist der Versuch des Vaters, die seiner Ansicht nach überfürsorgliche Art der Mutter zu kompensieren.

Unterschiede in der Art, die Kinder zu disziplinieren (durch die Beschneidung ihrer Rechte, durch Vorenthalten von Aufmerksamkeit und Liebe, durch Stubenarrest, Prügel usw.). Inkonsequente und unberechenbare Disziplinierungsmuster können zu deutlichen Hemmnissen bei der Entwicklung von Verhalten und Moral führen.

Versuche der Eltern, ihren Kindern gegenüber in Bezug auf die Vermittlung von Werten und die Einhaltung von Grenzen, eine einheitliche Position einzunehmen. Das ist grundsätzlich eine gute Idee, wenn sie wirklich authentisch ist. Wenn nicht, haben die Kinder meist leichtes Spiel, die Unstimmigkeiten dahinter aufzudecken und sie zu ihrem Vorteil zu nutzen. Stehen Eltern dagegen zu ihren unterschiedlichen Auffassungen und legen diese im Council offen, treten die Manipulationsversuche der Kinder an den Rand und die Familie kann zu glaubwürdigeren Regeln im Umgang miteinander finden.

Ehrlichkeit gegenüber den Schwierigkeiten und den Problemen – und den Freuden – der Kindererziehung. Erkennen die Kinder wirklich an, was es bedeutet, sie großzuziehen? Wahrscheinlich nicht, vor allem nicht als Heranwachsende. Viele Eltern meinen, dass es ihre Autorität untergraben und eine Belastung für die Kinder darstellen könnte, wenn sie ihre Zweifel und Ängste im Erziehungsprozess zeigten. Doch die meisten Kinder, zumindest ab neun oder zehn Jahren, reagieren sehr positiv, wenn die Eltern ihre menschliche Seite mit ihnen teilen, anstatt lediglich in der Haltung zu verharren, sie hätten „alles im Griff".

Sich diesen immanenten Verhaltensmustern zu stellen kann manchmal ziemlich entmutigend sein. Familien benötigen dann alle Hilfe, die sie bekommen können – einschließlich der unseres alten Freundes, des Coyoten. Wenn eine Familie spielerisch und mit Spaß auf sich selbst blicken kann, entwirren sich emotionale Verwicklungen, wird die „objektive" Perspektive gestärkt und eine erhöhte Wahrnehmung ist möglich.

Stärkung des Selbstwertgefühls bei Kindern

Die Vertraulichkeit des Familien-Councils bietet Kindern einen fruchtbaren Boden für Selbstdarstellung, Wachstum und Entwicklung. Auch wenn Kinder-Councils in ähnlicher Weise positiv wirken können, haben doch kleine Familienrunden, in denen die Themen sehr unmittelbar empfunden werden können, eine stärkere Wirkung.

Erweiterte Aufmerksamkeitsspanne. Die Fähigkeit des Kindes, sich längere Zeit auf ein bestimmtes Thema zu konzentrieren, wird durch die Beachtung der Vier Leitlinien des Councils gefördert. Anteilnehmendes Zuhören stärkt besonders die Verknüpfung zwischen dem Ohr und den entsprechenden Hirnarealen.[39] In der Intimität des Familien-Councils fallen Anzeichen von Ablenkung (wie häufige Augenbewegungen, körperliche Unruhe und Mangel an emotionaler Anteilnahme) schnell auf und das Kind erhält sofort die erforderliche Aufmerksamkeit.

Umgang mit Schüchternheit. Das Council hilft Kindern, ihren Widerstand sich mitzuteilen, aufzugeben. Ist der Kreis groß, fällt es leichter, sich zu „verstecken", da ein stilles Weiterreichen des Sprechgegenstandes jederzeit erlaubt ist. In einem Kreis mit vier oder fünf Teilnehmern kommt der einzelnen Stimme eine größere Bedeutung zu. Schüchterne oder widerspenstige Kinder sind dann eher geneigt zu sprechen, sei es aufgrund der wiederholten Aufforderung durch die anderen Familienmitglieder oder des dringenden Bedürfnisses, die eigene Position darzustellen.

Absprachen treffen und einhalten. Zweifellos ist die Gestaltung und Einhaltung von Abkommen unter den Familienmitgliedern ein wichtiger Bestandteil des Councils. Das betrifft Themen wie Hausarbeit, Fernseh-, Video/DVD- oder/und Computer-Benutzungszeiten, Schulaufgaben, Schulnoten, Freizeitgestaltung, Anwesenheitspflicht

---

39 Siehe z.B. Das Ohr und das Leben, Alfred A. Tomatis. Walter-Verlag. 2004. Siehe ebenso Anhang 1.

bei Mahlzeiten und Familienereignissen, gewaltfreie Konfliktlösungsmöglichkeiten unter Geschwistern und mit Freunden. Die Fähigkeit, solche Übereinkünfte zu treffen und sie bei Änderung der Sachlage neu zu verhandeln, ist für den weiteren Lebensweg von unschätzbarem Wert. Council bereitet den Weg, Regeln und Absprachen miteinander schöpferisch zu gestalten, anstatt sie autoritär und ohne Mitsprache der Kinder durchzusetzen. Viele Eltern wissen, dass Kinder viel eher geneigt sind, Abkommen einzuhalten, wenn sie selbst an deren Entstehen beteiligt waren.

Konfliktlösung. Der Prozess, Konflikte unter Geschwistern beizulegen, nimmt für gewöhnlich einen großen Raum innerhalb der Familie in Anspruch. Ohne Hilfe fühlen sich die Kinder häufig nicht in der Lage, mit den Auseinandersetzungen umzugehen. Das einfache Council-Format (oder der Doppelkreis für größere Familien) zeigt einen Weg auf, diese Konflikte mit der Hilfe und der Begleitung eines jeden Familienmitgliedes zu ventilieren und aufzulösen.

Die Eltern realistischer wahrnehmen. Das Familien-Council gibt den Kindern die Möglichkeit, ihre Eltern über deren Rolle als Vater oder Mutter hinaus wahrzunehmen. Mama und Papa als fehlbare menschliche Wesen zu erfahren, zerstreut idealisierte Vorstellungen und lässt so jeden freier atmen. Die menschlichen Bedürfnisse ihrer Eltern kennen zu lernen, regt Mitgefühl und Verständnis in den Kindern an, worauf ein erhöhtes Selbstwertgefühl folgt. Darüber hinaus vermittelt die lebensnahe Wahrnehmung ihrer Eltern den älteren Geschwistern ein Gefühl dafür, was es bedeutet, eine Familie großzuziehen.

Den größeren Zusammenhang anerkennen. Allgemein formuliert, bestärkt unsere Kultur und unser Erziehungsmodell die Kinder in einer individualistischen und weltlichen Betrachtungsweise ihres Lebensweges. Die Anforderungen, die die Entwicklung des Egos zusätzlich zu dieser kulturellen Umgebung gerade in den frühen Jahren an die Kinder stellt, lässt ihnen wenig Spielraum, über ihre persönliche Existenz hinaus einen größeren Zusammenhang zu entdecken. Die Erforschung der Feinheiten des Gemeinschaftslebens oder der erweiterte Blick auf die Wechselbeziehungen im Weltgeschehen sind seltene Ereignisse für die meisten Kinder. Familien-Council kann in besonderer Weise diesem Mangel Abhilfe verschaffen, weil es eine unmittelbare und intime Erfahrung von Familie als Gemeinschaft vermittelt, und – durch die „Stimme des Councils" – eine bessere Wahrnehmung von etwas Größeren, jenseits des Profanen entsteht.

Stärkung der Eltern

Vor längerer Zeit bat mich eine kleine Gruppe von Eltern, ihr eine Einführung in die Grundlagen des Familien-Councils zu geben. Nach unserem Trainingstag führten sie den Prozess in ihren jeweiligen Familien ein. Die folgenden Aufzeichnungen sind Auszüge aus einem Council, das wir sechs Monate später durchführten, um unsere Beobachtungen auszutauschen und die Entwicklungen auszuwerten.
Marion: Letzte Woche im Council sagte ich zu John und den Kindern, dass ich mich wie ein Koch im Schnellimbiss fühlte. Wir aßen kaum einmal in Ruhe eine Mahlzeit miteinander. Ich musste es mehrere Male erwähnen, doch am Ende hörten sie mich. Die Auseinandersetzung, die daraufhin folgte, kam mir wie ein kleines Wunder vor. Jody willigte ein, sich zweimal in der Woche zu einem mindestens einstündigen Abendessen zu verpflichten. Während Jody sprach, starrte John mich angeregt an, als ob er von meinen Gefühlen völlig überrascht worden wäre. Möglicherweise hatte ich mich ihm gegenüber nie so deutlich geäußert wie in jenem Council. Mickey hatte die meisten Probleme mit dem Thema, aber er war schließlich mit Jodys Plan einverstanden und bot sogar an, beim Kochen zu helfen. Ich weiß nicht, was aus unserer Abmachung wird, doch es ist ein Anfang. Was auch immer passieren wird - ich war froh, die ganze Geschichte mal aufs Tablett gebracht zu haben.
Bruce: Seit Jahren baten mich meine Kinder immer wieder, mehr Zeit mit ihnen zu verbringen. Immer wieder war meine Antwort darauf gewesen, dass es meine erste Pflicht sei, die Familie zu versor-

gen, und dies mir nicht viel Zeit für irgendetwas anderes ließ. Letzte Woche im Council wurden sie darüber ziemlich ärgerlich und nannten mich einen „abwesenden Vater". Ich gab ihnen ein „missratene Gören" zurück und beschuldigte sie, Phrasen zu dreschen, die sie nicht einmal verstanden. Doch diesmal hielten sie nicht still. Mary unterstützte sie dabei, was mich endgültig auf die Palme brachte. Als der Redestab schließlich das vierte Mal herumging, hörte ich, was sie auf unterschiedliche Weise zum Ausdruck brachten. Ich erkannte, dass sie mich wirklich vermissten und dass sie mit mir Zeit verbringen wollten. Ich hatte immer gedacht, dass sie in mir nur jemanden sahen, der dazu da war, ihre Wünsche zu befriedigen. Ich hatte die Worte all die Jahre gehört, doch die dahinter liegenden Gefühle nicht hereingelassen – bis zu diesem Augenblick. Das Council blies mir richtig den Kopf frei.

Nick: Unsere ersten Councils waren fürchterlich. Die Kinder drehten und wuselten herum wie ein Haufen Würmer. Austin gähnte hundert Mal während jeder Runde. Madeline und ich sagten, dass wir uns einen größeren Zusammenhalt in der Familie wünschten, damit einer den anderen mehr unterstützte. Jedes Mal, wenn wir so sprachen, starrten Austin und Nicky teilnahmslos vor sich hin. Während des vierten oder fünften Councils war ich kurz davor, das Handtuch zu werfen, als Sam aus dem Nichts heraus die Frage stellte: „Hast du noch immer Sex mit Mama?" Madeline wechselte die Gesichtsfarbe. Sam ist neun Jahre alt und beobachtet uns wie ein Luchs. Als er mir den Stab gab, antwortete ich: „Ja. Doch wir nennen das ‚Liebe machen'. ‚Sex machen' wird dem nicht gerecht, was dabei zwischen uns geschieht. Wir machen nicht mehr so viel Liebe miteinander wie zu der Zeit, bevor ihr geboren wurdet, doch mittlerweile hat es eine tiefere Qualität."

Ich konnte selbst nicht glauben, dass ich so mit Sam sprach. Die Worte kamen einfach aus mir heraus. Dann fragte ich ihn, was ihn dazu bewegt hatte, diese Frage zu stellen. Als er den Stab zurückbekam, sagte er: „Du und Mama, ihr scheint nicht mehr so miteinan-

der umzugehen wie früher, deshalb wollte ich das nur mal checken."
Madeline und ich wussten sofort, dass er etwas Bestimmtes im Sinn hatte. Wir waren zuletzt nicht sehr liebevoll miteinander gewesen, vor allem nicht vor den Kindern. Unser Leben war zu geschäftig geworden. Was uns wirklich überraschte war, wie genau die Kinder unsere Beziehung beobachteten. Ich hatte immer geglaubt, dass sie viel zu sehr mit ihren eigenen Dingen beschäftigt waren, als dass sie hätten bemerken können, was zwischen Madeline und mir vor sich ging.
Cynthia: Joe und ich diskutieren eine Menge darüber, ob ich nicht zu überfürsorglich gegenüber den Kindern sei. Er ist immer so darauf aus, dass sie ihre eigenen Fehler machen, ihr eigenes Geld verdienen und „ihre eigenen Wunden heilen", wie er zu sagen pflegt. Du würdest glauben, sie sind in ihren Dreißigern, anstatt fünfzehn und siebzehn Jahre alt. Vor ein paar Wochen, während unseres regelmäßigen Councils, ging Joe so hart mit Seth um, dass ich glaubte, in die Bresche springen zu müssen. Ich konnte mir nicht helfen. Doch Seth reagierte ziemlich harsch auf meine Einmischung. Er sagte mir, dass er sehr wohl die Auseinandersetzung mit seinem Vater allein führen könne. Ich antwortete, dass meine Reaktion ganz instinktiv gewesen sei und ich sehr wohl wüsste, dass er selbst für sich sorgen könne. „Ich glaube dir nicht", sagte er, als er den Redestab wieder in den Händen hielt. „Du benimmst dich immer noch, als ob ich zwölf sei. In sechs Monaten mache ich meinen Führerschein, weißt du das eigentlich?"
„Autofahren hat damit nichts zu tun", wendete ich ein. „Es gibt eine Menge Männer mit Führerschein, die noch lange nicht erwachsen sind. Warum die Eile? Du wirst noch schnell genug auf dich selbst gestellt sein." Mark meldete sich zu Wort. Er ist meinem Schutzbedürfnis gegenüber toleranter als sein Bruder, vielleicht, weil er zwei Jahre älter ist. Das Council dauerte mehr als eine Stunde. Es gab keine Lösung, doch in den nächsten Tagen spürte ich, dass ich ein wenig mehr loslassen konnte. Wenn nur Joe seine Härte aufgeben würde, könnte ich meinen Schutzinstinkt besser kontrollieren.
Der Austausch der Council-Geschichten half diesen Eltern, ihre

Familiendynamik in einem größeren Zusammenhang zu sehen. Es war erleichternd für sie festzustellen, dass sie nicht die einzige Familie waren, die darum kämpfte, ihre Kommunikation zu verbessern und ihren inneren Zusammenhalt zu stärken. Die Lehren, die sie daraus erhielten, sind denen, die regelmäßige Familien-Councils praktizieren, bekannt: andere Familienmitglieder in einem neuen Licht zu betrachten; die Kraft gewinnen, aus aufmerksamem Zuhören produktive Familienaktivitäten und gestärkte Familienbindungen erwachsen zu lassen; erkennen, wie wichtig es ist, Council so lange zu praktizieren, bis Authentizität den Prozess zum Leben erweckt; und erkennen, welche Macht in aufrichtiger und ehrlicher Kommunikation steckt, damit festgefahrene Familienstrukturen in Bewegung kommen.

Familienfeste

Council schafft einen vertraulichen Rahmen für die Kommunikation in Familien während Geburtstagen, Festen und anderen Familienangelegenheiten. Die Zusammenkunft im großen Kreis macht aus der Party ein großes „Clantreffen". Jede Stimme hat hier die Chance gehört zu werden und es wimmelt nur so von Möglichkeiten für authentische Gespräche. Das Council kann ein oder zwei Stunden vor dem Festmahl oder vor dem Programm terminiert werden, so dass diejenigen, welche Interesse an dem Kreis haben, früher erscheinen können.

Geburtstage

Bailey versuchte, aufmerksam zuzuhören, als seine Kinder eins nach dem anderen sprachen. Er hatte unter dem Wetter der letzten Wochen gelitten und hatte sich nicht gerade erbaut über die Idee seiner Frau April gezeigt, vor dem Beginn seiner Party am Abend noch ein Geburtstags-Council abzuhalten.

„Ich gebe dir das Geschenk, jeden Samstag Zeit zu haben, um mit dir Softball zu spielen, so wie früher." *(David war zehn Jahre alt.)*

„Ich gebe dir das Geschenk, uns nicht ausschimpfen zu müssen, wenn wir zickig sind." *(Josie war acht Jahre alt.)*

„Ich gebe dir das Geschenk, bei dir nicht mehr um so viele neue Klamotten und CDs zu betteln, damit du dir keine Sorgen mehr über Geld machen musst." *(Jessica war 12 Jahre alt und ‚ging auf die 30 zu'…)*

„Papa, ich möchte, dass du lächelst. Ich schenke dir jede Menge Lächeln!" *(Becky war gerade vier geworden.)*

Aprils Augen begannen zu schimmern. Für eine Weile fiel es ihr schwer zu sprechen. „Ich bringe dir das Geschenk der Dankbarkeit für all das, was du mir und den Kindern gegeben hast. Ich mache mir Sorgen darüber, wie hart du arbeitest. Vielleicht müssen wir unsere Art zu leben ein wenig ändern. Ich habe Angst, dass der Stress deine Gesundheit in Mitleidenschaft zieht… Ich liebe dich."

Josie wollte noch weitere Geschenke geben. Sie hatte Council das ganze Jahr über an der Schule und Geburtstage waren ihre Favoriten. „Ich gebe dir das Geschenk, mich nicht mehr anschreien zu müssen, damit ich mein Zimmer aufräume – jedenfalls nicht mehr als einmal", sagte sie und entwand ihrer Mutter den Redestab.

David konnte nicht anders als unterbrechen: „Ich wette, du hast das Geschenk bis morgen wieder vergessen."

„Wir sind im Council", erinnerte ihn April.

„Okay, okay. Aber wir alle haben unsere Geschenke abgeliefert. Billie wartet auf mich, um zu spielen."

„Oh, David, Papa hat noch nicht gesprochen. Gib ihm eine Chance."

Bailey griff langsam zu dem „Schlangenstab", den er auf einer Campingfahrt vor zwei Jahren geschnitzt hatte. Der Knoten in seinem Magen fühlte sich leichter an, doch sein Kopf hämmerte weiter wie eine Trommel. „Danke für alle eure Geschenke," begann er. „Ich kann mich daran erinnern, wie 50 mir mal geradezu uralt vorkam, doch hier bin ich jetzt. David, ich wünschte, ich könnte wieder Ball spielen, doch ich habe meistens am Samstag arbeiten müssen und meine Knie sind sowieso nicht mehr das, was sie einmal waren. Josie, deine Geschenke sind großartig. Ich mag es nicht, mit dir wegen deines Zimmers zu schimpfen. Jessica, ich liebe dein Geschenk. Ich kann schlecht ‚Nein' zu dir sagen, deshalb wird deine Zurückhaltung wirklich hilfreich sein. Becky, allein, dich anzuschauen, ist genug, um mich zum Lächeln zu bringen. Ich weiß auch nicht, was mit mir in diesem Jahr geschehen ist. Vielleicht habe ich wirklich vergessen, wie Lächeln geht. April, ich weiß gar nicht, wie du den ganzen Laden zusammenhältst. Es ist ein Wunder… Aber ich habe jetzt genug gesagt, ich will an meinem Geburtstag nicht noch heulen."

April nahm den Stab aus Baileys Händen und wickelte ihn in das rot-weiße Tuch. Josie war an der Reihe, die Kerze auszublasen. Die Familie hielt sich an den Händen. David versuchte, sich mit seiner Nase an Jessicas Schulter zu kratzen. Sie schubste ihn weg und schloss erneut ihre Augen. Es gab einen Moment der Stille, bevor David blitzartig den Kreis verließ.

Besondere Ereignisse

Seit nunmehr einigen Jahren laden Jaquelyn und ich zu erweiterten Familien-Councils mit 35 bis 40 Leuten ein. Einmal um Neujahr und einmal um die Sommersonnenwende herum. Wir starteten zu Beginn mit einer gewissen Beklemmung, nicht zu sprechen vom Augenrollen und Murren mancher Familienmitglieder. Mittlerweile nimmt fast jeder an diesem Council teil. Für manche ist es jedes Mal der Höhepunkt unserer Zusammentreffen.

Vor vielen Jahren wurden Mary Anne Dorward (Council-Leiterein an der Crossroads) und ich gebeten, ein großes Familien-Council zu leiten. Es geschah im Rahmen des jährlichen Treffens eines erweiterten Familienkreises, der regelmäßig seine illustre, acht Generationen währende Geschichte würdigte. Mehr als hundert Kinder und

Erwachsene besuchten dieses fünftägige Ereignis. Eingeschlossen war ein Treffen der Führungskräfte der im Familienbesitz befindlichen Firma sowie des Sozialdienstes, den die Familie ebenfalls aufgebaut hatte. Mary und ich machten den Vorschlag, einige Monate vor dem Treffen mit zehn oder zwölf Schlüsselpersonen des Clans ein Wochenend-Council-Training durchzuführen. So würde es nicht allein unsere Angelegenheit sein, dieser großen Gemeinschaft während ihres Zusammentreffens Council nahezubringen. Die Leitung könnte während der Festlichkeiten aus der Familie heraus gestellt werden.

Das Training mit einigen der aktivsten und einflussreichsten Clanmitglieder entwickelte sich zu einer erhellenden Erkundung von Familiendynamiken auf höchstem Niveau. Einige Monate später agierte Mary Anne beim Jahrestreffen der Familie als Beraterin der neu ausgebildeten Council- und Zeremonien-Leiter. Die herzliche Art und Weise, mit der das Council von zuvor durchaus skeptischen Clanmitgliedern vorgestellt und begleitet wurde, übertraf alle Erwartungen.

Hochzeiten

Ich habe eine beachtliche Teilzeitkarriere als Begleiter von Hochzeitszeremonien für Mitglieder unserer Familie und enge Freunde hinter mir. In den vergangenen Jahren haben die meisten von ihnen Council als wesentlichen Teil ihrer Feierlichkeiten mit einbezogen. Das Council, das für gewöhnlich vor der Abgabe der Eheversprechen stattfindet, gibt jedem noch einmal die Möglichkeit, seine Stimme für alle hörbar zu machen. Bei der Form, die sich für uns sehr bewährt hat, verlassen die Gäste nacheinander ihre Plätze und bilden spontan einen Kreis um das Brautpaar. Ich sage dann ein paar einführende Worte zum Council und daraufhin geht der Redegegenstand vom ersten bis zum letzten im Kreis herum. Das Verweben der innigen Geschichten, Gedichte und Lieder ist immer ein kraftvoller Teil der Feierlichkeiten.

In vielen Teilen der Welt rufen Hochzeits-Councils den Geist traditioneller Rituale wieder auf. In der jüdisch-christlichen Tradition wird die Hochzeit oft als eine Initiation des Paares in das geistige Leben der Gemeinschaft angesehen. Die Bildung eines Kreises aus Familienmitgliedern und Freunden um das Hochzeitspaar herum ist eine lebhafte Erinnerung an diese Tradition.

Vor langer Zeit träumte Gigi von einem Hochzeits-Council, das von einer Frau und einem Mann geführt würde, die die Rolle der Hohepriesterin und des Hohepriesters einnähmen. Die beiden sitzen auf dem Platz des Nordens, während drei andere Paare, die eine gewichtige Rolle im Leben der frisch Vermählten spielten, im Süden, Osten und Westen sitzen. Gebete und Segnungen werden aus den vier Richtungen entgegengenommen, danach werden die Stimmen der Ältesten und der Kinder gewürdigt. Schließlich sind alle der Versammelten eingeladen, Worte, Lieder oder Gesten darzubringen, während der Redegegenstand die Runde macht. Der ganze Kreis bezeugt und bekräftigt die Hochzeit, nachdem die Leiter das Paar durch seine Eheversprechen geführt haben.

Im Jahre 2004, im Alter von 54 Jahren, mitgestaltete Gigi ihre allererste – ihre eigene – Hochzeitszeremonie, zusammen mit ihrem Partner Win. Die Feierlichkeiten währten drei Tage. Der Höhepunkt war ein Ritual, das Gigis Traum in vielerlei Hinsicht ähnelte!

Die „Blessing Way Ceremony" (Segnungs-Zeremonie)

Die bekannte Baby-Geschenkparty ist eine gesellige und praktische Art, werdende Mütter in ihrer Vorbereitung auf die kommenden Aufgaben zu unterstützen. Das gemeinsame Essen und die mitgebrachten Geschenke richten sich in erster Linie nach den materiellen Bedürfnissen der werdenden Familie. In der „Blessing Way Ceremony" liegt die Betonung dagegen auf den nichtmateriellen Geschenken an die Mutter.[40]

---

40 Wir danken Sharon Gonzales für die folgende Beschreibung.

Die Zeremonie hat ihre Ursprünge in der Tradition der nordamerikanischen Ureinwohner. Dabei begeht die Frau, die zum ersten Mal Mutter wird, den Übergang vom Mädchen und von der Ehefrau in die Rolle der Mutter, die Verantwortung für die nächste Generation übernimmt. Mit ihrer Schwangerschaft bringt sie im wahrsten Sinne des Wortes den Archetyp der Mutter zum Ausdruck. Ihre Weiblichkeit erblüht auf neue Weise, wie es nur ihre Mutterschaft möglich machen kann. In der „Blessing Way Ceremony" kommen die Freundinnen und die Familie zusammen, um die Bedeutung dieses Überganges zu würdigen. Die Zeremonie kann ein paar Stunden dauern, einen Tag lang währen oder auch als Wochenend-Retreat gestaltet sein, abhängig davon, wie viel Zeit zur Verfügung steht und wie vertraulich die Frauen miteinander sind.

Die Gruppe ruft die Ahnenmütter und Großmütter an, deren Stärke und Mut während der Geburt das weibliche Geschlecht auf der ganzen Welt seit Schöpfungstagen inspiriert hat. Daraufhin werden die eigenen Mütter und Großmütter als die Hüterinnen des Lebens aller gewürdigt. Der Kreis ruft weiterhin alle weiblichen Vorfahren an, um die werdende Mutter in ihrem neuen Lebensabschnitt zu unterstützen.

Die Feier bezieht auch die mögliche Transformation des geistigen Lebens der Mutter durch die Geburt und das Aufziehen ihres Kindes ein. Die anwesenden Frauen teilen ihre persönlichen Geschichten und Weisheiten über die körperlichen, emotionalen und spirituellen Geschenke und Herausforderungen der Mutterschaft. Die werdende Mutter ist eingeladen, sowohl ihre Ängste als auch ihre einzigartigen Gaben für ihr zukünftiges Leben anzuerkennen.

All diese Themen werden im Council betrachtet, in einer Form, die am besten der Größe und den Interessen der Gruppe entspricht. Meist eignet sich ein Zusammensitzen im Kreis am besten, um die Geschichten zu erzählen und die spirituellen Ebenen der Mutterschaft zu erforschen. Für weitere Interaktion und Gespräche kann der Redegegenstand in die Mitte des Kreises gelegt werden. Ist die Gruppe sehr groß, eignet sich eine Spiralform, damit das Council nicht zu lange dauert.

Zu der Zeremonie gehört meist auch ein gemeinsames Essen, bei dem die werdende Mutter von ihren Freundinnen und der Familie in Vorbereitung ihrer neuen Rolle als Ernährerin beköstigt wird. Viele weitere Aktivitäten, die Frauen im Umgang miteinander gewohnt sind, können die Zeremonie bereichern: Singen, Rezitieren, Verwöhnen der werdenden Mutter durch Bürsten der Haare oder Nacken-, Fuß- oder Körpermassagen. Manchmal gestalten die Frauen eine Blumengirlande für ihre Haare und kleiden die Mutter neu ein. In der uramerikanischen Zeremonie wird der werdenden Mutter zur besonderen Würdigung ein Fußbad aus Öl und wunderschönem blauen Maismehl bereitet.

Ein rituelles Garnknüpfen ist ebenfalls ein möglicher Teil der Zeremonie. Dabei binden sich die Frauen mit einer Garnrolle aneinander. Dann durchschneidet jede Frau den Faden, der sie umgibt, und bindet ihn um ihren Knöchel, wo er bis zur Geburt des Kindes bleibt. Jedes Mal, wenn eine Frau den Faden um ihren Knöchel bemerkt, spricht sie ein Gebet für die werdende Mutter und ruft sie gelegentlich an, um zu erfahren, wie es ihr geht.

Ehe das Fest zu Ende geht, bietet jede Frau ihre Hilfe nach der Geburt an: Wäsche waschen, Lebensmittel bereitstellen, Babysitten oder Besorgungen machen. Auch für alle weiteren Bedürfnisse der jungen Mutter stellt der Kreis seine Unterstützung zur Verfügung, bis ihre Kraft wiederhergestellt ist.

Übergangsrituale

Einige Monate, nachdem sie ihr Council-Training an der Ojai Foundation beendet hatten, kam ein Paar mit einem faszinierenden Vorschlag auf mich zu. Sie hatten einen zwölfjährigen Sohn, der einige sehr enge Freunde gleichen Alters an der örtlichen Schule besaß. Die jüdischen Familien, aus denen dieser Freundeskreis bestand, hatten beschlossen, das traditionelle Bar-Mitzvah-Übergangsritual zu umgehen und ein ganzes Jahr als „Übergang ins Mannsein" für ihre Söhne zu gestalten.⁴¹ Die Gruppe wollte Council zum festen Bestandteil dieser Zeremonien machen. Unsere Diskussionen darüber führten dazu, das folgende ambitionierte Programm zu planen.

- Monatliche Councils für Väter und Söhne mit Themen wie:
  Mannwerdung in unserer Kultur;
  Helden und Mythen der Männlichkeit;
  Beziehungen zu Vater, Mutter, Frauen, Gemeinschaft und Erde.
- Gelegentliche Councils allein für Väter.
- Einige Councils der Mütter, in denen es um die sich verändernde Beziehung zu ihren Söhnen geht.
- Ein Jahresprogramm für die Jungen mit folgenden Schwerpunkten:
  Neue körperliche Fähigkeiten lernen;
  Eine starke Verbindung mit der Wildnis herstellen;
  Dienst in der Gemeinschaft.
- Entwicklung eines abschließenden Übergangsrituals.
- Führung eines Tagebuches und Aufzeichnung der Träume.

Als Reaktion auf die Anforderung begannen die meisten Jungen neue sportliche Fähigkeiten zu entwickeln (Tennis, Ski fahren usw.); einer wurde Schreinerlehrling. Zwei herausfordernde Rucksack-Touren wurden für Väter und die Söhne geplant. Die Jungen verpflichteten sich dazu, durch praktische Erfahrungen, die die Väter anleiteten, mehr über die örtliche Ökologie zu lernen. Jeder Junge machte in der Gemeinde eine Stelle ausfindig, die junge Freiwillige brauchte

---

41 Diane und Mike Sanson begleiteten diesen ein Jahr dauernden Übergang. Diane leitet auch weiterhin ähnliche Zeremonien für Gruppen von Jungen, Männern und Frauen. Sie hat ein Handbuch erstellt, in dem sie ihre Arbeit beschreibt. Adolescent Rites of Passage: A Family guide for Mutual Growth. Das Handbuch ist unter der folgenden Tel.-Nr. erhältlich: (001) (310) 457-9917.

(beispielsweise Lesungen für die Ältesten oder Sehbehinderten, Teilnahme an Reinigungstrupps, Nachhilfe für jüngere Schüler und Spendensammlungen für örtliche Wohltätigkeitsvereine). Träume und Tagebuchnotizen wurden regelmäßig im Council ausgetauscht. Während der abschließenden Zeremonie, die das Erwachsenwerden bekräftigte, sprachen Väter, Mütter, Familienälteste und Mentoren, die die Jungen begleitet hatten, ihren Segen aus.

Es ist sicher keine Überraschung, wenn ich sage, dass Übergangsrituale nicht immer reibungslos und glatt verlaufen. Vor mehr als 20 Jahren kam meine damals dreizehnjährige Stieftochter Linda im Winter auf die Heartlight School, jene kleine, experimentelle Schule, an der ich zum ersten Mal Erfahrungen im Council mit Kindern machte. Bereits Anfang März war völlig klar, dass ihre Vorlieben nicht auf den wissenschaftlichen Fächern lagen. Das gesellschaftliche Leben kam an erster Stelle, die Sorge um ihr Aussehen unmittelbar danach und die Schule weit abgeschlagen dahinter. Doch Lindas Gleichgültigkeit gegenüber der Schule reichte nicht als Erklärung für die Unstimmigkeiten in unserer Beziehung während dieser Zeit.

Einen Tag vor dem Vollmond im März – Jacquelyn war zufällig nicht in der Stadt – richtete sich unsere Unterhaltung während des Abendessens auf das in unserem Haus bevorstehende Vollmond-Council und die dazugehörige Meditation. Ich erzählte Geschichten über den Mond, in denen unser lunarer Begleiter vor allen Dingen mit dem Wesen des Weiblichen in Beziehung gesetzt wurde. Themen dieser Art interessierten Linda nicht sonderlich, doch als ich den Zusammenhang zwischen dem Mond und dem gleichfalls 28-tägigen Menstruationszyklus erwähnte, hatte ich augenblicklich ihre ganze Aufmerksamkeit.

Am nächsten Morgen in der Schule nahm mich Lindas Lehrerin während einer Pause beiseite. „Weißt du eigentlich, dass Linda vor zwei Tagen zum ersten Mal ihre Periode bekommen hat?", fragte mich Naomi mit leiser Stimme.

Ich atmete tief durch. „Das also ist es."

„Was meinst du damit?"

„Es ist eine lange Geschichte, doch in letzter Zeit bemerke ich Lindas Aufbruch in die Weiblichkeit besonders deutlich. Die Art, wie sie sich kleidet und sich verhält. Ich wünschte, ihr Interesse an der Schule wäre nur halb so groß wie…"

„Sie probiert ihre Stärken aus, um Aufmerksamkeit zu erhalten, vor allem von Männern."

„Ich sag's ja! Ich hoffe, die Welt ist dafür bereit. Nach diesen letzten zwei Monaten bin ich mir nicht sicher, ob ich es bin!"

„Das habe ich bemerkt!"

An diesem Nachmittag nach der Schule hatte ich eine verrückte Idee. Ich fand Linda im Haus, wie sie wie üblich ihre Erscheinung im Badezimmerspiegel begutachtete. „Ich bin hier drin", rief sie, als ich an die Tür klopfte. Ich stand im Eingang zum Badezimmer. „Wie sehe ich aus?", fragte sie. „Ich habe meine Haare mal ganz anders gemacht."

Ihr Haar sah aus, als ob es mit einem Schneebesen gestylt worden wäre. „Es sieht ein bisschen wild aus", sagte ich milde und wechselte das Thema. „Ich habe heute gehört, dass du soeben deine erste Periode begonnen hast." Sie drehte sich um und starrte mich an. „Ich finde, das ist wunderbar", fügte ich ungeschickt hinzu.

„Warum sollte meine Periode dir irgendetwas ausmachen?", fragte sie und wendete sich wieder dem heiligen Spiegel zu. „Es ist einfach ein Mist, mit dem ich klarkommen muss. Mir wäre lieber, es würde erst anfangen, wenn ich älter bin."

„Wir haben heute Nacht unsere regelmäßige Vollmond-Meditation und das Council. Ich frage mich, ob du nicht daran teilnehmen und mit uns deinen Eintritt ins Frausein feiern möchtest. Es wäre eine passende Gelegenheit, wenn du dich an unsere Unterhaltung über den Mond am gestrigen Abend erinnerst."

„Du meinst, ich soll kommen und den Leuten erzählen, dass meine Periode begonnen hat? Vergiss' es!"

„Eine Zeremonie wäre wirklich kraftvoll."

„Ich setze mich nicht mit irgendwelchen Menschen zusammen, die ich nicht kenne und spreche mit ihnen über meine Periode! Was ich darüber wissen muss, weiß ich schon. Wenn du dich über Frauen und den Mond unterhalten möchtest, bitte, tu' dir keinen Zwang an. Ich brauche ja nicht dabei zu sein."

„Du kennst ein paar der Menschen, die kommen", ließ ich nicht locker. „Wenn du an der Zeremonie teilnehmen würdest, …"

„Vergiss' es!", rief sie noch einmal und ließ mich mit einer ruckartigen Kopfbewegung stehen.

Weniger als ein Dutzend Menschen fanden sich am Abend zur Meditation ein, bezeichnenderweise alles Frauen. Wir trafen uns außerhalb des Hauses, weil es für die Jahreszeit ungewöhnlich warm war. Nach der Meditation eröffnete ich das Council mit der Geschichte über meine Begegnung mit Linda. Die Frauen lachten und es begann eine Sammlung von Erzählungen über ihre eigenen ersten Menstruationserlebnisse. Manche Geschichten waren ergreifend und voller Schmerz, manche dagegen zärtlich und freudvoll. Was für ein Geschenk war es, diesem vom Mond beschienenen Kreis von Frauen beizuwohnen, die den Übergang meiner Stieftochter, auch in deren Abwesenheit, feierten.

Später saß ich bei Linda auf der Bettkante und sprach über den vergangenen Abend. „Du hast tatsächlich meinen Namen genannt!", sagte sie mit gespieltem Entsetzen. „Ja, und ich habe ihnen auch erzählt, wie wir uns in letzter Zeit auf die Nerven gegangen sind. Ich denke, das hat mit deiner Periode zu tun."

„Du bist verrückt, Jack. Was haben unsere Auseinandersetzungen mit meiner Periode zu tun?"

„Vielleicht hatte ich Angst davor, anzuerkennen, dass unsere Beziehung sich ändern könnte, da du nun eine schöne junge Frau wirst… Doch heute Abend hat sich etwas verändert – was immer es auch war, dass mich durcheinandergebracht hat. Jede der Frauen sprach über ihre erste Periode. Manche der Geschichten waren lustig, manche traurig. Manche hatten die Erinnerung, sich damals sehr einsam gefühlt zu haben. Jede Geschichte war ein Geschenk für dich, auch wenn du nicht da warst. Wir haben deinen Übergang gefeiert, und meinen ebenso! Während der Redegegenstand die Runde machte, habe ich viel Liebe für dich empfunden – auf eine neue Art und Weise."

Linda lächelte ihr Kinderlächeln. Als ich ihr „Gute Nacht" wünschte und das Licht auslöschte, erschien sie mir für einen Moment lang wieder ganz unschuldig.

Das Ende des Lebens feiern

Wir begaben uns vorsichtig in Donnas Wohnzimmer. Freunde und Familie waren von überall her zusammengekommen. Viele von ihnen hatte ich jahrelang nicht mehr gesehen, andere waren mir völlig fremd. Auf irgendeine Weise waren wir alle mit Donnas freier Gesinnung, ihrem Humor und ihrem Mut vertraut. Nun war sie dem Tode nahe. Ihr andauernder Kampf mit dem Krebs hatte länger gewährt, als jeder Arzt es sich hätte träumen lassen. Donna wollte vor ihrem Tode noch einmal mit ihren Freunden und ihrer Familie im Council sitzen. Diese Art, ihre letzte Reise zu gestalten, schien genau zu Donnas Leben zu passen.

Wir saßen bereits im Kreis, als sie, auf eine Krankenschwester gestützt, den Raum betrat. Der kaum merkliche Glanz ihrer Augen ließ ihre alte Lebenskraft erahnen. Sie nahm ihren Platz im Council ein – ein mit Kissen überhäufter weicher Sessel, der ihre Schmerzen lindern sollte. Sie teilte uns mit, warum sie vor ihrem Tode ein Council abhalten wollte. „Solange ich noch dazu in der Lage bin, möchte ich von euch allen etwas über unser gemeinsames Leben hören, was wir einander bedeutet haben, über unsere Höhen und Tiefen. Das muss nicht zwangsläufig traurig oder feierlich sein, doch ich möchte, dass es wahr ist." Sie fuhr fort über ihren Umgang mit Leid, Schmerzen und Tod und über die späte Entfaltung der spirituellen Seite ihres Lebens zu erzählen. Zum Schluss sagte sie: „Ich fühle eine unglaubliche Dankbarkeit für das, was mir so viele Menschen in meinem Leben gegeben haben. Eure Anwesenheit in diesem Kreis ist ein großer Segen."

Eine kleine hölzerne Figur, die Donna so liebte, begann ihren Weg durch den Kreis. Gemessen an den Umständen, war ich über die Aufrichtigkeit der Anwesenden verblüfft. Einige der Geschichten über die frühe Kindheit, über vergebliche Romanzen, deftige Abenteuer, gemeinsame Projekte, wütende Schlachten und liebevolle Freundschaften riefen Tränen und lärmendes Gelächter herbei. Faser für Faser wurde das Geflecht aus Donnas Leben im Kreis gewürdigt. Als die Figur die Runde gemacht hatte, konnte Donna kaum noch ihren Kopf hochhalten. Sie dankte uns und ließ sich aus dem Raum helfen.

Donna starb zwei Monate später. Eine traditionelle kirchliche Feier begleitete ihre letzte Überfahrt.

Kapitel 9

Council in der Zweierbeziehung

„*The first time was early in the morning*
Heart to heart, motionless
Breath dissolving boundaries, minds silent
Touched by something otherworldly
Called by two bodies surrendered to each other
Then a month later on a Sunday
Our eyes were making love when a door opened
We didn't know existed
And we entered a realm where spirits play
With Sufi's worshiping their Beloveds
Who is that witnessing us—
Mentor, shaman, priest, priestess?
Who joins our councils
Opening a path through the litter
Of a lifetime filled with love, hurt, and other surprises?
All this time a temple has been rising, stone by stone
A hidden grotto silent mysterious
A forest shrine beyond the din of personal desire
Sanctuaries from worldly sensibilities
Ordinary stones, divine mortar."

Eine kurze Geschichte unseres Dritten,
Jack Zimmermann

Gespräch zu dritt

„Matt" und „Katherine" stehen stellvertretend für eine ganze Reihe von Paaren, mit denen Jaquelyn und ich über die Jahre gearbeitet haben. Mit einer gewissen Angleichung der Rollen, der Persönlichkeiten und anderer unerheblicher Einzelheiten – und mit etwas mehr Vorstellungskraft – könnte das folgende Gespräch zu dritt im Leben einer jeden dieser Partnerschaften stattgefunden haben. Und, wenn wir schon mal dabei sind, auch in der unseren!

Matt: Ich fühle mich immer noch ein bisschen affig, wenn ich hier mit dir vor all diesen Kerzen und Blumen sitze. Das ist jetzt unser viertes oder fünftes Council. Wie oft müssen wir das denn noch machen?

Katherine: Jack und Jaquelyn haben vorgeschlagen, dass wir eine Weile dabeibleiben, um bessere Wege zu finden, miteinander zu sprechen.

Matt: Ich habe keine Probleme, mit dir zu sprechen, wenn wir Zeit dafür haben. Das Sprechen ist nicht unser Problem. Wir sehen die Dinge einfach so unterschiedlich. Ich brauche keinen Sprechstab, um mich mit dir zu unterhalten.

Kann sein, doch du brauchst einen, um gut zuzuhören.

Matt: Hast du gerade auch etwas gehört?

Katherine: Ja, ganz deutlich.

Matt: Ich glaube, wir werden verrückt.

Auf der anderen Seite: Dies ist einer der gesündesten Augenblicke, den ihr beiden je miteinander verbracht habt.

Katherine: Wer bist du?

Wenn die Vier Absichten des Councils sorgfältig beachtet werden, dann ist die Stimme des Councils zu hören... früher oder später. Das bin ich.

Katherine: Vielleicht träumen wir.

Nicht im herkömmlichen Sinne. Doch nenne mich ruhig einen Traum, wenn du magst. Ich bin hier, um euch zu helfen, etwas zu verstehen. Dass es nämlich nicht das Gleiche ist, miteinander im Council zu sitzen oder eine Unterhaltung zu führen.

Council in der Zweierbeziehung

Matt: Das ist genau meine Frage. Warum können wir nicht einfach miteinander reden?

Wie ich bereits erwähnte, weil ihr einander nicht besonders gut zuhört, auch wenn das Telefon mal nicht klingelt und die Kinder schlafen. Reden allein bringt eure Beziehung nicht in Bewegung.

Katherine: Genau diesen Gedanken hatte ich neulich.

Ich weiß. Das ist ein Grund, warum ich hier bin.

Matt: Ich höre alles, was Katherine zu mir sagt. Na gut, fast alles. Was bringt dich zu der Ansicht, wir würden einander nicht zuhören?

Du reagierst auf Katherine, noch ehe sie ausgesprochen hat. Sie ist noch nicht zu Ende und schon hast du bereits deine Antwort vorbereitet. Sie macht das genau so. Sobald ihr Meinungsverschiedenheiten habt, seid ihr völlig berechenbar. Ihr sprecht schneller und lauter, weil ihr befürchtet, vom anderen unterbrochen zu werden – eine berechtigte Sorge, muss ich leider zugeben. Offen gesagt, ist die Qualität eures Zuhörens recht mittelmäßig, verglichen mit dem, was möglich wäre.

Matt: Ich weiß meist im Voraus, was Katherine sagen will.

Katherine: Vielen Dank! Du bist auch nicht gerade ein Ausbund an Überraschungen für mich.

Eine derartige Kommunikation ist selten wirklich informativ. Das muss auf die Dauer entmutigend sein.

Katherine: Deprimierend, in der Tat. Manchmal fühle ich mich ganz allein, mitten in einer Unterhaltung mit Matt.

Matt: Das hast du mir nie gesagt. Warum hast du mir nie etwas davon erzählt?

Katherine: Ich weiß nicht. Vielleicht, weil ich Angst davor habe, dass du mich auch dann immer noch nicht hörtest und ich mich umso einsamer fühlen könnte... Wie können wir da rauskommen?

Macht mit diesen Councils weiter und achtet sorgsam auf die Vier Grundhaltungen, vor allem auf das Zuhören vom Herzen.

Matt: Es fühlt sich immer noch etwas lächerlich für mich an, wenn wir beide hier allein sitzen.

Ich bitte um Entschuldigung, aber bin ich nur Luft?

Matt: Verzeihung. Ich bin es gewohnt, Menschen zu zählen, nicht irgendwelche Phantome. Doch es freut mich, einen Sinn für Humor bei dir festzustellen, wer immer du auch bist!
Das habe ich von dir. Es ist eine deiner eher vorteilhaften Eigenschaften.
Matt: Werde mal konkret. Wer bist du wirklich?
Erst einmal bin ich keine Erscheinung. Ich bin eine Verbindung aus euren subtilen Körpern. Das ist übrigens etwas sehr Reales, auch wenn ihr es nicht wahrnehmt. Jeder von euch besteht aus Energie, und nur ein Teil davon manifestiert sich in fester Form. Der immaterielle Anteil eurer Existenz – eure subtilen Körper – ist ebenso wichtig wie der sichtbare.
Matt: Das hört sich jetzt an wie der Beginn eines Physikunterrichtes.
Ja, die Physik der Beziehungen. Der subtile Körper kann...
Matt: Verschone mich damit!
Katherine: Hör' auf zu unterbrechen, Matt.
Danke. Wie ich bereits sagte, bin ich eine Verbindung aus euren subtilen Körpern, eurer feinstofflichen Daseinsform. Ihr habt das sicher schon manchmal in stillen, achtsamen Augenblicken gespürt – wenn ihr euch nachts haltet oder sanft miteinander Liebe macht. Solange ihr nicht lernt, darauf zu achten, wirke ich ein wenig verschwommen.
Katherine: Wie fühlt sich das an, eine Verbindung unseres subtilen Wesens zu sein?
Manchmal angespannt oder ganz schön turbulent. Doch es kann sich auch voller Anmut und voller Leidenschaft anfühlen.
Katherine: Wahrscheinlich, wenn wir miteinander Liebe machen.
Matt: Ich habe vergessen, wie sich das anfühlt. Es ist so lange her. Du hast mich seit Wochen hängen lassen.
Katherine: Seit sechs Tagen, um genau zu sein. Wir hatten beide so viel zu tun und ich hatte...
Matt: ...Kopfschmerzen, ich weiß.
Du unterbrichst wieder.
Matt: Ich weiß doch, was sie sagen wollte.
Vielleicht bis zum Ende dieses einen vorläufig letzten Satzes. Doch wenn Katherine sicher sein könnte, dass du nicht sprichst, bevor sie geendet hat,

könntest du nie sicher sein, was von ihr als Nächstes kommen würde. Jetzt ist es zu spät. Deshalb bin ich gekommen. Ich möchte euch darin unterstützen, mindestens einmal in der Woche miteinander im Council zu sitzen.
Matt: Einmal in der Woche! Die Zeit haben wir nicht.
Ich schlage vor, ihr überprüft eure Prioritäten und nehmt euch die Zeit. Council ist nicht nur dazu da, eure Kommunikation zu verbessern. Es kann auch etwas bieten, was eure Beziehung gerade jetzt benötigt.
Katherine: Was soll das sein?
Die Verbindung mit dem Spirituellen.
Matt: Der Himmel möge uns helfen. Jetzt wird's religiös!
Ich habe nichts von Religion gesagt. Du könntest besser zuhören. Ich sagte, dass Council ein Weg sein könne, eine geistige, höhere Dimension in eure Beziehung einfließen zu lassen. Lasst es mich erklären.

Wenn zwei Menschen in einer reifen, erotisch erwachten Beziehung stehen – und, ihr könnt es glauben oder nicht, das tut ihr –, so wird die Verflechtung ihrer subtilen Daseinsebenen zu einem Blitzableiter für das Spirituelle. Wenn ihr im Council sitzt, kann ich dieser Manifestation der geistigen Welt eine Stimme geben. Ich verkörpere und repräsentiere sie. Ich kann euch helfen, zu erkennen, was für eure Beziehung das Beste ist und wie das auch anderen Menschen auf dieser Welt dient.

Meine Anwesenheit mag befremdlich für euch wirken, doch sie ist in vielen spirituellen Traditionen bekannt. Das Council zu zweit ist zum Beispiel nichts anderes als das, was die Quäker mit „Dritter Weg" bezeichnen. Wenn ein Konflikt im Dialog beigelegt wird, sagt ein Quäker: „Es gibt die Wahrheit, die du mitbringst, und es gibt die Wahrheit, die ich mitbringe. Und wenn wir voller Anteilnahme hören, können wir ebenso die Wahrheit des ‚Dritten Weges' wahrnehmen."

Ich bin der ‚Dritte Weg' in eurer Partnerschaft. Ich bringe die Dritte Wirklichkeit. Ihr könnt mich kurz ‚Das Dritte' nennen.
Katherine: Warum brauchen wir ein Drittes, um unsere Beziehung abzubilden?
Weil es die meiste Zeit so schwierig für euch ist, euch ganz dem Fluss der Dinge zu überlassen. Ihr fühlt euch damit nicht sicher, weil ihr

euch gegenseitig für zu unvollkommen haltet. Soll der Spirit in einer Beziehung Einzug halten und die Liebe vertiefen, so erfordert das eine größere Hingabe an „Das Andere". Ich repräsentiere „Das Andere" in der Beziehung, diese unbeschreibliche Anwesenheit, der ihr euch beide überantworten könnt. Ihr nehmt mich besonders dann wahr, wenn ihr einsichtsvoll oder kreativ miteinander umgeht oder in diesen erhabenen Momenten, wenn ihr beim Liebemachen eins werdet.

Katherine: Bist du nur bei uns? Ich weiß nicht, wie ich das sagen soll... Besuchst du auch andere Partnerschaften?

Ich repräsentiere nur eure – unsere – Beziehung, so wie andere Dritte es in deren Beziehung tun. Alle Dritten „kennen" sich und unterstützen sich gegenseitig. Wir sind immer für unsere Beziehungen da, doch solange wir nicht bewusst herbeigerufen werden, sind wir eher flüchtige Wesen. Wir erscheinen unvorhergesehen, nicht nur in Momenten der Leidenschaft und der Gemeinsamkeit, sondern auch in Zeiten der Krise oder Trauer. Nun bin ich hier, um euren Mut zum Council zu fördern. Ich habe all euren vorausgehenden Sitzungen beigewohnt, ohne dass ihr es bemerkt habt, bis zum heutigen Tage.

Matt: Wie waren wir so?

Ganz gut, lasst mich jedoch ein paar Vorschläge machen, wie es noch besser gehen kann.

Verabredet euch, einmal in der Woche ein Council abzuhalten. Wenn es dringende Themen gibt, die sofort betrachtet werden wollen, beruft zusätzliche Sitzungen ein.

Nehmt euch die Zeit, das Council vorzubereiten, um einen geschützten, besonderen Raum zu gestalten. Wenn ihr mit eurer Umgebung in Resonanz geht, ruft ihr mich herbei. Einen heiligen Raum zu gestalten stärkt die Absicht, aufrichtig und achtsam miteinander zu kommunizieren.

Haltet ein drittes Kissen für mich bereit. Der Platz könnte leer aussehen, doch er erinnert daran, dass eure Beziehung über die Zweisamkeit hinausreicht. Ihr wisst, dass eure Kinder eine Manifestation eurer Beziehung sind. Das bin ich auch.

Richtet eure Aufmerksamkeit einen Augenblick auf das dritte Kissen, wenn ihr mit dem Council beginnt. Begrüßt mich, ladet mich ein, bittet um meine Einsichten. In schwierigen Zeiten, könnte ich möglicherweise eine neue Perspektive bereithalten. Oder ich provoziere euch und führe euch eure Schwäche, eure Selbstverliebtheit oder euer mangelhaftes Zuhören vor Augen.

Wenn ihr euch im Council festgefahren habt, haltet einen Moment inne, schweigt und schaut auf das dritte Kissen. Denkt an mich. Legt den Redegegenstand auf das Kissen und meditiert über die Dritte Wirklichkeit. Wenn ihr mich mit der Zeit besser kennen lernt, wird euch das leichter fallen.

Nachdem ihr eine Weile gelauscht habt, vergleicht eure Eindrücke. Jeder von euch mag etwas anderes wahrgenommen haben. Das ist in Ordnung. Wenn ihr jedoch sorgfältig nachspürt, wird der Kern der Botschaft ähnlich sein. Wenn nicht, begebt euch noch einmal zurück in die Stille und versucht es erneut.

Wenn ihr es gewohnt seid, mit mir im Council in Verbindung zu treten, werdet ihr überrascht sein, wie oft ich zu anderen Gelegenheiten auftauche, sei es zu Zeiten der Not oder der Freude.

Dankt euch gegenseitig am Ende des Councils und bedankt euch auch bei mir. Ich blühe auf, wenn ich Anerkennung erhalte!

Matt: Ich möchte nicht respektlos erscheinen, doch welche Empfehlungsschreiben kannst du vorweisen? Woher weißt du, was du uns beibringen sollst? Wer lenkt dich? Wir sollen uns dir ergeben und dir dienen, doch wem dienst du?

Ich diene euch beiden, genau wie all die anderen Dritten, die in diesem subtilen Reich wohnen, das wir die „Welt hinter den Dingen" nennen.[42] *Unser geistiger Ursprung liegt in einer Gemeinschaft, die ihr euch als „Die göttlichen Liebenden", erhabene spirituelle Partner, vorstellen könnt. Sie sind den meisten Menschen unbekannt, obwohl es sie von Beginn an gibt. Da die Welt sie so sehr braucht, werden sie sich in naher Zukunft immer mehr Menschen bekannt machen. Ihr könntet sagen, dass die Dritten*

---

42 Vgl. Kreative Imagination im Sufismus des Ibn Arabi, Henry Corbin, Lucis Verlag.

fortgeschrittene Kundschafter der Göttlichen Liebenden darstellen. Ein jeder von ihnen ist mit einer Beziehung verknüpft, in der sich die subtile Wesenheit hinlänglich ausgedehnt hat. Wir alle dienen den Göttlichen Liebenden.
Matt: Jetzt, da ich weiß, dass du manchmal auftauchst, wird das Council mit Katherine für mich wohl aufregender werden. Ich vermute, dass alles Mögliche geschehen kann, wenn du da bist.
Das Loslassen der alten Muster, die euch beide so frustriert haben, eingeschlossen. Beendet jetzt das Council für heute, dankt mir und euch und pustet die Kerze aus.
Katherine: Danke.
Matt: Danke.

Das Wesen des „Dritten"

Eine Beschreibung des Dritten, die sich an der menschlichen Gestalt orientiert, wird der Erfahrungsebene, die mit dem Eintritt in die Dritte Wirklichkeit verbunden ist, nicht gerecht. In unserem gewöhnlichen Leben funktionieren wir, als ob wir einzelne Wesen mit einer konkreten, endlichen Ausdehnung seien und innerhalb der Grenzen unserer Hautoberfläche lebten. In einer reifenden, erotisch wachen Beziehung ist es jedoch möglich, dem Erwachen unseres subtilen Körpers und dessen Interaktion mit dem unseres Partners gewahr zu werden. Diese beiden feinstofflichen Wesenheiten durchdringen sich gegenseitig, um ein gemeinsames Energiefeld zu schaffen, das besonders in vertraulichen Augenblicken, wie bei längerem erotischen Kontakt oder im Council, wahrgenommen werden kann. Dieses Feld weist über die physikalische Existenz des Körpers hinaus auf etwas Übergeordnetes, das das elementare Andere mit einschließt. Mit der fortschreitenden Wahrnehmung dieses Feldes löst sich die Illusion einer isolierten Existenz auf.

Schon bald lernst du, deine eigene subtile Wesenheit und die deines Partners in dem gemeinsamen Feld zu unterscheiden. In besonders klaren Augenblicken ist noch etwas Weiteres gegenwärtig, etwas zunächst geheimnisvoll und flüchtig Anmutendes, das das Empfinden großer Freude und Frieden mit sich bringt. In einem Moment der Gnade erkennst du dich in der Gegenwart eines wissenden Geistes, der die ganze, unverfälschte Kraft deiner Beziehung in sich trägt. Wir haben gesehen, wie jedes Council ein Interaktives Feld besitzt. Im Council zu zweit („Dyadisches Council") wird das Interaktive Feld als „Dritte Wirklichkeit" bezeichnet.

Das Dritte ist kein Traum, auch wenn es in den Traumwelten der beiden Partner auftauchen kann. Das Paar ist zweifellos im Wachzustand und gleichzeitig im Zustand erhöhter Wahrnehmungsfähigkeit, wenn es die Dritte Wirklichkeit betritt. Letztendlich kann ein Paar das Dritte durch Meditationspraxis, intensive Naturerfahrung, Austausch von Träumen, bewusste Sexualität oder im dyadischen Council hervorrufen.

Doch es gibt „noch etwas Anderes", das mit der Anwesenheit des Dritten erfahrbar wird. Im Zustand erhöhter Wahrnehmungsfähigkeit empfinden die Partner diese unbeschreibbare Qualität als eine Ausdehnung noch „darüber hinaus" und „größer als" ihre subtile Präsenz. In einem Augenblick außerordentlicher Entspannung und Intimität sind sie in der Lage, eine energetische Bewegung zu spüren, die aus einem noch weitaus feiner strukturierten, inneren Reich des Seins zu stammen scheint.

Diese elementaren Aussendungen lassen Bilder eines Geistes dualer Einheit entstehen. Jaquelyn und ich sind übereingekommen, die Quelle dieser Bilder als die „göttlichen Liebenden" zu bezeichnen. Andere sprechen von einem „Avatar-Paar", der Inkarnation eines auf die Erde herabgestiegenen göttlichen Paares.[43]

---

43 Der Fall in der Zeit. Mythologie, Sexualität und der Ursprung der Kultur, William Irwin Thompson. Weitbrecht Verlag, 1988.

Wir stellen uns die Göttlichen Liebenden als das kollektive Idealbild eines Paares jenseits der Begrenzungen des menschlichen Verstandes vor. Das Dritte ist die persönliche Verbindung des Paares zu den Göttlichen Liebenden, das sie in eine offen sich ausdehnende Liebe führt, die das einzigartige Potential ihrer Beziehung in die Welt bringt.

Council zu zweit

Da Katherines und Matts Drittes uns mit den Grundlagen des Dyadischen Councils bereits vertraut gemacht hat, braucht es nur noch ein paar Ergänzungen.

Das Dritte einladen. Das Paar-Council, das wir im vorigen Kapitel vorgestellt haben, nennen wir auch das „Drittes-Kissen-Ritual". Allein der Anblick des leeren Kissens genügt hin und wieder, um die Dynamik des Councils zu verändern. Wenn das Dritte an der Reihe ist, kann der Redegegenstand vor das „leere" Kissen gelegt und während einiger Augenblicke der Stille betrachtet werden. In der Stille der Dritten Wirklichkeit können sich Einsichten einstellen, die das Interaktive Feld auf produktive Weise neu ausrichten. Wahlweise ist es einem Partner auch gestattet, sich zu dem leeren Kissen zu begeben, wenn dieser an der Reihe ist zu sprechen und die Botschaft des Dritten vernimmt. Der andere Partner hat danach die Möglichkeit, die Authentizität der Vertreterrolle zu kommentieren. Mit der Zeit befähigt diese Übung jeden Partner zu unterscheiden, ob es sich um eine authentische Wahrheit des Dritten handelt oder um eine Äußerung, die eher durch die persönlichen Denkmuster des Sprechenden motiviert ist. Mit fortschreitender Praxis lösen sich solche Verzerrungen in der Erscheinung des Dritten auf und mehr und mehr fühlt sich das Paar in der Dritten Wirklichkeit zu Hause.

Themen. Auch wenn Councils zu zweit durchaus thematisch offen gehalten werden können, ist es manchmal von Vorteil, einen bestimmten Aspekt der Beziehung als Thema zu benennen: Sexualität, Art und Weise, wie Liebe zum Ausdruck gebracht wird, Konkurrenzdenken, Auseinandersetzungen bei der Erziehung, Finanzen und so weiter. Dyadische Councils können ein breites Themenspektrum behandeln:

- Erforschung der Schatten, wobei beide aufgefordert sind, Dinge zu benennen, die sie beim anderen als ärgerlich empfinden.
- Bekräftigung der Beziehung, wobei die Partner aussprechen, was sie beim Partner und an der Beziehung schätzen.

Besondere Dyadische Councils. Es gibt Gelegenheiten, in denen Dyadische Councils dazu dienen, eine spezielle Aufgabe zu erfüllen:

- *Klärung.* Ein Council abzuhalten, bevor eine intensive Zeit der Intimität beginnt, ist ein guter Weg, um ungelöste Probleme zu benennen, anzuerkennen und zu beseitigen.
- *Vision.* Wenn Entscheidungen in der Schwebe sind oder Zeiten der Veränderung anstehen, kann es sehr hilfreich sein, wenn Partner ihre Phantasien, Träume, Wünsche, Hoffnungen und Pläne für die Zukunft in einem Visions-Council gemeinsam erforschen.
- *Träume.* Der Raum, den das Dyadische Council bereitstellt, liefert die Sicherheit, dass Träume ohne Zeitdruck und ohne Unterbrechungen durch den Partner betrachtet werden können. Und wie immer ist das Council-Milieu gut dazu geeignet, das Dritte mit seinen Ansichten einzuladen. Viele Paare, die gerne ihre Träume miteinander teilen, tun dies täglich. Sie lassen sich ein wenig früher wecken, um sich vor dem Aufstehen ihre Träume der Nacht zu erzählen – im Geiste, wenn auch nicht in der Form des Councils. Die Träume dabei zu reflektieren ist nicht der einzige Sinn dieser Praxis. Partner können die Übung nutzen, um gemeinsam die Traumzeit zu betreten und von dort aus im Zustand gesteigerter Wahrnehmung ihr Leben mit größerer Klarheit zu betrachten.

Zeuge sein. Manchmal ist es hilfreich, eine dritte Person als Zeugen in das Paar-Council einzuladen. Die Einladung kann durch das Bedürfnis, einen Konflikt beizulegen oder einfach durch den Wusch nach einer Bestandsaufnahme der Beziehung begründet sein. Dieser anteilnehmende Beobachter kann auf verschiedene Weise agieren, die am besten vor dem Beginn des Councils vereinbart wird.

- *Normales Bezeugen.* Der Zeuge hört zu, bis das Paar endet, und gibt dann seinen Kommentar hinsichtlich der Qualität der Kommunikation und insbesondere des Zuhörens ab.
- *Zweimaliges Bezeugen.* Der Zeuge bietet zu einem früheren Zeitpunkt, nachdem die Partner zwei oder drei Mal gesprochen haben, seinen Kommentar an. Diese Äußerungen können dazu dienen, die nachfolgenden Council-Runden zu fokussieren. Der Zeuge spricht auch noch einmal, wie gewöhnlich, nach dem letzten Durchgang.
- *Erweitertes Bezeugen.* In diesem Modell schweigt der Zeuge für ein paar Runden und hat dann die Möglichkeit, sich in der verbleibenden Zeit zu äußern. Dieses Format erweitert den Zeugenstatus um die Rolle einer Stellvertretung des Dritten. Um diese Rolle befriedigend auszufüllen, muss der Zeuge jegliche Identifikation mit einem der Partner vermeiden und in der Lage sein, aus dem Zustand gesteigerter Wahrnehmung zu sprechen. Bleibt sein Kommentar aus dieser Rolle heraus jedoch unklar, so kann jeder Partner darauf hinweisen und der Zeuge kann die Eindeutigkeit seiner Position darauf hin noch einmal überprüfen und, falls angeraten, zum normalen Zeugenhabitus zurückkehren.

Vielfaches Bezeugen. Ein Paar kann ebenfalls als anteilnehmende Beobachter eingeladen werden, eine Frau und ein Mann möglicherweise, um das Gleichgewicht der Geschlechter zu bewahren. Das Paar kann entscheiden, auf welche Art und Weise es vorgehen möchte. Beim erweiterten Bezeugen sind zwei Personen von Vorteil, da sich das Dritte besser manifestiert, wenn mehrere Perspektive geäußert werden.

Der Kreis der Liebenden

Die Praxis des Dyadischen Councils lässt sich um ein Vielfaches weiter entwickeln, wenn eine Gruppe von Paaren sich mit der Absicht trifft, ihre Kommunikation zu verbessern, das erotische Leben anzureichern und die Dritte Wirklichkeit zu betreten. Diese Praxis, der „Kreis der Liebenden", ist eine Spielart der Form des erweiterten Bezeugens im Dyadischen Council.

Eines der Paare setzt sich in die Mitte des Kreises, der von den anderen Paaren gebildet wird. Die beiden Partner sitzen sich gegenüber und ein drittes Kissen wird zwischen ihnen platziert, ein wenig zur Seite hin, wie im Drittes-Kissen-Ritual. Das Paar beginnt den Trialog mit dem Thema, das sie gerade beschäftigt. Der Rest des Kreises hat die Aufgabe, das Interaktive Feld des Paares anteilnehmend zu beobachten und zu lesen.

Entwickelt sich die Interaktion des Paares, ist jeder im äußeren Kreis eingeladen, den Platz des dritten Kissens einzunehmen, auf eine angemessene Pause im Dialog des Paares zu warten und dann mit der Stimme des Dritten zu sprechen. Entsprechende Äußerungen können Kommentare, Erkenntnisse oder Anmerkungen sein, die der Klarheitsfindung in der Partnerbeziehung dienen. Sich mit jemandem zu identifizieren, Verhalten zu bewerten oder spezifische Empfehlungen auszusprechen (wie in der konventionellen Therapie) sind in diesem Prozess nicht angemessen. Es ist wichtig, dass nur das Wesentliche in lockeren und unparteiischen Worten gesagt wird. Auf der anderen Seite kommt es durchaus vor, dass Dritte einen konfrontativen Ton anschlagen, wenn die Selbstbeteiligung der Partner strengere Maßstäbe fordert. Nachdem der Stellvertreter des Dritten gesprochen hat, kehrt er zu seinem Platz zurück und das Council geht weiter. Beendet das Paar die Runde, tritt es aus dem Zentrum heraus und die ganze Gruppe bezeugt den Prozess.

Diese Praxis kann eine erstaunliche Kraft entfalten, wenn der Kreis bereits seit einiger Zeit zusammen ist, entweder im mehrtägigen

Beziehungs-Intensivseminar (so wie sie Jaquelyn und ich regelmäßig an der Ojai Foundation, in Hawaii und Israel leiteten) oder als regelmäßig stattfindende Paar-Gruppe. Im Zustand gesteigerter Wahrnehmung, den diese Praxis hervorruft, kommen Einsichten in Fluss und verschwinden Verteidigungsstrategien, mit Humor als mächtigem Verbündeten. Ich erinnere mich an viele starke Augenblicke im Kreis der Liebenden…

Didis ausgefeilte Rhetorik brachte Kenny dazu, dass er sich für alle seine Schwächen verantwortlich fühlte. Kenny begann umgehend damit, sich zu verteidigen, was Didis Appetit nur noch weiter anregte. Deshalb wechselte er dazu über, ihr ihre Unzulänglichkeiten vorzuhalten – besonders ihre unberechenbaren Momente, in denen Wut kombiniert mit Rückzug vehement zum Ausdruck kamen. Schließlich packte sie mit blitzenden Augen den Redegegenstand und sagte: „Und wo ist deine sexuelle Leidenschaft? Ich brauche jemanden, der sich darin mit mir messen kann und mich dahin führt, wo ich hin will." Kenny sackte in sein Kissen, als Jaquelyn den Platz des Dritten einnahm. Wir anderen lauschten erwartungsvoll.

„Das Messer der Frau ist scharf", begann das Dritte. „Sie ist voller Ärger, und ihre Wut macht aus konstruktiver Kritik eine Waffe der Destruktion. Der Unterschied zwischen einer Frau und einer Göttin ist nicht, dass die Göttin in der Lage ist, ihren Mann zu vernichten – das kann jede starke Frau tun. Der Unterschied ist, dass die Göttin ihre Kraft dazu benutzt, ihrem Mann zu helfen, dass er wächst. Wenn eine Frau ihr Feuer mit offenem Herzen gebraucht, dann dient sie gleichermaßen der Göttin und ihrem Mann."

Didi schaute auf Jaquelyn. Sie fühlte eine Anwesenheit jenseits der gegenwärtigen Frau, die sie so viele Jahre kannte, jenseits dieser Meisterin der Konfrontation, wenn es darum ging, das Patriarchat herauszufordern, jenseits dieser Sprecherin aller Frauen für die urheberische Qualität ihrer eigenen Kräfte. Didi sah das Dritte ihrer Partnerschaft zum ersten Mal. Sie senkte ihre Augen und wurde still. Jaquelyn verließ das Kissen und kehrte zu ihrem Platz im äußeren Kreis zurück.

Kenny und Didi führten ihre Interaktion fort, die überraschenderweise nun keinen feindlichen und defensiven Charakter mehr hatte.

Ein paar Monate später erzählte Kenny Jaquelyn, dass ihre Provokation bei Didi etwas sehr Tiefes in ihrer Beziehung berührt hatte. „Danke, es geht mit uns jetzt weitaus besser", sagte er. Die Kraft dieses transformativen Augenblickes noch einmal hervorzuholen entzog sich Jaquelyns Möglichkeiten. Schließlich war sie es nicht gewesen, die auf dem dritten Kissen im Kreis der Liebenden gesessen hatte.

Tim und Mary waren kurz davor, in einen anderen Staat zu ziehen und dort eine Lebensgemeinschaft auf einem großen Stück Land, das sie soeben gekauft hatten, ins Leben zu rufen. Vom Kreis bezeugt, debattierten sie darüber, wie sie ihr erstes Jahr in der neuen Heimat verbringen wollten. Mary machte sich Sorgen, dass Tim mit seinem Leben im überaktiven „Vollzugsmodus" wie bisher weitermachen könnte und sie damit allein gelassen wurde, in seinem Windschatten über den Kern und das Herz ihrer Vision nachzudenken. Tim fuhr fort, über die gemeinsame Leitung der Gemeinschaft zu sprechen, doch hatte er eindeutig den „Einzelkämpfer-volle-Kraft-voraus-Gang" eingeschaltet, entwarf Strukturen, wählte Lehrer aus und plante Retreats. Der Dialog kochte gerade hoch, als ich mich auf den Platz des Dritten setzte.

„Der Mann und die Frau sagen, dass sie gemeinsam eine Gemeinschaft aufbauen wollen, was all ihre Fähigkeiten in Anspruch nehmen wird. Soll das geschehen, muss die Aufmerksamkeit zuerst ihrer Beziehung gelten. Die Vision der Gemeinschaft wird aus der Partnerschaft erwachsen. Die Aufgabe für den Mann ist es, alte Verhaltensmuster aufzubrechen und sich von meiner Anwesenheit in seinen Taten inspirieren zu lassen. Ich kann auch der Frau helfen, alte Muster zu knacken und ihrem Mann die Rolle des Machers zu überlassen. Sie hat ihn in das Mysterium ihrer Beziehung hinein zu rufen, so dass eine gemeinsame Vision der künftigen Gemeinschaft gesät werden kann. Zur rechten Zeit können wir Drei dann gemeinsam die Geburt einleiten."

Tränen standen in Marys Augen, als der Stellvertreter des Dritten verstummte. Tim sah aus, als ob er von einem Lastwagen überrollt worden wäre. Beide schwiegen sie für eine Weile. Dann nahm Tim langsam den Sprechstab in die Hand. „Ich hab's kapiert", war alles, was er sagte. Ich schlüpfte vom Kissen und fühlte mich ein wenig eingeschüchtert, angesichts der massiven Veränderung, die im Interaktiven Feld entstanden war. Mary und Tim führten ihren Dialog weiter und waren damit einverstanden, eine lange Zeit gemeinsam in ihrem neuen Haus zu verbringen, bevor sie mit der Gestaltung der Gemeinschaft beginnen wollten. Später sprach das Dritte noch einmal mit einer anderen Stimme durch einen weiteren Stellvertreter. Die Stimme warnte das Paar vor der Annahme, dass alte Verhaltensmuster so leicht zu durchbrechen seien…

Patrick und Millie befanden sich bereits seit 15 Minuten in einem unproduktiven Dialog. Der Platz der Beziehung blieb die ganze Zeit über unbesetzt. Millie schien, angesichts des vermeintlichen Mangels an Anteilnahme ihres Partners, an dessen ausgestrecktem Arm zu verhungern. Sie redete und redete, ihre Verletzlichkeit zeigte sich immer stärker. Offensichtlich schämte sie sich ein wenig dafür, dass sie ihre Einsamkeit preisgab. Patrick antwortete knapp und emotionslos. Wir anderen wurden zunehmend unruhiger und suchten nach einer Pforte, durch die das Dritte den Weg finden könnte. Schließlich besetzte Robbie, der jüngste der Männer im Kreis, das leere Kissen. Wie aus dem Nichts, auf eine ganz leichtherzige Weise, sagte er: „Ich frage mich, ob die Frau einwilligen würde, den Mann für einige Minuten schweigend zu betrachten. Vielleicht würde sie ihn dann mit neuen Augen sehen."

Als Robbie zu seinem Platz zurückging, legte Millie den Sprechstab vor sich hin und hörte auf zu sprechen. Von ihrem Platz aus (und ebenso denen manch anderer von uns) zeichnete sich Patricks Kopf als Silhouette gegen das helle Sonnenlicht ab, das durch die Fenster flutete. Millie starrte einige Minuten lang zu Patrick hinüber, blinzelnd, um seine Gesichtszüge im Gegenlicht zu erkennen. Einige von uns taten das Gleiche. Die Zeit schien still zu stehen. Unsere Unruhe verflog. Millie brach schließlich das Schweigen.

„Du hast ein Scheinen um dich herum, das sich weit über das grelle Licht hinaus ausdehnt. Ich sehe eine alte Seele, einen Mystiker, vielleicht einen Mönch aus früheren Zeiten. Er bewegt sich außerhalb der Worte, die er als ungeeignet empfindet, die Lehren seiner lebenslangen Reise wiederzugeben." (Später fanden wir heraus, dass einige von uns viele Details aus Millies Erfahrung gleichermaßen erlebt hatten.) „Du bist eine wunderbare alte Seele, ein Lehrer, ein weiser und stiller Lehrer, von dem ich vieles lernen kann. Ich habe diesen Teil von dir noch nie gesehen."

Patrick lächelte, doch er antwortete nicht. Millie sprach noch einmal wenige Worte, bevor sie beide den Platz in der Mitte des Kreises verließen. „Ein Teil meines Herzens war dir gegenüber all die Jahre verschlossen, weil ich nicht erkannt habe, wer du bist. Ich bin dankbar für unser Drittes, das mir geholfen hat zu sehen. Ich hoffe, dass sich diese Erfahrung nicht verflüchtigt, wenn wir wieder gemeinsam die gewöhnlichen Fäden unseres Alltags spinnen." Ein Chor von Ho's bekräftigte Millies Gebet.

Sheila und Lindsay trugen ihre lange währende Debatte über das gemeinsame Kinderkriegen in den Kreis. Er konnte es kaum erwarten, Vater zu werden, sie, um die Vierzig und nicht von bester Gesundheit, war zwiegespalten. Ihr Dialog spiegelte schon bald wider, wie wenig sie sich mit ihren Bedürfnissen in der Beziehung auseinandergesetzt hatten. Ihr Drittes, getarnt als Jaquelyn, kam schließlich zu Hilfe. „Es gibt hier bereits zwei Kinder, die noch eine Menge an Fürsorge benötigen, bevor ein drittes Kind in Erwägung gezogen werden kann." Das war alles, was sie sagte. Sheila und Lindsays Lachen veränderte die Ebene ihres Dialoges völlig. Auch wenn es noch mehrere Monate brauchte, lösten sie am Ende doch ihr Problem.

Die Fähigkeit, solch einen Prozess anteilnehmend zu beobachten und aus der Rolle der Beziehung, des Dritten, heraus zu sprechen kann jeder für sich weiter entwickeln und so lernen, mit diesem Element in seiner eigenen Beziehung zu arbeiten. Das Paar in der Mitte des Kreises erhält hilfreiche Anregungen, wenn die Beobachter im Außen in der Lage sind, das Interaktive Feld des Paares zu sehen. Und wir machen oft die Erfahrung, dass die Stellvertreter der Beziehung mindestens ebenso viel, wenn nicht mehr lernen, als das Paar in der Mitte. Die Wirkung der kurzen Aussage eines dieser Stellvertreter wird oft noch durch die Absichten der beziehungsvertiefenden Praxis des Kreises der Liebenden und das Interaktive Feld aller anwesenden Paare energetisch unterstützt. In besonders magischen Momenten sind alle Dritten, diese geistigen Stellvertreter der Beziehung, als geistige Kraft um den Kreis herum zu spüren.

Kapitel 10

Councils in Gemeinschaften und Unternehmen

„We are the dance of the moon and sun
We are the light that's in everyone
We are the hope that's deep inside
We are the turning of the tide."

Starhawk zugeschrieben

Die Wind-River-Gemeinschaft

Seit dem ersten informativen Kontakt vor vielen Jahren ließ Jaquelyn und mich der Gedanke nicht los, Council an der Wind-River-Gemeinschaft vorzustellen. Der Kern dieser Gemeinschaft bestand damals aus ungefähr 40 Mitarbeitern, Lehrern und Geschäftsführenden, die überwiegend in der Nähe ihres gemeinschaftlichen Landes und der Versammlungseinrichtungen im ländlichen Washington lebten. Diese Gruppe, nebst einigen hundert weiteren Menschen, die regelmäßig an den gemeinschaftlichen Aktivitäten teilnahmen, verband eine gemeinsame spirituelle Tradition und Meditationspraxis. Die Lehrer, die mit Wind River in Verbindung stehen, vermitteln diese Praxis nach wie vor an Meditationsschüler innerhalb und außerhalb des Landes.

Nachdem die Gemeinschaft mehr als zehn Jahre lang Meditations-Exerzitien an anderen Seminar-Zentren geleitet hatte, fühlte sie sich bereit, auf ihrem Land eigene Gebäude für Meditations- und Wohnzwecke zu errichten. Innerhalb von ein oder zwei Jahren sollte die Mehrzahl der Mitarbeiter, und vielleicht einige Lehrer, auf dem über 700 Morgen großen Land mit den sanften Hügeln und den flachen Tälern entlang des Flusses leben. Einige Strukturen waren bereits entstanden und für die Vervollständigung des Programms war eine entsprechende Stiftung ins Leben gerufen worden. Auf der persönlichen Ebene waren Lehrer, Mitarbeiter und Teile der Geschäftsleitung damit beschäftigt, ihre Beziehung gegenüber jener charismatischen Frau umzugestalten, die maßgeblich an der Gründung der Gemeinschaft, am Formen der Vision sowie der Ausbildung von Schlüsselpersonen beteiligt gewesen war.

Wir wurden eingeladen, während dieser entscheidenden Phase in der Entwicklung der Gemeinschaft, die Council-Praxis nach Windmill River zu bringen. Vielen Mitgliedern war es ein Anliegen, die Kommunikation zwischen dem Mitarbeiterstab, den Lehrern und der Geschäftsführung zu verbessern. Sie wollten sich dabei auf eine Form des Gruppendialogs stützen, die mit ihrer Tradition und spirituellen Praxis übereinstimmte. Council schien dafür ein geeignetes Format zu sein.

Wir nahmen die Einladung gern an, waren uns jedoch bewusst, dass wir uns nicht zu sehr auf die vielen Probleme einlassen durften, denen sich Wind River in dieser Zeit gegenübersah. Sie waren denen der Ojai Foundation nicht unähnlich. Die Planungsgruppe machte deutlich, dass sie eine Menge Geschäftliches abzuwickeln und viele Themen zu begutachten hatten. Council wurde nicht als Selbstzweck angesehen, sondern als Mittel, sich mit diesen Angelegenheiten auseinanderzusetzen.

Die Herausforderung für uns bestand darin, unsere Ausbildungs- und Moderationskenntnisse ganz in den Dienst ihres Vorhabens zu stellen. In Anbetracht der Aussicht, einer Gruppe reifer Erwachsener mit einer bestens entwickelten spirituellen Praxis und ausgeprägten Führungseigenschaften gegenüberzusitzen, hatte ich einen Anflug von Beklemmung. Die aufblitzenden Selbstzweifel an meiner Eignung beruhigten sich, da ich darauf bauen konnte, dass Jaquelyn an meiner Seite sein würde.

Die Geschäftsleitung, die Lehrer und die Mitarbeiter der Gemeinschaft waren nie zuvor für ein ganzes Wochenende zusammengekommen. Die Fülle der Meditations-Retreats, die sie über das Jahr anleiteten, nahm den größten Teil ihrer Zeit in Anspruch. Der Vorstand traf sich monatlich, um die Verwirklichung der gemeinsamen Vision in die Tat umzusetzen, die erforderlichen Gelder aufzutreiben und die Mitarbeiter und Mitglieder zu unterstützen. Viele der Gemeindemitglieder fühlten sich am Ende ihrer Kraft und wünschten sich mehr Zeit für Begegnung untereinander. Trotz des Füllhorns an Zielsetzungen für das Wochenende, sollte der Spaß für alle nicht zu kurz kommen!

Unsere Jobs als Moderatoren begannen einige Monate vor dem eigentlichen Wochenende. In enger Zusammenarbeit mit einer kleinen Gruppe aus Mitarbeitern, Vorstand und Lehrern erstellten wir den folgenden Fragebogen für die Mitglieder der Gemeinschaft.

- Wie lauten die größten Herausforderungen, denen sich die Gemeinschaft gegenübersieht?
- Was sind die größten Hindernisse innerhalb der Gemeinschaft, um diese Probleme zu meistern?
- Was siehst du als die größten persönliche Hindernisse an, um diese Probleme zu bewältigen und dich von der Gemeinschaft genährt zu fühlen?
- Welche Entscheidungen wünschst du dir von diesem Wochenende?

Wir werteten die Fragebögen getrennt nach Mitgliedern, Lehrern und Vorstand aus, um in jedem Bereich der Gemeinschaft übereinstimmenden Antworten auf die Spur zu kommen. Wir fanden einige.

„Ich fühle mich gar nicht als Teil der Gruppe der Lehrer. Ich lebe weit entfernt und habe andere Verpflichtungen und Aufgaben." (Lehrer)

„Manchmal fühle ich mich nicht anerkannt, vor allem nicht von den Lehrern." (Mitarbeiter)

„Es gibt Momente, da weiß ich nicht, wie wir unsere Vision am besten umsetzen sollen. Mir würde helfen, wenn wir engeren und regelmäßigeren Kontakt zu den Lehrern hätten." (Vorstand)

„Wir haben die Aufgabe, die Mitarbeiter sowohl einzeln als auch alle zusammen in ihrer Tätigkeit zu unterstützen." (Lehrer und Vorstand)

„Wie kann ich lernen, ‚Nein' zu den Lehrern oder zur Geschäftsführung zu sagen, wenn ich überlastet oder der Meinung bin, ihre Anforderungen seien unvernünftig?" (Mitarbeiter)

„Wir brauchen im Vorstand noch Leute, die wissen, wie Geldmittel zu beschaffen sind." (Vorstand)

Wir fanden ebenso heraus, dass es in allen drei Gruppen ähnliche Sorgen gab – nicht unüblich für Gemeinschaften dieser Art:

„Wir brauchen eine bessere Kommunikation zwischen Lehrern, Mitarbeitern und Geschäftsführung. Manche Mitglieder der einen Gruppe verstehen nicht, wie die anderen arbeiten."

„Ich muss lernen, Grenzen zu setzen, damit ich mich nicht völlig verausgabe."

„Ist es miteinander zu vereinbaren, ein eigenes Retreat-Center zu verwalten und als spirituelle Gemeinschaft zu leben?"

„Es widerspricht meiner spirituellen Praxis, um Geld zu bitten. Ich weiß, dass es getan werden muss, aber ich hasse es."

„Sind unsere Augen größer als der Bauch?"

„Ich hoffe, dass wir uns behutsam und gesund entwickeln können."

Am Ende stellten wir eine Synthese aus vielen ähnlichen Antworten zusammen:

„Obwohl ich mich manchmal überfordert fühle, möchte ich an keinem anderen Ort und in keiner anderen Gemeinschaft leben und arbeiten. Ich fühle mich den meisten Menschen hier sehr nah und durch das, was ich tue, auch die meiste Zeit genährt. Die Praxis und die Lehren, die die Gemeinschaft begleiten, stärken und unterstützen mich auf vielfache Weise."

Obwohl es nur zwei Personen direkt auf dem Fragebogen ansprachen, entnahmen wir den Gesprächen mit der Planungsgruppe, dass der starke Einfluss der maßgeblichen Lehrerin ein wichtiges Thema innerhalb der Gemeinschaft war. Es beeinflusste in bezeichnendem Maße bei der Geschäftsführung wie auch bei den Mitarbeitern und Lehrern die Bereitschaft zur Übernahme von Verantwortung. Wir waren uns jedoch nicht sicher, ob die ganze Gruppe bereits an dem Punkt war, sich auf dieses steinige Terrain zu begeben.

Zusätzlich zu den Auswertungen der Antworten hörten wir uns als Anhaltspunkt für die Council-Themen noch einige Bänder mit Vorträgen von Lehrpersonen an, studierten Verlautbarungen über Visionen und lasen uns Bücher durch, die vom Gründer verfasst worden waren. Derartig vorbereitet, trafen wir an einem Freitagnachmittag in der Gemeinschaft ein. Zu diesem Zeitpunkt fragten wir uns noch immer, wie wir all die ernsthaften Angelegenheiten, die vor uns lagen, behandeln sollten – ohne den Spaß aus den Augen zu verlieren. Nach dem Abendessen stellten wir das Council mit wenigen Worten vor, gingen kurz auf die historischen Wurzeln ein, beschrieben die einfache Form und die Vier Absichten. Daran schloss sich ein Eröffnungs-Council mit folgendem Thema an: „Teile deine Hoffnungen und deine Befürchtungen für das Wochenende mit. Sei ehrlich mit deinen Erwartungen und Befürchtungen. Erzähle uns einen Traum, der neulich auftauchte und mit der Gemeinschaft zu tun hatte." Zu unserer Freude hatte ein Mitarbeiter einen wundervollen Redestab gefertigt. Ein Stück Fichtenholz war mit kleinen Objekten, die in Beziehung zu der spirituellen Tradition der Gemeinschaft standen, verziert.

Aus Achtung vor diesen Traditionen hatten wir beschlossen, jedes Council mit einigen Minuten stillen Sitzens zu eröffnen und auch zu beenden. Das für uns gewohnte Trommeln schien gegenüber der herrschenden Praxis weniger angemessen zu sein. Diese Vorgehensweise erlaubte Gemeindemitgliedern das Council durch die vertraute Tür ihrer Meditationspraxis zu betreten und wieder zu verlassen. Um die Gangart hin und wieder zu verändern, trommelten wir zweimal während des Wochenendes. Viele Teilnehmer brachten zu dieser Gelegenheit die verschiedensten Perkussionsinstrumente mit.

Während des Eröffnungscouncils beherrschte die freudige Erregung über das Zusammentreffen der ganzen Gruppe die Gesprächsrunde. Lediglich einige sehr geschäftige Mitglieder der Gemeinschaft räumten ein, nicht besonders glücklich darüber zu sein, ihre Familien oder beruflichen Tätigkeiten für mehrere Tage verlassen zu müssen. Manche brachten die Sorge zum Ausdruck, dass im Nachhinein ein Mangel an Substanz die ganze Veranstaltung möglicherweise nicht rechtfertigen würde. Gegen Ende der Runde begannen die Teilnehmer, anregende oder humorvolle Geschichten über gegenwärtige Erfahrungen in der Gemeinschaft zu erzählen. Die Atmosphäre wurde dadurch zunehmend entspannter. Die Runde begann, ihre Gemeinsamkeit zu genießen, und erkannte, dass wir anwesend waren, um ihnen zu dienen und nicht, um hier unsere „Council-Nummer abzuziehen". (Tatsächlich benutzte ein Gemeindemitglied diese Formulierung während des Wochenendes, nicht um damit auf seinen tatsächlichen Eindruck, sondern auf seine anfänglichen Befürchtungen hinzuweisen.) Am Ende des Abends kündigten wir an, dass am nächsten Tag ein Traum-Council auf die Morgenmeditation folgen sollte.

Angesichts der Gruppengröße und des vollen Themenplanes wählten wir dafür die einfache Form, die wir „Traumstern" (siehe auch Kapitel 4) nennen, in deren Verlauf die Träume spontan aus der Stille heraus mitgeteilt werden. Viele Träume und Visionen wurden ausgesprochen, manche von ihnen in direktem Bezug zum Geschehen in der Gemeinschaft.

Nach dem Traum-Kreis begaben wir uns in eine Serie von drei Council-Runden im Fishbowl-Format. Lehrer, Vorstand und Mitarbeiter saßen jeweils in der Mitte, die anderen beiden Gruppen im Außenkreis hörten als Zeugen zu. So hatte jeder Teil der Gemeinschaft die Möglichkeit, in Gegenwart der anderen beiden, seine Angelegenheiten zu erörtern. Bevor die Gruppen begannen, boten wir ein paar Themen aus dem Antwortkatalog an, ermutigten jedoch die Teilnehmer des inneren Kreises, gleichermaßen jedes andere Thema, das ihnen wichtig war, zu behandeln.

Die Mitarbeiter begrüßten die seltene Gelegenheit, sich im Zentrum des Geschehens zu befinden, und nutzten die Zeit, um sich mit vielen personellen und grundsätzlichen Fragen auseinanderzusetzen. Die Lehrenden waren letztlich hocherfreut, zusammen im Kreis zu sitzen, und gaben ein wortgewandtes, sehr persönliches Zeugnis darüber ab, wie die Kernlehren, die sie alle befolgten, ihren Lebensweg verändert hatten. Die Ausführlichkeit, mit der zwei von ihnen über ihre persönliche Verbindung zu der maßgeblichen Lehrerin sprachen, ließ uns zu der Überzeugung gelangen, dass ihre Beziehung zur Gemeinschaft später noch auf die Tagesordnung kommen könnte. Die Mitglieder des Vorstands sprachen über die Herausforderungen, denen sie sich gegenübersahen, feierten ihre gute Zusammenarbeit und brachten ihren Wunsch nach mehr Anerkennung seitens der Gemeinschaft zum Ausdruck.

Nachdem jede Gruppe in der Mitte gesessen hatte, ließen wir den Sprechstab durch die ganze Runde kreisen, um die Äußerungen der anteilnehmenden Beobachter zu hören. Viele sprachen ihre Zufriedenheit darüber aus, dass sie Gelegenheit hatten, die anderen beiden Gruppen bei der Behandlung der Angelegenheiten, die ihnen wichtig sind, zu erleben. Manch scharfsinniger Kommentar beleuchtete die Dynamiken zwischen den drei Abteilungen.

Den drei Fishbowl-Kreisen folgte ein schweigender Gang zu den Orten, an denen die künftigen Retreat-Einrichtungen entstehen sollten. Eigenartigerweise hatte niemand auf den Fragebögen eine Bemerkung zum gemeinschaftlichen Land gemacht. Deshalb entschieden wir, die Verbindung zu ihrem Land als Teil des Wochenendes ins Spiel zu bringen. Nach dem Gang über das Gelände wagten wir die erste gründliche Erkundung eines Themas, das die ganze

Gemeinschaft betraf. Geld stand auf der Tagesordnung. Auf Grund der Gruppengröße wählten wir das Spiral-Format.

Es wäre voreilig gewesen, über Spendenbeschaffungen oder über die Kosten der Bauvorhaben für die künftigen Retreat-Einrichtungen zu sprechen. Doch die Fragebogenauswertung hatte ergeben, dass es für die Gemeinschaft hilfreich wäre, wenn die Beziehung zwischen spiritueller Ausrichtung und persönlicher Erfahrung im Umgang mit Geld beleuchtet würde. Wir haben öfter festgestellt, dass die Auswahl eines persönlichen Anliegens, das den sachlichen Anteilen der Agenda zugrunde liegt, häufig den Boden für spätere produktive Gespräche bereitet. Genau dies geschah. Die Spirale, die sich mit Spiritualität und Geld beschäftigte, diente dazu, die Bühne für eine lebhafte Diskussion über Spendenbeschaffung am folgenden Tage vorzubereiten.

Samstagabend war als spielerischer Teil des Wochenendes angekündigt, deshalb planten wir eine Überraschung. Nach ungezwungenem Singen teilten wir die Gemeinschaft in vier gemischte Gruppen. Jede Gruppe hatte eine halbe Stunde Zeit, um einen fünfminütigen Sketch über die Hochs und Tiefs der Gemeinschaft vorzubereiten. Ein ganzer Koffer voller Kostüme stand zur Verfügung. (Wir waren an diesem Abend in das Haus eines der Vorstandsmitglieder eingeladen.) Es brauchte ein paar Minuten, bis einige der Anwesenden ihren Widerstand überwunden hatten („Ich kann nicht glauben, dass Sie uns auch heute Abend dazu bringen wollen zu arbeiten", hörte ich jemanden flüstern). Doch als die Gruppen ihre Stücke präsentierten, begann das Lachen aus vollem Halse. In allen Parodien kamen Szenen darüber vor, wie schwer es ist, Meditation im Zeitalter des New Age zu unterrichten. Schüler wie Lehrer bekamen dabei gleichermaßen ihr Fett weg. Wir kugelten uns vor Lachen auf dem Boden herum.

Am folgenden Sonntagmorgen verbanden wir das Traum-Council mit einem „Wetterbericht", der sowohl das Vertrauen in, als auch die Sorge über die Zukunft der Gemeinschaft zum Ausdruck brachte. Einige Teilnehmer sprachen die Rolle der maßgeblichen Lehrerin an und als der Sprechstab die Runde gemacht hatte, fühlte ich, dass es an der Zeit war, ins kalte Wasser zu springen. So bereiteten wir eine Spirale mit dem Thema „Führungsverhalten und Verantwortlichkeit der Gemeinschaft" vor. Vier Teilnehmer sprangen sofort auf, um die leeren Kissen zu besetzen. Schon bald wurde deutlich, dass das Oberhaupt der Gemeinschaft ebenfalls in der Mitte des Kreises Platz nehmen musste, damit die Redner sie direkt ansprechen konnten, ohne sich ständig zu ihr umdrehen zu müssen. Sie nahm die Einladung bereitwillig an. Wir passten das Format so an, dass sie in der Mitte sitzen bleiben konnte, während die anderen den inneren Kreis betraten oder verließen.

Zunächst wurde Anerkennung für das von Respekt geprägte Umfeld der Gemeinschaft, die Integrität ihres Oberhauptes und die Schönheit des Councils als Kunstform an sich zum Ausdruck gebracht. Die Prinzipalin nahm die ihr entgegengebrachten Äußerungen von Liebe, Verzweiflung und Bewunderung mit gleichbleibender Liebenswürdigkeit entgegen. Manche der Teilnehmer sprachen darüber, dass sie sich schroff behandelt, missachtet und in einem Fall allein gelassen gefühlt hatten. Anerkennung ihrer herausragenden Bedeutung für die Gemeinschaft und Sorge über eine zu große Abhängigkeit von ihr wurden gleichermaßen zum Ausdruck gebracht. Viele zeigten Liebe, Respekt und Dankbarkeit für alles, was sie der Gemeinschaft gegeben hatte.

Als es an der Zeit war zu enden, nahm sie den Redegegenstand in die Hand und sprach mit leiser Stimme. Sie würdigte die persönlichen Gefühlsäußerungen und das Bedürfnis nach Veränderung in ihrer Beziehung zur Gemeinschaft. Sie räumte ein paar Missverständnisse mit einzelnen Mitgliedern aus und gestand ihre Neigung, sich abweisend zu verhalten. Jaquelyn und ich waren bereits durch so manches „Der-Führer-muss-sterben"-Szenario hindurchgegangen und waren daher voller Wertschätzung gegenüber dem Mitgefühl und der Integrität, mit der sich dieser Prozess entfaltet hatte.

Der Sonntagnachmittag war den Themen persönlicher Einsatz, Spendenbeschaffung und Verbesserung der innergemeinschaftlichen Kommunikation mit Hilfe von Anregungen aus dem Wochenende gewidmet. Begeisterung und Vertrauen in das gute Gelingen aller Vorhaben waren die vorherrschenden Empfindungen. Einige Mitglieder des Vorstandes und des Mitarbeiterstabes wünschten sich, Council in ihren Versammlungen als Kommunikationsform zu nutzen. Die Lehrer kamen überein, innerhalb der nächsten Monate erneut als Gruppe zusammenzukommen, etwas, das viele von ihnen sich schon lange gewünscht hatten. Die ganze Gemeinschaft vereinbarte ein weiteres gemeinsames Wochenende im nächsten Jahr.

Jaquelyn und ich verabschiedeten uns in einem Schwall von Dankeschöns und positiven Rückmeldungen. Wir hatte das getan, weswegen wir gekommen waren. Die Samen des Councils waren am Wind River gesät worden – und es gab Anzeichen von lebhaftem Wachstum.

Wir kamen im nächsten Jahr wieder und ebenso das Jahr danach. Wir trugen dazu bei, die Fähigkeiten der Gemeinschaft zur Kommunikation zu vertiefen und Antworten auf die komplexen Fragen zu finden, die sich der Gemeinschaft während ihrer Wachstumsphase stellten. Nach drei Jahren enger Verbindung übernahmen andere Mitglieder der Ojai Foundation die Aufgabe, den Bedürfnissen der Wind River Gemeinschaft zu dienen.

Councils bei Continental

Bis zu dem Zeitpunkt, als mich Frank Nelson von seiner Verkaufsagentur für Lincoln Continentals in Florida aus anrief, war es mir nicht in den Sinn gekommen, dass der Besitzer eines Autohauses Interesse an einem Council-Prozess zeigen könnte.

Doch da war er am Telefon und redete ununterbrochen und voller Begeisterung über Gigis und meinen Artikel im *Utne Reader*.[44]

---

[44] The Council Process, Jack Zimmerman and Virginia Coyle, Utne Reader, März/April, 1991.

Dieser Artikel hatte Frank auf manche Art neugierig gemacht. Seine Verkaufsmanager überließen seinen Ideen in den gemeinsamen Meetings jedes Mal so bereitwillig den Vortritt, dass er sich in ihrer Gegenwart oft ziemlich allein fühlte. Er fragte sich, ob sie jemals mit ihm oder auch den anderen gegenüber ganz ehrlich gewesen waren. Er war der Ansicht, dass Council für diese Männer einen Weg darstellen könnte, sich zu begegnen, sich aufmerksam zuzuhören und die Wahrheit zu sagen. Seit einer Weile schon spürte Frank, dass seine Verkäufer in ihrem Job erfolgreicher sein könnten und, was genauso wichtig war, er mit ihnen mehr Spaß haben könnte. „Meinen Sie nicht, dass sich Council auch für ein Autohaus eignen könnte?", fragte er mich am Ende unseres ersten Telefonats.

In den nächsten Monaten versuchten wir, der Beantwortung dieser Frage auf die Spur zu kommen. Wir tauschten eine Vielzahl von Informationen aus. Ich erfuhr, dass Frank meditierte, dass er hin und wieder zehntägige Schweigeretreats unternahm und dass er eine erstaunliche Anzahl von Büchern über spirituelle Praxis gelesen hatte. Ich lernte darüber hinaus eine Menge über das Autogeschäft. Frank wiederum erfuhr so viel über das Council, dass er mich nach Florida einlud, um seinen Verkäufern den Prozess vorzustellen.

Obwohl Frank gewohnt war zu sagen, wo es lang geht, war er angesichts der Aussicht, was seine Verkaufsmanager wohl zu Council sagen würden, ein wenig nervös. Er wollte auf keinen Fall den Respekt seiner Leute verlieren, weil er sich „unüberlegt in etwas hineinstürzte". Auf dem Weg vom Flughafen versicherte ich ihm, dass wir Council ohne Trommeln, Kerzen oder eine „spirituelle Sprache" vorstellen könnten. Als Redegegenstand schlug Frank das maßstabsgetreue Modell eines Lincoln Continental vor, das seit Jahren einen Platz auf seinem Schreibtisch hatte.

Am nächsten Morgen rief Frank seine fünf Manager zusammen. Jeder von ihnen führte ein Team von fünf bis sechs Verkäufern an. Weil das Team, das pro Monat die meisten Autos verkaufte, eine Zusatzprämie erhielt, gab es eine Menge Konkurrenz unter den fünf

Managern und ihren Teams. Drei der Teams gewannen abwechselnd die Prämie, das Team des jüngsten Managers hatte noch nie die Gratifikation erhalten. Einige der Verkaufsleiter schauten in der Tat misstrauisch auf Frank, als er mich vorstellte, und als sie hörten, warum er mich eingeladen hatte. Ich stellte den Männern das Council so einfach wie möglich vor. „Sprechen im Council bedeutet, ehrlich zu sein und das zu sagen, was einem selbst und auch der Gruppe hilfreich sein könnte." Ich fing an. Ich erzählte ihnen, dass die Kraft des Councils vom aufmerksamen Zuhören herrühre. Sie würde durch die Regel unterstützt, dass es nur demjenigen, der das Lincoln-Continental-Modell in Händen hielt, erlaubt sei zu sprechen. Ich betonte, dass Council eingesetzt werden könnte, wenn die Gruppe wichtige Entscheidungen zu treffen hätte.

Die fünf Männer tauschten grinsende Blicke aus und sagten, dass sie bereit wären, alles zu tun, was Frank vorschlug. Sie waren seine wilden Ideen gewohnt, wenn es um neue Verkaufskampagnen oder Wege ging, die Verkaufszahlen zu steigern. Doch das hier war eine ganz andere Sache, wie einer von ihnen später sagte. Frank und ich merkten, dass wir nicht ernstgenommen wurden, doch ich vertraute darauf, dass die Magie des Councils auch die Skepsis eines Autoverkäufers überwinden könnte. Als ich das erste Council einleitete, schlug ich vor, dass sie sich einigen bestimmten Fragen widmen sollten: „Welche Veränderungen würden Sie vorschlagen, um die Verkaufszahlen des Teams zu verbessern? Erzeugt die Konkurrenz unter den Teams zu großen persönlichen Druck? Wie ist es so, für Frank zu arbeiten?"

Frank hatte die ersten beiden Fragen selbst vorgeschlagen, doch ich überraschte ihn mit der dritten. Die fünf Verkaufsleiter waren von dieser Frage besonders angetan und schenkten ihr viel Aufmerksamkeit. „Manchmal habe ich Mühe, mit deinen neuen Ideen Schritt zu halten", sagte einer. „Dein Verstand arbeitet so schnell, ich habe Schwierigkeiten zu verstehen, was du meinst", stimmte ein anderer zu. Zunächst fühlte sich Frank mit der Ehrlichkeit der Männer etwas unbehaglich, vor allem, weil er nichts darauf antworten durfte, bis er an der Reihe war. Doch am Ende des Treffens wurde ihm klar, dass ihre Aussagen genau das waren, was er sich erhofft hatte, und er dankte ihnen, dass sie so ehrlich gewesen waren.

Trotz ihrer Skepsis hatten die Manager eine gute Zeit. Sie zogen Frank damit auf, dass er sie nicht unterbrechen dürfe, solange sie den Redegegenstand in Händen hielten. Augenscheinlich hatte er das während ihrer gewöhnlichen Treffen in der Vergangenheit öfter getan. Als der jüngere Verkaufsleiter feststellte, wie schlecht er sich fühlte, immer als Letzter dran zu kommen, legten seine Kollegen ein Verständnis an den Tag, das mich überraschte. Sie gaben ihm auch einige Ratschläge, sowohl über die Verkäufer, mit denen er arbeitete, als auch über seinen Führungsstil. Ich merkte, dass die fünf Männer neben ihrer Konkurrenzsituation auch gute Freunde waren. Als wir endeten, wollten alle am nächsten Tag ein weiteres Council haben. Einer schlug vor, einen Tennisball als Redegegenstand zu benutzen, weil das Continental-Modell zu schwer und unhandlich wäre.

Nachdem am nächsten Tag der gelbe Tennisball einmal die Runde gemacht hatte, kamen die Männer mit einem Vorschlag heraus. Jedes Mal, wenn jemand endete, sollte der, der als Nächster sprechen wollte, seine Hand heben. Daraufhin bekam er den Ball von seinem Vorgänger zugeworfen. Schon bald flog der Ball im Verlauf eines Gesprächs über die Anforderungen an einen Verkäufer hin und her. Die Männer betrachteten dabei sowohl die destruktiven als auch die konstruktiven Seiten des Konkurrenzkampfes. Sie gaben sich gegenseitig viele Ratschläge und sprachen noch ehrlicher mit Frank als am Tag zuvor. Am Ende des zweiten Councils erklärte Frank den Männern, dass er darüber nachdachte, ihnen mehr Verantwortung im Verkauf zu übertragen. Die Manager baten mich, vor meiner Abreise noch ihren Teams die Methode des Councils vorzustellen. Das tat ich mit ähnlichem Erfolg.

In den nächsten fünf Jahren kam ich einige Male wieder nach Florida, um Frank und seinen fünf Verkaufsleitern zu helfen, ihre Council-Praxis zu verfeinern und zu erweitern. Auf meiner dritten Reise stellte ich Frank eine Frage zu den Frauen, die in seinem Geschäft arbeiteten. (Alle Verkäufer und das Wartungspersonal waren Männer.) „Die Frauen kümmern sich um die Rechnungen, die Werbung und die Telefone", antwortete Frank. Ich hatte mich in seinem Verkaufsunternehmen umgeschaut und es war offensichtlich, dass die Frauen nicht den gleichen Status wie die Verkäufer genossen. Ich schlug vor, dass alle Frauen ein Council halten sollten – ohne Frank –, um herauszufinden, wie es ihnen damit ging, in seinem „Laden" zu arbeiten. „Ich denke, dass die Frauen hier zufrieden sind", sagte Frank. „Doch bitte, triff dich mit ihnen, wenn du magst."

Die Frauen fanden sofort Gefallen am Council. Ich schilderte ihnen sogar den Gebrauch des *Ah-Ho*, das ich gegenüber den Männern nie erwähnt hatte. Ihr Kreis war voller Feuer. Einige Frauen erklärten, dass die Verkäufer sie wie Menschen zweiter Klasse behandelten. Sie baten sie darum, Besorgungen zu machen, Essen zu holen und andere Tätigkeiten auszuüben, die keineswegs zu ihrem Arbeitsplatzprofil gehörten. Andere erzählten, dass manche der Männer sie mit zweideutigen Bemerkungen und ungewünschtem körperlichen Kontakt verletzten. Einem der Verkäufer wurde vorgeworfen, mehrere der Frauen sexuell belästigt zu haben. Als ich sie fragte, warum sie noch nie mit Frank darüber gesprochen hatten, antwortete eine der Frauen: „Die meisten von uns sind diese Art der Behandlung gewohnt. So verhalten sich eben Männer an solchen Orten, auch wenn die meisten von ihnen mit ihren eigenen Frauen nicht derartig umgehen würden. Deshalb waren wir der Ansicht, Frank würde unsere Beschwerden nicht ernst nehmen. Nebenbei bemerkt, sind Frank und viele der Männer im Grunde ganz nett, und deshalb sind wir hier noch besser dran als in den meisten anderen Jobs, die wir hatten." Mehrere der Frauen riefen *Ah-Ho*.

Ich sagte zu den Frauen, dass vieles von dem, was sie geschildert hatten, verbessert werden könnte, wenn Frank und die anderen wüssten, wie sie sich damit fühlten. Ich ermutigte sie, ihre Gefühle in

Zukunft offener mitzuteilen. Dann bat ich sie um Erlaubnis, Frank ganz allgemein mitzuteilen, was im Council herausgekommen war. (Wir hatten am Anfang vereinbart, dass alle persönlichen Äußerungen vertraulich behandelt würden.) Die Frauen gaben ihr Einverständnis, auch wenn sie daran zweifelten, dass irgendetwas dabei herauskommen könnte.

Nachdem Frank meinen Bericht gehört hatte, rief er umgehend die fünf Teamleiter und Maria, die die Rechnungsstelle leitete, zusammen. Sie beschlossen, ein Council zu halten. Ich bot an, als Zeuge dabei zu sein, während Frank leitete. Er war einverstanden, auch wenn er sich noch nicht völlig bereit dazu fühlte. Zuerst waren die fünf Männer der Ansicht, die Frauen würden „aus Mücken Elefanten machen". Als Maria jedoch leidenschaftlich ihre Sicht der Dinge schilderte, änderten sie ihre Meinung. Sie waren einverstanden, mit den Männern in ihren Teams zu sprechen. Frank sagte, dass er mit demjenigen, der der sexuellen Belästigung beschuldigt worden war, selbst sprechen wollte. Am Ende des Councils würdigte ich die Qualität ihres Zuhörens, spendete Franks Leitung Beifall und betonte noch einmal die Notwendigkeit, die Kommunikationskanäle mit den Frauen offen zu halten.

Beschwingt von unseren Erfolgen, wollte Frank spontan ein Council für alle Männer der Wartungsabteilung einberufen. Dann begann er darüber nachzudenken. „Sie könnten denken, dass bei mir eine Schraube locker ist", sagte er. „Ich wüsste noch nicht einmal ein geeignetes Thema. Diese Jungs könnten eine härtere Nuss sein als die Verkäufer." Ich schlug vor, dass er zunächst eine kurze Beschreibung des Councils geben sollte, einschließlich dessen, was es bisher in der Verkaufsabteilung bewirkt hatte. Danach könnten er und ich gemeinsam das Council leiten.

Als wir uns im Konferenzraum versammelten, war mir immer noch kein Thema in den Sinn gekommen. Als ich jedoch die Schüchternheit der Männer sah, wie sie untereinander und mit Frank Späße machten, hatte ich eine Idee. „Ich möchte ein Thema vorschlagen", sagte ich, nachdem Frank seine Kundenansprache über Council beendet hatte. „Einige von Ihnen haben möglicherweise Hobbys oder andere private Interessen, über die Sie noch nicht vielen oder gar keinem am Arbeitsplatz etwas erzählt haben. Wenn Ihnen die Idee gefällt, hätten Sie in diesem Council die Gelegenheit, den anderen etwas über diesen Teil Ihres Lebens mitzuteilen." Einige der Männer wirkten ein wenig erschrocken und so eröffnete Frank selbst die Runde, indem er über sein Interesse an Meditation berichtete. Nur wenige nahestehende Mitarbeiter hatten etwas über diesen bedeutenden Teil seines Privatlebens gewusst. Seine Offenheit brachte das Eis zum Schmelzen.

Viele überraschende und bewegende Geschichten wurden erzählt. Ein Mann sprach über seine kürzlich stattgefundene Heirat und was es für ihn bedeutete, verheiratet zu sein. Ein anderer erzählte über seine Leidenschaft, zu angeln und dabei schweigend in einem Boot zu sitzen und mit der Natur verbunden zu sein. Ein Mann gab zu, kein Leben außerhalb der Arbeit zu haben, außer ein paar Bier mit Freunden zu kippen. Einige der Männer berichteten, wie das Familienleben sie in Anspruch nahm, so dass sie wenig Zeit für sich selbst hatten. Viele anerkannten, dass Franks „Laden" ein guter Platz sei, um zu arbeiten. Nach dem Council sagte der Manager der Abteilung zu mir, er sehe nun mehr Möglichkeiten, mit seinen Männern in Kontakt zu treten, wenn es Probleme gäbe.

Als ich aufhörte, Franks „Laden" zu besuchen, wurde Council dort vor allem als Instrumentarium in wichtigen Entscheidungsfindungs- und Ideensammlungsprozessen genutzt. Der Geist des Councils blieb dennoch unvermindert stark bei Nelson Continental. Frank und seine Verkäuferriege hörten sich während ihrer regelmäßigen Konferenzen gegenseitig respektvoller zu, die Frauen bemerkten eine deutliche Besserung im Verhalten der Männer und – der der sexuellen Belästigung verdächtigte Mann wurde nach einer Untersuchung aufgefordert, zu kündigen. Ein Jahr später entschied der Verkaufsleiter, dessen Team es nie geschafft hatte, in den Genuss der Gratifikation zu kommen, dass es nicht länger sein Ding war, Autos zu verkaufen. Nachdem er gegangen war, räumte Frank den verbliebenen vier Managern die Möglichkeit ein, Finanzpartner in dem Autohaus zu werden.

Die Tür öffnen

Unsere Berichte über die Erfahrungen mit der Wind-River-Gemeinschaft und der Continental-Vertretung geben uns an dieser Stelle die Möglichkeit, eine Reihe von Vorschlägen zu unterbreiten, um Council in Institutionen, Gemeinschaften und Firmenetagen tragen zu können.

Die Organisation kennen lernen

In den zwei beschriebenen Fällen gab es vor Beginn des eigentlichen Councils eine Menge Hausaufgaben zu erledigen. Wir lernten die dreigliedrige Struktur der Wind-River-Gemeinschaft kennen und machten uns mit der Sprache ihrer spirituellen Tradition vertraut. Wir meditierten vor Beginn des Council-Wochenendes eine Zeit lang in der Art und Weise, wie es in der Gemeinschaft gelehrt wird. Wir erfuhren viel über die Probleme, denen sich die Gemeinschaft gegenübersah und gestalteten den Fragebogen.

Weil ich ziemlich wenig über die Arbeitsfelder eines Autohauses wusste, gab es in dieser Situation mindestens ebenso viel zu lernen: den Jargon der Automobilbranche, den stark konkurrenz-orientierten Charakter des Autogeschäfts, die „Team"-Struktur, die den Tagesablauf der Verkäufer beherrschte. Es war interessant zu erfahren, dass auch das Verkaufsgeschäft letztlich eine dreiteilige Gliederung besaß: Verkäufer, Wartungspersonal (alle männlich) und Büroangestellte (alle weiblich).

Vorschlag. Mache dich vorher mit der Organisation vertraut. Die Kenntnis über den Jargon, die Kultur und die spezifischen Merkmale ihres Funktionierens erleichtern den Transfer der Council-Erfahrung auf natürliche Weise. Behalte während des Übermittlungsprozesses eine Zeugenperspektive bei. Finde Möglichkeiten, die Organisation zu beteiligen. Erforsche zu diesem Zweck die Gründe, die zu deiner Einladung geführt haben, bevor du eintriffst. Vergiss nicht, dass es in jeder Organisation auch Schattenaspekte gibt. Sei aufmerksam gegenüber Mustern wie: verdeckte Feindseligkeit zwischen zwei Managern, verborgene Widersprüchlichkeiten in der Behandlung von männlichen und weiblichen Angestellten sowie Verleugnung der Tatsache, dass die Produkte oder der angebotene Service der Firma nicht mehr gefragt sind. Bei Nichtbeachtung können diese Schattenanteile sich plötzlich breitmachen und den ganzen Themenplan dominieren.

Die Werte kennen lernen

Im Großen und Ganzen waren Jaquelyn und ich mit der Weltsicht von Lebensgemeinschaften und Gruppen vertraut, doch dies galt sicher nicht in Bezug auf Autoverkäufer. Bei einigen Gelegenheiten musste ich mir auf die Zunge beißen, um nicht in philosophische Diskurse mit den fünf Teamleitern zu verfallen. Zum Beispiel waren mit Ausnahme des Jüngsten alle erfolgreichen Manager der eindeutigen Ansicht, dass Konkurrenzkampf ein natürlicher und notwendiger Teil der menschlichen Natur wäre, dass er „starke Männer heranziehen" und das Herz des „American Way" sei. Da ich als Erwachsener größtenteils mit Schülern gearbeitet hatte, hegte ich ernsthafte Zweifel an der Gültigkeit dieser Sichtweise. Es war jedoch meine Herausforderung, gerade *innerhalb* dieser von Konkurrenzdenken geprägten Welten zu arbeiten, und dennoch *nicht* beurteilende oder polarisierende Positionen während des Councils einzunehmen. Es ist mir jedoch nicht ganz gelungen, dieses Ziel zu erreichen.

Wie wir schon wiederholt festgestellt haben, bildet Council nicht nur einen Rahmen zur Kommunikation, sondern ist auch eine spirituelle Praxis. Folgerichtig neigen erfahrene Council-Praktizierende dazu, Wertvorstellungen über Individualität, Wechselbeziehungen,

Autorität und Hierarchien zu entwickeln, die sich von den gängigen Vorstellungen unterscheiden. (Dieses wichtige Thema wird in Kapitel 12 ausführlich behandelt). Der Council-Träger sollte sich darüber im Klaren sein, dass solche Wertvorstellungen von den Mitgliedern der Organisation geteilt werden – oder auch *nicht*. In der Wind-River-Gemeinschaft passte die Council-Praxis auf harmonische und schöne Weise zu der spirituellen Praxis und dem Wertesystem der Gemeinschaft. Dies war in der Continental-Verkaufsagentur weniger der Fall. Dennoch entwickelten die Verkaufsleiter Respekt gegenüber dem Council-Prozess und waren bereit, ihre vorgefassten Ansichten über Konkurrenz, Individualität und Führungskompetenz zu überdenken. Freilich gehörten fortschrittliche Geschäftsleute schon immer zu den Ersten, wenn es darum ging, ungewöhnliche Gruppenprozesse, wie das Council, zu erkunden. Daraus lernten wir, dass viele Personen im Unternehmensbereich eine wachsende Offenheit gegenüber den Werten zeigen, die das Council und ähnliche Prozesse unterstützt.

Vorschlag. Sei aufmerksam gegenüber den Wertvorstellungen der Menschen in den Unternehmen, die von deinen eigenen abweichen. Bemerkst du solche Unterschiede, nimm dir vor, nicht zu beurteilen, wenn du Themen aussuchst, ein Council leitest oder als Beobachter agierst. Lautet dein vorrangiger Auftrag, die Council-Praxis zu vermitteln, vermeide es, Kommentare über das Unternehmen abzugeben, solange du nicht ausdrücklich darum gebeten wirst. Lass das Council für sich selbst sprechen. Und ebenso ist es in manchen Fällen nicht nur angemessen, deine persönliche Sicht zu äußern, sondern genau das, was du tun musst.

Partner finden

Wir arbeiteten über mehrere Monate mit den Mitgliedern beider Organisationen eng zusammen, bevor das eigentliche Council-Training begann. Im Falle von Wind River wurden wir von einer kleinen Planungsgruppe begleitet. Ihr gehörten sowohl der leitende

Direktor als auch Mitglieder aller drei Bereiche der Gemeinschaft an. Dieses Komitee informierte uns laufend (mittels Fax, Telefon oder Mail) über die Begeisterung wie die Widerstände gegenüber unseren Plänen für das Wochenende. (Die maßgebliche Lehrerin war in die Planungen nicht involviert.) Als Folge dieses Austausches und des Fragebogens fühlten wir uns bereits vor unserem Eintreffen in gutem Kontakt mit der Gemeinschaft. Abgesehen von der Überraschung für den Samstagabend, war die Planungsgruppe in unsere konkreten Vorhaben eingeweiht.

Im Laufe des Wochenendes berieten wir uns zwischen den Versammlungen mit dem leitenden Direktor, um die Planungen zu justieren, Themen zu verändern und die geeignete Form für das folgende Council zu finden. Weil die Teilnehmer der Planungsgruppe nur sehr geringe Erfahrungen mit Council hatten, entschieden sie sich, in den Kreisen am Wochenende keine leitende Funktion zu übernehmen. Als wir in den folgenden zwei Jahren nach Wind River zurückkehrten, war es indes absolut angemessen, Mitgliedern der Gemeinschaft die Co-Leitung zu übertragen.

Ich war ebenso in engem Kontakt mit Frank Nelson, bevor ich sein Verkaufsunternehmen zum ersten Mal besuchte. Da ich von ihm eingeladen worden war, hatte ich alle Unterstützung, die ich benötigte. Dennoch entschloss Frank sich dazu, seinen Mitarbeitern das Council eher zu verkaufen, als zu verordnen. Für diese Zielgruppe lag das auf der Hand und so empfahl er auch mir, in erster Linie die Rolle eines Verkäufers einzunehmen. So „verkauften" wir beide im Grunde genommen während meiner ersten Besuche das Council an sein Unternehmen. Natürlich wären wir wohl niemals so erfolgreich gewesen, wenn der Besitzer des Unternehmens nicht Teil meines „Teams" gewesen wäre.

Während der ersten Besuche wollte Frank die Co-Leitung nicht übernehmen, auch nicht nach einem intensiven Training mit Gigi und mir. Er lehnte eine leitende Rolle ab, weil er im Kreis gleichgestellt mit seinen Untergebenen sitzen und ihnen so die Möglichkeit einräumen wollte, über seine Tätigkeit als Geschäftsführer frei zu diskutieren. Letztlich leitete er gemeinsam mit mir das Council der Wartungs-Abteilung sowie zwei weitere Sitzungen ganz allein. Zwischen meinen Besuchen moderierte er regelmäßig Kreise.

Vorschlag. Arbeite während der Phase, in der das Council übermittelt werden soll, wann immer es möglich ist, partnerschaftlich mit den Mitgliedern der Organisation zusammen. Finde *vor deiner Ankunft* so viel wie möglich über individuelle oder fraktionelle Widerstände gegen das Councils heraus, um nicht in die politischen Vorgänge innerhalb der Organisation verstrickt zu werden. Wissen die Verantwortlichen im Unternehmen, dass Council vorgestellt werden soll? Unterstützen sie dieses Vorhaben? Denn je fremder die Idee des Councils dem Unternehmen oder der Gemeinschaft ist, desto mehr Unterstützung seitens der Verantwortlichen bedarf es normalerweise bei der Einführung. Im Idealfall sollte mindestens eines der Mitglieder der Organisation an einem offiziellen Council-Training teilnehmen, bevor der Prozess vorgestellt wird.

Die Hierarchien begreifen

In beiden Fällen war das Verhältnis der maßgeblichen Person innerhalb der Organisation gegenüber den anderen ein entscheidendes Thema. Bei der Arbeit mit Wind River wussten wir das im Voraus. Die Frage war, wie damit umgehen? Im Verkaufsunternehmen machte ich ganz bewusst schon ganz zu Anfang den Management-Stil des Besitzers zum Thema. Dafür gab es in erster Linie zwei Gründe: Ich war nicht der Ansicht, seine Mitarbeiter würden das Thema von sich aus ansprechen, und ich wusste, dass er selbst wünschte, von seiner kontrollierenden Art wegzukommen, doch keine Ahnung hatte, wie er das anstellen sollte. Und ich vertraute darauf, dass er auf alles, was die Männer vorbrächten, konstruktiv reagieren würde.

Mit den Jahren haben wir gelernt, dass sich gute Möglichkeiten für Veränderungen in der hierarchischen Struktur bieten, sobald sich eine Organisation zu Council hingezogen fühlt. Die Gründe liegen auf der Hand. Council kann als „horizontale" Kommunikation verstanden werden, im Gegensatz zu den üblichen „vertikalen" oder hierarchischen Strukturen im Geschäftsleben, im Erziehungsbereich und in der Verwaltung. Dank der dem Council eigenen, nicht-hierarchischen Form hat jeder im Kreis den gleichen Status. Und am Ende stellen die Council-Teilnehmer fest, dass der Kreis selbst die eigentliche Autorität ist, und nicht einzelne Teilnehmer.

Vorschlag. Sei wachsam gegenüber der Beziehung zwischen den Mitgliedern einer Organisation und deren Leitung. Wenn du herausgefunden hast, wie sie funktioniert, weißt du vielleicht besser, warum du gebeten worden bist, den Council-Prozess vorzustellen.

Den Redegegenstand auswählen

Als wir in Wind River arbeiteten, brachten wir keinen unserer eigenen Redegegenstände mit, sondern schlugen vor, dass die Gemeinschaft selbst ein Objekt für das Wochenende auswählt. Die Teilnehmer gingen letztlich noch einen Schritt weiter und gestalteten unter Berücksichtigung ihrer spirituellen Tradition und der Elemente ihres Landes ein wunderschönes Instrument. So war die Gemeinschaft in der Lage, sich von Anbeginn mit einem wichtigen Teil des Council-Prozesses zu identifizieren. Der Fichtenholzstab wurde während unseres Besuches eingeweiht, blieb in Wind River und wurde dort auch weiterhin für alle Arten von Versammlungen benutzt.

Die Wahl der Redegegenstände spielte auch bei der Continental Vertretung eine wichtige Rolle. Wir eröffneten mit einem bekannten Symbol, dem klassischen Modellauto, und wechselten dann zu einem Objekt, das die Widerstände der Männer gegen das Council auf spielerische Art zum Ausdruck bringen konnte. Der Tennisball ermöglichte während der Sitzungen zudem noch ein gewisses Maß an körperlicher Betätigung. In der Autohandlung wären eine Rassel oder ein Kristall zweifellos fehl am Platze gewesen.

Vorschlag. Benutze, wann immer es möglich ist, einen vertrauten Redegegenstand. Idealerweise sollte er von den Mitgliedern der Organisation selbst hergestellt werden und einen Bezug zum Ort und zum Thema des Councils haben. Wie auch immer, sei vorbereitet und bringe ein paar deiner eigenen Redegegenstände mit.

Respektlosigkeit

Zu Beginn ist es oft die Person des Council-Leiters, weniger die Form oder das Setting, die den Kreis in Schwung bringt. Es braucht einige Zeit, bis sich die Kraft aus dem Prozess selbst entwickelt. Dann kann der Träger des Councils mehr in die Rolle des Hüters oder Begleiters wechseln. Deshalb muss eine gewisse Missachtung der Form zu Beginn durchaus nicht kontraproduktiv sein, solange ein ausreichend geschützter Container zu Verfügung steht, wenn der Kreis mehr in die Tiefe gehen möchte. Bei dieser Art des Einstiegs fällt Neulingen oft die Rolle des Coyoten zu, ehe sie überhaupt wissen, worum es beim Council geht. Gleich zu Beginn in der Rolle des Coyoten in den Prozess einzusteigen bedeutet eine kraftvolle Art, Council kennen zu lernen. Dies war beispielsweise ein wichtiger Teil dessen, was in der Continental-Vertretung geschah.

Als Reaktion auf solche Art der Missachtung die Fassung zu verlieren deutet auf ein Festhalten an der Form hin, und lässt den an sich offenen und toleranten Geist des Councils vermissen. Ist der Leiter ein erfahrener Träger des Councils, dürfte wirklich respektloses Verhalten kaum vorkommen. Gerät die Stimmung dennoch außer Kontrolle oder nimmt feindselige Ausmaße an, kann der Council-Leiter, im Zustand gesteigerter Wahrnehmung, den Prozess abbrechen. „Dies ist nicht Council", könnte er sagen und damit die Situation beschreiben. „Wenn ihr erneut beginnen wollt, lasst es mich wissen."

Vorschlag. In der frühen Phase der Vermittlung von Council kann ein gewisses Maß an spontaner Respektlosigkeit die Integrität des

Kreises fördern. Das Gespür des erfahrenen Council-Trägers für den Grad der Missachtung dürfte ausreichen, um die notwendige Balance aufrechtzuerhalten.

Kürze und Schlichtheit

Der Council-Prozess ist in erster Linie durch Stille gekennzeichnet. Der Geist des Councils vermittelt sich genauso in dem Raum zwischen den Worten, als durch die Worte selbst. Dennoch ist die Wahl der Sprache wichtig. Der Gebrauch „esoterischer" Formulierungen ist auch im Falle sehr entwickelter Gemeinschaften, wie Wind River, unklug. Wir mussten auch der Versuchung widerstehen, Council durch Analogien zur spirituellen Praxis der Gemeinschaft zu erklären. Das hätte vielleicht einige vor den Kopf gestoßen und ihnen die Möglichkeit genommen, ihre ganz eigene Verbindung zum Council zu entdecken. Mehrmals hatte uns die Planungsgruppe vor dem Wochenende empfohlen, unsere Einführungen „allgemein" zu halten und Council für sich selbst sprechen zu lassen. Ein guter Rat.

In der Continental-Vertretung musste ich einen Weg finden, so über Council zu sprechen, dass die Männer mir vertrauen konnten und Interesse an dem fanden, was ich ihnen „verkaufen" wollte. Mit anderen Worten: Ich musste ihren Respekt als Verkäufer gewinnen. Deshalb pries ich das Council an und hob hervor, dass es wichtig wäre, Vertrauen und wirkungsvolle Kommunikation zwischen den Mitgliedern des Kreises herzustellen, Qualitäten, die die Verkäufer von Berufs wegen respektierten. Ein fähiger Verkäufer versteht es, nicht zu viel zu sagen und stattdessen seine Kunden zum Sprechen zu bringen. Ich musste mich immer wieder selbst an dieses Prinzip erinnern.

Vorschlag. Sprich zu Beginn so kurz und so einfach wie möglich. Präzisierungen sind erst nötig, wenn es der Verlauf des Councils erfordert. Gibt es in der Organisation bereits einen Verhaltenskodex, so lass die Mitglieder darüber entscheiden, wie Council in dieses System eingefügt werden kann.

Verschiedene Vorschläge

Wir schließen mit einigen Vorschlägen, die aus der Beratungserfahrung mit verschiedenen Organisationen entstanden sind:

- *Sei flexibel.* Terminiere und plane die Sitzungen rechtzeitig im Voraus, doch sei bereit, deine Vorbereitungen auf der Stelle fallen zu lassen und das Programm neu zu gestalten, um angemessen auf das aktuelle Geschehen zu reagieren. Beziehe offene Räume in deine Planung ein. In dem Wunsch, alles Mögliche abzudecken, wird oft zu viel projektiert. Gib der Spontaneität und dem Ungeplanten ausreichend Raum.
- *Betone die Bedeutung der Vertraulichkeit.* Schlage eine Vereinbarung vor, über die der Kreis beraten kann, oder hilf der Gruppe dabei, selbst eine Vereinbarung zu treffen. Überprüfe und verbessere diese Übereinkunft von Zeit zu Zeit.
- *Variiere den Rhythmus und die Art der Aktivitäten.* Singen, Bewegung und Gehen können zu Beginn des Prozesses nützlich sein. Wenn du dich nicht in der Lage fühlst, solche Aktivitäten anzuleiten, bitte jemanden im Kreis, es zu tun. Meistens gibt es jemanden, der sich in Dehn- oder Yogaübungen auskennt. Jeder kann tanzen – vorausgesetzt, du findest die richtige Musik – und ein Spaziergang ist für viele Zwecke gut.
- *Gib den Themen einen persönlichen Charakter.* Vermeide abstrakte oder philosophische Formulierungen, vor allem im frühen Stadium der Einführung. Wird der Intellekt zu stark gefordert, kann das die Kraft des Councils vermindern. Wähle indirekte Themen, die zu den größten Problemen der Organisation hinleiten, ohne mit der Tür ins Haus zu fallen. Aufkommende Energie für den Prozess zu nutzen heißt noch lange nicht, mit dem Kopf durch die Wand zu gehen!
- *Sei nicht zu streng, wenn du das „Council-Verhalten" einer Organisation bewertest.* Gehe nicht davon aus, dass bestimmte

Verhaltensweisen, die für eine frühere Gruppe unannehmbar waren, auch für die laufende nicht akzeptabel sind. Wie ein bestimmtes Verhalten in der einen Kultur als positiv und in der anderen als negativ angesehen wird, so gibt es in jeder Organisation bestimmte anerkannte Verhaltensmuster. Es ist die Absicht hinter der Handlung, die weitestgehend darüber entscheidet, wie sehr sie sich im Einklang mit dem Zweck eines Councils innerhalb dieser Organisation befindet. In manchen Unternehmen oder politischen Organisationen mag es Usus sein, sich sehr formal zu begegnen, was nicht im Widerspruch zu der erwünschten Offenheit und Aufrichtigkeit des Council-Prozesses stehen muss. Eine Person mit „Herr Schmidt" oder „Ulrich" anzusprechen, und nicht mit „Ulli", kann in solchen Unternehmen die gleiche Herzlichkeit zum Ausdruck bringen, wie es in anderen Unternehmen mit weniger formaler Anrede der Fall ist. Das passende Sprichwort hierzu lautet: „Wenn du in Rom bist, verhalte dich so, wie die Römer."

- *Erinnere dich daran, mit der Energie zu gehen.* Funktioniert die Einführung nicht so gut, frage dich, warum (hoffentlich im Zustand erhöhter Wahrnehmung), und mache alles, was im Weg steht, zum Gegenstand des Councils. Wenn du nicht herausfinden kannst, was den Prozess behindert, bitte die Mitglieder der Organisation, dir bei der Lösung des Problems zu helfen. Ohne eine explizite Einladung werden sie das wahrscheinlich nicht tun. Wenn du jederzeit bereit bist, dich deinem eigenen Schatten oder dem eines anderen zu stellen, kann das die Einführung des Councils unterstützen.

- *Sei allen Träumen gegenüber aufmerksam.* Träume, die in Beziehung zu der Organisation oder den anwesenden Individuen stehen, können während der Einführung für dich oder andere eine Orientierung darstellen.

- *Sei dir der Bedeutung der Zeugenrolle bewusst.* Bleibe selbst, so gut es geht, in der Zeugenrolle und sei, wann immer möglich, auch formal Zeuge des Geschehens. Bitte andere Mitglieder der Organisation, ebenfalls diese sowohl anteilnehmende als auch beobachtende Haltung einzunehmen, wenn es angemessen scheint. Auch wenn diese Rolle manchen nicht vertraut ist, für den Prozess ist sie von großer Bedeutung.

- *Tu, was zu tun ist, um im Zustand erhöhter Wahrnehmung zu bleiben.* Stress durch einen überfüllten Zeitplan, hastiges Essen oder mangelnde Bewegung können deine Fähigkeiten entscheidend einschränken. Kümmere dich um deinen eigenen Rhythmus und deine Rituale, um zentriert, gesund und mit dem Geschehen verbunden zu bleiben.

- *Habe selbst Freude.* Es ist sozusagen ein „heiliger Vorgang", wenn du gebeten wirst, Council zu vermitteln, doch das bedeutet nicht, dass du die ganze Zeit eine ernste und feierliche Miene aufsetzen musst. Wenn du selbst keinen Spaß hast, werden es die anderen wahrscheinlich auch nicht haben.

- *Mache Vorschläge, wie die Organisation mit oder ohne deine Unterstützung den Council-Prozess weiterführen kann.* Führe den Kreis behutsam an die Aufgabe heran, die Praxis eigenverantwortlich weiterzuverfolgen. Sei wachsam, wenn in einer Organisation das Council nur „läuft", wenn du dabei bist.

Als ich eines abends, am Ende meines zweiten Besuchs in Florida, die Continental-Vertretung verließ, kam Tim, der junge Manager, der niemals einen Verkaufswettbewerb gewonnen hatte, zu mir. „Ich möchte, dass Sie wissen, wie viel mir das Council heute bedeutet hat", sagte er. „Ich habe mich früher nie sicher gefühlt, auf so eine Art zu sprechen, wie ich es heute getan habe – außer zu Hause mit meiner Frau. In der Lage zu sein, so viel von meinen Gefühlen vor den Kollegen rauszulassen, fühlte sich großartig an. Und es veranlasste mich dazu, über meine Führungsqualitäten und überhaupt über meine ganze Karriere als Verkäufer nachzudenken. Ich weiß nicht, wo mich das alles hinführt", schloss er, „doch in jedem Falle fühlte es sich gut an, ehrlich zu sein und von den anderen nicht runtergemacht zu werden." „Ho!", sagte ich leise, als ich seine Hand zum Abschied schüttelte.

Kapitel 11

Council willkommen heißen

„One planet is turning on its path around the sun
Grandmother is calling her children home
The light is returning
Even though this is the darkest hour
No one can hold back the dawn
Let's keep it burning
Let's keep the light of hope alive
Make safe the journey through the storm."

Charlie Murphy zugeschrieben

All die Jahre sind wir unserem Traum treu geblieben, der Weg des Councils möge sich in unserer Kultur immer mehr verbreiten. In unserer Vision führen immer mehr Grund- und weiterführende Schulen Council-Kreise als festen Bestandteil in ihre Lehrpläne ein, Familien nutzen das Council als Mittler zwischen den Generationen, Paare tragen mit Hilfe des Dyadischen Councils Spiritualität und Eros in ihre Beziehung und Gemeinschaften und Organisationen entdecken, dass Council zur Vertrauensbildung und Produktivitätsverbesserung beiträgt und zu einem respektvollen Umgang mit der Erde führt.

In den vergangenen Jahren kamen wir unserer Vision einige Schritte näher, vor allem was die Verbreitung council-orientierter Programme an Schulen anbelangt. Das Council Practitioners Center im Schulbezirk Los Angeles führt mit Unterstützung des Schulbezirks Council-Programme an so vielen Grund- und weiterführenden Schulen wie möglich ein (siehe auch Anhang 1). An über 40 staatlichen wie privaten Schulen im Bereich Los Angeles gibt es bereits Council-Programme. Ein zweites Standbein entwickelt sich in Europa, Asien und Israel, wo bereits erfolgreich Council-Programme ins Leben gerufen wurden und werden. Gigi und ich waren in den letzten Jahren vor allem damit beschäftigt, diese Bewegung außerhalb der Vereinigten Staaten zu unterstützen.

Auf lange Sicht wird die Akzeptanz von Council in Unternehmen und Verwaltungsorganisationen entscheidend dafür sein, ob unser Traum wahr wird. Wir sind der Überzeugung, dass unsere Kultur in eine Phase positiver Veränderung und Wachstum eintreten würde, wenn die Idee des Councils bei einem Großteil der hierarchisch strukturierten Einrichtungen unserer Gesellschaft Eingang fände. Wie könnte das geschehen?

Wir haben bereits erwähnt, dass Council als eine horizontale Form der Kommunikation angesehen werden kann, im Gegensatz zur vertikalen, hierarchischen Struktur, die in unserer Zeit in Wirtschafts-, Bildungs- und Verwaltungseinrichtungen – und auch in so mancher Familie – dominiert. Menschen, die Council in die Welt tragen, sehen sich oft vor der Herausforderung, diese horizontalen und vertikalen Strukturen miteinander zu verknüpfen, wenn sie das Council in Organisationen und Gemeinschaften einbringen. Damit diese Verbindung entstehen kann, muss eine Organisation das Council zuerst als gangbaren – und möglichst vorteilhafteren – Weg zur Entscheidungsfindung ansehen. Sobald die Mitglieder einer Gemeinschaft, eines Unternehmens oder einer pädagogischen Einrichtung den Council-Prozess als Kontext anerkennen, in dem Entscheidungen erarbeitet werden können, wird es leichter sein, den Geist des Councils in das gesamte System einer Organisation einzuführen.

Entscheidungsfindung und Council

Aufgrund unserer Erfahrungen an der Ojai Foundation und mit anderen Organisationen, die uns um Unterstützung baten, lassen sich die verschiedenen Wege, wie Council zur Entscheidungsfindung genutzt werden kann, in zwei Kategorien unterteilen.

Unter Anleitung einer Person. Ein Mitglied wird im „Dienst des Kreises" von der Organisation beauftragt, Verantwortung für die Entscheidungsfindung zu übernehmen. Er oder sie beruft daher mehrere Councils ein, um Informationen zu sammeln und ein breiteres Spektrum an Perspektiven zu erkunden. Die Mitglieder der Organisation ziehen einen solchen Prozess der Entscheidungsfindung meist einer strikt hierarchischen Vorgehensweise vor, weil sie wissen, dass auch ihre Stimme gehört wird.

Unter Anleitung des Kreises. Die Organisation überträgt einem ausgewählten Kreis von Mitgliedern die Entscheidungsfindung. (Für gewöhnlich werden dabei ein oder zwei Personen gebeten, den Prozess zu hüten und darüber zu berichten.)

Generell beinhalten Entscheidungen im Council die folgenden Schritte:

1. Die Mitglieder des gewählten Kreises (und andere) sammeln die für die Entscheidungsfindung notwendigen Informationen aus geeigneten Quellen innerhalb und außerhalb des Kreises.

2. Liegen genügend Alternativen vor, kann ein Visions-Council eingeleitet werden, bei dem das kreative Potential der Gruppe im Mittelpunkt steht. Dieser Visionsfindungs-Prozess wird so lange weitergeführt, bis eine Anzahl entwicklungsfähiger Vorschläge formuliert wurde – mit zwischengeschalteten Ruhepausen, um „darüber zu schlafen" oder um weitere Informationen einholen zu können.

3. Anschließend findet ein Council statt, in dem die Gruppenmitglieder ihre persönliche Sicht in der Sache zum Ausdruck bringen. (Ist der Entscheidungskreis groß, kann die Spiralform gewählt werden, in der dann einige stellvertretend für die Gruppe sprechen.) Vertreter anderer Abteilungen der Organisation, die ein Interesse an den Beschlüssen haben, und einige Mitglieder des größeren Kreises können als Zeugen eingeladen werden.

4. Wenn nach einem Durchgang noch keine wirklich befriedigende Übereinkunft gefunden wurde, wird der Redegegenstand ein weiteres Mal herumgereicht oder in die Mitte gelegt. Ist die Gruppe mit dem Council-Prozess vertraut, so muss der Redegegenstand zu diesem Zeitpunkt nicht wie gewohnt benutzt werden. Er kann während der gelockerten Diskussion als Erinnerung an die Vier Absichten des Councils in der Mitte belassen werden. Sollten sich die Teilnehmer jedoch ins Wort fallen oder unaufmerksam werden, hat jedes Mitglied des Kreises das Recht, jederzeit wieder zu den formellen Council-Regeln zurückzukehren. In manchen Situationen ist es dann hilfreich, wenn der Leiter (oder jemand aus dem Kreis) ein Thema für eine neue Runde vorschlägt. Die Absicht dabei ist, die Diskussion „unter" die Ebene zu lenken, auf der Unklarheiten oder Meinungsverschiedenheiten bestehen, um so der Suche nach einer gemeinsamen Basis eine neue Orientierung zu geben. An dieser entscheidenden Stelle des Prozesses können Zeugen besonders wichtig sein.

5. Treten starke persönliche Unstimmigkeiten auf, die störend auf den Entscheidungsfindungsprozess wirken, kann ein Fishbowl einberufen werden, um die persönlichen Aspekte des Konfliktes herauszufiltern und zu bearbeiten. Alternativ kann das Council ausgesetzt werden, um den beiden Parteien die Möglichkeit zu geben, die Situation außerhalb des Kreises in Anwesenheit von unabhängigen Beobachtern näher zu erforschen. Scheint aus wel-

chem Grund auch immer jede Bewegung in Richtung auf eine Entscheidung blockiert zu sein, kann sich ein Sitzen in Stille – als Gruppe oder einzeln – zur inneren Konzentration auf mögliche Lösungswege als sehr hilfreich erweisen.

6. Der Prozess dauert an, bis ein Konsens gefunden wird (falls dies der vereinbarte Weg zur Entscheidungsfindung war) oder bis klar wird, dass es noch Zeit braucht, um über die Angelegenheit zu schlafen und den Beschluss auf ein weiteres Council zu vertagen. Konsens muss nicht bedeuten, dass alle Teilnehmer miteinander übereinstimmen. Eine oder zwei Personen können nach wie vor gegenteiliger Ansicht sein, sich aber dafür entscheiden, den Beschluss der Mehrheit nicht zu behindern. Bei starken Widerständen oder wenn deutlich wird, dass die Entscheidung noch nicht reif ist, können die Schritte 1 und 2 wiederholt werden, sofern es die Zeit zulässt. War lediglich ein Mehrheitsbeschluss vorgesehen, kann der Prozess dennoch in Form eines Councils bis zur Endabstimmung geführt werden.

Wie ist zu verhindern, dass der Prozess ewig weiterläuft?[45]
   Theoretisch gar nicht. Die Schritte beschreiben jedoch nur das Skelett des Prozesses. Wie immer ist es die gemeinsame Achtsamkeit des Kreises, die das Council „arbeitsfähig" macht.
Ich gehe davon aus, dass du das näher erläuterst.
   Entscheidend für den Verlauf des Prozesses ist der vierte Schritt. Klarheit über die Entscheidung stellt sich ein, wenn genügend Personen im Kreis ihre Wahrnehmungsfähigkeit so sehr schärfen konnten, dass sie die „Wahrheit" des Council-Prozesses *sehen* können.
Großartig! Aber wenn sich die Leute derartig im Klaren sind, wozu brauchen sie dann Council? Jede Gruppe in diesem Zustand kann gute Entscheidungen treffen.

---

45   Fragen und kritische Stimmen sind im Kreis immer willkommen!

Genau darum geht es. Die Gruppe nutzt den Council-Prozess, um einen Zustand der Wahrnehmung herbeizuführen, in dem die richtige Entscheidung einfach *gesehen* wird. Das bedeutet, dass die Mitglieder des Kreises nach wie vor ihre eigenen Ansichten haben können, jedoch nicht mehr daran festhalten und es geschafft haben, persönliche Gegensätze außer Acht zu lassen. Vor allem aber haben sie einander aufmerksam zugehört. Council unterstützt diese Voraussetzungen, daher rückt angemessenes Handeln in erreichbare Nähe.
Touché! Ein Punkt im vierten Schritt ist mir nicht klar. Was meinst du genau mit dem Rat, ein Thema zu wählen, das „unter" dem Konflikt liegt, um „eine gemeinsame Basis zu finden"?

Ich will die Frage mit einem Beispiel beantworten. Nehmen wir mal an, eine Gemeinschaft soll sich zwischen drei verschiedenen Konzepten für eine Wohnanlage entscheiden. Nach ein paar Stunden ist der Kreis in seiner Entscheidung noch kein Stückchen weiter gekommen. Zu diesem Zeitpunkt gibt es zwei grundsätzliche Möglichkeiten: (1) Keines der drei Modelle ist geeignet oder (2) für den Bau der geplanten Anlage ist es einfach noch zu früh. Die erste Möglichkeit ist leicht zu handhaben, da der Planungs-Ausschuss jederzeit gebeten werden kann, weitere Alternativen vorzulegen. Ein festgefahrenes Council kann jedoch auch bedeuten, dass die Zeit für den Bau der Wohnanlage noch nicht reif ist. Die Frage lautet dann, *warum?* Ist nicht genügend Geld vorhanden? Wenn ja, sollte das bekannt sein und das Interaktive Feld nicht einschränken.

Es könnte allerdings auch etwas Grundlegenderes im Wege stehen. Vielleicht ist sich die Gruppe nicht sicher, ob sie zusammen in einer Wohnanlage leben möchte. Als der Planungsprozess in die Wege geleitet wurde, mag das die ursprüngliche Vision gewesen sein – vielleicht vor langer Zeit. Mittlerweile könnten Alternativen wie getrennte Wohneinheiten oder ein Leben außerhalb der Gemeinschaft in konventionellen Häusern stimmiger sein. In der Zwischenzeit könnten Meinungsunterschiede oder zumindest Verwirrung über die gemeinschaftliche Vision entstanden sein. In diesem Fall könnte ein guter

Council-Leiter sagen: „Vergesst einen Augenblick die Planung für das Haus. Vergesst Häuser überhaupt. Lasst uns einen Augenblick zu dem eigentlichen Zweck unseres Daseins zurückkehren: dem Dienst an anderen, der Pflege des Landes, das uns anvertraut wurde, und dem, was wir aus unserer gemeinsamen Arbeit lernen können. Wie müsste das Leben hier aussehen, wenn es mit diesen Vorsätzen in Einklang stünde?"
Ein blockierter Entscheidungsfindungsprozess ruft somit danach, den Bezugsrahmen wieder ins Blickfeld zu rücken.
Genau – und vielleicht neue Fragen zu stellen. Wenn die Wahrheit des Councils lautet, „es ist jetzt keine Entscheidung möglich", ist der Entscheidungskreis und unter Umständen die ganze Organisation gefordert, kreativ zu werden. Natürlich muss sich der Kreis über die Konsequenzen im Klaren sein, wenn innerhalb der festgesetzten Zeit keine Entscheidung getroffen werden kann. Das Thema „Kontrolle" könnte eine Rolle spielen. Keine Entscheidung zu finden könnte bedeuten, dass der Kreis einen Teil seiner Kontrolle an andere Teile der Organisation – oder gar eine externe Agentur – abgeben müsste. Das kann eine harte Lektion sein. Das Bedürfnis, die Kontrolle zu behalten, indem auf Teufel komm raus eine Entscheidung getroffen wird, entspringt einem auf Konkurrenz beruhenden, mit der Situation nicht zu vereinbarendem Konzept. Das Council lehrt uns, dass alle von der Entscheidung betroffenen Gruppen Teil eines einzigen vernetzten Systems sind. Wenn wir die Dinge so sehen, können wir unser Kontrollbedürfnis eher loslassen, manchmal mit überraschenden Resultaten. Wir haben erlebt, dass selbst staatliche Behörden letztlich zu kooperativen Mitgliedern des Kreises wurden.
Du klingst idealistisch. Die Welt tickt nur selten so.
Das stimmt. Nichtsdestoweniger können wir uns mit kleinen Schritten in diese Richtung bewegen. Der Weg des Councils führt uns zu einer weniger von Konkurrenz und mehr von Kreativität geprägten Arbeitsweise.

Gut, gut, aber wer hat Zeit für all das?

Wenn diese Frage auftaucht, was heutzutage in unserer modernen, am Überlebenskampf orientierten Kultur oft der Fall ist, bitten wir die Verantwortlichen zu bedenken, wie viel Zeit durch Widerstand oder gar Revolution verloren geht, wenn die Leitung losmarschiert, ohne wirklich auf die Stimme der Menschen zu hören, für die sie verantwortlich ist. Oft ist es die Vorbereitungszeit im Council, die bei einer schwierigen Entscheidungsfindung den Unterschied macht.

Als Gigi Co-Direktorin an der Ojai Foundation war, wurde sie während des großen Brandes zur Wintersonnenwende im Jahr 2002 der ultimativen Prüfung unterzogen, wie konkret Entscheidungen im Council getroffen werden müssen.

Drei Tage lang wechselte das Feuer ständig seine Richtung. Mal näherte es sich dem Land der Foundation, mal schien es – wenn der Wind drehte – nicht allzu bedrohlich zu sein. Gigi ging ständig über das Land, sprach mit dem zuständigen Feuerwehrchef und mit den Gästen (die nicht abreisen wollten). Sie traf sich regelmäßig mit den Mitarbeitern, die Angst um ihre Häuser hatten. Sie befanden sich auf dem Sprung, das Land zu verlassen – doch nur, wenn es unbedingt notwendig wäre. Die ganze Zeit beobachtete Gigi das Feuer und lauschte. Sie befand sich buchstäblich im ununterbrochenen Council mit der Frage: „Was ist das Beste, was wir im Moment tun können?"

Als das Feuer plötzlich und unerwartet erneut seine Richtung änderte und sich dem Höhenzug der Foundation näherte, waren alle darauf vorbereitet, das Land zu verlassen, auch wenn dies im Grunde niemand wollte. Gigis Entscheidung, zu evakuieren, kam unverzüglich, wurde sofort akzeptiert und in die Tat umgesetzt. Die Gemeinschaft räumte den Platz binnen Minuten und war der Feuerwand, die mit 75 Meilen in der Stunde heranrückte, sicher voraus. Alle warteten in der Nähe an einem sicheren Ort in der Gewissheit, das Richtige getan zu haben – die Häuser gewässert, das Land gesichert und es verlassen zu haben. Als alle schon sechs Stunden später wieder zurückkehren konnten, um die restlichen Brände zu bekämpfen,

war ein Großteil der Bäume und Gärten der Foundation erstaunlich unversehrt geblieben. Die angerichteten Zerstörungen zeigten indes eindrücklich, wie gefährlich das Feuer gewesen war.
Das ist eine ganz besondere Geschichte über die Foundation. Glaubt ihr aber im Ernst, dass Council von einer so großen Anzahl von Organisationen angenommen werden könnte, dass es einen Unterschied in der Welt machte?

Das glauben wir durchaus. Wir haben so viel Erfolg in Unternehmen, Schulen und Gemeinschaften, dass wir jede Gelegenheit nutzen, um das Council wärmstens zu empfehlen. In einem größeren Zusammenhang betrachtet, geht es dabei um wirklich viel, sogar um die Möglichkeit der Verfeinerung demokratischer Prozesse.

Nun übertreibst du aber wirklich.

Vielleicht, doch an dieser Stelle muss ich auf einen wichtigen Punkt hinweisen. Leute fragen uns oft, ob Council demokratisch sei. Streng genommen, ist es das nicht, zumindest nicht im gewöhnlichen Sinne von „eine Person, eine Stimme". Wie wir gesehen haben, gründet Beschlussfassung im Council nicht auf Mehrheitsentscheidungen. Es geht vielmehr darum, mit gleicher Aufmerksamkeit jede Stimme zu hören und jedem die gleiche Möglichkeit zu geben, gehört zu werden – und nicht so sehr um gleiches Stimmrecht. Dies führt den gewöhnlichen demokratischen Prozess auf eine tiefere Ebene.

Was im Council geschieht, kann auch durch „abwesende" Stimmen beeinflusst werden. Ist jemand, der normalerweise einen wichtigen Sitz im Kreis einnimmt, nicht anwesend, verändert sich das Interaktive Feld für gewöhnlich, weil eine wichtige Perspektive in der Diskussion fehlt. Meist kann diese fehlende Stimme jedoch durch andere im Kreis zum Ausdruck gebracht werden. Bei genauerer Betrachtung verändert sich das Feld auch deshalb, weil sich die Anwesenden bewusst sind, dass ein Mitglied fehlt, was wiederum die erhöhte Wahrnehmung des Kreises als Kollektiv merklich beeinflussen kann.

Dann verläuft der Prozess der Wahrheitsfindung oder das Ringen um die richtige Entscheidung in einem anderen Bewusstseinszu-

stand, als wenn die betreffende Person dabei gewesen wäre. In dieser Hinsicht gleicht das Council einem stillen Gebetskreis. Obwohl kein Wort gesprochen wird, beeinflusst die An- oder Abwesenheit jedes Einzelnen das Gebet der anderen.
Ich hoffe, dass du nicht gleich damit kommst, Council sei eine religiöse Tätigkeit.

Nein, doch wenn es mit Hingabe praktiziert wird, öffnet der Prozess den Zugang zu einer geistigen Qualität, die zum Katalysator für transformative Bewegungen in Organisationen werden kann. Es braucht vielleicht eine Weile, doch ich habe mitbekommen, wie diese Praxis entscheidende Veränderungen in Schulen, Unternehmen, Gemeinschaften, Familien und Verwandtschaftsbeziehungen auslösen kann. Diese Veränderungen sind zunächst sehr fein, jedoch deutlich spürbar. Wird das Council beständig weitergeführt, werden die Entscheidungsfindungs- und andere interaktive Prozesse auf eine viel bewusstere Art und Weise demokratisch. Diese Aussage bedarf der ausführlichen Erläuterung.

Eine Organisation zum Leben erwecken

In den letzten 30 Jahren haben wir an der Ojai Foundation damit experimentiert, Council-Prozesse in hierarchische Strukturen zu integrieren, und haben während gut der Hälfte dieser Zeit anderen Gemeinschaften, Unternehmen und Schulen dabei geholfen, ähnliche Vorhaben durchzuführen. Die wichtigsten Voraussetzungen für die Einführung einer lebensfähigen Council-Praxis sind unter anderem: die Vision der Organisation zu erarbeiten, eindeutige und umsetzbare Ziele zu verfolgen und zu lernen, Council-Prozesse je nach dem Grad des Verantwortungsbewusstseins der Beteiligten einzusetzen. Dank dieser Arbeit hat der Geist des Councils allmählich seinen Weg in zahlreiche Organisationen gefunden und führte dort zu vielfältigen und greifbaren Veränderungen:

- Die Mitglieder der Organisation hören einander aufmerksamer zu und die Bereitschaft zu ehrlicher Meinungsäußerung nimmt zu.
- Die Mitglieder werden geduldiger.
- Die Mitglieder erkennen bereitwilliger ihre persönlichen Konflikte an und gehen konstruktiver damit um. Anderen offen zuzuhören, verbunden mit der Bereitschaft, die eigenen Gefühle mitzuteilen, fördert das Vertrauen und die Vertraulichkeit in Arbeitsverhältnissen.
- Die Mitglieder neigen weniger dazu, andere von ihrer Meinung überzeugen zu wollen.
- Die Mitglieder bringen den Erfolgen der Vergangenheit mehr Respekt entgegen, wenn sie Veränderungsvorschläge machen.
- Vereinbarungen zwischen den Mitgliedern werden bewusster getroffen und daher respektvoller beachtet.
- Die Neigung zu „Kaffeepausengesprächen" (wo häufig Gerüchte entstehen) nimmt ab, da der natürliche Wunsch nach persönlichem Kontakt durch die Einbeziehung von Council in den Geschäftsalltag befriedigt wird.
- Unbestimmte Angstgefühle treten seltener auf, denn das Council bietet einen geschützten Ort, um offen mit Sorgen und Nöten umzugehen. Verhaltens- und Handlungsweisen, die aus Angst und Beunruhigung entstehen, nehmen daher ab.
- Das persönliche Wohlbefinden wird durch die Möglichkeit positiver Rückmeldung und Anerkennung im Council gefördert.
- Mitglieder, die weniger ängstlich sind, zeigen mehr Mut, innovative und kreative Ideen am Arbeitsplatz umzusetzen.
- Weniger Angst und wachsendes Vertrauen führen zu vermindertem Stress.

- Die erhöhte Aufmerksamkeit, die durch die Entscheidungsfindungs-Prozesse im Council entsteht, „entschädigt" für die zusätzliche Zeit, die im Kreis verbracht wird. Die Zahl der Entscheidungen, die mehr als einmal getroffen werden müssen, nimmt ab. Aus der positiven Erfahrung, von den anderen gehört zu werden, entsteht eine starke Bindung zur Gruppe, was dazu führt, dass sich jeder Einzelne stärker und kreativer an der Umsetzung von Beschlüssen beteiligt.

- Sobald die Mitarbeiter gelernt haben, die „Stimme des Councils" wahrzunehmen, entwickeln sie ein größeres Verständnis für die Ziele und Absichten der Organisation. Der Einzelne erkennt klarer, wie seine Tätigkeit mit dem Gesamtkontext verbunden ist. Dadurch tritt das entfremdende Gefühl der Isolation in den Hintergrund. Wenn die Mitglieder erkennen, wo „ihr Platz" innerhalb der Organisation ist, sind sie zu größerer Verantwortung bereit und stolz auf ihre Arbeit.

- Der regelmäßige Austausch von Träumen und Zukunftsplänen erhöht die Fähigkeit der Mitglieder, gemeinsame Visionen zu entwickeln. Dadurch werden langfristige Planungen erleichtert.

- Für die Führungskräfte einer Organisation kommen regelmäßige Councils einer internen Fortbildung gleich, weil sie weniger isoliert arbeiten und ehrlichere Rückmeldungen erhalten. Führungskräfte, die nicht richtig zuhören, werden ermutigt, ihr Verhalten zu ändern; die Tendenz, alles unter Kontrolle zu halten, tritt offensichtlicher zutage.

- Mit der Zeit wird das Gespür für eine kollektive Achtsamkeit geschärft, die sich in Gruppen mit einer gemeinsamen Vision entwickeln kann. In der Folge wird die Organisation weniger als eine in Zeit und Raum unbewegliche Einheit gesehen, sondern als ein „sich entwickelnder Organismus" verstanden. Die Mitglieder werden flexibler und aufgeschlossener gegenüber den Organisationsstrukturen.

- Indem der persönlichen und authentischen Begegnung mehr Zeit eingeräumt wird, nimmt die Trennung zwischen Privatleben und Arbeit ab.
- Da durch das Council ein besseres Verständnis für wechselseitige Verbundenheit vermittelt wird, wächst die Sensibilität gegenüber Umweltproblemen, einschließlich eines gesteigerten Interesses an umweltverträglichen Systemen und Produkten.

Es wäre nachlässig, nicht über die zahlreichen Probleme zu sprechen, die bei der Einführung und Anwendung von Council in Organisationen auftreten können. Wir haben während unterschiedlicher Phasen des Prozesses die folgenden Kräftebewegungen beobachtet:

- Einige Mitglieder widersetzen sich der Herausforderung, stärker am Leben der Organisation Anteil zu nehmen.
- Diejenigen, die sich regelmäßig darauf verlassen, Anweisungen zu erhalten, sind verunsichert.
- Manche Leiter konzentrieren sich zu sehr auf eine verbale Council-Führung und vergessen, kreativ mit Musik, Bewegung und Stille zu arbeiten. Aufgrund dieser Einseitigkeit sind manche Mitarbeiter das ständige „Im-Kreis-Herumsitzen" leid und beschweren sich über die fehlenden direkten Gespräche.
- Manche Mitglieder nutzen im Kreis ausgiebig die Gelegenheit, sich mitzuteilen, und stellen die Geduld der anderen auf die Probe. Diejenigen, für die Geduld keine Tugend ist, haben es dann schwer.
- Mitglieder, die glauben, sich nicht gut ausdrücken zu können, sind zu Beginn gehemmt und ziehen sich möglicherweise zurück. Um dieses Muster zu durchbrechen, sollte Council phantasievoll und einfallsreich gestaltet werden.
- Manche Führungskräfte sind der Ansicht, dass es ihre Autorität bedroht, wenn sie mit „Untergebenen" im Council sitzen.

- Leitende Angestellte, die an Lenkung und Kontrolle in Versammlungen gewöhnt sind, fühlen sich frustriert, wenn ein Council nicht zur Lösung des anstehenden Problems führt. Als Folge nehmen sie ihre Führungsqualitäten vorübergehend als weniger effizient wahr.

- Zu Beginn erscheint manchen der Prozess als ineffizient. Sie protestieren: „Zu viel Gerede, zu wenig Tun!" Die dritte der Vier Leitsätze ist in Organisationen besonders wichtig. Allerdings fällt es manchen Menschen schwer, sich knapp und treffend auszudrücken.

- Einige nutzen das Council als eine Gelegenheit, sich auszuruhen, als eine Flucht vor der Arbeit oder eine Möglichkeit, dem Alleinsein aus dem Wege zu gehen.

- Einige Mitglieder hängen starr an der Form des Councils und sind geradezu süchtig danach. Sie sind nicht mehr in der Lage, die unmittelbaren Bedürfnisse der Gruppe wahrzunehmen. Selbst wenn der Situation besser gedient wäre, einmal loszulassen und anderen die Möglichkeit zu geben, unterschiedliche Interaktions-Formate, wie das „Town Meeting Format" oder den unstrukturierten und leitungslosen „Dialogprozess" von David Bohm[46] vorzustellen, halten sie hartnäckig am Council fest.

Die Vorstellung, dass eine Organisation, ein sich immer wieder neu entfaltendes Gebilde darstellt, ist für manche Menschen sehr beunruhigend. Durch eine wirkungsvolle Council-Führung kann sich jedoch die ‚Quelle der Sicherheit' von dem Festhalten an vertrautem Geschäftsgebaren auf das Vertrauen in die Wirksamkeit eines „guten Prozesses" verlagern.

Mit der Zeit entwickeln die Mitarbeiter durch anteilnehmendes Hören und Sprechen Vertrauen in sich selbst und in den Kreis ihrer Kollegen. Dann bietet die Erkenntnis, Teil eines dynamischen und

---

46 Siehe Quantum Leap: An Interwiev with David Bohm, von John Briggs, New Age Journal, September/Oktober 1989.

sich entwickelnden Organismus' zu sein, jenes Gefühl von Sicherheit, das zuvor durch die hierarchische Struktur des Unternehmens gegeben war.

Den Ruf erwidern

Einigen Menschen ist der gängige, hierarchisch geprägte Weg, eine Schule, ein Unternehmen, eine Gemeinschaft oder eine Verwaltungseinrichtung zu führen, schon von Geburt an suspekt. Immer mehr Menschen haben tagtäglich das Gefühl, von den herrschenden Machtstrukturen in unserer Gesellschaft abgeschnitten zu sein. Wenn du einmal die Kraft und Weisheit des Councils erfahren hast, so gibt es oft keinen Weg zurück. Wenn du weißt, was möglich ist, ist es schwierig, sich mit weniger zufriedenzugeben. Das ist der Grund, warum wir weiter den Traum von einer Gesellschaft träumen, die Council mit offenen Armen empfängt.

Ein weiterer Grund ist, dass die Veränderungen in unserem Leben von uns fordern, das *Prinzip der wechselseitigen Abhängigkeit,* das ein wesentliches Element des Councils ist, anzuerkennen. Jedes Mal, wenn jemand im Kreis etwas zum Ausdruck bringt, was wir selbst nicht sagen konnten, werden wir an dieses Prinzip erinnert. Oder wir erkennen, wenn wir die „Stimme des Kreises" hören, dass das Ganze, das wir gestalten, größer ist als die Summe seiner Teile. Werden wir uns dieser Realität wechselseitiger Abhängigkeit bewusst, erwächst daraus eine größere Verantwortung für unsere Körper, unsere Kinder, unsere Sterblichkeit und unsere Beziehung zur Erde. In diesem neuen Erwachen sind wir alle Anfänger, stolpern hindurch, oft unfähig das große Bild zu erfassen. Doch wie uns der buddhistische Lehrer Thich Nhat Hanh (und viele andere) in Erinnerung rufen, geht es bei dieser Reise nicht darum, den Nordstern zu erreichen, sondern darum, sich in seine Richtung aufzumachen. Wir sehen es als unsere Aufgabe, den Weg des Councils zu leben und den Mut zu besitzen, ihn an

Orte zu tragen, an denen wir es niemals für möglich gehalten hätten. Normalerweise gehen wir dorthin, wo wir eingeladen werden. Die Welt hat schon genug Missionare gesehen! Dennoch schauen wir auch manchmal unter die Oberfläche, um herauszufinden, was wirklich fehlt – und dann gehen wir das Risiko ein und bieten Council an. In diesem Geist haben sich Menschen gerufen gefühlt, das Council weiterzutragen und dabei zu helfen, vermeintliche Gegensätze in unserer Kultur zu heilen: Körper und Seele, Kopf und Herz, Arbeit und Familie, männlich und weiblich, Jugend und Alter, reich und arm, krank und gesund, Araber und Juden, Schwarze und Weiße.

An der Ojai Foundation wuchs das Council aus dem Wunsch heraus, viele verschiedene Traditionen und Lehrer zusammenzubringen: Aborigines, die Ureinwohner Nordamerikas, Tibeter, Menschen jüdisch-christlichen Glaubens sowie führende Persönlichkeiten aus dem naturwissenschaftlichen Bereich. Joan Halifax, die Gründerin der Foundation, war durch ihre Jahre in der Bürgerrechtsbewegung, ihre medizinisch-anthropologischen Reisen und ihren Forschungen mit Joseph Campbell inspiriert worden. In den frühen Jahren der Foundation rief Joan viele Councils mit Ältesten zusammen, manche dauerten einen ganzen Monat. Nach wie vor bietet sie in Upaya, dem von ihr gegründeten Zen-Kloster in Santa Fe, New Mexico, Council-Kreise an. Wie so viele andere Gemeinschaften und Menschen sind wir zu der Überzeugung gelangt, dass es für unser Überleben unerlässlich ist, zu lernen, Unterschiede bereitwillig anzunehmen und sie mit offenen Armen zu empfangen.

Wenn wir mit Menschen im Kreis sitzen, die den Weg des Councils bereits gehen, entwickeln wir unsere Fähigkeiten, ein Leben in Verbindung zu leben und anderen als Vorbild zu dienen. Und natürlich wird der Ruf nach dem *Geist* des Councils auch an anderen Stellen, quer durch sämtliche Kulturen, laut. Spüre diesen Gelegenheiten nach und antworte, wenn du den Ruf hörst. Wir bitten dich eindringlich, dich weiterhin als Schüler in diesem Geist zu üben, als eine Form des Seins, des Lebens und des Arbeitens in der Welt.

Der Weg des Councils ist sehr neu und gleichzeitig sehr alt. Wir glauben, dass dieser Weg allen, die offen für die Erfahrung von Interdependenz sind, vertraut ist. Die einfache Form des Kreises und das aufmerksame Zuhören manifestieren sich zunehmend in Kulturen auf der ganzen Welt. Wenn alles gesagt und getan ist, richten wir unsere Aufmerksamkeit auf die uralte „Weisheit des Kreises", die untrennbar mit dem Überleben unserer Art verbunden ist. Menschen, die das Council weitertragen, beziehen sich oft auf die „Erinnerung an Council", wenn sie einer neuen Gruppe die Praxis vorstellen.

Zum Schluss dieses Kapitels erzählen wir vier Geschichten, die zeigen, wie das Council zu kulturellen Umwandlungen beitragen kann. In jeder dieser Situationen tat sich zwischen Counil-Leiter und Kreis zunächst eine große kulturelle Kluft auf, doch die Kraft des Kreises reichte aus, um ein kleines Maß an Heilung zu bewirken. Wir hoffen, dass diese Geschichten dich ermutigen, den Weg des Councils zu gehen, auch wenn die Aussichten auf Erfolg gering und der persönliche Einsatz groß ist.

Das Alte ehren, das Neue willkommen heißen

Zweihundert Mentoren eines renommierten internationalen Heilungspfades waren zusammengekommen, um über das Thema „Übertragungslinien" zu sprechen. Einmal mehr stand diese uralte Frage in Gemeinschaften – „wer gehört dazu und wer nicht?" – im Mittelpunkt. Über viele Jahre hinweg hatte ich so manche Gemeinschaft erlebt, in der dieses Thema in dieser oder jener Weise diskutiert wurde. Daher wusste ich, dass jede Gruppe ihren ganz eigenen Weg finden musste.

Doch wie sollten diese zweihundert Menschen mit unterschiedlichem Hintergrund, aus verschiedenen Ländern und sozialen Schichten zu einer Übereinkunft finden? Mein Partner, der im Beirat der Gemeinschaft saß, hatte gewagt, Council als einen möglichen Weg zur Konsensfindung vorzuschlagen. Ein Mitglied des Gremiums war

sehr skeptisch, dennoch wurde ich eingeladen, die Praxis vorzustellen. Aufmerksam hörte ich der leidenschaftlichen Eröffnungsdiskussion zu. Dabei tauchten mehrere Fragen auf:
- Sollen wir einen Qualitätsstandard, ein Gütesiegel für Praktizierende unseres Heilungsweges einführen? Wenn ja, wie?
- Was geschieht, wenn ein Mentor seine/ihre Macht missbraucht?
- Was ist mit Menschen, die sich als Mentoren bezeichnen, die jedoch nicht im Geist der traditionellen Lehre initiiert wurden?
- Wenn alle, die sich Mentor nennen, in die Gemeinschaft aufgenommen werden, was ist dann der Zweck einer professionellen Vereinigung?

Viele Leute legten Wert darauf, die Tradition angemessen zu ehren. Würden bestimmte Standards gelockert oder verändert, ließe die Kraft der Heiltätigkeit nach, argumentierten sie. Zur Bekräftigung dieser Position wurden Fälle beschrieben, in denen Mitglieder der Gemeinschaft sich einem erklärten Mentor gegenüber beurteilend verhalten hatten. Manche behaupteten, diese Bewertung zeige Urteilsvermögen, andere sahen Arroganz darin.

Ich wurde vom Vorstand vorgestellt und gebeten zu sprechen. Ich war offiziell eingeladen und war mir bewusst, dass es ein riskantes Unternehmen war. Das Oberhaupt der Gruppe war anwesend und hatte gegenüber dem Vorstand eingeräumt, dass er bereit sei, das Thema eingehend zu betrachten, allerdings habe sich bisher noch nicht jedes Mitglied zur Einladung eines Fremden in den Kreis der Mentoren geäußert. Als ich zu sprechen begann, las ich in vielen Gesichtern Misstrauen gegenüber meiner Anwesenheit.

Ich vertraute dem Ruf, den ich vernommen hatte, und der Kraft, die das Council besitzt, eine Gemeinschaft in ihrer Wahrheitssuche zu unterstützen. Also wagte ich den Sprung. Ich sprach über die Kraft des Zuhörens und des Sprechens aus dem Herzen und schlug ein Weisheits-Council vor, das der Gemeinschaft Orientierung bieten konnte. „Vielleicht finden wir nicht auf alle Fragen eine Antwort, doch zumindest öffnen wir uns damit einem größeren Verständnis und neuen Einsichten", sagte ich.

Ich schlug ein Fishbowl-Format vor, bei dem einige der am längsten initiierten Mitglieder der Gemeinschaft einen Platz im inneren Kreis einnehmen sollten. Wäre diese Gruppe in der Lage, ihre persönlichen Standpunkte beiseite zu schieben, könnte sie zum „Council der Ältesten" werden. Ich betonte, dass die Teilnehmer dieses Kreises gebeten waren, einander sorgsam zuzuhören und ihre Wahrheit im Dienste der Gemeinschaft aussprechen sollten.

Mein Vorschlag erntete zustimmendes Nicken von vielen Seiten, doch allein die Art des Councils stellte eine echte Herausforderung für die traditionell hierarchisch geprägte Organisation der Gemeinschaft dar. Ich konnte die stille Stimme der Traditionslinie hören. „Da gibt es nichts zu diskutieren. Unser Leiter und alle, die ihm vorausgegangen sind, werden uns weiterhin auf unserem Weg führen."

Eine Frau sprach mit lauter Stimme: „Wir können kein Council unserer Ältesten einberufen, wenn ein Außenstehender zugegen ist. Wir hätten uns überhaupt nicht in dem Maße mitteilen dürfen, wie wir es bereits getan haben. Niemandem außer unseren initiierten Mitgliedern ist es gestattet, über unsere Geheimnisse und Symbole zu sprechen."

Jemand goss noch mehr Öl ins Feuer: „Ist diese Frau eine Mentorin? Warum ist sie hier? Ich mag, was sie eingebracht hat, doch es fühlt sich nicht richtig an, unseren Kreis in dieser Weise zu öffnen."

Andere baten mich um Verzeihung, ich sollte diese Äußerungen nicht persönlich nehmen. Ich saß schweigend da und praktizierte achtsames Atmen. Als mich jemand ganz direkt fragte, ob ich ein Mentor sei, sog ich die Frage tief in mich hinein. „Ich weiß es nicht", antwortete ich schließlich.

An diesem Punkt erhob sich das Oberhaupt der Mentoren und bat um allgemeine Aufmerksamkeit. Er würdigte die Besorgnis derer, die gesprochen hatten, doch gleichermaßen verlangte er, dass die Gemeinschaft „aus der Wahrheit des gegenwärtigen Augenblickes heraus und nicht ausschließlich nach den Regeln der Tradition leben sollte". Er war dafür, dass das Council stattfinden sollte und dass ich anwesend wäre. „Wenn Mentoren nur anhand eines Zertifikats oder der Farbe ihrer Kleidung erkannt werden können, dann sind wir blind und müssen achtsamer hinschauen!", sagte er.

Dank seiner und der Unterstützung des Vorstandes entstand eine ausreichend sichere Atmosphäre, in der wir fortfahren konnten. Meine Anwesenheit und das bevorstehende Council hatten das Thema Offenheit in der Gemeinschaft zutage gefördert. Eine neue Art von Feingefühl war notwendig, um in die schwierige Diskussion zu Traditionslinien und Authentizität einzusteigen. Ich schlug vor, dass sich jedes Mitglied die Frage stellte: „Dient das, was ich sage, mir selbst und dient es dem Kreis?"

Die Saat für einen Ältesten-Council wurde an diesem Tag ausgebracht. Der Prozess schritt voran und ich schlug vor, das Fishbowl zu einer Spirale zu erweitern, um anderen Mitgliedern zu gestatten, auf dem Platz eines Ältesten zu sitzen und davon zu lernen. Ich ermutigte die Gruppe loszulassen, nach Führung zu suchen und keine unmittelbaren Lösungen zu erwarten. Ich unterstützte ihr hingebungsvolles Ringen um die richtige Handlungsweise und wagte zu bemerken, dass auf lange Sicht eine erhöhte Achtsamkeit gegenüber dem Thema dienlicher sei als ein neues Regelwerk. Ich überließ die Gemeinschaft dann ihrer Entdeckungsreise.

Im darauffolgenden Monat nahmen viele Mitglieder der Gemeinschaft an unseren Council-Trainings teil und brachten die Praxis in ihr persönliches und berufliches Leben ein. Die zu Beginn sehr skeptische Frau aus dem Vorstand trug das Council auf ihre ganz spezielle Weise weiter.

Das Ältesten-Council war in ständiger Bereitschaft und lernte, seine Weisheit im Geist des Dienens einzusetzen. Die Spirale wurde allerdings, meinem Wissen nach, nie benutzt, um den inneren Kreis durchlässiger zu gestalten. Autorität in die Hände von mehr als nur einigen Wenigen zu geben, blieb ein kontroverses Thema in der Gemeinschaft.

Jenseits von Grenzen

Viele Jahre lang leitete ich zehntägige Reisen in die Wildnis, an denen Menschen aus verschiedenen Ländern und Kulturen teilnahmen. Das Herz dieser Reise ist eine viertägige Fastenzeit, die jeder für sich allein in der Wildnis verbringt. Während dieser kurzen Reisen erleben wir die Wildnis als eine unmittelbare physische Realität und stellen fest, dass die Natur ein Spiegel für die Wildheit in jedem von uns ist, eine Metapher für die ungezähmten Anteile in unserer Beziehung zu anderen Menschen. Mein Patensohn brachte es auf den Punkt: „Klar, dass die Fastenzeit und das Alleinsein neue Türen bei mir öffneten und auch zutiefst an mir rührten, doch der erstaunlichste Teil dieser Reise war, dass ich mich in den Geschichten von völlig fremden Menschen und unbekannten Orte selbst wiederfinden konnte."

An dieser speziellen Reise in die hoch gelegene Wüste im Herzen Kaliforniens, hatten Menschen aus Deutschland, Holland, der Schweiz und Amerika teilgenommen. Während unserer vorbereitenden Councils konnte ich bei Ted, einem Teilnehmer aus Holland, eine ständige, unterschwellige Anspannung wahrnehmen. Am letzten Abend, nachdem jeder von seiner Fastenzeit zurückgekehrt war und wir wieder beisammensaßen, zeigte sich der Grund seiner Spannungen – und brachte Heilung mit sich. Wir hockten im Council um das Feuer herum und Ted sprach mit vernehmbarer und kraftvoller Stimme:

„Diese Reise hat mir gutgetan. Ich habe der Dunkelheit der Wüstennacht ins Auge geblickt und mich im Licht der Mittagssonne gesehen. Ich hinterfragte mein Leben als Mann, Ehemann, Liebhaber, Vater und Heiler – das machte mich stärker als je zuvor. Doch der gefährlichste Teil der Reise war für mich, mit euch Deutschen im Council zu sitzen. Eure Leidenschaft, euer Auftreten und selbst eure Stimmen haben mir fast mein ganzes Leben lang Angst gemacht. Es geht mir nicht nur um die Geschichten aus dem 2. Weltkrieg. Ich bin euch persönlich begegnet und ihr seid einfach anders. Die Art und Weise, wie ihr die Welt seht, ist anders. Ich habe mich in eurer

Gegenwart oft klein und überwältigt gefühlt, so wie auch unser Land einmal von euch überwältigt wurde und irgendwie auch noch ist. Nun, nach dieser Reise kann ich euch zuhören und im Kreis mit euch sitzen. Ich kann mit euch lachen und weinen. Irgendetwas hat sich verändert und ist jetzt geheilt. Es ist Platz für uns alle da. Ich mag jeden Einzelnen von euch und dafür bin ich sehr dankbar."

Aufrichtigkeit und Mitgefühl waren die Früchte, die Ted im Council mit „denen, die auf der anderen Seite des Kreises leben", geerntet hatte, eine Erfahrung, jenseits kultureller Grenzen und alltäglicher Erfahrung. Das Land zu spüren, das Fasten in der Wildnis, das tiefere Verstehen der eigenen Existenz und das Verbinden mit der Erde – so hatte der Ruf geklungen, der an uns alle ergangen war. Diesem Ruf zu folgen bedeutete für jeden, sich in eine enge Gemeinschaft mit Menschen aus anderen Ländern, sozialen Schichten und Glaubenssystemen zu begeben. Das Council hatte dabei geholfen, den Geist des „alles ist mit allem verbunden" zu erwecken.

Council unter Fremden

Die Nachricht, dass die Ärzte meiner Großmutter noch 24 Stunden zu leben gegeben hatten, brachte unsere Familie in Windeseile zusammen, um den Abschied unserer Matriarchin zu ehren. Kindliche Freude und Hilflosigkeit kennzeichneten unsere Zusammenkunft im Wintergarten ihres Hauses in Connecticut in gleichem Maße. Viele von uns hatten sich seit Jahren nicht mehr gesehen. 15 lebende Nachfahren waren einer nach dem anderen im Krankenhaus eingetroffen, um ein paar letzte Worte mit ihr zu sprechen. Es hatte der Unmittelbarkeit ihres Todes bedurft, um Nanas lebenslangen Wunsch, uns alle zusammenzubringen, wahr werden zu lassen.

Sie starb weder in dieser noch in der folgenden Nacht. So fragte ich mich, ob es noch einen anderen Grund für unsere Zusammenkunft gab. Wir sprachen über die anstehende Feier, als wäre es Weihnachten. Auch wenn Nana das Krankenhaus nicht verlassen konnte, war sie doch im Geiste bei uns. Ich spürte, dass unser hölzerner New-England-Clan im Angesicht ihres Todes die Gelegenheit erhielt, auf neue Weise miteinander umzugehen.

Am dritten Tag sah ich Licht am Horizont. Mein Cousin Sean hatte mit einigen von uns über seine bevorstehende Hochzeit gesprochen. Andere ließen sich bevorzugt in seiner Abwesenheit über das Thema aus. Der Tonfall schwankte zwischen besorgt und gemein. „Machst du dir nicht auch Sorgen? Er scheint mir ziemlich durcheinander zu sein. Glaubst du, dass sie die Richtige für ihn ist? Sie scheint eher an seinem Geld interessiert zu sein, als an irgendetwas anderem." Niemand sprach derartige Gefühle gegenüber Sean an. Ich fühlte mich zunehmend unbehaglich mit den immer länger werdenden Schatten und spielte mit dem Gedanken, ein Council einzuberufen.

Wir hatten uns oft im Wintergarten getroffen, um zu essen, uns zu unterhalten, zu lachen und (in richtiger Connecticut-Manier) zu trinken und zu rauchen. Die wenigen Erwachsenen unter uns, die diesem Lebenswandel noch nicht frönten, waren meine herzlichen, wahrheitsliebenden mormonischen Verwandten. Sie hätten möglicherweise meinen Ruf gehört, doch andererseits glich das Vorhaben, ein Council in Nanas Wintergarten einzuberufen, dem Versuch, auf dem New Yorker Börsenparkett Aufmerksamkeit zu erregen.

Ich ging das Risiko ein: „Hey, Leute, ich möchte eine Familienbetrachtung vorschlagen." Eine Hauch von Überraschung und Schrecken huschte durch den Raum. In 45 Jahren hatte ich nur wenige Menschen aus New England getroffen, die es geschafft hatten, an festgefahrenen Familientraditionen zu rütteln. „Es sieht ganz so aus, als würde Nana noch nicht gleich sterben", fuhr ich fort. „Auch wenn jeder schon in Gedanken wieder zu Hause und am Arbeitsplatz ist, bin ich der Meinung, dass sich uns hier eine einmalige Gelegenheit bietet." Ich erwartete weder Fragen noch aufmunternde Worte. Scheitern gehörte hier mit zur Besetzung. Schwimmen oder untergehen, so lautete die Alternative.

„Nana wollte uns immer zusammenbringen. Ich glaube, dass

sie von ihrem Erfolg so begeistert ist, dass sie es noch ein bisschen länger genießen möchte." (Gerade an diesem Morgen hatte uns der fassungslose Arzt mitgeteilt, dass Nana in zwei Tagen wieder nach Hause kommen würde. Dort sollte sie dann einen Rund-um-die Uhr-Pflegedienst in Anspruch nehmen.) „Vielleicht gibt es einen weiteren Grund für unser Zusammentreffen. Nanas letzte Reise steht ihr irgendwann bevor, doch gerade jetzt steht Sean unmittelbar vor einem wichtigen Schritt in seinem Leben.

„Was meinst du damit?" Jemand wagte es, Interesse zu bekunden.

„In den letzten Tagen haben wir viel über Seans Verlobung und seine bevorstehende Heirat gesprochen. Er selbst sagte mir, welche Bedeutung dieser Heiratsantrag für ihn habe. Deshalb schlage ich vor, dass wir Sean eine Gelegenheit geben, uns mitzuteilen, was in ihm vorgeht. Dann kann ihm jeder von uns, ob alt oder jung, Fragen stellen, ihm seine persönlichen Erfahrungen in Beziehungen mit auf den Weg geben, ihn segnen oder das aussprechen, was ihm gerade in den Sinn kommt."

„In diesem Raum sind eine Menge erfahrener verheirateter Menschen, und auch einige alte Jungfern wie ich", fügte ich hinzu, um die Stimmung etwas aufzulockern. „Wäre es nicht großartig, wenn wir die Bedeutung von Seans Entscheidung würdigen und ihm noch etwas über unsere Erfahrungen zu den Werten der Ehe erzählen könnten?"

Bis zum heutigen Tage bin ich mir nicht sicher, ob ich von jedem im Raum die Zustimmung erhielt. Doch Sean war mehr als bereit. Er jauchzte vor Freude, wie ein verdurstender Mensch, dem gerade Wasser angeboten wurde.

Die nächsten zwei Stunden verbrachten wir im wahren Geist des Councils. Viele folgten meinen Vorschlägen und fügten noch persönliche Bemerkungen über die bevorstehende Hochzeit hinzu. Am Anfang war Sean nervös, doch er entspannte sich zusehends und konnte die große Zuwendung der Familie annehmen. Auch ohne richtigen Redegegenstand spielte ich den „Road Chief" wie nie zuvor. Irgendwie fügte sich schließlich alles zusammen. Meine Schwester und ihr Ehemann sprachen derart aufrichtig und glaubwürdig über ihre Ehe, dass ich die Stärke und die Schönheit ihrer Beziehung in einem völlig neuen Licht sah. Auch viele andere Wahrheiten wurden mit Leidenschaft vorgetragen. Und das Wichtigste: Jeder hörte dem anderen zu.

Trotz des fehlenden rituellen Rahmens hatte meine Familie an diesem Nachmittag eine weitaus kraftvollere Council-Erfahrung zustande gebracht, als ich sie je für möglich gehalten hätte. Zwischen Cocktails und dicken Hot Dogs kamen wir mit der Magie des Councils in Kontakt. Seans Träume und Ängste drangen in unser Ohr. Die Mutter des Bräutigams konnte die Schwere, die sie viele Monate lang empfunden hatte, ablegen. Der Ruf unserer Ältesten hatte der Familie ein unerwartetes und starkes Übergangsritual beschert.

Einige Tage später erfuhr Nana die Geschichte unserer Versammlung. Wenige Monate nach diesen Ereignissen entschloss sich Sean, seine Heiratspläne zu begraben.

Council mit den Vergessenen[47]

Es war schon reichlich riskant, die lockeren Rap-Sessions in der Obdachlosenunterkunft zur Council-Zeit umfunktionieren zu wollen. Viele Jugendliche zeigten ihrer Umgebung gegenüber eine ziemlich harte Fassade und winkten bei allem, was nach New-Age- oder Gruppen-Zeugs roch, skeptisch ab. Dennoch schien Council das geeignete Format für sie zu sein. Die Diskrepanz zwischen denen, die nie den Mund hielten, und denen, die kaum einmal den Mund auf bekamen, war riesengroß. Ich hoffte, dass Council diese Lücke schließen würde.

Unser Kreis traf sich einmal die Woche am Vormittag. Klingelnde

---

[47] Diese Geschichte wurde aus dem unveröffentlichten Tagebuch von Elissa Zimmermann, MFCC, entnommen, die viele Jahre lang Councils in Obdachlosenunterkünften für Jugendliche gehalten hat.

Telefone und ein ständiges Kommen und Gehen bildeten den Hintergrund unserer Treffen. Die Jugendlichen waren es nicht gewohnt, längere Zeit stillzusitzen, es sei denn, sie waren müde – in diesem Fall verschliefen sie den größten Teil des Kreises. In den ersten Runden standen sie einfach auf und gingen, wenn sie sich genervt oder gelangweilt fühlten, ganz gleich, wie viele Male ich sie darum gebeten hatte, pünktlich zu sein und zu warten, bis jeder im Kreis gesprochen hatte. Die Idee, unter diesen Bedingungen an Councils festzuhalten, verlangte mir alles und noch mehr ab. An den Tagen, an denen wir im Council saßen, war ich oft den Tränen nahe, wenn ich den Treffpunkt verließ.

Ich brachte einen großen Quarzkristall als Redegegenstand mit. Ich hoffte, dass die Jugendlichen mein wachsendes Vertrauen und meine Sorge um sie spüren würden, wenn ich ihnen etwas gab, das mir viel bedeutete. Sie zeigten Interesse an dem Kristall, sowohl im metaphysischen Sinn, aber auch, weil „crystal" in ihrer Sprache der Ausdruck für Speed, einer gängigen synthetischen Droge war. Äußerungen wie, „Wir ziehen uns im Council immer einen rein," waren Garanten für allgemeines Gelächter. Zu Beginn hatte ich auch Schwierigkeiten mit dem Wort *Ho*, weil es auf der Straße „Hure" bedeutete. Nach viel Gekicher zogen es einige der Jugendlichen vor, stattdessen zu klatschen.

Der Kreis bestand aus älteren Straßenkindern und Heimkindern unter 18 Jahren, die kürzere Abschnitte ihrer Jugend ebenfalls auf der Straße verbracht hatten. Manche von ihnen waren von zu Hause abgehauen, um ihr Glück in der Stadt zu suchen. Andere waren ihren desinteressierten, alkoholabhängigen oder missbrauchenden Eltern entflohen. Manche hatten es vorgezogen, ihre Familien zu verlassen, weil sie eine Schwangerschaft oder ihre Homosexualität nicht preisgeben wollten – oder waren hinausgeworfen worden, nachdem ihre Eltern davon erfahren hatten. Es gab auch immer wieder Kids, deren familiärer Hintergrund sich grundsätzlich kaum von dem unterschied, den ich in anderen, mir eher vertrauten Kreisen angetroffen hatte. Ich fragte mich oft, was die einen dazu veranlasst hatte, auf die Straße zu gehen, und die anderen, es nicht zu tun. Manche hassten es, kein Zuhause zu haben, doch viele, die unsere Kreise besuchten, waren stolz darauf, für sich selbst verantwortlich zu sein und sich aus eigener Kraft durchzuschlagen. Sie fühlten, dass ihr heimatloses Leben sie eine Menge gelehrt hatte.

Ich war überrascht, festzustellen, wie religiös viele von ihnen waren, und vor allem, mit wie vielen religiösen Vorstellungen sie sich in ihrem jugendlichen Alter bereits auseinandergesetzt hatten. Für gewöhnlich gab es ein paar Fundamentalisten unter ihnen und ab und zu auch einen Teufels-Verehrer, der dann mitunter ziemliches Leben in die Bude brachte! Ich war beeindruckt, wenn manche behaupteten, von allen Religionen, die sie kennen gelernt hatten, etwas Wertvolles für ihr Leben mitbekommen zu haben. Daraus wollten sie ihren eigenen, für sie machbaren spirituellen Weg gestalten.

Wir hatten sehr bemerkenswerte Councils über die Liebe. Als Pierre, 19 Jahre alt, einmal mit den Worten begann, „Wenn du Liebe haben möchtest, musst du Respekt zeigen, Ehrlichkeit und Vertrauen", wurden seine Äußerungen mit höhnischem Gelächter kommentiert. Ich beharrte jedoch auf den Vier Absichten des Councils und so gerieten wir umgehend in eine lange Diskussion darüber, wie sehr die Jugendlichen wirklich von ihren Eltern geliebt wurden. Viele waren sich einig, dass Mütter wie Väter ihren Kindern verbal wie körperlich im Namen der Liebe Gewalt antun konnten. Sie waren wahre Experten darin, Eltern nachzuahmen, die sagten, „das verletzt mich aber mehr als dich" und „das ist doch nur zu deinem Besten". Sie schienen wirklich zu verstehen, dass Minderwertigkeitsgefühle und die Unfähigkeit, im späteren Leben andere Menschen zu lieben, daher kamen, dass sie als Kinder immer wieder die Worte „du taugst nichts" gehört hatten. Die Vorstellung, dass misshandelte Kinder zu misshandelnden Eltern heranwachsen, machte Autumn (jung und schwanger) wütend: „Das ist Blödsinn", sagte sie während eines der Councils über Liebe. „Ich kann das nicht mehr hören. Meine Eltern mussten sich nicht so verhalten, nur weil sie selbst missbraucht worden sind. Ich jedenfalls werde meine Kinder nicht misshandeln."

Es gab Zeiten, da verließ ich das Obdachlosenheim in einem Gefühl der Hilflosigkeit. Ich fragte mich, ob Council irgendeinen Unterschied in ihrem Leben machen würde. Es war in einer dieser schwierigen Phasen, als Jesse nach langer Zeit plötzlich bereit war zu sprechen. Wochenlang hatte er darauf bestanden, lediglich zuzuhören, doch an diesem Tag öffneten sich seine Schleusentore und entließen Jahre des Schmerzes, der Verletzungen und der Wut.

„Das Schlimmste am Leben auf der Straße ist, dass du zur Prostitution und zum Dealen gezwungen wirst", begann Jesse. „Es ist die einzige Möglichkeit, durchzukommen. Ich bin jetzt acht Jahre lang auf der Straße, seitdem ich 13 bin. Nach so einer langen Zeit macht es dir nichts mehr aus." Fast eine halbe Stunde lang erzählte uns Jesse seine Geschichte. Seine Mutter war während ihrer Schwangerschaft und seiner frühen Kindheit drogenabhängig gewesen. Weil er als ein „hyperaktives" Baby aufgefallen war, hielt sie es für gerechtfertigt, ihm Wodka in die Milch zu schütten, um ihn ruhig zu stellen. Mit sechs Jahren fühlte er sich von Männern angezogen und mit zwölf gestand er der Familie seine Homosexualität, ohne zu wissen, dass daran etwas „falsch" war. Sie verstießen ihn und er begann sein Leben auf der Straße als Alkoholiker.

„Ich habe mit Menschen geschlafen, die fünfzig Jahre älter waren als ich", erzählte uns Jesse. „Ist das nicht krank? Ich weiß, es klingt verrückt, aber ich behaupte noch heute, dass ich nie auf den Strich gegangen bin. Ich war so einsam. Ich sagte mir jedes Mal, dass ich Liebe machen würde. Ich hatte niemals einen kleinen Hund – oder einen Vater. Aber ich hatte eine ganze Reihe von Stiefvätern. Meine Mutter weiß noch nicht einmal, wer mein richtiger Vater ist. Es gab nie jemanden, noch nicht einmal einen Freund, der mir sagte, dass er mich lieb hätte, und es auch wirklich so meinte." Seine Stimme klang voller Schmerz, doch überraschenderweise frei von Selbstmitleid. „Vor einem Jahr wurde ich positiv auf HIV getestet, doch ich habe es bis jetzt niemandem erzählt. Ich kenne den Typen, von dem ich es bekommen habe. Ich wollte damals, dass wir keinen sicheren Sex haben. Jetzt erkenne ich, dass es meine Art war, Selbstmord zu begehen, auf die langsame Art. Ich hatte nicht die Eier, es auf die schnelle Tour zu machen, obwohl ich es versucht habe."

Jesse fing an zu weinen, als er über seine drei Selbstmordversuche erzählte, und drehte dabei fast durch. „Tut mir leid, dass ich meine Innereien ausgekotzt habe", schluchzte er. Ich versuchte ihm mitzuteilen, dass dieser Gefühlsausbruch Teil seiner Geschichte war, die er uns mit solcher Ehrlichkeit erzählt hatte. Es würde ihm helfen, wieder zu sich zu kommen. Doch Jesse war zu tief in seinem Kummer, als dass er in diesem Moment irgendetwas Gutes hätte erkennen können. Schließlich kam er zur Ruhe. Ich saß noch über eine Stunde, nachdem das Council beendet war, an seiner Seite. Als ich später das Haus verließ, fühlte ich das enorme Risiko, dass Jesse eingegangen war, als er sich uns geöffnet hatte – und das Versprechen. Ich wusste nicht, welchen Weg er gehen würde. Ich fragte mich, ob ich noch etwas hätte für ihn tun können.

In der darauffolgenden Woche war er der Erste, der sich im Kreis zeigte. Er erzählte uns, dass er so gut geschlafen habe wie seit langem nicht mehr, seit er sich vor uns ausgekotzt hatte. Er war stolz darauf, sich seinen Freunden und auch den Mitarbeitern des Obdachlosenheimes mehr zugewandt zu haben. Er sagte, dass das Sprechen im Council genau das gewesen war, was er gebraucht hatte.

Kapitel 12

Werte und Fähigkeiten

„*...In the primordial forests of the first living creatures there was no speech, no spoken symbols systematically arranged into significant expression. But there was communication. Before linguistics, before the literal link of language, there was listening...*
Listening... perhaps... is just a mind aware..."

Hannah Merker in „Listening"

Wir haben ausgiebig über die Praxis des Councils gesprochen und viele Geschichten darüber erzählt... Vor ein paar Jahren schrieb ich einen Essay über das Council, der sich an Pädagogen richtete. Der Titel lautete: „The Implicit Curriculum of Council" (etwa: Der unsichtbare Lehrplan des Councils). Dahinter steckte die Idee, die weniger offensichtlichen Aspekte des Councils zu betrachten, die unsere Erfahrung (glücklicherweise) so oft bereichern und so wunderbar zur Magie des Kreises beitragen. Ein nachträglicher Rückblick auf meinen Text machte mir deutlich, dass ich dabei in die Perspektive des Zeugen hineingeglitten war – und zwar zu verschiedenen Zeitpunkten aus jeder der vier Richtungen. Daher scheint es mir angebracht, die vorhergehenden Kapitel noch einmal in Hinblick auf die grenzenlosen Möglichkeiten der Praxis zu untersuchen.

Es ist wichtig, diese feine Wirkweise zu erforschen, um den Praktizierenden daran zu erinnern, dass das, was in einem Kreis von Menschen geschieht, die aufrichtig zuhören und aus dem Herzen heraus sprechen, weitreichende Folgen für die Anwesenden, für deren Gemeinschaft, ja sogar für die ganze Kultur haben kann. Ein Vorgang, der sich jenseits von Worten, Themen, Geschichten, getroffenen Entscheidungen oder ausgetragenen Konflikten abspielt. Diese Dimension von Council auszukundschaften liefert eine gute Vorbereitung zur Beantwortung der häufig gestellten Frage: „Was ist es, das wirklich in einem Council geschieht und es so verlockend für viele Menschen macht? Was ist das Besondere daran? Warum können Menschen nicht einfach miteinander sprechen?"

Diese Aspekte lassen sich in vier Kategorien einteilen, die nicht klar voneinander abzugrenzen sind. Menschen treffen sich in einem Council,

- weil sie dem Ruf folgen, zusammenzukommen, und sich zur tieferen Natur des Councils hingezogen fühlen
- um die Vier Absichten des Councils zu praktizieren,
- um die Entfaltung und Reifung der menschlichen Intelligenz anzuregen,
- aus Gründen, die unserer Geschichte entspringen – aus unserer Tradition, unseren Ahnen und aus den Wurzeln menschlicher Erfahrung.

Bis zu einem gewissen Umfang werden die folgenden Betrachtungen einen subjektiven Charakter haben. Auch wenn wir viele Jahre lang in Tausenden von Kreisen gesessen und mit Hunderten von Council-Leitern gesprochen haben, hat die Natur der „inneren Landschaft" doch ihre eigenen Gesetze. Council-Neulinge werden schnell ihre eigenen Worte finden, um diese ganz fein gesponnenen und doch wahrnehmbaren Dimensionen des Prozesses zu benennen.

Der Kreis und der Ruf, sich zu versammeln

Beginnen wir mit den Kindern. Am Ende der Kindergartenzeit oder in der ersten Schulklasse wird ihnen gesagt, wie wichtig es sei, in die Schule zu gehen. Wir alle kennen das und haben schon einmal gehört, dass wir zur Schule gehen, um zu lernen, um eine Ausbildung zu machen, damit wir ein gutes Leben führen und ein produktives Mitglied der Gesellschaft werden können. Diese Werte werden direkt oder indirekt so stark hervorgehoben, dass sie für die meisten Schulkinder geradezu zur zweiten Natur werden. Der durchaus vorstellbare Wert einer völlig anderen Erziehung – ohne rechteckige Schulgebäude und auch ohne die Lehrer, wie wir sie gemeinhin kennen – taucht für die meisten Kinder erst auf, wenn sie das Glück haben, Bücher wie „Green Mansions" (Tropenglut) oder „The Island of the Blue Dolphin" (Insel der blauen Delfine) zu lesen oder die wilde Natur selbst in irgendeiner Art kennen zu lernen. Erst dann fangen wir an zu begreifen, wie viele Wertvorstellungen wir noch aus unserer frühen Schulzeit mit uns herumtragen, die nicht unbedingt ein Teil unserer DNA sind. (Wir könnten sie als „städtisch-geprägte" Werte oder, vielleicht aktueller, als „Internet-geprägte" Werte bezeichnen.) Da die meisten von uns in einer städtischen Umgebung leben, schlägt eine Begegnung mit den geheimnisvollen Elementen der Natur möglicherweise eine Saite in uns an, von der wir in jungen Jahren nicht einmal wussten, dass sie existierte.

Doch irgendwie und irgendwann erwacht in den meisten von uns die Erkenntnis, dass die Wertmaßstäbe, die wir in unserer ersten Lebenshälfte als umfassend und allgemeingültig angesehen hatten, nicht die Einzigen sind, die für uns zur Wahl stehen. Andere Annahmen über die Beschaffenheit der Realität, die unser Leben in ähnlicher oder vielleicht noch produktiverer Weise geformt haben und formen werden, könnten sehr wohl existieren. Es gilt, sich mit ihnen genauso auseinanderzusetzen wie mit denjenigen, die uns so vertraut sind. Vielen von uns ist bereits klar geworden, dass der Weg des Councils zu dieser neuen Bewusstheit beitragen kann.

So etwa der „Ruf in den Kreis". Das bedeutet beispielsweise, eine Gruppe von Schülern und Lehrern in einem wöchentlichen, einstündigen Council zu versammeln, um allen die Möglichkeit zu geben, Geschichten über ihr persönliches Erleben auszutauschen. Oder eine Gemeinschaft von Ärzten beschließt, monatliche Councils abzuhalten, um ihre Erfahrungen zu vertiefen und sich gegenseitig zu unterstützen. Solche Motive lassen erkennen, dass es noch etwas Größeres als unsere persönlichen Ziele, als die üblichen Gründe für den Schulbesuch oder die Ausübung einer bestimmten Heilkunst gibt. Etwas, das mit dem vertrauten Umgang mit anderen Menschen zu tun hat und das ein weites Feld von Erfahrungen hervorbringen kann – humorvolle wie feierliche, erleichternde wie herausfordernde, eintönige wie aufregende.

Diese Zusammenkünfte im Sinne der Verbundenheit stellen bereits ungeachtet ihres Verlaufs einen Wert an sich dar. (Wir könnten diesen Urinstinkt als „Sogwirkung der Gemeinschaft" beschreiben.) Unsere Leben sind mit Begegnungen solcher Art gefüllt: gemeinsames Essen und Arbeiten, Treffen mit den Nachbarn, gemeinsam Sportveranstaltungen besuchen, beten, einer Rede lauschen und – wie in der Schule – gemeinsam lernen. Im Council kann der Zweck des Zusammentreffens ähnliche Zielsetzungen haben … und doch gibt es noch einen eher verborgenen Grund, der zwar nicht allein dem Council vorbehalten ist, in diesem Kontext jedoch in bemerkenswerter Häufigkeit auftaucht. Wir versammeln uns im Council, um eine Weisheit zu erfahren, die größer ist als die Summe individueller Erfahrungen und weitreichender als das Wissen, das jeder Einzelne mitbringt. Diese „synergetische Weisheit" erwächst zum großen Teil aus dem tiefen Zuhören heraus, das kennzeichnend für das Council ist.

Das Wechseln in eine solche Form kollektiver Wahrnehmung kann verwirrend und zu Beginn auch bedrohlich sein, weil wir in einer Kultur leben, die Unabhängigkeit und persönlichen Erfolg so wertschätzt. Selbst wenn es deutliche Meinungsverschiedenheiten innerhalb der Gruppe gibt, werden die Intensität des Kreises und die reiche Vielfalt der Sichtweisen im Council als sehr kraftvoll erlebt. Dort geschieht etwas, das in freien Diskussionsrunden fehlt, vor allem, wenn das Thema kontrovers ist. Ein Teil dieses „Etwas" liegt in der Form des Kreises selbst: nicht-hierarchisch, ohne Anfang und ohne Ende, und mit der Möglichkeit, dass jeder jedem in die Augen schauen kann.

Ein weniger abstrakter Begriff für diesen Zugang zur Synergie lautet „gemeinsames Unterfangen". Dieser Begriff bringt uns dem Rätsel des Councils ein wenig näher, weil die meisten von uns nachvollziehen können, welche Bedeutung eine gemeinsame Anstrengung, belebt von wirklicher Einsatzfreude am Arbeitsplatz, in der Familie oder der Schule hat. Im Council wird diesem gemeinsamen Bestreben besonderer Nachdruck verliehen: durch die Form des Kreises, durch die Absicht, jedem aufmerksam zuzuhören, und durch die Möglichkeit, die Stimme des Kreises als kollektive Wahrheit zu vernehmen – den größten Gewinn, den eine Gruppe von Menschen erzielen kann.

Allein die Wertschätzung eines gemeinsamen Unterfangens ist ein Schritt in die richtige Richtung. Wenn wir unsere Gemeinsamkeit erleben (und nicht die in unserer Kultur so vorherrschende Individualität bzw. Rivalität), sind wir auf einem guten Weg, uns selbst und andere wirklich zu verstehen. Selbst wenn es Differenzen gibt, können wir gemeinsame Anliegen, die unter unseren Meinungsverschiedenheiten liegen, wahrnehmen und wohlwollend annehmen.

Die Wahrnehmung, dass es trotz Meinungsverschiedenheiten ein gemeinsames Anliegen gibt, fehlt so oft bei Versammlungen in Organisationen, in gesetzgebenden Gremien und selbst in Familien. Mit allen im Kreis zu sitzen, jedem in die Augen zu schauen, mit dem Herzen zuzuhören und mit einer Widmung zu beginnen – all diese Aspekte, und viele andere, erinnern uns daran, dass wir alle im selben Boot sitzen. Wir alle stehen vor den gleichen Herausforderungen, gemeinsam in wechselseitiger Abhängigkeit und gegenseitiger Unterstützung unser Leben, auf dem „Satelliten Erde" (wie Bucky Fuller zu sagen pflegte) zu gestalten.

In einer intimen Partnerschaft wird das gemeinsame Unterfangen durch die Beziehung selbst zum Ausdruck gebracht. In mancher reifen Bindung führt diese ein Eigenleben, wie in Kapitel 8 beschrieben.

Gewinnt das „Wir" in der Partnerschaft an Bedeutung, wächst die Fähigkeit des Paares, zu kommunizieren, zusammen zu arbeiten und mitfühlend miteinander umzugehen. In einer Familie ist diese Qualität im Familien-"Wir" enthalten, das sich beispielsweise so ausdrückt: „Wir feiern unsere Geburtstage immer auf eine ganz spezielle Art und Weise", oder „Wir schicken niemals einen hungrigen Menschen von unserer Haustür fort." Zwischen Freunden liegt der „Schulterschluss", wie wir auch manchmal sagen, in der langjährigen Freundschaft selbst, die blühen und gedeihen kann, auch wenn es den beiden Freunden gerade schlechtgeht und – im Gegensatz dazu – leiden kann, wenn sich beide in guter Verfassung befinden. Die Freundschaft hat somit ebenfalls ihre eigene Existenz, die, paradoxerweise, auf der einen Seite zutiefst mit beiden Personen verbunden, aber andererseits nicht völlig von ihnen abhängig ist. Im Council lernen wir, die Stimme des Kreises wahrzunehmen, auch wenn niemand sie explizit zum Ausdruck gebracht hat. Ihre Weisheit, die in ihren Worten oder ihrem Schweigen liegt, kann uns manchmal den Atem rauben.

An einer Schule, in einer Gemeinschaft oder einem Unternehmen eine unmittelbare Erfahrung gemeinsamer Einsatzfreude zu erleben ist, selbst im Council, eine anspruchsvolle Angelegenheit. Wie oft sitzen Eltern, Kinder, Lehrer, Verwalter und Berater schon zusammen, um sich die wahre Größe des Unternehmens Jugenderziehung im 21. Jahrhundert einzugestehen – ganz zu schweigen von einem intuitiven Verständnis dafür? Wie oft kennen Menschen, die in städtischer Umgebung leben, ihre Nachbarn – ganz zu schweigen von gelegentlichen Treffen, in denen Angelegenheiten von allgemeinem Interesse besprochen werden könnten?

Selbst in intentionalen Gemeinschaften braucht ein solcher Prozess ein Höchstmaß an Geduld und Durchhaltevermögen, wie unsere Wind-River-Geschichte in Kapitel 10 beschreibt.

Trotz des enormen Nutzens, der aus gemeinsamen Anstrengungen resultieren kann, haben nur wenige von uns die Ausdauer, einen solchen gemeinschaftlichen Prozess vollständig zu gestalten.

Was die Vier Absichten bewirken können

Die Wirkungen der Vier Absichten sind zwar zunächst überschaubarer als die subtilen Verknüpfungen, die im letzten Abschnitt besprochen wurden, doch wir wundern uns darüber, wie uns die Praxis des Councils nach wie vor immer tiefgründigere Aspekte dieser ausgerichteten Haltung offenbart. Im Council ist es nicht so leicht wie in einer gewöhnlichen Konversation, die Wahrheit zurückzuhalten und damit seine eigene Aufrichtigkeit zu kompromittieren. Wenn wir von anderen aufmerksam miterlebt werden, ist ein deutlich vernehmbarer, geradezu magnetischer Ruf nach Ehrlichkeit, Sichtbarmachung des eigenen Wesens und Mut zur Verletzlichkeit zu vernehmen. Dieser unterscheidet sich von der oberflächlicheren, von Selbstrechtfertigung geprägten Wahrheitsversion gewöhnlicher Unterredungen. Die Wächter an den Pforten des Egos scheinen im Council weniger aufmerksam zu sein. Das alte Sprichwort: „Die Wahrheit macht dich frei", wird zur unmittelbaren Erfahrung. Council lässt es zu, dass sich jede Person im Kreis diesem Zustand der Freiheit auf eigenem Weg und mit der eigenen Geschwindigkeit nähert. Es kann geschehen, dass uns jemand im Kreis auffordert, weitere Schritte zu gehen oder die Vollständigkeit und Echtheit unserer Geschichte zu überprüfen, doch selbst eine solche Herausforderung hat im Council mehr den Charakter einer Einladung als einer Bewertung. Mit fortschreitender Erfahrung stellen wir fest, dass schroffe Beurteilungen in den Reflexionen der anderen ihren Widerhall finden. Das ist ein Grund, warum wir mit der Zeit immer weniger auf dem Richterstuhl sitzen und sich in uns ein selbstverständliches Mitgefühl entwickelt. Dieser Reifeprozess beruht in erster Linie auf Erfahrung und entfaltet sich langsam und stetig. Alte Geschichten kommen mir da in den Sinn.

Vor vielen Jahren entschloss sich ein Erstklässler an der Heartlight School, im Morgenkreis seine Träume zu erzählen. Uns allen war klar, dass seine „Träume" eine spontane Erfindung waren, und deshalb sah es ganz so aus, als habe er das Bedürfnis, uns etwas Bedeutendes mitzuteilen. Immer wenn Martin zu erzählen anfing, lächelten ein paar der älteren Kinder. Einige seiner Freunde meinten, als der Redegegenstand bei ihnen war, „das denkst du dir doch nur aus". Die Träume tauchten jedoch weiterhin auf, begleitet vom Zweifel an ihrer Authentizität. Schließlich erkannten wir alle, Kinder wie Erwachsene, dass Martin seine „eigene Wahrheit" sprach und genau das brauchte, was er dort tat. Seine Traum-Kreationen taten niemandem weh und nahmen nur wenig Zeit des Councils in Anspruch. Nachdem jemand Martins Geschichten erneut in Frage gestellt hatte, bemerkte einer seiner älteren Freunde dazu: „Wir legen uns sowieso die Träume, die in uns wohnen, zurecht. Martin macht das nur auf seine eigene Weise. Eigentlich ist das ziemlich kreativ." Diese Äußerung führte uns in ein bemerkenswertes Council über die Natur von Träumen und eine folgende Runde, die sich mit der Subjektivität von Ehrlichkeit auseinandersetzte. Nach ein paar Monaten beendete Martin seine Traum-Geschichten. Ein paar weitere Wochen später erzählte er erneut einen Traum, der dieses Mal sehr authentisch wirkte. Der Klang seiner Stimme und der Fluss der Geschichte wirkten andersartig. Wir hörten Martin an diesem Tag mit Freude zu. Wir fühlten uns gut, weil wir Martins Weg nicht verurteilt hatten, und waren zufrieden, dass er sich seiner Träume wieder erinnerte.

Ehrlichkeit ist keine einfache Angelegenheit. Bezeichnenderweise entwickelte sich die erste Absicht des Councils zu dem Leitsatz „sprich aus dem Herzen" und nicht zu „sage die Wahrheit" oder „sei ehrlich", obwohl diese Worte oft benutzt werden, wenn es darum geht, die Idee hinter den ersten beiden Absichten zu erläutern. In den frühen Jahren orientierten sich die Kinder dabei vor allem an der vermeintlich allein gültigen metaphorischen Ebene. Die Aufforderung zur Ehrlichkeit projizierte sich auf das Bild des Herzens, das mit Wahrheit und Liebe verbunden ist. Heute wissen wir, dass das Herz – neben seiner Funktion als Pumpe für den Blutkreislauf – auch eine ausgeprägte neurologische Dimension besitzt. Diese erlaubt es, den Ausdruck „sprechen aus dem Herzen" ganz wörtlich zu nehmen.[48]

Untersuchen wir die Implikationen der zweiten Absicht, so werden wir in das feine Gewebe authentischer Kommunikation geführt – in diesem Falle in die Feinsinnigkeit des Hörens. Bedauerlicherweise wird der Prozess des Zuhörens im Mainstream unserer Kultur zunehmend weniger gut verstanden. Die Zeit der Schlagworte von MTV, ipod-verkabelten Kindern und Gameboys macht es für die meisten von uns zunehmend schwieriger, zu verstehen – geschweige denn zu erfahren –, dass im Zuhören eine umfassende Erfahrung des Menschseins liegt, die weit über das Hören von Worten hinausgeht.[49] Diese merkwürdig aussehenden Objekte, die seitwärts aus unserem Kopf ragen, senden Botschaften an unser Gehirn – selbst in stillen Augenblicken –, die in den gesamten Wahrnehmungsapparat unseres zentralen Nervensystems eingespeist werden. Im Council haben wir zumindest die Möglichkeit, aus unserem begrenzten Erfahrungsraum auszubrechen und eine Ahnung davon zu bekommen, wie zugewandtes Hören tatsächlich die ganze Bandbreite menschlicher Gefühle erfassen kann. Wie unsere Augen – aufgrund der speziellen Verbindung zwischen dem optischen Nerv und dem Gehirn – das nicht sehen können, auf das sie nicht eingestellt sind, so können auch unsere Ohren die Geschichte eines anderen nicht aufrichtig wahrnehmen, wenn nicht auch die „Ohren unseres Herzens" geöffnet sind. Der Moment, in dem die Kinder vor mehr als dreißig Jahren den Ausdruck „mit dem Herzen hören" entdeckten, kann nur als Augenblick intuitiver Weisheit bezeichnet werden.

Das komplexe Zusammenspiel zwischen den physiologischen

---

48 Siehe zum Beispiel Heart-Brain Neurodynamics: The Making of Emotions, R McCraty, HeartMath Research Center, Insitute of HeartMath, Publication No. 03-015. Boulder Creek, CA, 2003 und Biologie der Transzendenz: Neurobiologische Grundlagen für die harmonische Entfaltung des Menschen, Joseph Chilton Pearce, Arbor-Verlag, 2004.

49 Eine wunderbare Lektüre dazu ist Listening – Eine Frau erkundet ihre verstummende Welt, Hannah Merker, Klein, 1995.

und den psychologischen Aspekten des Hörens ist von vielen Wissenschaftlern untersucht worden, einschließlich des französischen Physikers Albert Tomatis. Seine Forschungen führten zu einem sehr umfassenden Programm zum Umgang mit Lernbehinderungen und Gehirn-Körper-Koordinationen bei Kindern und Erwachsenen, das seinen Schwerpunkt auf die Wiedererweckung und Re-Sensibilisierung des Hörvermögens legt. Die Tomatis-Methode liefert darüber hinaus ein komplettes Bezugssystem, um zu verstehen, wie Kommunikation, Sprache und Lernen durch Hören funktionieren.[50]

Tomatis bemerkt, dass „die Ohren, mit mehreren unterschiedlichen Ebenen des Gehirns verbunden, wie doppelte Antennen wirken, die sowohl vom Körper als auch von dessen Umgebung Botschaften empfangen. Sie sind eine Verbindungsstelle zwischen der äußeren und der inneren Welt."

Praktizierende der Tomatis-Methode haben gezeigt, dass die Empfindungen und Wahrnehmungen der inneren und äußeren Welt wirkungsvoller integriert werden können, wenn das Ohr entsprechend „fokussiert" wird. Dies ist ein Lernprozess und führt zur Steigerung der Ansprechbarkeit, Kreativität und Produktivität. Dieser Prozess liefert die physiologische Basis für aufmerksames Zuhören. Die Tomatis-Methode stellt zur Verbesserung der fokussierenden Fähigkeiten spezielle physische Übungen („Earobics" genannt) mit beachtlichem Erfolg, vor allem bei Kindern, bereit. Auch die Praxis des Councils ist von Grund auf „earobic".

Hören wir im Council aufmerksam, wirklich aufmerksam zu, so sind unsere Herzen angeregt. Das ist oftmals geradezu fühlbar. Das wiederum erlaubt es uns, mit mehr Anteilnahme zuzuhören – mit den Ohren des Herzens –, die sodann das Herz noch weiter öffnet. Die Auswirkungen dieser Biofeedback-Schleife verändern letztlich

---

50 Die Kunst, zu hören, Paul Madaule, Pendo, 2002. Und auch Das Ohr und das Leben, Alfred A. Tomatis, Walter-Verlag, 2004 und About the Tomatis Method, herausgegeben von Timothy M. Gilmore, Paul Madaule und Billie Thompson, Listening Centre Press, 1989.

die Art und Weise, in der wir mit Menschen und mit uns selbst in Beziehung treten. Diese Art des Zuhörens kann auch die schulische Leistungsfähigkeit von Jugendlichen steigern, wie eine Auswertung des Palms-Middle-School-Council-Programmes vor einigen Jahren ergab.[51] Je früher wir im Leben mit dieser Form der Hör-Erfahrungen beginnen, desto besser, denn das neurologische Ohr-Gehirn-System ist mit Beendigung der Adoleszenz bereits ziemlich gut ausgebildet.

Die dritte Absicht des Councils, die kurze und prägnante Ausdrucksweise, hat eine ganz verborgene Qualität, sie ist sozusagen ein „Sleeper". Lange Zeit sahen wir diesen Leitsatz an der Heartlight School als praktisches Instrumentarium an, das uns erlaubte, Councils in angemessener Zeit abzuhalten und nicht vorzeitig beenden zu müssen, wenn beim Pausenklingeln der Redegegenstand unglücklicherweise gerade einmal die halbe Runde gemacht hatte. Die knappe Ausdrucksweise zielt darauf ab, zu vermeiden, dass jemand mit einer für das Thema bedeutungslosen Geschichte endlos und für alle quälend fortfährt. In diesen Phasen weißt du als Leiter, dass du einschreiten musst, wenn die Zeit nicht verstreichen soll, ohne dass alle gesprochen haben. In diesem Sinne lautete der Satz, den die Heartlight-Schüler aufstellten, als sie vor vielen Jahren die Leitlinien festlegten, wie in Kapitel 2 beschrieben, lediglich: „Fasse dich kurz." Wir wandelten den Ausdruck jedoch ein wenig ab, weil wir damit nicht mehr die Zeit benötigenden, bewegenden Geschichten, die wirklich erzählt werden wollen, von vornherein abwürgen wollten. Mit der Bezeichnung „wesentlich" (auch „knapp", „bündig" oder „prägnant") drangen wir zu der eigentlichen Lehre der dritten Absicht vor. Die Bedeutung von „wesentlich" unterstreicht eine subjektivere Komponente als die von „kurz". Eine knappe, bündige Geschichte muss nicht kurz sein und eine kurze Geschichte ist nicht notwendigerweise auch prägnant. Knappheit bezieht sich auf das Wesentliche einer

---

51 Palms Council Project Evaluation: Final Report, WestEd, by Barbara Dietsch, August 31, 2001.

Geschichte und ist das Kennzeichen eines guten Geschichtenerzählers. Auch wenn es im Council nicht in erster Linie darum geht, große Geschichtenerzähler hervorzubringen, so kann es nichts schaden, ein paar der Prinzipien knapper Erzählweise im Leben zu beherzigen. Sie haben eine lange Tradition in Bezug auf soziale Interaktionen und können in vertraulichen Beziehungen eine wichtige Rolle spielen, ganz zu schweigen während öffentlicher Vorträge.

Beginnen wir im Council im Sinne der dritten Absicht eine Geschichte zu erzählen, so sollten wir das Interaktive Feld der Zuhörer an der Gestaltung unserer Worte beteiligen. Wir spüren es, wenn uns Teilnehmer nicht mehr folgen, auch wenn wir möglicherweise noch nicht lange gesprochen haben. Entwickeln wir so unsere Sensibilität und lernen es, organisch auf die Impulse des Interaktiven Feldes zu reagieren, werden wir daran erinnert, dass unsere Worte sowohl einen Beitrag an den ganzen Kreis als auch an unsere persönlichen Bedürfnisse darstellen. Aus jeder Interaktion mit anderen Menschen kann diese Lektion erwachsen. Das Council vermittelt sie auf kraftvolle Weise immer und immer wieder.

Prägnanz und Knappheit haben uns auch einiges über unsere Ungeduld mitzuteilen. Manchmal ist es notwendig, sich in seiner Geschichte langsam vor zu tasten, um sich selbst seiner Erfahrung schrittweise zu nähern. Dies ist wie ein abenteuerliches Vordringen ins Unbekannte, das eine erste Ahnung von dem tatsächlich Geschehenen mit sich bringt. Dieser Aspekt des dritten Leitsatzes lehrt uns Toleranz und die Erkenntnis, wie eine unmittelbare Suche nach Bedeutung von der Mitteilung längst Begriffenem unterschieden werden kann. Die Toleranz entsteht aus einer Erweiterung der Fähigkeit des Zuhörens. Dies bewegt sich von dem groben Wunsch, unterhalten zu werden, mehr und mehr auf ein unterstützendes Feingefühl für den Prozess eines anderen zu. Diese Lektion steht im Zentrum aller unserer Beziehungen und ist das Herzstück empathischen Miteinanders. In der Lage zu sein, die persönlichen Bedürfnisse für einen Augenblick zurückzustellen, den Blick auf die Bemühungen des Gegenübers zu richten und mittels zugewandter Aufmerksamkeit die eigene Anteilnahme zu beleben stellt einen mächtigen Verbündeten im Kampf gegen unsere kulturell verankerten, narzisstischen Tendenzen dar.

Bleibt noch zu erwähnen, dass der dritte Leitsatz geeignet ist, die Fähigkeiten selbst eines erfahrenen Council-Leiters auszureizen. Wann ist es angemessen, jemanden, der ununterbrochen spricht, das Thema offensichtlich aus den Augen verloren hat und den Kreis in Unruhe versetzt, zu stoppen? In Kapitel 5 haben wir diese Frage ausführlich untersucht. So genügt es hier anzumerken, dass solche Entscheidungen Momente intensiver Lehre für den Leiter darstellen – und für die anderen im Kreis ebenso.

Der Anspruch, dem sich die Council-Teilnehmer angesichts des vierten Leitsatzes gegenüber sehen, ist Legende. Buchstäblich aus dem Moment heraus zu agieren stellt eine der größeren Herausforderungen für die menschliche Natur dar. In Anbetracht dessen, wie schwierig es ist, einmal Ruhe in unserem fortwährenden Gedankenstrom zu empfinden, ist dies nicht überraschend. Nähert sich der Redegegenstand, vernehmen auch die unerschütterlichsten Council-Praktizierenden in sich ein steigendes Angebot an Gedanken, Gefühlen, Geschichten, vielleicht auch an Liedern, Gesten oder inneren Aufforderungen, zu schweigen. Der Geist zeigt sich nur selten in Ruhe und die vielen Dinge, die uns im Council ständig im Kopf herumgehen, liefern in dieser Hinsicht eine eher entmutigende Perspektive. Zugewandtes, aufmerksames Zuhören ist ein Verbündeter der Spontaneität. Die dritte und vierte Absicht sind untrennbar miteinander verbunden, geradezu von symbiotischem Charakter. Wenn du wirklich mit dem Zuhören „beschäftigt" bist, kannst du nichts vorbereiten, und wenn du etwas vorbereitest und einstudierst, kannst du nicht besonders aufmerksam zuhören.

Gelingt es uns – nur einmal angenommen –, unsere Ängstlichkeit, unsere Aufregung und unsere Sorge um die bevorstehenden Worte zu besänftigen, dann kann uns diese innere Stille in einen Zustand außerordentlicher, intuitiver Bewusstheit führen. In diesem Zustand entdecken wir oft ein höheres Maß an Kreativität und Einsicht, als wenn unser Kopf die Regie übernimmt. Dieser offene Raum erlaubt uns, neue Stimmen unseres inneren Councils, sozusagen aus erster Quelle, zu vernehmen, von denen wir nicht einmal gewusst haben, dass sie existieren. Immer wieder machen Council-Leiter die Erfahrung, dass junge wie alte Menschen staunend ihre Kreativität, ihre Einsichtsfähigkeit und ihre Empathie entdecken, selbst im Umgang mit Menschen, die normalerweise nicht auf ihrer Wellenlänge liegen.

Das Vorhaben, ganz ohne verstandesmäßige Umleitungen zu handeln, bringt uns an denselben Ort, den wir betreten, wenn wir meditieren oder wenn wir die einfache Schönheit eines Raumes ohne störende, geschäftige Gedanken wahrnehmen. Die dazugehörige Praxis ist einfach, auch wenn jeder seine eigene Methode haben mag, sich angesichts des näher rückenden Redegegenstandes zu zentrieren: Nimm einen Atemzug, höre noch aufmerksamer dem, was gerade gesagt wird, zu, lasse deine Gedanken los, vor allem diejenigen, die immer wiederkehren. Stelle schließlich das Denken selbst ein. Vergiss, zu denken! Liegt dann das Redestück in deiner Hand, kannst du nicht mehr sicher sein, welcher der Teilnehmer deines inneren Councils sich zu Wort melden wird. Manchmal ist die Überraschung dann höchst angenehm… und manchmal ziemlich erschreckend.

Festgefahrene persönliche Handlungsmuster, an denen schon lange festgehalten wird, können Hindernisse auf dem Weg zur Spontaneität darstellen. Ganz ohne diese Konzepte müssten wir allerdings in jedem Moment neu definieren, wer wir sind. Da gäbe es wohl ein bisschen viel zu tun. Im Council geschieht es allerdings, dass die Wächter vor den Pforten unseres Egos mehr an dem interessiert sind, was gerade mit den anderen vor sich geht, als an der Zurückweisung einer neuen Idee, die ihre Kontrollen passieren möchte. In diesem Fall entdecken wir schon bald eine neue Stimme im Kreis unseres inneren Councils und kommen einen Schritt weiter in der Beantwortung der Frage, wer wir wirklich sind. Führt eine Wahrnehmung, die für gewöhnlich eine bekannte Reaktion in uns auslöst, stattdessen zu einem völlig neuen

Ausdruck in uns, unter Umständen auch zu Schweigen, so fühlen wir uns, zumindest eine Zeit lang, aus der Umklammerung unserer alten Selbstdefinitionen befreit. Diese Veränderung kann einen transformativen Charakter haben. Diese Augenblicke von *Erkenntnis* im Council können an der Herausbildung einer neuen persönlichen Art des Ausdrucks oder veränderter individueller Reaktionsmuster beteiligt sein, etwas, das wir mit in unseren Alltag hineintragen.

Vor vielen Jahren gab es zwei Jungen an der Heartlight School, die sich jeden Tag eine verbale Schlacht lieferten. Auch im Council verfielen sie immer wieder in ihren gewohnten Kriegstanz:

Richard legte den Köder aus, nicht während der Pause, wie er das normalerweise tat, sondern als er in der Morgenrunde das Redestück in der Hand hielt. Er beschrieb eine Auseinandersetzung mit Billy am Tag zuvor. Seine Art der Darstellung ließ seinen „Freund" wie einen Trottel aussehen. Die Geschichte war lustig, sehr anschaulich und sie zeichnete ein ziemlich schlechtes Bild von Billy. Obwohl er sich kaum zusammenreißen konnte, war es Billy nicht möglich, direkt zu antworten, denn wir saßen im Council. Sein ganzer Körper zog sich zu einem stillen Krampf zusammen, der sein Befinden nicht verheimlichen konnte. Ich hielt den Atem an, gespannt, ob er die Council-Regeln brechen würde – doch Billy sagte nichts. An dem besagten Morgen saßen wir in einem Kreis von 18 Schülern. Richard saß genau gegenüber von Billy, so dass dieser acht Kinder würde reden lassen müssen, bevor er seine Version der Geschichte erzählen könnte. Ich zweifelte an Billys Geduld, doch ich unterschätzte die „Kraft des Prozesses", eine lange eingefahrene Situation umzugestalten. Einige der zwischen den beiden sitzenden Kinder ließen sich über die Methode aus, mit der die beiden Jungen jeden Tag aufeinander losgingen. Andere sprachen darüber, was in ihren Herzen und Köpfen, unabhängig von der Auseinandersetzung zwischen Billy und Richard, gerade vor sich ging.

Alle diese ihm vorangehenden Stimmen übten einen wachsenden

Einfluss auf Billy aus. Ich beobachtete die langsame Veränderung, die in ihm aus der Tatsache entstand, dass er als Beobachter seiner eigenen Beziehung zu Richard beiwohnte. Trotz der Verärgerung in ihm, weckte dies sein Interesse an der Meinung der anderen Kinder. Sein Körper entspannte sich zusehends und als er an der Reihe war, hatte er mittlerweile „vergessen", was Richard über ihn erzählt hatte. Einige der Schüler hatten die immer wiederkehrenden Muster ihrer „Feindschaft" als nervig und öde bezeichnet und Billy hatte sich das zu Herzen genommen. Die Energie, die normalerweise Brennstoff für seine emotionale Reaktion auf Richard lieferte, war in das Interesse an den Geschichten der Klassenkameraden umgeleitet worden. So „entschied" Billy, auf Richard nicht in gewohnter Weise zu reagieren, ja, noch nicht einmal überhaupt etwas zu dem gestrigen Vorfall zu sagen. Es war ein bewegender Moment für uns alle und veränderte die Beziehung zwischen Billy und Richard von Grund auf. Das Council hatte Billy die seltene Gelegenheit geboten, ein lange an ihm haftendes Verhaltensmuster loszuwerden, und er hatte sie voll und ganz beim Schopf gepackt. Ich fühlte mich zutiefst dankbar.

Die verschiedenen Formen menschlicher Intelligenz

Viele Pädagogen haben mittlerweile erkannt, dass sich der gewöhnliche Lehrplan an den Staatsschulen in den USA (und auch an vielen selbst verwalteten Schulen) in erster Linie nur auf einen Ausschnitt der menschlichen Intelligenz konzentriert. Die Beurteilung von Schülern, Lehrern und auch der Schulen selbst stützt sich in zunehmendem Maße auf standardisierte Prüfungen, die vor allem linguistische und mathematisch-logische Aspekte von Intelligenz messen. Heute wissen wir, dass diese nur zwei von insgesamt sieben Formen von Intelligenz darstellen, wie sie von vielen Wissenschaftlern –

darunter Howard Gardner, Daniel Goleman und Rachael Kessler[52] –
in den letzten 30 Jahren untersucht worden sind. Die ausstehenden
Kategorien von Intelligenz sind: intrapersonell, interpersonell, kinästhetisch, musikalisch und räumlich. Auch wenn die Beachtung dieser fünf Kategorien zunimmt, werden die meisten Schüler weiterhin
auf der Grundlage ihrer linguistischen und mathematisch-logischen
Fähigkeiten bewertet. Das führt dazu, dass sie sich selbst auch nur
anhand ihrer linguistischen und mathematisch-logischen Fähigkeiten als erfolgreich oder nicht bewerten. Diese Identifikation dehnt
sich bis in das Erwachsensein hinein aus und kann unsere Eigenwahrnehmung auf tiefgreifende Weise einschränken.

Es ist offensichtlich, dass die linguistische Intelligenz auch im
Council gefordert ist, da der verbale Ausdruck und die authentische
Kommunikation eine wichtige Rolle spielen. Logisch-mathematische Intelligenz kommt (zu einem geringeren Grad) für Schüler und
Erwachsene ins Spiel, wenn durch Übungen und bestimmte Council-Themen erforscht wird, welche Folgen aus den Annahmen über
die gerade behandelten Kernfragen entstehen. Diese Annahmen sind
oft – nicht selten für uns unbewusst – mit dem von uns gewählten
Wertesystem verknüpft. Diesen komplexen gedanklichen Prozess zu
entwirren entspricht der Art und Weise, in der Studenten die Schlussfolgerungen aus geometrischen Axiomen studieren. Es waren seine
Untersuchungen über die „unleugbaren Annahmen" (die oft unbewusst zustande kommen), die der Physiker David Bohm in seinem
„Dialog"-Ansatz, der sich mit Konfliktlösung und Entscheidungsfindung beschäftigt, weiter entwickelte. Der Dialog nach David Bohm
und das Council haben vergleichbare Intentionen, auch wenn die
Praxis sich in ganz unterschiedlicher Weise darstellt.[53]

---

52 Siehe auch Soziale Intelligenz: Wer auf andere zugehen kann, hat mehr vom Leben, Daniel Goleman, Droemer/Knaur, 2006; Intelligenzen: Die Vielfalt des menschlichen Geistes, Howard Gardner, Klett-Cotta, 2008; The Soul of Education, Rachael Kessler, CES National, 2002.
53 Der Dialog. Das offene Gespräch am Ende der Diskussionen, David Bohm, Klett-Cotta, 1998.

Es ist klar, dass das Council ein weites Übungsfeld für „intrapersonale Intelligenz" darstellt. Dieses Verständnis für die eigene Persönlichkeitsstruktur korreliert mit einer Vertrautheit mit der eigenen zusammenhängenden Lebensgeschichte (darauf haben wir in Kapitel 7 und an anderen Stellen hingewiesen). Council unterstützt uns dabei, unser gesamtes Leben als eine sich entfaltende Fortentwicklung zu betrachten. In ähnlicher Weise gelangt auf kollektiver Ebene unser kultureller Mythos zur Gestaltung.

Vor allem bietet das Council endlose Gelegenheiten, unsere „interpersonelle Intelligenz" zu entwickeln – unser Vermögen, den Gedanken, Gefühlen und Geschichten unserer Mitmenschen zugewandt und aufmerksam zuzuhören.

In den letzten Jahren hat das CCT-Netzwerk sein Potential ausgebaut. Es geht dabei um die Förderung der „kinästhetischen", „räumlichen" und „musikalischen" Intelligenz sowohl bei jungen Menschen als auch bei Erwachsenen. Im Kapitel 4 beschrieben wir beispielsweise verschiedene Formen des Councils „ohne Worte", die den Bewegungssinn (kinästhetische Intelligenz) anregen. Ein Council mit Bewegung zu beginnen und eine körperliche Spiegelübung folgen zu lassen oder bei einem durch ein Übermaß an Worten „verstopften" Feld „alle Vögel fliegen hoch" zu spielen bedeutet Balance für den Kreis.

Eine bestimmte Form „räumlicher Intelligenz" wird im Council durch die fortwährende Einladung, sich im „Lesen" des Interaktiven Feldes zu üben, weiter entwickelt. Je häufiger wir in Kreisen sitzen, vor allem in der Leiter-Position, desto vertrauter werden wir damit, sämtliche emotionalen und visuellen Aspekte des Kreises aufzunehmen und unser Hören und Sprechen darauf auszurichten. Räumliches Gewahrsein kann ebenso durch spontane Übungen aus dem künstlerischen Bereich, wie dem Malen von „Life-picture maps", angeregt werden. Sie beschreiben bildhaft die emotionalen, physischen, mentalen und spirituellen Aspekte unserer Persönlichkeit und unsere Art und Weise der Lebensführung. Eine andere Übung, die mit jungen

Menschen und manchmal auch Erwachsenen gut funktioniert, ist es, aus Ton ein Objekt zu formen, das unsere momentane Stimmung und Verfassung repräsentiert.

Geräusche- oder Klang-Councils, wie in Kapitel 4 beschrieben, stimulieren die „musikalische Intelligenz". Der Fokus verschiebt sich dabei von der verbalen Kommunikation über „Inhalte" zu der, überwiegend von der rechten Gehirnhälfte gesteuerten, interaktiven Betrachtungsweise dessen, was im Kreis vor sich geht. Diese Councils erinnern uns oft genussvoll daran, wie viel Kommunikation ohne Worte möglich ist.

Gardner erwähnt ebenfalls die Möglichkeit einer achten Bewusstseinsform, die er „Moral" nennt. Sie entspringe der Kombination aus logischer, linguistischer, intra- wie interpersoneller Intelligenz. Council ist ein fruchtbarer Boden, auf dem „moralische Intelligenz" gedeihen kann, denn die Erkundung und Lösung von Konflikten, die Entscheidung über Vorgehensweisen bei Problemen innerhalb der Gruppe und eine Vertiefung der Auseinandersetzung über „gut und schlecht" gehören zum täglichen Brot des Kreises. Ein treffendes Beispiel für das Letztere ist ein Bündel von „Lektionen" über Wertevorstellungen, die von Bonnie Tamblyn in den letzten Jahren für das Council-Programm der achten Klassen an der Crossroads School entwickelt wurde. Dieses spezielle Programm läuft über mehrere wöchentliche Runden und gehört zu den umfangreicheren Übungen und Aktivitäten in der großen „Council-Schatztruhe" der Schule.[54]

---

54 Informationen über das Values Clarification Curriculum und andere Council-Materialien sind erhältlich über Sheila Bloch oder Adam Behrman an der Crossroads School, 1714 21st Street, Santa Monica, CA 90494.

Die Tradition des Councils und seine Bedeutung

Wir haben in diesem Buch immer wieder betont, dass Council – besonders an Schulen – in einem aus vielen Quellen schöpfenden Kontext und als eine universelle Praxis, die nicht auf eine bestimmte Kultur oder Tradition fixiert ist, angeboten werden sollte. Fragt jemand, woher diese Praxis komme, beginnen wir unsere Antwort oft mit den Worten: „Council gehört allen Menschen." Gleichzeitig würdigen wir die unterschiedlichen Manifestationen von Council in traditionellen Kulturen als „Ahnen" (besonders die der nordamerikanischen Ureinwohner) und als Teil der Inspiration, sich des Councils in einem zeitgemäßen Rahmen wieder zu erinnern. Dieser Respekt und die Dankbarkeit gegenüber einer langen Reihe von Praktizierenden, denen wir verpflichtet sind, üben einen tiefgründigen Einfluss auf uns, die wir Council leiten, und dadurch auch auf diejenigen, denen wir es vermitteln, aus – selbst wenn wir diese Herkunft nie laut erwähnen. In manchen Momenten besonderer Intensität haben manche von uns im Council dieses Gefühl des „Erinnerns" – ein Gespür dafür, dass wir diese Praxis schon vor langer, langer Zeit ausgeübt haben. Tief in die Bedingung des Menschseins ist ein „Feld des Councils" eingebettet. Auch wenn die Praxis für viele Generationen in Vergessenheit geraten kann (wie in der westlichen Kultur), erwächst sie immer wieder aus diesem Feld, neugeboren und verpflichtend für die, die ihren Ruf vernehmen.

Ein kleines Lied oder wenige Worte während der kurzen Zeremonie, die das Council eröffnet, können die Verbindung zu dieser Abstammungslinie herstellen. Die Form des Kreises und die Voranstellung der Vier Absichten können genügen, um den Sinn dafür zu wecken, dass die Praxis uns von „denen, die vor uns gegangen sind", übergeben wurde – so, als ob Council selbst ein unsichtbarer Redegegenstand sei, der von Generation zu Generation weitergereicht wurde. Tatsächlich ist die Würdigung unserer Abstammungslinien nicht gerade eine allgemein verbreitete Routine in unserer westlichen

Kultur, nicht zuletzt auf Grund des bei uns vorherrschenden Jugendwahns und der zunehmenden Geschwindigkeit technischer Innovation. Anders ausgedrückt, fehlt es unserer Gesellschaft an einer umfassenden Vision für das Alter. Die Weisheit der alten Menschen findet oft keine Anerkennung und bleibt deshalb ohne Nutzen. Denken wir an unseren letzten Lebensabschnitt, so denken wir meist ans Altwerden und nicht an „die Säulen der Weisheit", wie es in vielen traditionellen Kulturen der Fall war – und immer noch ist. Bedauernswerterweise akzeptieren viele der alten Menschen dieses moderne „Modell" und scheitern an der eigenen Anerkennung ihrer Gaben. Dann ist der Ruhestand ihr Ziel und nicht eine bedeutungsvolle Rolle in der Gesellschaft während ihrer letzten Lebensjahre.

Die Council-Praxis konterkariert diese mehrheitlichen, kulturellen Attribute auf vielfache Weise. Am unmittelbarsten durch die Tatsache, dass die Ältesten in traditionellen Gesellschaften das Council häufig als Instrument zur Zusammenkunft und zur Entscheidungsfindung nutzen. Schon der regelmäßige Umgang mit der schlichten rituellen Form und der zentrale Austausch von Geschichten schlagen eine Brücke in die Vergangenheit.

In einem Council-Kreis kann eine Geschichte eine Größer-als-das-Leben-Qualität annehmen, die sie in einer gewöhnlichen Konversation nicht zeigt. Das lebhafte Zuhören ermuntert den Geschichtenerzähler, sich tiefer vorzuwagen, mehr Mut in der Wahl seiner Worte zu zeigen und klarer den größeren Zusammenhang zu erkennen, der in seinen Worten verborgen liegt. So wird Mythos kreiert – langsam in der Zeit, durch das sich wiederholende Erzählen von Geschichten des Lebens in einem Raum, der inniges Zuhören einlädt.

Insbesondere bevor sie die Jugend erreichen, bekommen Kinder einen Sinn für das Fortschreiten und die Kontinuität der Zeit, ohne dass sie diesen Prozess bewusst verstehen. Ein wichtiger Beweggrund, um Schüler in der Grundschule oder zumindest der Mittelstufe ins Council zu bringen, ist, dass die Tradition einen Platz in ihrem Zeit-Bewusstsein finden kann. Ohne diese frühe Einwirkung wird der

Versuch in der Zeit ab der achten Klasse mit ihren einhergehenden physiologischen Veränderungen und dem Bedürfnis, „cool" zu sein, ein mühsames Unterfangen. Es ist dann schwierig, die Kinder in die Gestaltung ihres persönlichen Mythos' durch den Prozess des „Geschichte sprechen", wie die traditionellen Hawaiianer die aufmerksame Konversation und das Geschichtenerzählen bezeichnen, einzubinden. Wenn Kinder in ihren Familien oder den Gemeinschaften, in denen sie aufwachsen, das Geschichtenerzählen nicht als integralen Bestandteil des gesellschaftlichen Lebens erfahren, ist es noch wichtiger, sie mit diesem lebensbejahenden Brauch mittels Council in ihren Schulen bekanntzumachen. Wir haben Schülern in der achten Klasse oder später durchaus erfolgreich Council vermittelt – mit Durchhaltevermögen, Geduld und dem Gebrauch angemessener Einführungsübungen. Doch wenn ein Kreis von Achtklässlern bereits mehrere Jahre lang im Council gesessen hat, kann der Unterschied beachtlich sein. Bis zu diesem Zeitpunkt können die implizite Bedeutung und das Rüstzeug des Councils so hinlänglich in ihren Blutkreislauf eingedrungen sein, dass die Praxis tatsächlich als Teil dessen angesehen wird, was es ausmacht, cool zu sein!

Wir wollen das Ausmaß des natürlichen und notwendigen Rebellentums von Schülern, insbesondere vor und während der Pubertät, nicht gering einstufen. Und Coyote kann selbstverständlich auch in Kreisen von Erwachsenen äußerst präsent sein. Mit dieser Energie umzugehen ist eine gewohnte Erfahrung für alle, die mit Council an Schulen arbeiten. Meistens ist der Council-Prozess stark genug, um mit Aufsässigkeit umzugehen und, in der Tat, mit ihr zu wachsen. Wir haben schon über die Anwesenheit von Coyote in Kapitel 4 und 7 gesprochen. Cojote stellt die Gruppe und deren Kraft, ihre absichtsvolle Haltung auch in rauen Zeiten zu bewahren, auf die Probe. Der Moderator muss dann zeigen, ob er sich wie eine Weide im Sturm biegen kann ohne zu zerbrechen. Zeigt sich Cojote über längere Zeit nicht im Council, kann es ziemlich öde werden. Andererseits kann ein Zuviel an Respektlosigkeit die Integrität des Kreises beschädigen

– zumindest zeitweilig. Jeder von uns ist durch solche schwierigen Augenblicke hindurchgegangen und hat überlebt, um auch diese Geschichte weiterzuerzählen. Für gewöhnlich gehen wir gestärkt aus solchen Erfahrungen hervor, in erster Linie, weil das Council eine lange Tradition hat und schon weitaus größeren Herausforderungen, als wir sie uns vorstellen können, erfolgreich begegnet ist. Es lebt weiter im Herzen der menschlichen Erfahrung. Wir würden nicht überrascht sein, wenn Genetiker eines Tages ein oder mehrere Council-Gene entdecken würden!

Wenn Respektlosigkeit und Verspieltheit ihre – ehrlichen – Plätze im Council gefunden haben, ist das Rebellentum weniger geneigt, brachiale und destruktive Formen anzunehmen. Will etwas unbedingt gesagt werden und erhält keinen Platz dafür, wird es zur Ursache für Rebellion, die, historisch betrachtet, immer wieder notwendig war, um dringend benötigten Veränderungen Raum zu schaffen.

Council-Fundamentalismus

Auch wenn viele Menschen die meisten der Wertvorstellungen, die in den vorhergehenden Abschnitten besprochen wurden, unterstreichen würden – manche würden es nicht tun. Deshalb müssen wir darüber sprechen, wie mit auftauchenden Konflikten über Wertvorstellungen umgegangen werden kann. Ebenso müssen besonders Neulinge auf die Fallgrube hingewiesen werden, die sich auftut, wenn die Begeisterung über das Council dazu führt, dass die Praxis in einer für ihre Umgebung unangemessenen Art und Weise ausgeübt wird. Das gilt besonders für Council-Programme an Schulen.

Der egalitäre Kontext des Councils sowie die damit verbundene unvermeidliche Ausbreitung von council-typischen, ehrlichen und authentischen Interaktionen können für Führungskräfte in Gemeinschaften und im Geschäftsleben eine Bedrohung darstellen. Desgleichen halten Schulverwalter und Lehrer eine solche Offenheit häufig nicht für angemessen. Ein Lehrer könnte beispielsweise sagen (und nicht wenige haben dies bereits getan): „Im Grunde genommen ist die Grundschule doch dazu da, ein erfolgreiches, gelehrtes Programm anzubieten und nicht den inflationären Austausch persönlicher Informationen." Die meisten der Council-Leiter, die in Schulen arbeiten, haben gelernt, mit dieser traditionellen Perspektive umzugehen. Glücklicherweise sind mit der Zeit viele der Lehrer und Verantwortlichen zu der Ansicht gelangt, dass Council einen Platz im Lehrplan hat und, darüber hinaus, sogar die Erfüllung akademischer Programme beflügeln kann, wie wir in früheren Kapiteln bereits herausgestellt haben.

Allerdings wird nicht jeder zu einem Befürworter des Councils. Es gibt Pädagogen, die nicht damit einverstanden sind, eine Stunde pro Woche von ihrem theoretischen Unterrichtsstoff abzuzweigen, und auch solche, die hartnäckig dabei bleiben, dass Council keine Stellung in der Grundschule oder der Sekundarstufe haben sollte. Vor vielen Jahren wurde an einer staatlichen Schule in Los Angeles ein Zentrum für Council eingerichtet. Obwohl die Schüler begeistert waren, einige ausgebildete Lehrer sehr engagiert, und eine Gruppe enthusiastischer Eltern fast alle Mittel zur Unterstützung aufbrachten, wurde das Programm schließlich beendet. Der starke Widerstand eines der Verwaltungsmitglieder sowie die mangelnde Unterstützung durch den Direktor der Schule waren die Gründe. (Einige Zeit, nachdem Ersterer die Schule verlassen hatte, wurde das Programm von den immer noch engagierten Lehrern wiederbelebt.)

In solchen Fällen ist zu mutmaßen, dass die Missbilligung eher persönlichen Konstellationen und weniger einem Konflikt innerhalb der pädagogischen Methodik oder gar der einen fehlenden Unterrichtsstunde geschuldet ist – wie auch immer die Einwände lauten. Engere Beziehungen zwischen Schülern und Lehrern zu fördern kann jederzeit eine Bedrohung der „Autorität" für manche Mitglieder des Lehrkörpers darstellen. Auf persönlicher Ebene ist für viele Erwachsene die Vorstellung, in einem Kreis Gleichaltriger oder Kollegen – ganz zu schweigen mit Schülern – offen und ehrlich seine Gefühle auszudrücken, sehr fremd (möglicherweise aus kulturellen/ethnischen Gründen) - geradezu ein Schreckgespenst. Weshalb sie in diesem Fall nicht anders können, als sich schließlich in Urteilen über die Eignung von Council zu ergehen.

Bis zu welchem Grade manche dieser Begründungen bisweilen auch Sinn machen mögen, es ist schlicht unmöglich im geschäftigen Schulalltag mit einer Person, die starke Widerstände gegen das Council hat, lange genug im Kreis zu sitzen, um sie durch ihre Reaktionen hindurch zu begleiten – vor allem dann, wenn sie nicht das geringste Interesse daran zeigt. In dem oben erwähnten Fall ließen wir deshalb das Programm fallen und konzentrierten unsere Energie auf Schulen, die uns baten, neue Projekte zu starten. Wir bedauerten die interessierten Schüler sowie die Lehrer, die sich bemüht hatten, und die Eltern, die hart dafür gearbeitet hatten, um das Programm am Leben zu halten, doch es schien am Ende keinen Sinn mehr zu machen, einen „Berg zum Laufen zu bewegen".

Bei dem Versuch, ein neues Programm zu initiieren, auf Widerstand zu stoßen – ob in einer Schule, Gemeinschaft oder einem Unternehmen – birgt für die Beteiligten auch eine besondere Chance. Im Unternehmens-Kontext fürchten die Firmenchefs manchmal, dass ein Prozess wie das Council den eigentlichen produktiven Aktivitäten im Unternehmen Zeit rauben könnte und sogar die Aggressionsbereitschaft der Mitarbeiter, die als notwendige Eigenschaft im Wettbewerb gesehen wird, senken könnte. Unsere Geschichte der Continental-Niederlassung in Kapitel 10 zeigt, wie eingeschränkt diese Blickrichtung sein kann, doch die Erfahrung lehrt, dass es einer Menge Überzeugungskraft (und auch direkter Erfahrung!) bei Unternehmern bedarf, damit die Botschaft ankommt. Es hilft, bereits in den vorbereitenden Gesprächen ganz im Geiste des Councils anwesend zu sein. Die Vermittler eines neuen Programms sollten die Praxis des Councils in jedem Vorgespräch und jeder Diskussion mit den Führungskräften in Gemeinschaften, Unternehmen oder Schulen (dort einschließlich der Eltern und der Schüler) leben. Ein Council-Programm funktioniert weitaus besser, wenn diejenigen, die es leiten, auch das „leben, was sie predigen".

Manchmal misslingt dies, wenn die Projektleiter vom Council so gefesselt sind, dass sie anfangen, mit denen zu polarisieren, die nicht ihrer Meinung sind. Sie übersehen dann leicht, dass diese unterschiedliche Sichtweise ebenso ihren Platz haben darf und muss. Alle Stimmen sind im Council eingeladen. Es ist eine große Aufgabe, jederzeit derart aufgeschlossen zu bleiben, erst recht, wenn das ganze Programm davon abzuhängen scheint. Doch – noch einmal – gerade dies ist unsere Aufgabe, wenn wir die Praxis in Organisationen hineintragen wollen, vor allem in solche, die eine über lange Zeit etablierte Struktur ihrer Arbeitsabläufe aufweisen. Unser persönlicher Rat lautet in diesem Fall, sich zunächst über die eigenen impliziten Wertvorstellungen des Councils klar zu werden. Diese können dann, ganz im Geiste des Councils, im den Austausch mit denen, die dich kritisch hinterfragen, einfließen. Trage das Council und seine Werte, wie du ein geliebtes Kind tragen würdest – in der Balance von Bestimmtheit und Sanftmut, die aus tiefer Sorgsamkeit und tiefem Verstehen erwächst.

Dieser Rat ist auch angebracht, wenn es gilt, sich mit „Council-Fundamentalismus" auseinander zu setzen. Dieser Begriff zielt auf den Umstand, wenn selbst in offensichtlich unangemessenen Situationen an der Praxis des Councils unverrückbar festgehalten wird. Dies geschieht unter dem Banner, Council sei die „Methode, die alle menschlichen Interaktionen besser bedienen kann als jede andere". Dies ist, einfach ausgedrückt, nicht der Fall. Selbst in traditionellen Gesellschaften, deren Ethos die Kultur des Councils unterstützt, finden wir Gegebenheiten vor, denen besser auf andere Art und Weise begegnet wurde und immer noch werden sollte. Weiterhin variieren die Grundformen des Council beträchtlich, vor allem in Bezug auf das Maß an Autorität, die dem(n) Council-Leiter(n) gegeben wird. In der traditionellen hawaiischen Praxis, namens „Ho'o Pono Pono", übernimmt beispielsweise der Clan der Ältesten eine weitaus größere Rolle als dies ein Council-Leiter tut, wie wir ihn an der Ojai Foundation oder im CCT-Netzwerk als Teil der Praxis etabliert haben. In der hawaiischen Tradition kann die Funktion des Council-Leiters vereinfacht als Schnittmenge aus einem Council-Moderator, einem traditionellen Ältesten („kapuna") und auch einem Schamanen („kahuna") beschrieben werden. Es liegt auf der Hand, dass ein Council-Leiter, der alle diese Rollen besetzt, nicht in jedem Setting mit „Handkuss" empfangen wird.

Um sich über die Begrenzungen der Führungsrolle klar zu werden, benenne ich im Folgenden einige Situationen, in denen Council grundsätzlich unangebracht ist, ob es sich beim Kontext um eine Schule, eine Gemeinschaft oder ein Unternehmen handelt:

- Interaktive, therapeutische oder psychologische Arbeit mit einem einzelnen Mitglied des Kreises,
- Gespräche über die Gefühle eines dem Kreis bekannten Menschen, der nicht anwesend ist,
- Moderation einer Entscheidungsfindung ohne adäquate Legitimation und Autorisierung durch verantwortliche Führungskräfte

Die erste Situation gilt für so gut wie alle Council-Szenarien, außer solchen, die eigens dafür gewählt sind, um sich auf persönliche therapeutische Arbeit zu konzentrieren. Die zweite hat universellen Charakter. Tritt sie ein, kann die Auswirkung auf den Kreis verheerend sein. Die letzte der drei Situationen ist besonders in schulischer Umgebung von Bedeutung. Wir haben gelegentlich das Council genutzt, um einen Pseudo-Entscheidungsfindungsprozess über irgendeinen Aspekt des schulischen Alltags zu gestalten, z. B. die Auseinandersetzung mit der Frage, wie mit einem Schüler umzugehen ist, der die Regeln der Schule gebrochen hat. Dieser Prozess kann eine starke Erfahrung für eine Gruppe bedeuten und ein tieferes Verständnis für die Notwendigkeit klarer Regeln und angemessener Konsequenzen im Falle einer Verletzung schaffen. Wenn es allerdings nicht allen klar ist, dass diese Vorgehensweise nur als Übung anzusehen ist und nicht zwingend einen Einfluss auf die Schulpolitik haben wird, dann besteht das Risiko, dass sich die Gruppe verständlicherweise im Stich gelassen fühlt, gerade wenn sie der Ansicht ist, dass ihre Beschlüsse gut taugen – doch nichts aus ihnen resultiert.

Vor einigen Jahren machten wir eine solche Übung. Sie führte zu so klaren und praktikablen Vorschlägen in Hinblick auf disziplinarische Angelegenheiten, dass sich die Leiter und die Schüler entschlossen, auf dieser Grundlage eine entsprechende Eingabe an die Fakultät zu machen.

Zu unserer Freude antwortete das Kollegium mit Wohlwollen und machte die Vorschläge zum Teil des schulischen Regelwerkes. Der Prozess, der daraus letztlich resultierte, umschloss Councils der Schüler, Lehrer, Administratoren und Eltern. Er tut seit Jahren dort seinen guten Dienst.

Eine letzte Geschichte

Unsere Erkundung der Werte des Councils und der Fähigkeiten, die sich daraus entwickeln können, hat uns auf einen sich windenden Pfad geführt, übersät mit Begriffen über die Bedingungen der menschlichen Natur. Im Geist der dritten Absicht des Councils beenden wir dieses Kapitel mit einer bekannten Kurzgeschichte über Gänse, die, auf ihre Weise, alles sagt:

„Im nächsten Herbst, wenn du die Gänse in einer V-Formation gen Süden fliegen siehst, magst du dich an das erinnern, was die Wissenschaft über die Ursache dieser Flugweise herausgefunden hat.

In dem Moment, wenn einer der Vögel mit seinen Flügeln schlägt, erzeugt er einen Aufwind für das direkt hinter ihm fliegende Tier. Fliegen sie alle in einer V-Formation, so erhöht die ganze Schar ihre Reichweite gegenüber einem allein fliegenden Vogel um 71 %.

Wenn eine Gans aus der Anordnung herausfällt, fühlt sie sofort den Luftwiderstand und die Anstrengung, allein zu fliegen…

…und begibt sich flugs wieder in die Formation, um den Vorteil des Aufwindes der Vordergans zu nutzen. Wird die Leitgans müde, zieht sie sich in einen der Ausleger der Formation zurück und eine andere Gans übernimmt die Spitze. Die Gänse am Ende schreien dabei, um die in den vorderen Positionen zu ermutigen, das Tempo aufrechtzuerhalten.

Wenn schließlich – und das ist wichtig – eine Gans krank oder von einem Gewehrschuss verletzt wird und deshalb aus der Gruppierung fliegt, scheren zwei andere Tiere aus und geleiten sie zur Erde, um ihr Beistand und Schutz zu gewähren. Sie bleiben bei der gefallenen Gans, bis diese wieder in der Lage ist zu fliegen oder stirbt. Erst dann setzen sie sich wieder in Bewegung, zu zweit oder mit einer anderen vorbeiziehenden Schar, um Anschluss an ihre ursprüngliche Gruppe zu finden."

Kapitel 13

Die Natur des Councils

„*Air moves us*
Fire transforms us
Water shapes us
Earth heals us
And the circle of the wheel goes round and round
And the circle of the wheel goes round…"

Herkunft unbekannt

Zurück zu den Wurzeln

Ein roter Faden durchzieht unsere vorangegangene Reise durch das Council, von den ersten Anfängen bis hin zu unseren heutigen Möglichkeiten, Council voll und ganz zu leben. Wir sehen die Untrennbarkeit zwischen Council und der Umgebung, in der es stattfindet, die zeitlose Qualität dessen, was sich im Kreis ereignet, und das Herz aller Werte, mit denen erdverbundene Kulturen leben – Council und Natur.

Meine frühesten Erfahrungen mit Council hatte ich in der Sespe Wildnis in Südkalifornien. Auf der Erde sitzend, weit entfernt von allen zivilisatorischen Strukturen, gewärmt vom Feuer, dessen Schein mir den Weg wies, fühlte ich mich zum ersten Mal im Council mit allem in mir und um mich herum.

Meine frühesten Council-Erfahrungen mit Kindern an der Heartlight School in den Achtzigern waren untrennbar mit der natürlichen Welt verbunden. Die Kids nahmen dort jedes Jahr an zwei neuntägigen Retreats teil, die ein Alleinsein in der Sespe Wildnis, ein Schwitzhütten-Ritual an der Ojai-Foundation und sehr viele Councils einschlossen. Im Crossroads Mysteries-Programm war seit seinem Beginn im Jahr 1983 eine fünftägige Besinnungszeit an der Ojai Foundation enthalten. Die Palms School zog 1992 mit ihren dreitägigen Retreats für die Projektklassen nach. Seitdem bieten viele der Schulen, an denen fortlaufende Council-Programme stattfinden, solche Auszeiten in der Natur an, entweder in der Wildnis, der wildnisähnlichen Umgebung der Ojai Foundation oder an einem vergleichbaren Ort.

Teil des Leitbildes der Ojai Foundation ist es, Einzelne, Familien, Schulen und Gemeinschaften zu stärken, indem Wege vermittelt werden, um aus dem Herzen zu sprechen und mit dem Herzen zu hören, um Lebensübergänge zu würdigen, und um unsere Verbindung mit der Natur, durch die Intensivierung der Beziehungen zu den Mitmenschen und zur Erde, zum Ausdruck zu bringen …

In diesem Kapitel werfen wir somit einen intensiven Blick auf die innige Verbindung zwischen Council-Praxis und Natur, insbesondere im Kontext von Übergangsritualen. Das Zusammenweben dieser Fäden wirft Licht auf die Council-Praxis an Schulen, in Familien, in Gemeinschaften – und in der Stadt. Dort, wo Council stattfindet, ist Natur gegenwärtig. Wenn der Kreis sich dieser Realität bewusst ist, sind grenzenlos tiefe Erfahrungen möglich. Gigi ist den Weg des Councils in der Natur seit ihrer Jugend mit Haut und Haaren gegangen. Die Weisheit dieses Weges hat sie an viele Orte dieser Welt getragen, wo sie als Ausbilderin, Moderatorin oder Teilnehmerin gewirkt hat. Aus der Allianz zwischen Council und Natur entstand der „Ruf", der sie leitet und führt, wenn sie die Praxis in die Welt hinausträgt. Es ist daher mehr als recht, dass ich ihr nun den Redestab überreiche, damit sie die Geschichte über „Die Natur des Councils" erzählt.

Die Anfänge

Oft fragen mich Menschen, wann und wo ich das Council erlernt hätte. Erinnere ich mich noch an mein erstes Council? Um Antworten auf diese Fragen zu finden, gehe ich zurück in die frühesten Tage meiner Kindheit. Ich erinnere mich an Zeiten, in denen ich mich einsam und allein fühlte, ausgeschlossen von der Nachbarschaft mit den anderen Kindern. Wir wurden in die Schule gefahren, so dass ich die Freunde, die ich dort hatte, mit dem Ende des Schultages wieder verließ. Ich suchte also Zuflucht in den Wäldern, und dort, in der scheinbar grenzenlosen Wildnis hinter unserem vorstädtischen Haus in New England, fand und knüpfte ich die Gemeinschaft, die ich mir so wünschte. Aus alten Brettern und Flaschen baute ich Regale. Aus Steinen, Ästen und verschiedenem Plunder errichtete ich Tische, Bänke und einen Wohnbereich im Inneren meines Allerheiligsten. Ich gestaltete und dekorierte, ich sang und saß. Und dann wartete ich, wer sich wohl zeigen würde: eine Drossel, ein Eichhörnchen, der Hund vom Nachbarn und an einem denkwürdigen Tag sogar ein Stinktier. Mit diesen Freunden hatte ich meine ersten Council-Runden, die mit endlosen Gesprächen mit mir selbst und meinen Freunden angefüllt waren. Jedes Wesen brachte eine Botschaft mit, es hatte einen Platz und eine Aufgabe auf dieser wundersamen Reise. Einer Reise, die viele Jahre währte und auf der es darum ging, Council zu leben, in Gemeinschaft mit „allen unseren Verwandten".

Ich musste damals wohl erst fünf Jahre alt gewesen sein, und doch kann ich mich noch an ein Ereignis erinnern, das ich als mein erstes Council mit Menschen bezeichnen würde. Es geschah während eines Kindergarten-Spiels, das wir „Zeigen und Erzählen" nannten. Ich brachte damals eine alte Flasche mit. Sie war wunderschön geformt und schon ganz abgegriffen. Sie schimmerte in einem dumpfen Tiefblau und war der perfekte Gegenstand, um ihn durch die Hände der Kinder wandern zu lassen. Die Flasche war so etwas wie ein Redegegenstand und zog jeden, der sie hielt, in ihrem Bann. Wow! Auf einmal fühlte ich mich gesehen und gehört! Es fiel mir nicht schwer, meine Geschichte zu erzählen, und die anderen Kinder erzählten ebenso, wenn sie die Flasche in Händen hielten. Ich führte sie in meine Welt und durch das Feld, das entstanden war, konnte ich auf neue und leichte Weise vor aller Augen und Ohren sprechen.

Beim „Zeigen und Erzählen" unterhielten wir uns darüber, was für uns wichtig war, was etwas Besonderes und was uns heilig war. Ich entsinne mich, wie verbunden mit allem ich mich fühlte, ich erinnere mich, welche Kraft das Zuhören hatte, das Geschichtenerzählen, das Sprechen aus dem Herzen. Diese frühen Erfahrungen skizzierten bereits das, was ich später als „Die Natur des Councils" bezeichnen würde. Sie beschreiben eine Welt, die ganz ist, wahrhaftig und voller Respekt für jedes Wesen – ein Ort, an dem jede Existenz, nicht nur die menschliche, Teil des Kreises ist. Es war das Eichhörnchen, das mich jeden Tag besuchte und mir auf diese Weise half, die Türen meiner Einsamkeit zu öffnen. Es war dieser alte Freund, der Flaschengeist, der mir das Vertrauen gab, in großer Runde, vor allen anderen zu sprechen.

Wenn ich heute mit Menschen jeden Alters im Council sitze, frage ich sie oft, ob sie sich an eine Council-Erfahrung in ihrem Leben erinnern können. Oft heißt es dann schnell, „Nein, oh nein, so etwas gab es nicht in meiner Familie oder in der Schule". Doch nach und nach tauchen dann ein paar Geschichten auf.

„Ich besuchte jeden Sonntag meine Großeltern. Es war ein warmes und wohliges Gefühl, wenn sie an diesen Tagen nur für mich da waren. Für Stunden schien die Welt fast still zu stehen. Nicht, dass es ein formales Council mit einem Redegegenstand, einer Widmung oder so etwas gegeben hätte, doch der Geist des Kreises war allgegenwärtig. Meine Großmutter bemerkte jede kleine Veränderung gegenüber der Vorwoche an mir – meine Haare, meine neuen Schnürsenkel, das Pflaster auf meinem Finger. Jede meiner Geschichten beantwortete sie mit einer eigenen, so dass unsere gemeinsamen Stunden für mich wie ein zeitloser Traum waren. Damals fühlte ich mich zum ersten Mal in meinem Leben gesehen und gehört. Ich fühlte eine Liebe und eine Verbundenheit, die ich heute als bedingungslos bezeichnen würde."

Oft tauchen Geschichten auf, die von Schmerz und Verlust handeln. Sie werden von Bildern begleitet, die an Plätze erinnern – eine Felsnase am Ende eines Strandes –, welche als Orte der Ruhe, als Zuhause oder als Treffpunkt für eine Sechsjährige dienten. Plätze, an denen Tiere zu Vertrauten, Mitwissern und Heilern wurden, zu einer Gemeinschaft für viele, ob sie in der Stadt oder auf dem Land lebten. Das Besondere an diesen Erinnerungen ist, das sie ganz und gar uns gehören. Sie wurden uns nicht gelehrt oder vorgegeben. Sie sind ein natürlicher Teil unseres Menschseins. Sie tauchen jenseits religiöser und nationaler Grenzen auf, sie sind kulturübergreifend. Sie machen uns darauf aufmerksam, dass die Erfahrung des Councils alltäglich, allen vertraut und für jeden zugänglich ist.

Führungskräfte-Training in der Wildnis

Ein Council zu erleben, das ganz in die natürliche Umgebung eingebettet ist, bringt den Menschen die Natur des Councils nahe. So wie die Ältesten unserer Heimat uns so wunderbar daran erinnern, dass wir nicht von der Natur getrennt sind, dass wir vielmehr Teil des großen Kreislaufs, des großen Geheimnisses sind. Diese Perspektive unterscheidet sich von den Naturdefinitionen, die in Enzyklopädien zu finden sind. Im New Oxford American Dictionary beispielsweise wird Natur beschrieben als „die Phänomene der physischen Welt in ihrer Gesamtheit, einschließlich der Pflanzen, Tiere, der Landschaft sowie weiterer Bestandteile und Erzeugnisse der Erde, im Gegensatz zu Menschen und menschlichen Erzeugungen". Im Gegensatz zu dieser Definition existiert ein anderes Wissen in uns, das wir von unseren Vorfahren geerbt haben und das sich aus dem tiefen Dialog mit einem größeren Kreis, dem unbegrenzten Kreis „all unserer Verwandten", entwickelt. Diese Hinwendung zur natürlichen Welt und deren Einbeziehung wurde entscheidend für mein Verständnis von Council in seiner umfassendsten Form und war mir Führung auf meinem Weg als Trägerin des Councils.

Einige Male im Jahr biete ich einen fünf- bis achttägigen Intensivkurs für Council-Leiter an. Während dieses Trainings sind die Teilnehmer ganz auf das Council inmitten der Natur fokussiert und der Kreis wächst dadurch deutlich über seine allein menschliche Dimension hinaus. An jedem Tag gehen die Teilnehmer eine Zeit für sich allein nach draußen und jeden Tag sitzen sie gemeinsam im Kreis. Am ersten Tag richten wir unsere Aufmerksamkeit auf das Zuhören und auf unsere Verbindung zum Wasser. Der zweite Tag ist der Erde gewidmet. Am dritten Tag klettern wir hoch hinaus, um ganz mit dem Element Luft zu sein, und am vierten Tag entzünden wir das Feuer und heißen den Sonnenaufgang willkommen. Jeder Teilnehmer bereichert schließlich den Kreis mit seinen Geschichten aus den Solo-Zeiten mit den vier Elementen.

„Als ich im Norden und ganz in Verbindung mit dem Element Luft hoch oben auf der Felskante saß, schaute ich über das Tal und fragte mich, was es wohl war, das ich lernen sollte. Wie sollte meine Arbeit als Council-Leiter zukünftig aussehen? Ich wartete auf einen Adler oder einen Falken – auf einen dieser wunderbaren Überbringer profunder Neuigkeiten. Als die Stunden jedoch vergingen und sich niemand zeigte, fühlte ich Zweifel und Selbstmitleid in mir aufsteigen und senkte den Blick. Da eröffnete sich mir zu meinen Füßen eine ganze Welt, die ich bis dahin kaum wahrgenommen hatte: eine kleine, rosafarbene Kaktusblüte, die aus einer Felsnase herauswuchs; eine Kolonie von Ameisen, die mit unendlicher Hartnäckigkeit, eine nach der anderen, kleine Hölzchen über das unebene Terrain transportierten. Was bauten sie gerade und wie schafften sie es, das Doppelte ihres eigenen Körpergewichts zu schleppen? Während ich diese Welt beobachtete, wuchs in mir die Bereitschaft, mein eigenes Leben und meine Arbeit mal wieder auf neue Weise zu betrachten: viele

Stöcke, ein holpriger Boden, eine ganze Reihe hilfsbereiter Wesen, eine Blume, die selbst dort blüht, wo Leben gar nicht zu erwarten war. Ich würde in mein Klassenzimmer zurückkehren, meine Leute um Unterstützung bitten und es wagen, Council dort anzubieten, wo es öde und unfreundlich aussieht. Eine leichte Brise kam auf, als die Nachmittagssonne sanft den Himmel färbte. Sie führte mich den Berg hinunter, in Dankbarkeit und mit einem, wie ich es nannte, frischen Atem, meinem zweiten Wind."

Gegen Ende des Programms hatten die Teilnehmer Gelegenheit, auf ein längeres Solo zu gehen und sich die Zeit nehmen, ihre Arbeit und ihren Weg als Botschafter des Councils zu bekräftigen. Es hat sich immer wieder gezeigt, dass die Bestätigung und die Ermächtigung, die aus einer solchen Erfahrung erwachsen, wirklich von Dauer sind. Sie helfen, die unvermeidlichen Zweifel und die Angriffe des Egos während der Council-Leitung aufzufangen. Für einen Träger des Councils ist es wichtig, frei zu sein von dem Wunsch, ein „guter Leiter", ein leuchtender Stern im eigenen Kreis zu sein. Es ist zutiefst unterstützend, den Ruf und die Bestätigung in und aus der Natur zu erhalten, ohne davon abhängig zu sein, von anderen geliebt und bestätigt zu werden.

Früher nahm der Kreis der Ältesten diese Würdigung vor und so wünschenswert das ist, wir leben heute in einer Zeit, in der das nicht immer möglich ist. Wir bemühen uns heute, Ältestenräte und Übergangsrituale wieder zum Leben zu erwecken, aber wir können uns auch an unsere nicht-menschlichen Ältesten wenden. Sie treten nicht ganz so offensichtlich in Erscheinung, sind dafür aber immer für uns da. Nicht weit von unserem Zuhause, in Big Pine in Kalifornien, haben wir das Glück, den uralten Borstenkiefernwald (Bristlecone Forest) besuchen zu können. Die dort wachsenden Kiefern sind die ältesten Bäume der Welt.

Die Magie des Councils entfaltet sich dann, wenn wir uns tief in unserem Inneren bewusst werden, dass wir im Kreis nur einen einzigen Platz (von vielen) einnehmen und nur ein Teil der Geschichte sind, die sich dort entfaltet. Dieses Wissen wird täglich in der natürlichen Welt erneuert, durch die trübe Abenddämmerung, die Kraft der entzündeten Kerze, die Himmelsrichtung, in der wir sitzen, den vor unseren Fenstern wogenden Sturm: All das beeinflusst das Geschehen im Council. Sind wir draußen in der Wildnis, so stellt sich dieses Bewusstsein meist schnell ein.

„Die Tränen liefen mir die Wangen hinunter und ich bat um Hilfe. Ich fühlte mich erschöpft und überwältigt. Ich hatte mich in meiner Geschichte über den Missbrauch, dem ich als Kind ausgesetzt war, verloren. Ich wusste nicht, was ich noch sagen konnte, da spürte ich ein paar Regentropfen, die lautlos auf meine Hände und meinen Kopf fielen. Es war wie ein Segen, wie eine Reinigung, wie Teil einer Heilung, die sich allmählich in mir ausbreitete."

Für viele von uns ist es nicht leicht, das Wissen und die Lehre der natürlichen Welt lebendig und anschaulich in Geschäfts- und Klassenräume zu tragen. Ich ermuntere alle, die Gruppen leiten, sich an diese Verbindung mit der Natur zu erinnern, Wege zu finden, sie sichtbar zu machen und ursprüngliche Erfahrungen damit in den Kreisen, die sie begleiten, anzubieten. Eine Möglichkeit besteht darin, das Redestück als Stellvertreter der natürlichen Kräfte anzusehen.

„Ein Stein aus unserer Heimat, von unserem Land, ließ die Kinder auf ganz neue Weise an ihre Ahnen denken. Sie schauten staunend auf das Fossil, das in den Stein eingebettet war. Es führte sie in eine andere Zeit, an einen anderen Ort. Diese Erfahrung öffnete uns die Tür, um über unsere Beziehungen zum Heimatland zu sprechen und dabei aufrichtig unsere Gemeinsamkeiten zu erforschen."

Es gibt viele Wege, uns unserer Verbindung zur Natur bewusst zu werden. Die vielleicht direkteste Art und Weise ist die Teilnahme an einem Übergangsritual in der Wildnis, wie ich es im nächsten Abschnitt beschreibe. Manche Schüler haben das Glück, Zugang zu erlebnispädagogischen Programmen zu bekommen, welche unsere Verbindung mit der Natur auf einfühlsame Weise integrieren. Dennoch neigt unsere heutige westliche Kultur dazu, die Natur als etwas von uns Getrenntes, als etwas „anderes" anzusehen – etwas, das wir aufsuchen, um uns zu „erholen". Die wichtigste Botschaft, die ich hoffentlich übermitteln kann – die wunderbarste Botschaft aller erdverbundener Traditionen – ist die, dass wir nie von der Natur getrennt sind. Wir sind Natur. Wir können immer und überall in Kontakt mit „allen unseren Verwandten" treten, nicht nur mit den menschlichen. Weil nicht jeder die Möglichkeit hat, in die Wildnis zu reisen, brauchen wir auch andere Erfahrungsräume, um die Inspiration, die aus der Natur entsteht, zu erleben. Ehe ich also Übergangsrituale in der Wildnis beschreibe, möchte ich einige Themen, Übungen und Aktivitäten vorstellen, die helfen, wenn „Natur nicht zur Verfügung" steht.

Aktivitäten, Übungen und Council-Themen für Jugendliche, wenn keine wilde Natur zur Verfügung steht

Frage einmal Schüler oder Jugendliche, ob sie sich erinnern können, wann sie in ihren frühen Kindertagen eine Erfahrung mit Council gehabt haben? Ob sie von einem Council oder Kreis wissen, der Teil ihrer Herkunft, ihrer Familientradition ist – oder ob sie sich so etwas vorstellen können? ...Bitte sie, die Geschichte zu erzählen.

Schicke die Mitglieder deiner Gruppe mit einem Thema, das sie gerade bewegt, für zwei Stunden allein und schweigend auf einen Spaziergang. Wenn sie wiederkommen, bitte sie zu erzählen, was sie getan und was sie gesehen haben. Frage sie, ob in diesen Begegnungen wichtige Hinweise oder Antworten auf ihre Fragen enthalten sind.

Lade die Mitglieder deiner Gruppe ein, einen Platz in der natürlichen Welt aufzusuchen, von dem sie sich gerufen fühlen und an dem sie sich wohlfühlen. Bitte sie, zumindest eine Stunde dort zu verbringen und später über ihre Erfahrungen mit dem Platz zu berichten.

Verbringe eine Unterrichtsstunde draußen. Frage deine Schüler, ob sie irgendwelche Kreise oder Spiralen in der Natur entdecken können. Bitte sie, die Geschichte ihrer kleinen Erkundung zurück in die Gruppe zu bringen. (Diese Übung ist auch im Zentrum einer Großstadt möglich.)

Bitte die Teilnehmer des Councils, einen Redegegenstand von Zuhause, von dem Land, auf dem sie leben, oder aus ihrer Umgebung mitzubringen. Im Kreis können sie den anderen darüber erzählen, was an dem Gegenstand für sie von Bedeutung ist und welchen Bezug er zu dem gerade im Kreis anstehenden Thema hat.

Halte ein Council über ein bestimmtes Thema und bitte jeden, besonders aufmerksam gegenüber Geräuschen, Bewegungen und Veränderungen in der unmittelbaren Umgebung des Kreises zu sein – besonders dann, wenn sie an der Reihe sind, zu sprechen. Zieht eine Wolke vorbei oder tönt eine Sirene in der Nähe, lade sie dazu ein, diese Ereignisse in ihre Geschichte einzuflechten - möglicherweise fügen sie ihr eine besondere Bedeutung hinzu.

Frage die Schüler, was sie über die vier Himmelsrichtungen wissen. Lasse sie einige Qualitäten oder Eigenschaften benennen, die sie damit in Verbindung bringen. Ermuntere sie, sich einmal bewusst in eine der Richtungen zu setzen und die Qualitäten dieser Richtung in irgendeiner Form in ihrer Geschichte zu berücksichtigen. (Zum Beispiel: Der Osten ist Sonnenaufgang, Licht, Inspiration. Der Süden ist Mittagssonne, der Ort des Kindes, Vertrauen und Unschuld. Der Westen ist die Richtung der untergehenden Sonne, der Großmütter und der Innenschau. Der Norden gleicht der Nacht, der Brache und dem Ort des Verstandes.)

Gestalte eine „Konferenz des Lebens" im Geiste von John Seed und Joanna Macy. Höre dabei zu, was die Natur mitzuteilen hat.[55] Sprecht darüber, was Council und Natur gemeinsam haben und wie sie sich gegenseitig spiegeln.

---

55 Denken wie ein Berg. Ganzheitliche Ökologie: Die Konferenz des Lebens von John Seed, Joanna Macy, Pat Fleming und Arne Naess (Broschiert – 1989).

Übergangsrituale für Jugendliche

Eine der grundlegendsten Erfahrungen von Council, die ich für Jugendliche und Erwachsene kenne, ist die Teilnahme an einer Visionssuche. Sie ist für Heranwachsende ein wertvolles, tief greifendes Initiations-Ritual, wie es in heutiger Zeit so dringend gebraucht wird. Diese innere Reise ist inspiriert von den Initiationsritualen vieler indigener Kulturen und wie beim Council scheint die Sehnsucht danach in uns allen zu leben. Schon als Kind fragte ich mich, was Jesus wohl während seiner 40 Tage und Nächte in der Wüste gemacht hat und warum Buddha so lange unter dem Bodhi-Baum gesessen hatte. Meine Neugierde veranlasste mich, jedes Jahr Zeit in der Stille und Einsamkeit der Wildnis zu verbringen, um dort Orientierung für mein Leben zu suchen. Wie viele andere junge Menschen suchte ich Verständnis, Verbindung, Bedeutung, Sinn, Anerkennung, Gemeinschaft – ein Wort allein kann die Sehnsucht nicht beschreiben. Als ich 1980 Steven Foster und Meredith Little traf, brachte ihre Vision von der Arbeit mit Übergangsritualen meinen Wunsch genau zum Ausdruck.[56]

Es gibt in uns einen natürlichen Drang, die Grenzen unseres Menschseins zu erweitern und dem Tod ins Auge zu sehen, um auf diese Weise unser Leben zurückzugewinnen und unseren eigenen Ort der Wildheit zu finden, im Innen wie im Außen. Diese Suche nach der Grenzerfahrung führt manche Menschen in große Gefahren. Sie begeben sich auf moderne Initiationswanderungen, schließen sich Gangs an, experimentieren mit Drogen oder Sex. Junge Menschen haben ein natürliches, ja universelles Verlangen, sich selbst auszuprobieren. Dann wollen sie mit den Ältesten im Council sitzen, wollen gehört und gesehen und schließlich als fähige, selbstverwirklichte Erwachsene anerkannt werden. Das Übergangsritual, das wir

---

56 The Book of the Vision Quest, by Stephen Foster and Meredith Little, Simon and Schuster, 1992.

an der School of Lost Borders für Jugendliche anbieten, umfasst ein geistiges, psychologisches, physisches und spirituelles Austesten der eigenen Persönlichkeit, das während einer dreitägigen Solo- und Fastenzeit in der Wildnis stattfindet. Nach dieser Zeit kehren die jungen Leute ins Basislager zurück, um ihre Geschichten zu erzählen. Tage und Nächte, Steine, Bäume, Sterne, der Wind und die Sonne waren zu ihren Lehrern geworden.

„Ich habe meinen Vater vermisst, vielleicht mehr denn je. Er verließ uns, bevor ich geboren wurde. Mein Stiefvater arbeitete viele Monate in Übersee, weit weg von unserem Zuhause. Ich wusste damals nicht so recht, was ich eigentlich vermisste, doch es gab eine große Einsamkeit in mir, die auch die beste Mutter in der Welt nicht füllen konnte."

Vier Tage später kehrte dieser junge Mann mit einer bemerkenswerten Geschichte aus seiner Solozeit zurück. Eine Fliege hatte ihn am ersten Tag besucht. Sie kam danach regelmäßig wieder und erhob Anspruch auf ihr Territorium, indem sie ihre Artgenossen verscheuchte.

„Im Laufe des dritten Tages war die Fliege zu meinem Gefährten geworden, zu meinem Verbündeten, meinem Freund. Ihr werdet vielleicht lachen, doch ich weiß, dass es immer dieselbe Fliege war. Sie war für mich die ganze Zeit da."

Auch wenn ein Vater niemals ersetzt werden kann, hatte dieser junge Mann erlebt, wie seine innere Leere durch eines der gewöhnlichsten Lebewesen auf unserem Planeten gefüllt wurde. Er war fasziniert und ging völlig auf in der ungezwungenen Gestaltung einer Beziehung zu einem Fremden in der Wildnis, ohne sich wie üblich mit seinem iPod zu beschäftigen. Diese Erfahrung wurde zu einer wunderbaren Metapher dafür, wie er in Zukunft eine erweiterte Familie haben könnte. Als wir die Geschichte hörten, wurden wir alle daran erinnert, wie Beziehungen jederzeit und an jedem Ort möglich sind – wenn wir nur offen, aufmerksam und gegenwärtig sind. Als der junge Mann seine Geschichte erzählte, erschuf er ein Council mit seinen Altersgenossen, seinen Ältesten und allen seinen Verwandten – und ganz besonders mit seinem Stiefvater, der ihn voller Liebe und Bewunderung später im Willkommenskreis erwartete.

Während solcher Reisen in die Wildnis ergibt sich die Fähigkeit, aufrichtig und vom Herzen zu sprechen, oft mit Leichtigkeit. Das Bedürfnis, besser, cool oder anders zu sein, tritt in den Hintergrund. Fallen die alltäglichen Ablenkungen, Zerstreuungsmechanismen und die Alltagsroutine weg, verstärkt sich in der natürlichen Welt das Erleben von Verbundenheit. Das Gefühl der wechselseitigen Abhängigkeit dehnt sich auf die Gemeinschaft mit den Altersgenossen aus, auf die Jugend und die Ältesten, auf die natürliche Welt und oft auch auf das, was größer ist als das Leben – das Göttliche, der große Geist, das unergründliche Geheimnis. Niemand wird zu bestimmten Glaubensvorstellungen gedrängt. Vielmehr bietet sich die Gelegenheit, die eigenen Wertsysteme, den Glauben und den Sinn für das Heilige zu vertiefen und zu erforschen. Die Veränderung im individuellen Bewusstsein wird durch die starke Bindung innerhalb der Gruppe gefördert, da sich alle gemeinsam dem ursprünglichen Bedürfnis nach Sicherheit und Zusammenhalt gegenübersehen. Die Freiheit, den Dingen auf den Grund zu gehen, die eigene Wahrheit auszusprechen, und das unmittelbare Erleben herzlicher Kommunikation und Verbundenheit prägen häufig die zukünftigen Erfahrungen und Beziehungen der Jugendlichen.

In den Councils, in denen ausnahmslos alle Geschichten gewürdigt werden, geht es nicht mehr darum, dass die Jugendlichen wie üblich beurteilt und miteinander verglichen werden, und die Ältesten sind nicht mehr Autoritätsfiguren, denen Widerstand und Ablehnung entgegengebracht werden muss. Individuelle Verantwortlichkeit tritt anstelle hierarchischer Strukturen und die Gleichwertigkeit aller Stimmen und Sichtweisen wird gelebte Wirklichkeit. Sowohl die Ganzheit des Kreises als auch die Schönheit der Unterschiede werden gewürdigt. Schwierigkeiten gemeinsam gegenüberzutreten wird zu einem integralen Teil der Erfahrung, die – gleich einem vorüberziehenden Sturm – voll durchlebt werden will. Die Herausforderungen durch die Wildnis und die tiefe innere Arbeit, die geleistet wird, rufen Ängste wach, aber sie können als Verbündete begrüßt werden, die uns wach und aufmerksam halten, wenn wir uns an unseren Grenzen bewegen.

„Am Ende der Geschichte hat mir Council einen geschützten Hafen geboten, eine Zuflucht, ein Ort, der draußen ist und in mir selbst und den ich schon lange gesucht habe. Ein Ort, an dem ich mich schließlich ganz entspannen und ganz ich selbst sein kann."

Das ist es, was wir Jahr für Jahr hören und was wir lernen, wenn wir mit Jugendlichen im Kreis sitzen. Sie sind voll und ganz da, wenn sie die Möglichkeit dazu bekommen. Kein Schmerz wird übergangen und von keiner Freude heißt es, sie sei „besser" als der Schmerz. Ein Kind aus den Straßen der Großstadt, in dessen Leben es auch vorkommt, im Auto auf der Straße zu schlafen, hört das Leiden einer reichen und schönen „Tochter aus gutem Hause", deren Schnitte auf den Handgelenken von der Sehnsucht sprechen, mehr sein zu wollen, als nur eine materialistische und oberflächliche Blondine. Die jungen Menschen lassen ihre alten Lebensgeschichten los und sehen in ihren Träumen, was ihnen wichtig ist und wer sie wirklich sein wollen. Alle haben die Möglichkeit, loszulassen und hinter sich zu lassen, was ihnen nicht länger dient. Alle haben die Möglichkeit, in der Morgendämmerung aufzuwachen, ein wenig wacher, als je zuvor; wiedergeboren und bereit, mit den „Geschenken für ihre Gemeinschaft" zurückzukehren – und, was das Wichtigste ist, mit sich selbst als Geschenk. Meistens kommen sie friedlicher von draußen zurück, mit größerem Verständnis für die Person, die sie wirklich sind und die sie nun annehmen können. Mit der Unterstützung, die sie durch die Gemeinschaft erhalten, und dem Gefühl, etwas Wichtiges geschafft zu haben, erscheint ihnen das Leben lebenswerter und die Zukunft sogar aufregend.

„Ich weiß, dass ich irgendwann wieder einmal deprimiert sein werde. Ich weiß, dass ich wieder schlimme Tage mit meinen Freunden oder mit meinen Eltern haben werde. Doch jetzt habe ich das Gefühl, dass ich da durchgehen kann, auf eine Art und Weise, die ich vorher nicht kannte... Ich kann singen, schreiben, eine Wiese entlang wandern oder die Sterne in der Nacht anschreien."

Mit Hilfe von Visionssuche und Council können junge Menschen eine Grundlage dafür schaffen, dass sie die Herausforderungen annehmen können, die eine komplizierte und ständig sich wandelnde Welt an einen Erwachsenen stellt. Auch wenn sie nie wieder an einen ähnlich wilden Platz kommen und niemanden aus dem Kreis wiedersehen werden, so wissen sie doch, was möglich ist und was es bedeuten kann, im Council mit sich selbst, mit anderen und der natürlichen Welt zu sitzen. Selbstverständlich sind sie weder „für immer geheilt", noch kehren sie ohne ihre alten Schwächen und Probleme nach Hause zurück. Dennoch sind sie nun in der jahreszeitlichen Natur von Wachstum und Wechsel verankert und besitzen das tiefe Wissen, dass alles Denken, Arbeiten und Leben den Weg des Kreises geht. Die Lektionen, die die Natur lehrt, sind hart erkämpft, die Art und Weise, wie sie ihren Ängsten gegenübergetreten sind, kann sie ein Leben lang leiten, was sie vollbracht haben, für immer begleiten. An schwierigen Tagen können ein Baum, ein Stein, ein Stern sie daran erinnern, wer sie wirklich sind.

Sowohl das Council am Tag vor ihrer Solozeit, als auch das Council nach ihrer Rückkehr, tragen dazu bei, ihrer Reise eine tiefe Bedeutung zu geben. Die Jugendlichen hören aufmerksam das Leid, die Probleme, Enttäuschungen und Träume der anderen und bemerken mehr als je zuvor, dass sie nicht allein sind. Sie wurden in einem Kreis der Ältesten gehalten (von denen, die im Basislager blieben), jeder von ihnen wurde gehört und gespiegelt. Ihre Geschichte wurde ihnen sowohl als mythische Reise als auch als tiefe, persönliche Erfahrung gespiegelt. Nachdem alle drei Phasen der Visionssuche durchlaufen sind – Trennung, Schwellenzeit, Wiedereingliederung –, wird jeder und jede von ihnen vom gesamten Kreis als junge Erwachsene empfangen und begrüßt. Da immer mehr Jugendliche mit Council in

Berührung kommen und es in ihre Schulen, Kirchen, in ihr Zuhause und ihre Herzen tragen, sind auch immer mehr in der Lage, offenherziger und ehrlicher im Einklang mit ihrer eigenen Wahrheit leben zu können. Sie haben den Schritt in das Leben als Erwachsene gemacht, sie sind Menschen, die im erwachten Bewusstsein ihrer eigenen Stärken, Schwächen und Gaben mehr Möglichkeiten haben, in Übereinstimmung mit dem zu leben, was ihnen auf dieser Welt wirklich wichtig ist.

Für alle Altersgruppen

Wir ermutigen jeden, dem wir begegnen, die vielen Übergänge in seinem Leben so bewusst wie möglich zu begehen. In vielen unserer Councils mit Jugendlichen beziehen wir Älteste, Eltern und auch jüngere Verwandte mit dem gleichen Respekt ein. In diesem Jahr hörte ich, dass ein Kind einer Mutter, die kurz vor der Niederkunft stand, einen der schönsten Segenswünsche mit auf den Weg gab, den ich je gehört habe. Einige Monate später beobachtete ich dasselbe Kind, das mit außerordentlicher Ausstrahlung und Liebe im Kreis saß und zum Anlass des Todes eines seiner Lehrer sprach. Beides fand in einem Council statt und mancher Erwachsene würde die Situationen für ein so junges Kind als unangemessen empfinden und sich entsprechend gestört fühlen. Genau das Gegenteil trifft zu. Wenn wir Kinder respektieren und ihnen eine Rolle im Council zuweisen, achten sie ihrerseits den Prozess und alle Anwesenden. Wenn so genannte Störungen auftauchen, sind sie oft ein Zeichen der Natur, ein Hinweis, dass uns etwas fehlt, etwas, das uns überrascht, auf den Kopf stellt und wachrüttelt.

„An diesem Abend sollte ich die Gruppe leiten, aber ich war schon müde, als ich den Raum betrat. Ich hatte kein bestimmtes Thema im Kopf und keinen Redegegenstand in der Hand. Ich setzte mich, das Gewicht der Welt lastete auf meinen Schultern – und dann wurde ich glücklicherweise sehr schnell von meinem Sockel gestoßen. Sandy, vier Jahre alt, kam halb angezogen in den Raum und ihre Augen funkelten noch mehr als sonst. Sie fragte mich, ob sie einen Redegegenstand nehmen und das Council eröffnen dürfe. Ich war einverstanden und schlug ihr vor, mir anschließend den Redegegenstand zu geben. Was war geschehen? Ich hatte eine Partnerin gefunden, eine Co-Leiterin, genau in dem Augenblick, als ich eine brauchte. Die Schlafpuppe, die Sandy mitbrachte, passte bestens zu unserer Stimmung und erinnerte mich daran, dass wir immer damit beginnen sollten, was gerade unsere „Wahrheit" ist. Das Thema wurde deutlich: Was hat uns so müde gemacht und was müssen wir in diesem Monat tun, um für uns zu sorgen? Einmal mehr war ich an die unbegrenzten Möglichkeiten des Councils erinnert worden, und auch daran, nicht alles selbst machen zu müssen. Ich war von einem entzückenden, vierjährigen Mädchen geleitet worden, dem wir wohl noch nicht einmal zugetraut hätten, dass es weiß, was ein Redegegenstand ist."

Hochzeit, Geburt, Sterben, Scheidung, Krankheit und andere außergewöhnliche Zeiten der Veränderung sind Übergangssituationen, bei denen wir auch kleinere Kinder mit in den Kreis nehmen können. In diesen natürlichen Korridoren des Lebens findet nicht selten das größte Lernen statt. Council bietet uns eine Möglichkeit, diese Zeiten gemeinsam zu durchleben, jeder als der, der er ist – als Vater, Mutter, Freund, Tochter, Sohn oder Mentor – und den anderen erzählen zu können, wie es uns damit geht. Niemand muss draußen bleiben – weder das schwarze Schaf noch der allzu Schüchterne noch der, dessen Wut uns an die eigene erinnert.

Jedes Mal, wenn ein Council einberufen wird, um eine entscheidende Veränderung rituell zu begehen, kann sich die Dynamik innerhalb einer Familie, einer Gemeinschaft oder eines Unternehmens verändern und wachsen. Viele Jahre lang boten wir Familien-Visionssuchen an, bei denen die Kinder ihre Eltern im Hinausgehen und Fasten in der Wüste unterstützten. Wir taten dies, weil wir die Gefühle des Getrenntseins in Familien kannten, wenn entweder die

Eltern oder die Kinder eine transformative Erfahrung erlebt hatten, an der die anderen nicht teilgenommen hatten. Während der Familien-Visionssuchen machten die Kinder ihre eigenen geführten Reisen in die Wildnis und fertigten in Abwesenheit ihrer Eltern Geschenke für sie an.

„Ich hatte Angst, alleine rauszugehen, doch weil alle anderen auch draußen waren, war das in Ordnung. Gemeinsam mit unseren Führern entschied ich, dass neun Stunden genug für eine Neunjährige waren. Ich dachte, die Zeit würde nie vergehen, bis ich ein bienenwachsartiges Zeugs fand, das über einen Holzscheit tropfte. Stundenlang formte ich damit ein Bild. Ich knetete und modellierte es zu einem Geschöpf, einem Freund. Da bemerkte ich, dass die Sonne unterging. Ich ließ ein Zeichen von mir und meinen Namen zurück und war ganz erleichtert, dass ich wieder zu meiner Familie gehen konnte. Ich war froh, dass ich nun etwas mehr darüber wusste, was die anderen da draußen so machten. Und ich war aufgeregt, weil ich auf meiner eigenen Reise gewesen war."

Die Kinder fühlten ihre eigene Kraft, weil sie selbst Teil der Geschichten des Councils waren, und konnten so den Worten ihre Eltern mit Achtung zuhören, etwas das leider im Leben vieler Menschen nur selten vorkommt.

Jugend und Älteste

Jede Gelegenheit, Jugend und Alter im Council zusammenzubringen, sollte beim Schopfe gepackt werden. Ja, es gibt viele ausgezeichnete Jugendreisen mit hervorragenden jugendlichen Leitern und Zeiten, in denen junge Leute nur unter ihresgleichen lernen sollten. Doch da wir in einer Gesellschaft leben, in der die Gruppe der über 50-Jährigen ständig wächst, haben die Baby-Boomer und die Jugend beste Voraussetzungen, sich im Kreis zusammenzusetzen. Auf diese Weise wird denen, die ihr ganzes Leben aktiv waren, eine Alternative zum

Ruhestand geboten, und denen, die nun die Verantwortung tragen, eine Stimme gegeben. So kann so manches Klischee über die Jugend und das Alter aus dem Weg geräumt werden.

Ich hatte die Ehre, die Councils zwischen den „13 Indigenous Grandmothers" zu unterstützen, die sich in Dharamsala mit dem Dalai Lama trafen, und Councils mit den „Bioneers" bei einer Konferenz in San Rafael, Kalifornien[57], zu begleiten.

Jeden Abend trafen sich fünf von uns aus dem großen Kreis, der am Nachmittag zusammengekommen war, um über eine Live-Schaltung per Satellit mit den Grandmothers zu sprechen und zu beten. Durch diesen außergewöhnlichen Einsatz von Technologie entstand eine sehr spezielle Form von Council. Es wurden keine Reden vorbereitet. Die Themen wurden vorgestellt: unsere eigene Heilung, die Heilung unserer Beziehungen und die Heilung des Planeten. Wir alle lauschten und sprachen gemeinsam zwei Stunden lang im Council über eine Distanz von 12 000 Meilen hinweg.

Es war zweifellos ein Höhepunkt dieser Councils, als wir wahrnehmen konnten, wie die jungen Leute aufrichtig sprachen und den weisen Alten mit ganzem Herzen zuhörten. Die Verbindung war greifbar, als ein junger Mann fragte, wie er sich mit der Tatsache aussöhnen könne, dass er Land geerbt hatte, das dem Cree-Stamm einst gestohlen worden war. Eine der Grandmothers antwortete mit großer Liebe und Kraft:

„Die Vergangenheit ist die Vergangenheit. Wir müssen vorwärts gehen, um gemeinsam einen besseren Weg zu finden. Finde einen Weg, um das Land jetzt so zu nutzen, dass es den Menschen dient."

Diese wenigen Worte, über eine weite Entfernung ausgetauscht, berührten uns sehr. In ihnen lag der ganze Mut, den es braucht, um eine Wunde zu benennen und den Schmerz anzunehmen, um an ein Verbrechen zu erinnern, zu vergeben und neu zu beginnen.

---

57 Bioneer", aus „biological pioneer" – biologischer Pionier –, ist ein Neologismus des Regisseurs, Autors und ökologischen Aktivisten Kenny Ausubel. Der Zeitschrift Utne Reader zufolge ist ein Bioneer ein biologischer Pionier, ein ökologisch orientierter Erfinder, der über elegante und oft einfache Lösungen für ökologische „Puzzles" verfügt.

Wir brauchen die Jungen und die Alten, damit sie gemeinsam im Kreis sitzen, wir brauchen Frauen… Männer… Menschen unterschiedlichen Glaubens, verschiedener Rassen und Kulturen, damit sie in Councils der Vielfalt zusammenkommen. Und wir brauchen Stimmen von Politikern, die aufrichtig und authentisch sind und vom Herzen kommen. Das Council ist ein Trainingsplatz für solche zukünftigen Führer.

Viele unserer Führer lassen eine solche Stimme vermissen. Ihre Worte zeigen wenig Gemeinsamkeit mit dem Ausdruck in ihren Gesichtern. Im Council ist von solchen Brüchen nur selten etwas zu spüren. Was wäre, wenn die Mikrophone dieser Welt zu Redegegenständen würden, die warmherzige und wahrhaftige Worte hervorlockten, denen mit Anteilnahme zugehört würde?

Als wir vor ein paar Jahren vor der Entscheidung standen, einen Film über eine Jugendvisionssuche zu machen, hatten wir Bedenken, ein Council-Ritual aufzunehmen. Würden sich die Teilnehmer angesichts der Kamera zurückziehen oder gar zu schauspielern anfangen, kurz gesagt, nicht ganz sie selbst sein?

Als wir schließlich den Film produzierten, fanden die Kinder es toll und nutzen die Gelegenheit. Sie nahmen die Aufnahmen sehr ernst, denn sie spürten, dass sie hier eine weitere Gelegenheit bekamen, wirklich gehört zu werden.

Seitdem meine Kollegen und ich traditionelle Ältesten-Councils unterstützen, initiieren wir ebenso kulturübergreifende Councils mit Jugendlichen, damit sie ihre Visionen, ihre Träume und ihre Gebete für die Welt miteinander teilen können. Wir hoffen, diese Councils in verschiedenen Ländern filmen zu können und möglichst noch mehr junge Stimmen aus anderen Ländern in die US-amerikanischen Klassenräume zu bringen. Diese „Beyond Boundaries Initiative" (Jenseits-von-Grenzen-Initiative) soll neue Wege zur Aussöhnung und Heilung vorbereiten.

Die Ältesten- und Jugend-Councils stellen nachhaltige Schritte in Richtung auf eine noch umfassendere Vision dar. Wir sehen Councils, in denen Platz ist für alle, und, vielleicht am wichtigsten, für die Stimmen derer, die auf unserem Planeten am wenigsten Gehör finden – die Jungen, die Alten, die Flüchtlinge, die Verarmten, die Unterdrückten, die Tiere und schließlich die Erde selbst. Council ist einer der Plätze, an dem wir wirklich lernen könnten, wie wir es gemeinsam schaffen.

Die Natur des Councils ist der Ruf zum größten aller Kreise, zu allen Menschen, allen Wesen. Council ist nicht die Lösung all unserer Probleme, es ist auch keine Lehrveranstaltung oder eine Technik. Es ist ein Weg, ein Pfad, eine Reise, die wir gemeinsam machen können. Die Natur des Councils kann uns manches lehren: Ganzheitlichkeit, gemeinsame Erfahrungen, wechselseitige Abhängigkeit und den natürlichen, kreativen Kreislauf des Lebens.

In letzter Minute wurde ich gebeten, die Schlussveranstaltung einer Bioneers-Konferenz am Ende eines Nachmittages voller Workshops zu leiten. Als wir uns alle um die aus Strohballen bestehende Außenbühne versammelten, begannen wir mit unseren Danksagungen. Ich wagte, das Mikrophon in die Menge zu reichen, und bat um einige Worte, um den Kreis beenden zu können. Der Spirit des Councils lag greifbar in der Luft.

Ein junger Mann versicherte, dass sich sein Leben in den drei Tagen der Konferenz verändert hätte... Eine Frau sprach ein Gedicht, dass die Geschichte unserer gemeinsamen Konferenz poetisch zum Ausdruck brachte. Eine andere Frau schlug vor, ein Lied zu singen. Nachdem noch weitere Menschen gesprochen hatten, spürte ich die aufkommende Sorge der Anwesenden, das Council könnte sich in endlosen persönlichen Beiträgen verlieren und kein Ende finden. Als die Frau bat, eine weitere Strophe des Liedes zu singen, regte ich an, diese Strophe mitzunehmen und sie später, nachdem wir gegangen waren, anderen vorzusingen. Ich bat um einige Augenblicke des Schweigens, um nachzuspüren, was vielleicht noch fehlte, um die bewegende Zeit des Lernens während der Bioneers-Konferenz zu würdigen.

Wir lauschten gemeinsam... Einige Momente vergingen... Überall war Schweigen... Es herrschte ein Gefühl innerhalb der Gruppe, das nur schwer zu beschreiben war. Es brauchte keine Worte mehr. Die Gänse, die seit Tagen um das Council-Zelt herumgesessen waren – die Gänse, die mit solcher gegenseitigen Aufmerksamkeit in Formation fliegen –, sie hoben ab. Die Schar stieg in der untergehenden Sonne nach oben und flog direkt über unseren Köpfen hinweg. Wir schauten ihnen nach und wussten, dass die Konferenz nun vollendet war.

Epilog

Die nächste Runde

*„Empathy strikes me as the most
important quality that we need in America
and around the world."*

Präsident Obama

*„We've been waiting, waiting
We've been waiting so long
We've been waiting for our children
To remember to return."*

Paula Wallowitz zugeschrieben

Stelle dir vor, die Vision, die wir in den Kapiteln zuvor entwickelt haben, würde Früchte tragen – auf welchem Weg auch immer. Und stelle dir ebenfalls vor, dies alles würde stattfinden in einer Kultur, die den Geist des Councils in sich trägt! Auch die größten Probleme, denen wir uns heute gegenüberstehen – Hunger in weiten Teilen der Welt, militanter Nationalismus, gewalttätige Rassenkonflikte, das immer größer werdende Loch in der Ozonschicht, die sterbenden Ozeane, die überlebenswichtige Suche nach erneuerbaren Energiequellen und die Endlagerung nuklearer Abfälle – das alles könnte überschaubar sein. Stelle dir vor, wir befinden uns im Jahr 2012 und wir bereiten gerade die 3. Auflage von *der große Rat* vor. Anstatt erneut die Geschichte der Pueblo-Ältesten zu erzählen, die damals mein Interesse an Council weckten, könnte die neue Einleitung mit einer anderen Geschichte beginnen...

Gigi und ich fühlten uns sehr geehrt über die Einladung, an dem Treffen der Mitglieder der Atomenergiekommission, der Staatsbeamten, der Mitglieder der lokalen Handelskammer und der Führer der amerikanischen Ureinwohner teilzunehmen. Thema des Treffens war der Vorschlag der Atomenergiekommission, ein unterirdisches Atommülllager in diesem abgelegenen Teil des Bundesstaates einzurichten, das an das größte Reservat amerikanischer Ureinwohner angrenzt. Wir nahmen an, dass unsere Einladung in Zusammenhang mit den unzähligen Councils stand, die wir während der letzten dreißig Jahre geleitet hatten, in denen dieses Thema die Gemüter bewegt hatte.

Es fühlte sich gut an, wieder in diesem Teil der Welt zu sein. Im Osten, hinter dem großen Versammlungszelt erstreckte sich kilometerweit die Wüste, bis hin zu den Steilfelsen, die tiefrot in der Abendsonne lagen. Unsere etwa dreißig Personen große Gruppe hatte beschlossen, sich hier zu treffen, und nicht in Washington D.C. oder im State Capitol. Jetzt war es die Schönheit der Natur, die uns zur Eröffnung der Veranstaltung unwiderstehlich nach draußen zog. Etwa 300 Meter vom Zelt entfernt hatte jemand in Erwartung der kühlen Wüstenabende ein Feuer entzündet.

Gigi und ich bewegten hundert stille Fragen in unserem Inneren. Was kann getan werden, um dieses zutiefst beunruhigende Problem zu lösen? Seit Beginn des neuen Jahrtausends hatten zwei Atommülllager in anderen Teilen des Landes schwerwiegende Lecks gezeigt. Die Öffentlichkeit reagierte mit Angst und Empörung. Neue technologische Entwicklungen versprachen, dass sicherere Untertage/Übertage-Lagermöglichkeiten gebaut werden könnten, die gleichzeitig als Forschungslabor und Mahnmal für unsere Hilflosigkeit beim Umgang mit radioaktivem Material dienen könnten. Aber niemand konnte das mit Sicherheit sagen.

Der vorgeschlagene Standort war weit entfernt vom bewohnten Teil des Reservats und von anderen Gemeinden, aber es gab immer noch ungelöste geologische Fragen. Die lokale Geschäftswelt stand dem Ganzen mit zwiespältigen Gefühlen gegenüber. Einige sahen bereits das wirtschaftliche Potential eines Riesenbauprojekts über fünf Jahre, andere befürchteten, dass mit der Ankunft des Gefahrenmaterials langfristig die Grundstückspreise und Geschäftsmöglichkeiten zurückgehen würden.

Was konnte nun diese gemischte, interkulturelle Gruppe von Menschen in diesen paar Tagen überhaupt erreichen? Jahrelange Diskussionen, politische Manöver und offene Feindseligkeit hatten die Beziehungen zwischen den hier vertretenen Organisationen geprägt. Würden diese Menschen in der Lage sein, die riesigen Differenzen zu überbrücken, die zwischen den offiziellen Positionen der einzelnen Gruppen lagen? Dennoch machte sich neben diesem Gefühl der Beklemmung eine Hoffnung bemerkbar, so als ob es an einem Ort dieser Schönheit kein falsches Handeln geben könne.

Gerade als die Sonne hinter den Bergen im Westen versank, rief eine Vertreterin der Handelskammer die Gruppe auf, sich zu versammeln. „Ich möchte gerne mit einem Lied zu Ehren dieses Landes beginnen, ein Lied, das mein Großvater mich vor vielen Jahren lehrte. Ich werde es in Spanisch singen, so wie ich es als Kind gelernt habe." Ihre Stimme war kräftig genug, den Wüstenwind und das Rascheln der Bäume zu übertönen. Immer wieder erklangen die Worte „despenaderos rojos" (rote Felsen) in der abendlichen Luft. Schon bald fielen alle in den Refrain ein:

„*Despenaderos rojos han hablado a nestros abuelos y abuelas atravez el alba del tiempo.*"[58]

Nachdem wir geendet hatten, sprach ein Vertreter der amerikanischen Ureinwohner ein Gebet für das Land, auf dem wir uns befanden. Er wiederholte das Gebet mehrmals und umkreiste dabei das Feuer. In der anschließenden Stille setzten wir uns alle wortlos in einem Kreis um das Feuer herum. Ein blasser Mann von der Atomenergiebehörde AEC erzählte, wie er das erste Mal die roten Felsen besucht hatte, ehe er mit der Durchführbarkeitsstudie angefangen

---

58 „Die roten Felsen sprechen zu unseren Großvätern und Großmüttern seit Beginn der Zeit."

hatte. Er habe damals bei seiner Wanderung über das Land ganz deutlich die Gegenwart einer Wesenheit gespürt, die er sich anfangs nicht erklären konnte. „Heute weiß ich", sagte er, „dass diese erste Erfahrung alles beeinflusst hat, was ich für diesen Standort geplant habe, bis hin zur detaillierten Gestaltung der Anlagen."

Die Gebete und Geschichten reichten bis in die Nacht hinein. Unser Zeitgefühl löste sich auf, weitete sich aus, nahm wieder Form an und löste sich erneut auf. Sogar die Tausende von Jahren, die es dauern würde, bis sich Atommüll zu harmlosem Abfall zersetzt hätte, erschienen wie ein kurzer Augenblick unter dem Sternenhimmel der Wüste. Niemand sprach das Thema direkt an oder forderte Entscheidungen, als wir immer näher an das Feuer heranrückten.

Gigi und ich tauschten still Blicke aus – wir verstanden, was hier vorging. Die Menschen erzählten ihre Geschichten und sangen ihre Lieder in drei verschiedenen Sprachen; die unendliche Stille der Wüste füllte die Zeit zwischen den Worten; wir alle waren mit diesem Ort verbunden, als ob wir hier schon immer gelebt hätten. Niemand leitete die Gruppe an, es gab keinen Redestab – er war nicht nötig und es brauchte niemand etwas zum Inhalt oder zum Ablauf zu sagen. An diesen Ort von ursprünglicher Schönheit blühte das Council in seiner reinsten Form.

Langsam, mit jedem Lied, jeder Geschichte und jedem Augenblick der Stille fand der Kreis zu seiner eigenen Stimme. Alle Männer und Frauen im Kreis vernahmen diese Stimme und sie würden ihr später, bei den Diskussionen, Gehör schenken. Ein Moment der Gnade. Fand dies alles wirklich statt? Dieses Beisammensein fühlte sich an wie ein Gebet, das erhört, wie ein Traum, der erfüllt wurde. Wir waren gemeinsam in das Traumreich eingetreten. Möglicherweise könnten wir sogar die schreckliche Hypothek unserer Ignoranz aus der Vergangenheit überleben…

Und wir träumen weiter.
Dass die Kinder überall auf der Welt die Zeit, die Unterstützung und die Führung erhalten, im Council zu sitzen...
Dass die Lebensweise der Ureinwohner gewürdigt wird und ihre Weisheit erhalten bleibt.
Dass die Stimmen, die Ideen und die Kraft der Jugend gehört und geachtet werden und Anerkennung finden.
und in die Maßstäbe gesellschaftlichen Handelns Einzug finden...
Dass wir, die wir nur eine von vielen Arten sind, uns anpassen, uns weiterentwickeln und aufwachen...

Geschrieben am Tag der Amtseinführung des neuen Präsidenten, mehr als dreizehn Jahre, nachdem der erste Epilog entstanden ist.

Danksagung

Die Frau, die mir die Geschichte von den Pueblo-Indianern am Anfang des Buches erzählte, war Marian Bayes, meine Englischlehrerin in der 11. Klasse, die es damals überlebte, mich als jungen Ewachsenen in die analytische Psychologie einzuführen und mir auch sonstige Einsichten in die *conditio humana* zu vermitteln.

Das erste formelle Council, an dem ich teilnahm, wurde 1980 von Elizabeth Cogburn während einer Rucksacktour der Ojai Foundation in die Sespe Wildnis geleitet. Sie und ihr Mann Bob hatten schon seit Jahren im Rahmen ihrer „New Song Sun Dance Ceremonials" Councils veranstaltet. Von 1980 bis 1984 setzten meine Lebenspartnerin Jaquelyn McCandless, meine langjährige Kollegin Ruthann Saphier und viele andere Lehrer, Eltern und Kinder ihr Können und ihre Begeisterung dafür ein, dass an der experimentellen Heartlight School in Los Angeles täglich Council-Kreise durchgeführt werden konnten.

Auf eine Anfrage von Paul Cummins, der damals Direktor der Crossroads School in Santa Monica war, starteten Ruthann, Maureen Murdock und ich 1983 das council-orientierte „Mysteries-Programm" an der Schule. Seit dieser Zeit haben zahlreiche andere Menschen entscheidende Beiträge zum Crossroads-Programm geleistet, allen voran Rachael Kessler, Tom Nolan, Peggy O'Brien, David Bryan, Bonnie Tamblyn, Adam Behrman und die derzeitige Direktorin, Sheila Bloch. In den vergangenen Jahren wurden in einer Vielzahl von Schulen in Kalifornien und in anderen Teilen des Landes „Mysteries-Programme" eingeführt. Im Jahr 1992 starteten Tom und ich an der Palms Middle School im Schulbezirk Los Angeles (Los Angeles Unified School District) das erste formelle Council-Programm. Unterstützt wurden wir von Lana Brody, einer stellvertretenden Direktorin, und Hugh Gottfried, dem Direktor der Schule. Joe Provisor, der damals Englischlehrer und „Impact Coordinator" an der Palms School war, spielte bei der Entwicklung des Council-Programms ebenfalls eine wichtige Rolle.

In der Ojai Foundation wurde Council 1980 von Joan Halifax eingeführt, die damit bereits viele Jahre zuvor durch ihre Forschungsarbeiten bei indigenen Kulturen in Berührung gekommen war. Heute ist Council in der Foundation zu einem integralen Bestandteil der Schüler-Retreats, der Erwachsenenprogramme, der Ausbildungstrainings (leadership trainings) und der Selbstverwaltung der Gemeinschaft geworden.

Diese Council-Trainings für Erzieher, Mitglieder der Gemeinschaft, Therapeuten und andere erreichten ihre Bestform, als Gigi und ich Mitte der achtziger Jahre damit begannen, sie gemeinsam durchzuführen. Gigi brachte ihre jahrelange Erfahrung mit Frauenkreisen und Wildnisgruppen in diese dreitägigen Intensivkurse ein. Vor allem aber floss ihr theoretisches und praktisches Wissen zu Council in die Gestaltung von „The Box: Remembering the Gift" ein, einer einzigartigen Sammlung von Unterrichtsmaterialien, die von der Terma Company in Santa Fe, New Mexico, entwickelt worden war, um Einzelpersonen oder Gruppen auf ihrer spirituellen Reise zu begleiten. Außerdem hat Gigi viel dazu beigetragen, dass sich in kulturübergreifenden Gemeinschaften und Netzwerken, in gemeinnützigen Einrichtungen und Wirtschaftsunternehmen in den Vereinigten Staaten wie im Ausland eine Council-Praxis etablieren konnte.

Seit 1980 habe ich in Tausenden von Councils gesessen, mit Grundstufen- und Oberstufenschülern, mit Lehrern, Gemeinschaftsmitgliedern, Geschäftsleuten und Frauen – und mit den Mitgliedern meiner eigenen Familie. Damals begannen Jaquelyn und ich, Council als Primärprozess in unserer Beziehung und unserer Beraterpraxis einzusetzen. Das „Dyadische Council" oder Zweier-Council erwies sich als wichtigster Verbündeter bei der Erarbeitung einer verbesserten Kommunikation und bei der Verwirklichung unserer gemeinsamen Vision von einer Beziehung als spirituellem Weg. Für viele Paare, die an unseren „Mysteries of Eros"-Workshops, (die heute „Flesh and Spirit" heißen) in Ojai teilgenommen haben oder mit denen wir privat arbeiteten, ist Council zu einem Werkzeug von unschätzbarem Wert geworden, das ihnen hilft, eine bewusst gelebte und inspirierte Partnerschaft zu führen.

Abschließend möchten Gigi und ich allen danken, die wesentliche Beiträge zu diesem Buch geliefert haben, vor allem jedoch Jaquelyn, die immer präsent war, ganz besonders aber für ihren Beitrag zu Kapitel 9; Tom Nolan für seinen Beitrag zu Kapitel 7, Sharon Gonzales zu Kapitel 8 und Elissa Zimmerman zu Kapitel 11. Jaquelyn bin ich außerdem dankbar, dass sie mich ganz zu Beginn ermutigte, dieses Buch zu schreiben, und völlig uneigennützig darauf achtete, dass ich konzentriert bei der Sache blieb. Auch Gigi möchte ihrem Partner Win für seine unerschütterliche Unterstützung danken; ebenso wie Meredith Little, ihrer lieben Freundin, für ihre redaktionelle Arbeit auf allen Ebenen. Diese und viele andere Menschen bilden den Kreis, der die eigentliche Inspirationsquelle für die Arbeit an diesem Buch darstellte.

Mein Freund und Kollege Aaron Kipnis las das gesamte Originalmanuskript durch und seine zahlreichen Vorschläge halfen uns, den Inhalt leichter lesbar zu gestalten. Margaret Ryans akribische redaktionelle Prüfung, aber auch ihre enthusiastische Unterstützung während der letzten Phase trugen ganz wesentlich dazu bei, das Buch besser zu strukturieren, klarer zu formulieren und grammatikalisch korrekt zu gestalten. Es ist besonders Margrets Sachverstand, unerschütterlichem Humor und ihrem unbestechlichen Blick für „krause" Formulierungen zu verdanken, dass wir das Buch mit einem Gefühl der Zufriedenheit fertig stellen konnten.

Unser Dank und unsere Anerkennung gelten allen indigenen Völkern, deren Wurzeln zutiefst mit der Praxis von Council verflochten sind. Wir danken für den „Weg des Kreises", der von unseren Vorfahren um die ganze Welt getragen wurde. Sie haben uns diese Praxis mitgegeben und in unseren Körpern verankert. Es ist eine bittere Ironie des Schicksals, dass der Ruf nach Council heute besonders stark von jenen Schulen kommt, die sie als erste verboten hatten in der

Absicht, die alten Traditionen der indigenen Kulturen auszulöschen.

Und schließlich danken wir unseren Lehrern – und der großen Lehrerin Natur, deren Weisheit sich im Council immer dann zeigt, wenn sie am wenigsten erwartet wird. Wir danken den vielen Schulen und Vereinigungen, die council-verwandte Kommunikationswege erforschen und dank derer wir uns aus alten, hierarchischen Strukturen befreien können. Besonderer Dank gilt den Mitgliedern von „The Ojai Foundation Community", den Tausenden von Schülern und zahlreichen Freunden, mit denen wir in den vergangenen dreißig Jahren im Council gesessen haben – unsere Wertschätzung gilt euren Geschichten und eurem Zuhören. Das Buch, unsere Arbeit wie unsere Leben gleichermaßen wurden durch die Weisheit dieses erweiterten Kreises zutiefst bereichert.

Anhang I

Council-Programme in Schulen[59]

„Wenn an einer Schule die Erwachsenen dem, was die Schüler zu sagen haben, Vertrauen und Wertschätzung entgegenbringen, ist schon viel gewonnen. Schulen, die Schüler bei der Mitverantwortung unterstützen, sind demokratisch. Demokratie ist daher in solchen Schulen nicht nur ein Fach – es ist eine Lebensart."

Barb Aust und Wendy Vine, *The Power of Voice in Schools* ASCD Publication Vol. 7. No. 2, Oktober 2003

„In einer Schule, in der die Council-Praxis fest verankert ist, kann die Schule als das Bindeglied, als die Drehscheibe und das Herz der Gemeinschaft bezeichnet werden… Die Schule ist der ideale Ort für diese Arbeit, denn sie repräsentiert im eigentlichen Sinne Zweck und Ziel jeder gemeinschaftlichen Aktivität: Erziehung, Gesundheit, Wohlergehen und ein Gefühl für Bedeutung und Sinn dieser, wie späterer Generationen."

Joe Provisor, Koordinator des *Council Practitioners Center* im Los Angeles Unified School District

Im Idealfall sollten Schulverwaltung, Lehrerschaft, Eltern und Schü-

---

59   Diese Darstellung bezieht sich auf die Struktur des Bildungswesens in den USA. Der Inhalt ist jedoch auch auf andere Bildungssysteme übertragbar. (Anm. d. Ü.)

ler in die Entscheidung einbezogen werden, wenn an der Schule ein Council-Programm gestartet werden soll. Council wird die Atmosphäre an einer Schule verändern. Die Luft, die Schüler wie Lehrer täglich einatmen, wird „gesünder", frischer, wenn die Schüler sich jede Woche im Kreis zusammenfinden. Der Lehrstoff wird anders vermittelt, wenn Lehrer und Verwaltung den einzelnen, ganz persönlichen Stimmen der Schüler wirklich und ernsthaft Gehör schenken. Wenn eine Schule mit wirklicher Überzeugung und Ernsthaftigkeit regelmäßig Councils veranstaltet, findet häufig eine Veränderung statt, die sich vergleichen lässt mit einem Baum, der sorgsam und liebevoll mit guter Erde und Wasser bedacht wurde – er wächst und gedeiht.

Die Art und Weise, in der das Programm eingeführt wurde, hat maßgeblichen Einfluss auf die Qualität und den Erfolg, den das Programm Jahre später haben wird. Wir möchten daher im Folgenden von unseren Erfahrungen berichten, die wir seit 1980 mit der Einführung von Council-Programmen in öffentlichen wie privaten Grundschulen, Mittel- und Oberstufenschulen gesammelt haben. Im Verlauf von fast dreißig Jahren waren die Mitarbeiter des *Center for Council Training* (CCT) der Ojai Foundation – einem Zentrum für Council-Programme, Praktika und Ausbildung – an der Einführung von Council-Programmen in über 50 Schulen, u. a. in Kalifornien, Arizona, Colorado, Washington, New York und Israel beteiligt. Viele dieser Programme laufen heute noch, manche bestehen nicht mehr. Wir haben eine Menge darüber gelernt, wie die „Lebensdauer" von Programmen dieser Art in Schulen verlängern werden kann – und es gibt immer noch viel zu lernen. Eine entscheidende Voraussetzung dafür, dass Council in das normale Schulprogramm des zweitgrößten öffentlichen Schulsystems der Vereinigten Staaten aufgenommen wurde, war die Entstehung des *Council Practitioners Center* (CPC)[60]

---

60 Bietet einer Schulgemeinschaft beim Start von Council-Programmen umfassende Unterstützung und Trainings an. (Anm. d. Ü.)

als integralem Bestandteil des Schulbezirks Los Angeles (LAUSD) im Jahr 2006. Zusätzlich zu der weiteren Verbreitung von Council-Programmen in den Schulen des Schuldistrikts von Los Angeles und in Südkalifornien, hoffen wir außerdem, in den kommenden Jahren entsprechende Schulprogramme in anderen Teilen der Vereinigten Staaten, auf Hawaii, in Afrika und Europa einführen zu können.

Im Folgenden skizzieren wir die nach unserer Einschätzung wichtigsten Voraussetzungen, damit Council-Programme den bestmöglichen Nährboden erhalten, um sich gut entwickeln zu können. Das Meiste gilt für Grundschulen sowie Schulen der Mittel- und Oberstufe gleichermaßen. Wenn sich Themen nur auf eine bestimmte Schulart beziehen, weisen wir ausdrücklich darauf hin.

Der Anfang

In den Vereinigten Staaten ist die Akzeptanz von Councils in Schulen während der letzten dreißig Jahre kontinuierlich gewachsen. Meist beginnt es damit, dass ein Mitglied der Schulgemeinschaft von einem Freund, einem Kollegen oder einem Schüler einer anderen Schule davon erfährt. Manchmal wird das erste Samenkorn von einer Person gepflanzt, die ein Council an einer anderen Schule besucht hat. Dann macht das Thema für eine Zeit lang die Runde, je nachdem, was in der Schulgemeinschaft alles passiert. Wenn sich die Schule großen Herausforderungen gegenübersieht – wie etwa der Forderung nach einschneidenden Leistungsverbesserungen, Überwindung von Diskriminierung und offener Feindschaft in der Schülerschaft oder starker Fluktuation innerhalb der Lehrerschaft oder der Schulverwaltung –, dürfte die „Inkubationszeit" kurz sein. Im Gegensatz zu unseren Versuchen vor Jahren, als wir mit eher mäßigem Erfolg bei den Schuldirektoren vorsprachen, erleben wir heute eine enorme Nachfrage. Denn die Erzieher sind sich darüber im Klaren, dass etwas qualitativ völlig anderes passieren muss, wenn sie mit den Problemen der heutigen Zeit positiv umgehen wollen. Die Zeit, in der es ausreichte, das

Curriculum zu verfeinern, den Geschäftsführer oder ein paar Lehrer auszuwechseln oder die Eltern durch ein neu gestaltetes Schulimage zu besänftigen, sind endgültig vorbei. Die Erzieher sind zunehmend bereit, alte Pfade zu verlassen und sich an Neues zu wagen, um die Qualität der schulischen Leistungen zu verbessern und ein gesünderes Klima innerhalb der Schulgemeinschaft zu schaffen. Durch solche Einrichtungen wie das CPC in Los Angeles, dessen Hauptanliegen ja die Einführung von Council-Programmen in diesem Raum ist, wird dieser Prozess natürlich erheblich beschleunigt.

Wenn eine Schule von der Einführung des Programms überzeugt werden soll, sind die Erfolgsaussichten natürlich größer, wenn einige einflussreiche Persönlichkeiten an der Schule diese Idee befürworten. Daher kommt es an erster Stelle darauf an, innerhalb der Schule echtes Interesse zu wecken, ehe versucht wird, ein Programm zu starten. Und natürlich kennen wir auch Lehrer, die aus eigener Initiative mit Council-Runden in ihren Klassen begonnen haben, nachdem sie bei Kollegen und Schulverwaltung auf Ablehnung gestoßen waren. Einigen dieser zähen Council-Guerillas gelang es schließlich, ein Programm zu starten, andere wiederum haben nach ein paar Jahren vergeblichen Kämpfens aufgegeben.

Manchmal sind es auch begeisterte Eltern, die mit der Idee kommen. Das funktionierte zum Beispiel in den Waldorf-Schulen, wo die Eltern meist stärker involviert sind und es keine komplizierte Verwaltungshierarchie gibt, die überzeugt werden muss. Council-inspirierte Eltern sollten daher ihre Idee zuerst in der Elternvereinigung einbringen und ein paar Verbündete finden. Und da es schwieriger ist, ein Council zu beschreiben, als ein Council zu machen, wird das Interesse der anderen Eltern am besten durch die Einladung zu einer Präsentation geweckt, bei der sie an einer Council-Runde teilnehmen können.

Manchmal ist es auch ein neuer Schüler, eine neue Schülerin (vielleicht aus der Mittelstufe), der/die den Stein ins Rollen bringt. So gab es vielleicht an der alten Schule ein gut eingeführtes Council-Programm, das er oder sie nun an der neuen Schule vermisst.

Meistens sind es jedoch die Lehrer oder Schulverwalter, die sich für Council interessieren und an ihrer Schule ein Programm starten wollen. Wenn es an einer nahe gelegenen Schule ein Council-Programm gibt, ist es sinnvoll, zuerst einmal den Kreis der Interessierten zu vergrößern und ein oder zwei Kollegen einzuladen, gemeinsam an ein paar Councils der Nachbarschule teilzunehmen. Wenn mehrere Personen interessiert sind, sollte eine Council-Einführung an der Schule in Angriff genommen werden. Es ist gut, so viele Schüler und so viel Schulpersonal wie möglich einzuladen. Selbstverständlich sollte die Einführung nur von Personen übernommen werden, die selbst erfahrene Council-Leiter sind. In den USA wären das Mitglieder des CPC oder Council-Leiter aus der Ojai Foundation. Es ist außerdem gut, hierzu Schulberater und Vertreter der Elternvereinigung einzuladen – und idealerweise ebenfalls Schüler der Mittel- und Oberstufe. Die Mitglieder des *Center for Council Training* machen seit vielen Jahren solche Einführungen, die oft großen Eindruck hinterlassen und eine gute Grundlage für die Entwicklung eines eigenen, lebensfähigen Programms bilden.

Eine Einführung besteht in der Regel aus vier Teilen:
Eine kurze mündliche Einführung zu dem, was Council ist, zu seinen Wurzeln in zahlreichen Kulturen sowie seiner großen Wirkung auf Kinder und Erwachsene. Anschließend sollte beschrieben werden, wie Council dazu beitragen kann, die Schulgemeinschaft zu stärken, das Selbstwertgefühl der Schüler zu steigern, die Beziehungen zwischen Schüler- und Lehrerschaft zu intensivieren, und schließlich wie und warum Council die schulischen Leistungen verbessern kann.

Ein kurzer Überblick über die verschiedenen Schulen, in denen es bereits derartige Programme gibt, vornehmlich die Schulen, die sich mit den gleichen Problemen konfrontiert sahen, wie die Schule, an der die Einführung stattfindet.

Ein „echtes" Council mit Themen wie:
- „Welchen Problemen und Herausforderungen sieht sich Ihre Schule gegenüber?"
- „Welche Veränderungen wünschen Sie sich für Ihre Schule?"
- „Was wären Ihrer Meinung nach die Hindernisse, wenn Sie an Ihrer Schule ein Council-Programm einrichten wollten?"
- „Glauben Sie, dass ein Prozess wie Council Ihnen persönlich gut tun könnte?"

Eine Diskussion darüber, wie ein Council-Programm aussehen könnte, wie und wann es beginnen könnte, welche Fortbildungsmaßnahmen für Lehrer und welche Unterstützung von externen Beratern erforderlich wären und welche Finanzierungsmöglichkeiten es gäbe.

Zum Abschluss jedes Treffens sollte unbedingt festgelegt werden, welche Personen aus der Schule und wer von den Präsentatoren den Prozess zur Einführung eines Programms mitverfolgt und die nächsten Schritte definiert.

Manchmal sind zusätzliche Treffen mit weiteren Mitgliedern der Schulgemeinschaft notwendig, ehe ein Programm initiiert werden kann. Es ist sehr wichtig, dass in dieser frühen Phase der Boden gut vorbereitet wird, damit die Saat aufgehen kann. Eine zu schnelle Vorgehensweise bringt die Gefahr mit sich, Teile der Gemeinschaft zu übergehen oder nicht zu Wort kommen zu lassen. An der Palms Middle School zum Beispiel waren über einen Zeitraum von sieben Monaten vier großformatige Einführungsveranstaltungen und mehrere kleinere Treffen notwendig, ehe wir so weit waren und mit dem Programm beginnen konnten. An der Highland Hall Waldorf School in Los Angeles trafen wir uns ein ganzes Jahr lang mit Lehrern und Eltern, bis die Schule bereit war, ein Council-Programm zu starten.

Die meisten älteren Schulen verfügen über eine hierarchische Struktur, die über die Voraussetzungen zur Einführung eines Council-Programms in Kenntnis gesetzt werden muss. Es ist sehr hilfreich, wenn eine einflussreiche Persönlichkeit an der Schule für die „Council-Sache" gewonnen wird, auch wenn die Überzeugungsarbeit einige Zeit braucht (durch den Besuch von Councils in anderen Schulen, Gespräche mit den Verantwortlichen dieser Schulen oder/und durch die Lektüre inspirierender Literatur zum Thema). Ein solcher „Verbündeter" könnte zum Beispiel ein stellvertretender Direktor, ein verdienter Lehrer, ein Schulberater sein. Wenn es gelingt, einen Kreis von Menschen zu schaffen, die in der Lage sind, Fragen von Eltern, Lehrern und Schülern zu allem, was Council betrifft, zu beantworten, ist schon ein großer Schritt in Richtung auf eine solide Grundlage für das Programm getan.

Handelt es sich um eine neue, kleine oder unabhängige Schule, ist es sinnvoll, gleich die ganze Schulgemeinschaft zu einer Council-Einführung einzuladen. Das ist natürlich eine ideale Voraussetzung, die im günstigsten Fall dazu führen kann, dass alle Lehrer zusammen mit einem Council-Training beginnen. Wir haben mit Schulen gearbeitet, in denen der gesamten Lehrerschaft, der Schulverwaltung und den wichtigsten Eltern gleichzeitig der Council-Prozess vorgestellt wurde, die anschließend als Gruppe ein Council-Trainig absolvierten und schließlich gemeinsam das Programm an der Schule entwickelten. So lief es an einer Grundschule (Open Charter Magnet Elementary School) in Los Angeles. In den ersten Jahren nach dem Programmstart kamen diese Mitglieder der Schulgemeinschaft einmal im Jahr für ein paar Tage an die Ojai Foundation, um das Gemeinschaftsgefühl der Schule zu stärken, aktuelle Schulprobleme zu behandeln und noch etwas mehr über Council zu lernen.

Die Einführung von Council – die richtige Sprache finden

Wenn die Programm-Initiatoren ein Council beschreiben, dann ist die richtige Sprache besonders wichtig, Das gilt vor allem für die Phase, in der das Council-Programm entwickelt wird und in der die wenigsten an der Schule Gelegenheit hatten, ein Council in der

Praxis zu erleben. Ein großes Problem lieg darin, dass die Teilnahme an einem Council eine zutiefst bewegende Erfahrung sein kann und möglicherweise dem entspricht, was einige mit dem Begriff „spirituell" verbinden würden. So ist Council denn auch im traditionellen Rahmen zahlreicher Kulturen, wie dem der amerikanischen Ureinwohner zum Beispiel, ein integraler Bestandteil des spirituellen Lebens der Gemeinschaft. Die Art und Weise, in der wir Council in den Schulen einführten (wie auch in Wirtschaftsunternehmen, in Regierungskreisen und in vielen anderen Gemeinschaften), zollt dieser Herkunft Respekt und präsentiert Council dennoch als eine universelle Form der Kommunikation, frei von jeder Verherrlichung oder Verbindung zu einer bestehenden Kultur oder religiösen Praxis. Es kommt vor, dass Menschen, die während eines Councils eine tiefe Erfahrung hatten, darüber mit anderen sprechen und sich einer „spirituellen" oder „esoterisch" anmutenden Sprache bedienen. Das kann missionarisch wirken und andere abschrecken. Die Wahl der Worte ist wichtig, insbesondere in einer Schule, wo sehr sensibel mit solchen Dingen umzugehen ist.

Fragt uns jemand, den wir nicht kennen, ob Council eine spirituelle Praxis sei, und wir haben keine Zeit für eine ausführliche Erklärung, so könnten wir folgendermaßen antworten: „Es kann zweifellos zu einem inspirierenden Erlebnis werden, wenn die Teilnehmer im Kreis genügend Vertrauen besitzen, sich zu öffnen, ehrlich sind und mit dem Herzen zuhören. So, wie wir Council praktizieren, lässt es sich eher als universelle Form von Kommunikation beschreiben, die es Menschen ermöglicht, sich tiefer und umfassender kennen zu lernen." In unserem Kulturkreis werden die Begriffe „spirituell" und „religiös" nicht sehr differenziert gebraucht und wenn wir zum ersten Mal mit anderen über Council sprechen, müssen wir unbedingt den Eindruck vermeiden, wir wollten religiöse Praktiken einführen.

Im schulischen Umfeld schlagen wir vor, Council als eine Form von Gruppenkommunikation zu beschreiben, die vielfältig eingesetzt werden kann und eine Vielzahl von Eindrücken ermöglicht, anstatt zu versuchen, diese Erfahrungen als spirituell, säkular oder wie auch immer zu beschreiben oder zu charakterisieren. Tatsache ist, dass sich eine Council-Runde zu Finanzentscheidungen wirklich sehr weltlich anfühlen kann, während sich andererseits in einem Kreis, in dem sehr persönliche Geschichten erzählt werden, ein großes Maß an Vertrautheit entwickeln kann, auch wenn sich die Teilnehmer nicht oder nur wenig kennen. Ein Council kann spielerisch oder tieftraurig sein, je nach Thema und Personenkreis. Sobald die Mehrheit der Schulgemeinschaft ein paar Mal in einem Kreis gesessen hat, wird die Frage „Was ist Council?" meist seltener oder gar nicht mehr gestellt.

Wenn es für eine Vorstellungsveranstaltung die „richtige" Sprache braucht, ist es hilfreich, die verschiedenen Einsatzmöglichkeiten von Council hervorzuheben. So kann darauf hingewiesen werden, dass es im Council möglich ist, Geschichten zu erzählen, ein Brainstorming zu machen, Konflikte zu bearbeiten, Entscheidungen zu treffen, komplexe Problemstellungen zu diskutieren und sich kennen zu lernen – alles Situationen, die sich häufig und ganz natürlich ergeben, wenn sich Menschen in einer Schule begegnen. Im Rahmen eines Councils kann jeder dieser Anlässe die ganze Bandbreite von Erfahrungen – von langweilig-profan bis hin zu tief bewegend – hervorbringen. Meist reichen hier ein paar einführende Worte. Soll der Nutzen von Council in Schulen etwas ausführlicher beschrieben werden, wäre Folgendes anzuführen:

- Aufbau eines stärkeren Selbstwertgefühls durch Erweiterung der Fähigkeit, sich authentisch auszudrücken,
- Intensivierung der Fähigkeit, zuhören zu können,
- Verbesserung der schulischen Leistungen, insbesondere bezogen auf die Muttersprache und die Sozialkundefächer,
- verbessertes Verständnis für die unterschiedlichen Kulturen an einer Schule,
- größeres Verständnis der Geschlechter untereinander,

- Schüler wie Lehrer können üben, das „Anderssein" von Kollegen und Mitschülern mit größerer Leichtigkeit zu akzeptieren,
- anerkennen, dass jeder Mensch eine einzigartige Geschichte hat,
- erleben dürfen, dass Vertrauen untereinander Menschen Bestätigung und Kraft gibt,
- entdecken, dass Humor und Spiel Menschen näher zusammenbringen,
- Aufbau eines stärkeren und verbindlicheren Gefühls für Gemeinschaft innerhalb der Schule.

Welche Aspekte hervorgehoben werden und welcher Sprache sich dabei bedient wird, hängt davon ab, wie alt die teilnehmenden Kinder sind, wie vertraut Lehrkörper, Elternschaft und Schulverwaltung bereits mit Council sind und welche Themen das Interesse an Council an erster Stelle geweckt hatten. Wenn dieses Interesse in einem der oben genannten Ziele liegt, werden Council-Erfahrungen, die über das weltliche hinausgehen, als nicht bedrohlich empfunden und als natürlicher Gewinn einer guten Kommunikation angenommen.

Schulung von Lehrern und anderen Personen

Sobald die Einführungsphase zum Start eines Council-Programms beendet ist, muss sich die Schule darüber im Klaren sein, dass so viele Lehrer und Schulverwalter wie möglich ein formelles Council-Training durchlaufen müssen – zumindest jedoch ausreichend viele, um das vorgesehene Pilotprogramm durchführen zu können. In vielen Schulen nehmen auch Eltern und sonstige Mitglieder der Schulgemeinschaft an einem Trainingsprogramm teil (wie Großeltern, Sozialarbeiter, die in der Nähe leben, und Geschäftsleute aus der Gegend). In Anhang II wird der Schulungsprozess ausführlicher beschrieben. Am häufigsten werden die beiden folgenden Alternativen für den Start eines Programms gewählt:

Das Training findet an der Schule selbst statt, sofern sich genügend Mitglieder der Schulgemeinschaft zur Teilnahme verpflichten (in der Regel zwölf oder mehr Teilnehmer). Das Council Practitioners Center (CPC) des Schuldistrikts von Los Angeles bietet solche Kurse an.

Die Auszubildenden werden zu einer Einrichtung (z. B. Center for Council Training-CCT) in ihrer Nähe geschickt, an der ein Einführungskurs stattfindet. Das ist am sinnvollsten, wenn es sich um ein kleines Council-Programm handelt und nur wenige Lehrer auszubilden sind. Kurse dieser Art finden in Südkalifornien mehrmals im Jahr statt und werden entweder durch das CPC oder die Ojai Foundation durchgeführt. Council-Schulungen finden je nach Bedarf und Nachfrage auch an anderen Orten und im Ausland statt.

Im Idealfall schließen alle, die an dem neuen Programm teilnehmen, ihre Ausbildung vor der Einführung des Programms an der Schule ab, jedoch nicht früher als vier oder fünf Monate zuvor. Die Wirkung des Trainings auf die Teilnehmer ist meist sehr intensiv und sie fühlen sich ausreichend stark und motiviert, um sich mit Schülern in einen Kreis zu setzen. Verstreicht zu viel Zeit zwischen dem Training und dem Beginn des Programms an der Schule, könnte dieser Motivationsschub verloren gehen. Wenn das Programm also im September anlaufen soll, sollte das Training am besten Ende Frühling - Anfang Sommer stattfinden.

Der erste zwei- oder dreitägige Kurs ist lediglich der Anfang der Ausbildung, wie ein Council geleitet werden kann. Es werden dann auch Kurse für das zweite und dritte Niveau angeboten; die meisten Schulen bieten allerdings zu einem späteren Zeitpunkt derartige Kurse als Bestandteil ihres Programms in der Schule selbst an. Sofern das neue Schulprogramm bei der Durchführung erfahrene Council-Leiter von außerhalb einbezieht (was meistens der Fall ist), sollten zumindest einige von ihnen auch am Ausbildungsprozess teilnehmen. Denn wenn die externen Leiter/Begleiter des neuen Council-Programms gleichzeitig die Ausbilder der Lehrer und anderer Personen aus der Schule sind, die als erste die Schülerkreise leiten werden, ist das unserer Erfahrung nach ein ausgezeichneter Beginn.

Council-Programme in den Lehrplan und den Stundenplan einfügen

Es gibt nur wenige Puzzles, die schwieriger sind, als einen Stundenplan zu konzipieren, der die gesamte Bandbreite von Lernfächern und anderen Schulaktivitäten enthält. Ein Council-Programm in ein bereits volles Schulprogramm einfügen zu wollen kann sich als wirkliches Problem erweisen. Grundsätzlich ist es wünschenswert, wenn Councils einmal die Woche stattfinden. Es gibt aber auch Programme, die für zwei Treffen pro Monat konzipiert sind, und in einigen Fällen (im ersten Jahr an der Palms Middle School) gelang es uns sogar, Council zweimal wöchentlich einzuplanen. Wenn ein Council-Programm gleich zu Beginn in den Stundenplan einer neu gegründeten Schule – einer kleinen, freien oder privaten Schule – eingebaut werden kann, wächst das Programm oft ganz organisch mit der Schule.

Dauert eine Unterrichtseinheit 50–60 Minuten, so wird es in den meisten staatlichen Schulen mit einer Klassenstärke von bis zu 35 Schülern notwendig sein, die Klasse in zwei Kreise aufzuteilen, damit jeder und jede zu Wort kommen kann. In diesem Fall ist es jedoch wünschenswert, die gesamte Klasse alle sechs Wochen oder sogar einmal im Monat gemeinsam im Kreis sitzen zu lassen, um den Gruppenzusammenhalt zu stärken. Sind weniger als 20 Schüler in einer Klasse, ist eine Aufteilung normalerweise zwar nicht nötig, aber meist wünschenswert. Manchmal ist die Größe eines Council-Kreises auch abhängig von der Verfügbarkeit eines ausgebildeten Council-Leiters oder von finanziellen Faktoren. Bei einer Gruppengröße von über 20 Teilnehmern können unterschiedliche Council-Formen, wie Spirale oder Fishbowl, genutzt werden, um effektiver arbeiten zu können.

Ob im Stundenplan ein Platz für Council-Kreise gefunden wird, hängt auch davon ab, wer aus der Lehrerschaft bereit ist, von seiner

Schulstunde Zeit für den Prozess zu „opfern". Wir haben u. a. in Kapitel 7 bereits darauf hingewiesen, dass unseres Erachtens Council in jeder Schule ein sehr „zeiteffizienter" Teil des Lehrplans sein kann und es sich auszahlt, einmal pro Woche Zeit für ein Council vorzusehen. Ein begeisterter Englischlehrer an der Palms School drückte das vor Jahren so aus:

„Dadurch, dass ich einmal in der Woche mit meinen Schülern ein Council halte, verbessern sich ihre Lese- und Schreibfähigkeiten – von den anderen Entwicklungsschritten ganz zu schweigen. Daher halte ich es für mehr als gerechtfertigt, wenn angesichts dieser Vorteile einmal in der Woche eine Englischstunde ausfällt. Wir lesen also nicht noch eine Kurzgeschichte eines amerikanischen Autors oder schreiben noch einen Aufsatz. Auf lange Sicht sind Councils ein sehr viel größerer Gewinn für den Unterricht."

Natürlich sind nicht alle Lehrer dieser Ansicht, zumindest nicht am Anfang. Es braucht seine Zeit, bis sich die Erzieher damit angefreundet haben, etwas weniger Lernstoff durchzunehmen und dafür Platz zu machen für die weniger vertraute „Lerneinheit" Council.

Im Folgenden beschreiben wir, welches die besten Möglichkeiten sind, ein neues Council-Programm in den Stundenplan zu integrieren, angefangen mit den Maßnahmen, die am wirksamsten den Prozess unterstützen (in absteigender Reihenfolge):

Council wird einmal pro Woche als integraler Bestandteil in den Stundenplan eingebaut, ebenso wie andere wöchentliche Aktivitäten, wie Kunst, Musik, Wissenschaft usw. An der Crossroads School in Santa Monica, die seit 25 Jahren mit Council arbeitet, ist das so genannte *Mysteries Programm* ein solcher Bestandteil des Stundenplans. In einigen privaten Schulen (seltener in den öffentlichen) dauert eine Schulstunde 75 oder sogar 90 Minuten, was natürlich eine größere Flexibilität bei Councils und dem Umgang mit großen Kreisen erlaubt. Dieser Ansatz ist eher in der Oberstufe zu finden, wo der Zeitplan sowieso flexibler gestaltet wird und meist auch einige Zeitfenster für sonstige Aktivitäten vorgesehen sind. In der Grundstufe ist normalerweise ebenfalls mehr Flexibilität möglich, wenn die Zeit einbezogen wird, die für organisatorische und ähnliche Dinge eingeplant ist.

Council wird an der Schule durch eine Art Projektgruppe oder Pilotgruppe (Leadership Class) eingeführt, die mehrmals in der Woche zusammenkommt, wobei eines dieser Treffen als Council gestaltet ist. Wir haben festgestellt, dass sich ein Programm ausgesprochen gut auf diese Weise einführen lässt, da die in dieser Gruppe vertretenen Schüler meist großen Einfluss innerhalb der Schulgemeinschaft besitzen und dadurch Bedeutung und Wert von Council schnell Verbreitung finden. An der Palms School haben wir auf diese Weise mit Council begonnen – zweimal pro Woche trafen wir uns mit der Projektklasse, in welcher Schüler aus der siebten, achten und neunten Klassenstufe vertreten waren.

Für Council wird eine Einheit der fünfmal wöchentlich stattfindenden Grundkurse (z. B. muttersprachiger Unterricht oder Gemeinschaftskunde) reserviert. An der Palms School funktionierte das über viele Jahre hinweg und meist waren es die Lehrer des muttersprachigen Unterrichts, die das Council-Programm sehr begrüßten. Ganz am Anfang experimentierten wir auch mit einer wechselnden Reihenfolge, so dass in einem Schulhalbjahr Muttersprache/Gemeinschaftskunde und im nächsten Halbjahr Mathematik/Naturwissenschaften an der Reihe waren. Dieser Ansatz bewährte sich besonders gut in der Mittelstufe, vorausgesetzt natürlich, dass genügend Lehrer von den Vorteilen eines solchen Programms im Vergleich zum normalen Lehrplan überzeugt sind.

Council wird im Rahmen einer Beratungsphase an der Schule eingeplant und anschließend eingesetzt, um wichtige Informationen an die Schüler weiterzugeben. Haben diese Informationseinheiten (mindestens) die gleiche Dauer wie eine Schulstunde, kann ein solcher Ansatz ganz erfolgreich sein. Sind sie jedoch kürzer und die Informationsmenge ist groß, wäre es wahrscheinlich nur frustrierend, unter solchen Umständen ein Council zu veranstalten.

Council wird als eines der Wahlfächer für ein Schulhalbjahr angeboten. Es ist klar, dass auf diesem Weg weniger Schüler und meist nur für einen kürzeren Zeitraum angesprochen werden, aber es ist oft die einzige Möglichkeit, den Schülern, die sich von dieser Form angezogen fühlen, eine gewisse „Council-Kontinuität" zu bieten.

Council wird während der Mittagspause als freiwilliges Angebot eingeplant. Dies ist die „Wenn-alles-andere-scheitert-Möglichkeit", die aber einige Schulen angewendet haben. In der Daniel-Webster-Mittelstufenschule (LAUSD) lief diese Form eine Zeit lang erstaunlich gut, vor allem, weil es eine Kerngruppe von Schülern gab, die im Jahr zuvor regelmäßige Council-Stunden gehabt hatten und die nun fast jede Woche zum Council erschienen und im Kreis sitzend ihr Sandwich aßen. In einer Schule, an der es bereits eine Council-Tradition gibt, ist es eher wahrscheinlich, dass solche freiwilligen Angebote erfolgreich sind. Diese „Mittagessenrunde" ist jedoch keinesfalls geeignet, um mit einem Programm zu beginnen.

Grenzen der Vertraulichkeit und entsprechende gesetzliche Bestimmungen

Wir haben bereits über die Bedeutung der Vertraulichkeitsvereinbarung im Council gesprochen und auf die damit verbundenen Rechtsverpflichtungen hingewiesen, denen Erzieher in vielen Schulbezirken entsprechen müssen (vgl. Kapitel 7). Kurz gesagt, es ist äußerst wichtig, dass sich die Programmkoordinatoren vor Beginn des Programms ausführlich mit der herrschenden Gesetzgebung hinsichtlich der Mitteilungspflicht von bestimmten Verhaltensweisen oder Informationen vertraut machen, die von den Schülern an sie herangetragen werden. Hierzu zählen:

- Angaben zu häuslichem Missbrauch durch Eltern oder Verwandte,
- Angaben oder Verhaltensweisen, die auf ein selbstzerstörerisches Verhalten des Schülers hinweisen,

- Angaben oder Verhaltensweisen, die darauf hinweisen, dass der Schüler ernsthaft Gewaltakte gegen andere plant,
- Angaben oder Verhaltensweisen, die darauf hinweisen, dass der Schüler mit illegalen Drogen, Alkohol oder dem Missbrauch verschreibungspflichtiger Medikamente zu tun hat.

Da durch den Council-Prozess oft eine vertrauensvolle Atmosphäre entsteht und Schüler Dinge von sich und ihrer Familie preisgeben, die normalerweise verborgen bleiben, stellt sich die Frage nach der rechtlichen Verantwortung der Council-Leiter. Obwohl Lehrer grundsätzlich mit den rechtlichen Bestimmungen hinsichtlich der Meldepflicht vertraut sein sollten, müssen sie davon ausgehen, dass ihnen durch die Council-Programme an der Schule häufiger Tatbestände zu Ohren kommen können, die meldepflichtig sind. Es fällt in die Verantwortung der Koordinatoren des Council-Programms und der einzelnen Council-Leiter, über diese Rechtsbestimmungen informiert zu sein und darauf zu achten, dass gleich zu Beginn des Programms die Grenzen der Vertraulichkeit mitgeteilt werden.

Wir schlagen vor, dass die Council-Leiter gemeinsam mit der Gruppe kurz die geltenden Bestimmungen durchgehen und darauf hinweisen, dass sie bestimmte Situationen melden müssen, wenn sie während eines Councils davon erfahren. So könnte eine derartige Mitteilung klingen:

„Unsere Vertraulichkeitsvereinbarung – alles, was im Council gesagt wird, bleibt im Council – hat ihre Grenzen. Diese Grenze ist dann erreicht, wenn jemand von euch über missbräuchliches Verhalten zu Hause berichtet oder erzählt, dass er oder sie selbstzerstörerische Dinge tut oder ernsthaft Gewalt gegen andere Personen plant. Wenn ihr also von Dingen berichtet, die in eine dieser Kategorien fallen, bin ich verpflichtet, das dem Schulberater mitzuteilen, der sich dann gegebenenfalls seinerseits mit euren Eltern in Verbindung setzt."

Es wäre noch hinzuzufügen, dass übertriebene, dramatische oder ausgedachte Geschichten über Missbrauch und Gewalt zweifellos nicht im Interesse des Kreises sind und zudem eine Menge Verwirrung und unnötigen Ärger verursachen können. Aus unserer dreißigjährigen Erfahrung wissen wir jedoch, dass derartige Situationen selten im Rahmen eines Council-Programms vorkommen, da die meisten Schüler, die bewusst oder unbewusst über solches Verhalten sprechen, in erster Linie Hilfe suchen. Oder aber sie behalten die Dinge für sich, wenn sie erfahren, welche Folgen ihre Worte haben. Wenngleich diese Situationen nur selten auftreten, die Leiter müssen darauf vorbereitet sein. Wir schlagen vor, gemeinsam mit dem Personal der Schulberatung oder der Verwaltung einen Aktionsplan für Fälle dieser Art zu erstellen. Ein derartiger Plan könnte wie folgt aussehen:

Sprich nach dem Council zuerst mit dem Schüler, um sicherzustellen, dass du richtig verstanden hast, was im Kreis gesagt wurde. Wenn der Verdacht besteht, dass der Schüler unter dem Einfluss illegaler Substanzen steht, wiederhole ihm gegenüber diesen Verdacht, bevor du den nächsten Schritt tust.

Bist du der Überzeugung, den Vorfall melden zu müssen, informiere den Schüler, dass dies schnellstmöglich zu tun ist. Darauf folgt normalerweise eine von drei Reaktionen: Erleichterung (er oder sie hat Hilfe gesucht und hatte Angst oder wusste nicht, wie er/sie direkt um Hilfe bitten konnte); Bestürzung, Verwirrung und das Geständnis, dass die Geschichte erfunden war (der Schüler wollte sich in der Runde „produzieren"); oder Wut, Abwehr und die Weigerung, die Aussage zu wiederholen oder einer Meldung der Geschichte zuzustimmen. Im ersten Fall vereinbart der Leiter ein Gespräch mit dem Schulberater, *dem bereits bekannt ist, dass ein Council meldepflichtige Vorfälle dieser Art zum Vorschein bringen kann, und der die nächsten, bereits zuvor vereinbarten Schritte einleitet.* Das ist einer der Gründe, warum Schulberater von vornherein in den Aufbau eines Council-Programms an der Schule einbezogen werden sollten. Das Gleiche sollte im zweiten Fall geschehen, da der Schüler eindeutig Aufmerksamkeit erregen wollte und sich dabei auf Dinge bezog, die sich möglicherweise erst entwickeln und somit am besten gleich angesprochen werden sollten. Es liegt dann in der Verantwortung des Leiters, ob er mit dem Schulberater spricht, um herauszufinden, ob an der Geschichte etwas dran ist, das weiterer Maßnahmen bedarf. Wenn du entscheidest, dass deinerseits kein weiteres Vorgehen erforderlich ist, so kannst du etwa dem Schüler vorschlagen, dass er oder sie beim nächsten Council den anderen erzählt, was sich in der Zwischenzeit ergeben hat, damit auch die anderen die korrigierte Version des Vorfalls erfahren. Zweifellos ist die dritte Reaktion die schwierigste – und nach unserer Erfahrung zum Glück nur sehr selten. Der Leiter hat keine andere Wahl, als die Informationen an die Schulbehörden weiterzugeben, auch wenn der Schüler damit nicht einverstanden ist.

Besprich die Situation mit dem Kreis, wenn möglich bei nächster Gelegenheit, und informiere alle darüber, dass die nötigen Schritte unternommen wurden, ohne jedoch ins Detail zu gehen. Für den Fall, dass der Schüler/die Schülerin zugab, dass es sich nicht um eine wahre Geschichte handelte, und du keine weiteren Schritte hinsichtlich Meldung unternommen hast, wäre es gut, wenn, wie bereits vorgeschlagen, das Thema beim nächsten Council in verallgemeinerter Form aufgegriffen wird, etwa unter der Überschrift „Redlichkeit" oder „Was tun Menschen, um Aufmerksamkeit zu erlangen?". Es ist Teil des Lernprozesses, dass die Schüler ermutigt werden, im Council authentisch zu sein und sich nicht produzieren oder Dinge äußern, die sie für „aufregend" halten.

Leitlinien für den Anfang

Obwohl jedes schulische Council-Programm einzigartig ist, gibt es dennoch einige grundsätzliche Hinweise, deren Beachtung den Initiatoren so manchen Kummer ersparen kann. Wir haben das Meiste auf die „harte Art" gelernt, obwohl diese Vorschläge rückblickend alle recht vernünftig klingen.

Fange klein an. Ist die Council-Begeisterung groß, liegt die Versuchung nahe, bereits im ersten Jahr ein großes Programm zu starten.

Meist entsteht dies aus dem Wunsch, allen Schülern einer bestimmten Schulstufe die Gelegenheit zu geben, im Council zu sitzen, und nicht nur einigen Wenigen. Oder es kommt sogar die Idee auf, eine Schule zu gründen, bei der ein Council-Programm bereits im Curriculum vorgesehen ist. Zwar sind dies lobenswerte Ziele, dennoch erweist es sich auf Dauer als gewinnbringender, mit einem Pilotprogramm zu beginnen, das der gesamten Schule Zeit lässt, sich an das Format Council zu gewöhnen, und zudem die frisch geschulten Council-Moderatoren nicht überlastet. Wir haben mehr als einmal erlebt, dass wir ein zu großes, neues Programm auffangen und unterstützen mussten, weil es zu wenige erfahrene Prozessbegleiter gab, weil die Leiter des Programms überfordert waren oder weil nicht genügend Mittel zur Verfügung standen. Es gibt keine festen Regeln. Einer kleinen, neuen Schule mit 60 oder auch 80 Schülern könnte es durchaus gelingen, Councils erfolgreich in ihr Schulprogramm zu integrieren, sofern die Lehrerschaft im Voraus geschult wurde und die Lehrer durch eine Reihe externer Council-Leiter unterstützt werden, die als In-service-Trainer und Mentoren für ein oder zwei Jahre an der Schule sind. An etablierten, großen Schulen ist es oft sinnvoller, die Schulgemeinschaft langsam auf den Gewinn vorzubereiten, der Council der Schule bietet, indem mit einer oder zwei Klassen begonnen wird, deren Lehrer besonders council-begeistert (und gut ausgebildet) sind. Folgende Faktoren sind zu berücksichtigen, wenn über den Umfang eines ersten Council-Programms entschieden werden soll:

- Die Anzahl der erfolgreich ausgebildeten Moderatoren.
- Die Motivation der Lehrerschaft, der Verwaltung und der Eltern – und natürlich der Schüler, vor allem in der Oberstufe.
- Die Bereitschaft erfahrener Ausbilder und Mentoren, die mit Programmen dieser Art vertraut sind.
- Die Verfügbarkeit finanzieller Mittel für die Ausbildung der Lehrer sowie die Unterstützung durch Fachkräfte von außen.

Leitlinien für die Vergrößerung

Nehmen wir an, das Pilotprojekt verlief erfolgreich und du bist motiviert, das Programm signifikant zu erweitern – dies könnte die erste Versuchung sein, der zu widerstehen ist. Wir begannen das Council-Programm an der Palms School mit einer einzigen Projektklasse, die in zwei Kreise unterteilt wurde – wie bereits erwähnt, ein wunderbarer Einstieg. Doch die Begeisterung an der Schule war so ansteckend, dass wir uns einverstanden erklärten, das Programm im zweiten Jahr auf alle Schüler der sechsten Klassenstufe auszuweiten. Da dies insgesamt über 300 Schüler waren (20 Councils pro Woche), mussten wir bis zur letzten Minute (und noch lange danach!) hart arbeiten, um sicherzustellen, dass alle Kreise von Personen geleitet wurden, die unser volles Vertrauen besaßen, und dass die gesamte Lehrerschaft mit dem Resultat von Council-Kreisen an der Schule einverstanden war. Es gelang uns trotz einiger Stolpersteine recht gut, das Programm durchzuziehen – aber es dauerte ein ganzes Jahr, bis wir mit dem Ablauf zufrieden waren. Im Schuljahr 2004–2005, im zwölften Jahr des Programms, fanden an der Palms School über 100 Councils pro Woche statt, die von einigen Lehrern und einem Team von 25 externen Moderatoren geleitet wurden. Das Programm wurde von einer Art Führungskreis, bestehend aus fünf äußerst erfahrenen Council-Praktikern, koordiniert, von denen die meisten auch Ausbilder waren. Mehrere Mitglieder dieses Führungskreises spielen heute im *Council Practitioners Center* des Schulbezirks von Los Angeles eine zentrale Rolle. Es kann mehrere Jahre dauern, bis ein Council-Programm ausgereift ist, je nachdem, welchen Problemen sich die Schule gegenübersieht. (Fragmentierung in der Schülerschaft, mangelnde Akzeptanz durch Lehrer und Verwaltung, starke Fluktuation in der Lehrerschaft, ungesicherte Finanzierung.)

An der Palms School verfügte das Programm zu Spitzenzeiten über ein Budget von über $100,000 jährlich (die Unterstützung durch Sachleistungen nicht inbegriffen) und lief für viele Jahre reibungslos, was dank der langjährigen Erfahrung und der Kompetenz seiner Leiter und Moderatoren möglich war und weil das Programm von einer engagierten Verwaltung und einigen überzeugten Lehrern unterstützt wurde. Wegen der vielen externen Council-Moderatoren war es jedoch mit jedem neuen Jahr notwendig, diese aufwendige Finanzierung zu sichern, was auf Dauer nicht haltbar war. Unsere Versuche, einen größeren Teil der Lehrerschaft zu Moderatoren auszubilden, führten letzten Endes nicht zum Erfolg. Als es dann zu umfassenden Veränderungen innerhalb der Schulverwaltung kam, verlor die „Council-Bewegung" an Schwung und Motivation und wir mussten feststellen, dass ein neues Modell gefragt war, das weit weniger von der Unterstützung von außen abhängig war. Aus dieser Erfahrung heraus wurde das „Mentorenmodell" entwickelt, das im ersten Jahr eine intensive Lehrerausbildung und -betreuung umfasst, gefolgt von einem Übergangsjahr, in dem die externen Moderatoren weitestgehend als Mentoren arbeiten. Das Mentorenmodell wird weiter unten ausführlich beschrieben. Heute gibt es an der Palms School ein kleineres Council-Programm, das fast ausschließlich von einer Kerngruppe gut ausgebildeter und erfahrener Lehrer getragen wird.

Die Ausweitung des Programms im zweiten Jahr und in den darauffolgenden Jahren verläuft in jeder Schule anders und hängt meist von Faktoren ab, die den oben Beschriebenen ähneln. Hier eine Zusammenfassung all dessen, was wir mit den Jahren gelernt haben:

Eine bescheidene Vergrößerung des Programms ist meist gut zu bewältigen – zum Beispiel von anfänglich 30 Schülern auf 60 oder sogar 75 Schüler im folgenden Jahr. Gleich von 30 auf 300 Schüler überzugehen, so wie gerade beschrieben, verursacht ganz eindeutig Wachstumsschmerzen.

Wenn bei der Erweiterung im zweiten Jahr auch Schüler einbezogen werden, die auf einem anderen Entwicklungsstand als die des Pilotprojektes sind, solltest du darauf vorbereitet sein, dass dies fast einem Neustart des Programms gleichkommt. Die Moderatoren benötigen gegebenenfalls ein zusätzliches Training oder es müssen neue Moderatoren hinzukommen, denen die neuen Schüler im Programm bekannt sind.

Stelle sicher, dass nach Ablauf des ersten Jahres eine sorgfältige Bewertung des Programms durchgeführt wird, damit die Ausweitung auf der Grundlage der Erfahrungen des Pilotprogramms geplant werden kann. Wir haben festgestellt, dass es wichtig ist, die Bewertungen schriftlich zu fixieren, obwohl am Ende des Jahres ebenfalls Councils stattfinden sollten, bei denen mündliche Kommentare zum Programm und Vorschläge für die Zukunft erbeten werden. Die schriftlichen Bewertungen sollten folgende Elemente enthalten: alle Schüler, die am Pilotprogramm teilgenommen haben, Lehrer, die an den Councils als Erstjahres-Moderatoren direkt beteiligt waren, zumindest einige der Lehrer, die nur indirekt am Programm beteiligt waren, aber engen Kontakt zu den Schülern haben, sowie Verwalter und Schulberater. Wir haben Eltern gelegentlich gebeten, die Bewertungsbögen auszufüllen, obwohl das Feedback der Eltern auch während der Eltern-Councils, die mehrmals im Jahr stattfinden, eingeholt werden kann (siehe unten). Typische Bewertungsfragen könnten sich auf folgende Schwerpunkte beziehen: die Eignung der gewählten Council-Themen; die Kompetenz der Moderatoren; Veränderungen in den Beziehungen zu Hause und in der Schule, die auf die Councils zurückgeführt werden können, sowie die Wirkung von Councils auf die schulische Leistung.[61] In welcher Weise und in welchem Umfang die Programmerweiterung im zweiten Jahr stattfinden soll, ergibt sich aus den Bewertungen, insbesondere wenn Veränderungsvorschläge enthalten sind. So kann es sich zeigen, dass zusätzliche Trainings für die Moderatoren und/oder größere Einbeziehung der Eltern erforderlich werden. Es entspricht sehr dem Geist von Council, wenn die Bewertungen ernst genommen, die Ergebnisse zusammengefasst und anschließend Schülern, Lehrern und Verwaltung vorgelegt werden.

---

61 Siehe Palms Council Project Evaluation – Final Report West, Ed by Barbara Dietsch, August 31, 2001.

Das Ziel des zweiten Programmjahres besteht darin, bedeutend weniger auf externe Moderatoren angewiesen zu sein, als im ersten Jahr. Denn wir haben ja gelernt, langsam voranzugehen und wir wollen sicherstellen, dass sich die Lehrer als Moderatoren stark genug fühlen, ehe sie völlig unabhängig von Co-Leitern und von der Mentorschaft durch erfahrene Leiter, die Councils begleiten.

Es ist es sehr wichtig, dass die Schulleitung das Council-Programm während der Lehrerkonferenzen stark unterstützt, ehe das zweite Jahr beginnt, vorausgesetzt, die Lehrer fühlen sich sicher genug. Eine starke Demonstration dieser Unterstützung wäre es, wenn die Lehrerkonferenz vor Schuljahresbeginn ebenfalls mit einem Council anfinge. Über Jahre hinweg starteten die Vorbereitungstreffen zu Beginn des Schuljahres an der Palms School häufig mit einem Council – die Lehrerschaft wurde in kleine Gruppen unterteilt, die sich im Kreis den Fragen widmete, die sie zu Beginn des neuen Schuljahres beschäftigten.

Entscheidungen zum Programm

Wir haben immer wieder darauf hingewiesen, dass in dem Maße, wie ein Programm reift und sich in der Schule verankert, „ein Council nicht nur etwas ist, was wir mit den Kindern machen, es ist auch ein Prozess, den wir durchlaufen". In diesem Fall steht „wir" sowohl für die Lehrer und die Schulverwaltung, als auch für die externen Programm-Moderatoren und -Leiter. So sollte Council so oft wie möglich bei Lehrerkonferenzen, Sitzungen der Schulverwaltung, Elterntreffen usw. eingesetzt werden, um Informationen zu erhalten oder Entscheidungen zum Programm zu treffen. Wenn die Erwachsenen der Schulgemeinschaft das, was sie predigen, auch selbst leben, geben sie dem Programm die bestmögliche Unterstützung. Schüler merken sofort, ob das Eintreten für eine Sache authentisch oder eher oberflächlich ist – und sie reagieren entsprechend. Wesentlicher Teil eines jeden Schulprogramms sind regelmäßige Treffen – die auch Councils einschließen –, die vorzugsweise mindestens zweimal monatlich stattfinden, und an denen alle Moderatoren und Programmverantwortlichen teilnehmen. Das schafft eine „Förderkreis-Atmosphäre", in der die zahlreichen Probleme hinsichtlich der Moderation von Council-Kreisen besprochen werden können, und bietet Gelegenheit für das häufig so notwendige interne Council-Training.

Umgang mit Schülern, die noch nicht „council-reif" sind

Manchmal gibt es Schüler, die im Gegensatz zu ihren gleichaltrigen Mitschülern noch nicht in der Lage sind, dem Council-Prozess zu folgen. Sie halten sich zum Beispiel nicht an die Grundregeln und sprechen häufig dazwischen. Oder sie haben Schwierigkeiten, eine bestimmte Zeit still zu sitzen, und fühlen sich sichtlich unwohl. Auch die Spiele, die wir benutzen, um Kindern den Einstieg zu erleichtern, sind für einige keine Hilfe. Es mag Hinweise auf eine ADHS-Symptomatik geben, die auch neurologische Probleme nahelegen.

Das Grundproblem hier ist die Diskrepanz zwischen den Fähigkeiten des abgelenkten (und somit ablenkenden) Kindes und den übrigen Kindern im Kreis. Die gesamte Gruppe leidet unter den Auswirkungen ihres oder seines Unbehagens, was die Spannung erhöht und das Unbehagen des Kindes in der Folge noch verstärkt. In der Mehrzahl der Fälle sind diese Verhaltensauffälligkeiten psychologischer Natur und verweisen auf häusliche Probleme oder traumatische Ereignisse. Es kann sich dabei aber auch um nicht diagnostizierte neurologische Störungen handeln. Manchmal ist es schwer, zwischen Verhalten und neurologischer Störung zu unterscheiden.

Wenn wir mit Kindern mit besonderen Bedürfnissen arbeiten, kämpft jedes mit ähnlichen Problemen, weshalb die Unterschiede zwischen den Kindern geringer sind. Es gibt Möglichkeiten, diesen Kindern durch bestimmte Übungen und spezielle, auf sie abgestimmte Council-Themen zu helfen. Moderatoren, die Kreise mit Kindern mit besonderen Bedürfnissen leiten, entwickeln die Fähigkeit, einen Raum zu schaffen, in dem Councils auf produktive Weise stattfinden können. Wir konnten in den letzten Jahren zahlreiche bemerkenswerte Erfahrungen machen und es gelang uns, unser Verständnis für die Kraft, die Council zur Unterstützung des Heilungsprozesses bei diesen Kindern besitzt, weiter zu vertiefen. Wir konnten ebenfalls feststellen, dass gemischte Councils, in denen sowohl Kinder mit besonderen Bedürfnissen, als auch solche mit neurologischen Problemen sitzen, letzteren die Möglichkeit bieten, ihre Sensibilität, ihr Mitgefühl und ihre Toleranz zu entwickeln, während die Kinder mit besonderen Bedürfnissen durch die geschützte Umgebung angeregt werden, ihre Kommunikationsfähigkeit zu verbessern.

Wenn ein Kind in einer Gruppe ein auffallendes Verhalten zeigt und alle Versuche, es in die Gruppe zu integrieren, erfolglos bleiben, so ist es manchmal besser, das Kind in einem anderen Kreis unterzubringen, in dem die „Kluft" zwischen den Kindern nicht so groß ist. Oder es geht erst einmal in einen speziellen Kreis für Schüler, die darin unterstützt und darauf vorbereitet werden, an einem Council teilzunehmen. Lehrpläne für Schüler, die eine spezielle Förderung dieser Art benötigen, oder Lehrpläne für Kinder mit besonderen Bedürfnissen sind beim *Council Practitioners Center* des LAUSD erhältlich.

Besucher

Während des Pilotprogramms (und natürlich auch später, wenn das Programm sich weiter entwickelt hat) möchten Lehrer, Schulverwalter, Eltern, Erzieher aus anderen Schulen, potentielle Geldgeber, die nicht direkt mit dem Programm zu tun haben, einmal an einem Council teilnehmen, um zu sehen, „wie das ist". Denn es gibt keinen besseren Weg, das Potential von Council-Prozessen zu verstehen, als es persönlich zu erleben. Manchmal können auch die eloquentesten Beschreibungen nicht dem gerecht werden, was passiert, wenn Menschen sich in einem Kreis zusammensetzen. Wie schon gesagt, werden

Councils oft in einer Schule eingeführt, weil jemand beim Besuch eines Councils an einer anderen Schule eine positive Erfahrung gemacht hat. Es kann also durchaus sinnvoll sein, Gäste zu einem Council einzuladen. Wenn der Kreis jedoch neu und im Umgang mit den Vier Absichten noch nicht sicher ist, und sich eine vertrauensvolle Atmosphäre erst aufbauen muss, kann die Anwesenheit eines Gastes großen Einfluss auf den Ablauf haben, insbesondere, wenn es sich um eine Autoritätsperson handelt.

Ob dieser Einfluss vom Standpunkt des Moderators oder dem der Schüler nun produktiv ist oder nicht – irgendwann möchte der Council-Leiter Gäste im Council begrüßen dürfen, da jeder aus dieser Erfahrung eine Menge lernen kann. In vielen Traditionen hat dieser „Gast" eine große Bedeutung und wir haben festgestellt, dass dies für die Council-Praxis ebenso gilt. Einige Regeln sollten beachtet werden, damit die Erfahrung dennoch für alle positiv ausfällt.

Der Besuch sollte im Voraus geplant werden, damit der Kreis genügend Zeit hat, sowohl die Gründe des Besuchers als auch die des Lehrers für den Besuch zu begutachten. Es ist gute Council-Praxis, wenn der Moderator die Erlaubnis des Kreises für den Besuch einholt. Je besser die Schüler die Gründe für den Besuch verstehen und sich dazu äußern können, umso wahrscheinlicher wird der Gast eine positive Erfahrung machen und die Schüler können lernen, wie es ist, wenn ein neuer Teilnehmer im Kreis Platz nimmt.

Der Besucher sollte stets vorgestellt und begrüßt und möglichst auch gebeten werden, zu Beginn ein paar Worte zu sagen – wo er oder sie herkommt und aus welchem Grund der Besuch stattfindet. Das ist vor allem dann wichtig, wenn der Besuch in Zusammenhang mit dem Thema oder dem Anliegen des Councils steht. Wenn der Besucher als Beobachter anwesend ist, um zu sehen, wie der Moderator den Kreis leitet (wenn er zum Beispiel dessen Mentor ist), ist es äußerst wichtig, dass die Schüler das wissen.

Auch hier ist es gute Council-Praxis, dass der Besucher am Ende des Councils gebeten wird, sich als Gast und Beobachter gleichzeitig zu seiner Erfahrung im Kreis zu äußern. Je nach Situation kann der Moderator auch die Schüler um ihre Kommentare zu dem Besuch bitten; dazu kann er entweder das „Popcorn"-Format nutzen, bei dem der Redegegenstand in der Mitte liegt, oder er gibt den Gegenstand im Kreis herum.

Wenn der Besuch für starken Aufruhr sorgte, ist es hilfreich, beim nächsten Treffen ein kurzes Council zu dieser Erfahrung abzuhalten. Dabei kann der Schwerpunkt auf der Erfahrung mit speziell diesem Besuch, auf Besuchen im Allgemeinen oder auf beiden gleichzeitig liegen.

Councils mit Eltern

Wie bereits erwähnt, haben wir gute Erfahrungen mit Eltern-Councils während des ersten Programmjahres gemacht, um auf diese Weise den Eltern die Möglichkeit zu geben, Fragen zu dem neuen Programm zu stellen, und – besonders wichtig – um selbst ein Council erleben zu können. Ein Angebot von zwei Councils pro Halbjahr sollte den Eltern einerseits genügend Gelegenheit zum Ausprobieren bieten, sie aber andererseits nicht zu sehr und mit zu vielen Schulveranstaltungen belasten. Mindestens ein Council pro Halbjahr ist allerdings in den meisten Fällen erforderlich. Selbst wenn nur ein Teil der Elternschaft teilnimmt, so erzeugt schon allein die Tatsache, dass die Möglichkeit geboten wird, Vertrauen bei den Eltern. Wenn sich das Programm gut entwickelt, können Councils häufiger angeboten werden, bei denen dann der Fokus auf Elternthemen oder aktuelle Schulfragen gelegt wird, anstatt lediglich sehen zu wollen, was die Kids denn in diesem Council-Programm so machen. An der Palms School wurden über viel Jahre hinweg regelmäßig Eltern-Councils angeboten. Zwei Jahre lang waren diese Councils unabhängig von der Schule durch eine Stiftung finanziert worden, deren Interesse in der Verbesserung der erzieherischen Fähigkeiten von Eltern lag. Als Ergebnis dieses Programms konnten wir eindeutig feststellen, wie wirksam Eltern-Councils beim Aufbau einer starken und gesunden Schulgemeinschaft sind.

Im Sinne der Kontinuität des Programms werden normalerweise die Eltern-Councils von denselben Personen begleitet, die die Schüler-Councils leiten. Wir bitten immer alle Moderatoren, insbesondere die ein oder zwei Elterntreffen pro Halbjahr zu besuchen, an denen über das Programm selbst gesprochen wird. Wenn viele Eltern erscheinen, ist es hilfreich, die Spiralform anzuwenden oder, noch besser, die Teilnehmer in kleine Gruppen von ungefähr 15 Personen zu unterteilen. Dort fällt der persönliche Austausch leichter als in der Großgruppe. In den Eltern-Councils sollte es nach unserer Erfahrung vermieden werden, dass sich einzelne Eltern dazu äußern, wie ihre Kinder „sich im Council machen".

Sobald die Eltern verstanden haben, worum es in dem Programm geht und warum die Schule es eingeführt hat, ist es sehr einfach, passende Themen für Eltern-Councils zu finden. Allein die Tatsache, dass wir Eltern sind, liefert uns jeden Tag genug Probleme. Oft sind Eltern im Council so tief berührt, dass einige selbst Moderatoren werden möchten. Einige unserer besten Council-Leiter kommen aus der Elternschaft!

Finanzierung von Council-Programmen

Die finanzielle Situation der meisten öffentlichen Schulen in den Vereinigten Staaten kann bestenfalls als angespannt bezeichnet werden. Einige Schulen (sogar ganze Schulbezirke) wurden vom Bildungsministerium des jeweiligen Staates oder einer privaten Bildungseinrichtung übernommen, entweder um die schulische Leistung zu verbessern oder die finanzielle Situation zu stabilisieren – oder beides. Der immer stärker werdende Druck, der in den vergangenen Jahren auf Prüfungen gelegt wurde – in der Absicht, bessere Schulnoten zu erzielen –, führte dazu, dass Schulprogramme wie Council tendenziell nicht mehr als prioritär angesehen wurden. Das bedeutet letztlich, dass die meisten Schulbezirke und Schulen – von einigen rühmlichen Ausnahmen abgesehen – keine oder nur begrenzte Mittel zur Verfügung haben, um neue Council-Programme zu unterstützen. Damit ein neues Programm eingeführt werden kann, müssen also im Normalfall große Anstrengungen zur Mittelbeschaffung unternommen werden, und zwar von beiden Seiten – der Schule, die ein Programm starten möchte, und der Moderatoren, die Council anbieten. Wir waren dank einer auf drei Jahre begrenzten Spende der *Herb Alpert Foundation* und zusätzlicher Mittel vonseiten des Schuldistrikts in der glücklichen Lage, das *Council Practitioners Center* ins Leben zu rufen. Natürlich hoffen wir, dass der Erfolg des CPC andere Schulen motivieren wird, ähnliche Einrichtungen zur Unterstützung von Council-Aktivitäten ins Leben zu rufen.

Angesichts des aktuellen finanziellen Umfelds ist es ratsam, Finanzierungen anzustreben, die langfristige Planungen ermöglichen und für die die Schule selbst einen Großteil der Verantwortung übernimmt. Auch wenn es im ersten Jahr kleinere Zuschüsse zur Unterstützung des Programms gibt, muss die Schule trotzdem einen Großteil der Finanzierungsverantwortung übernehmen, wenn das Programm sich weiterentwickeln soll. Und wie bereits gesagt, es ist besser, die Lehrer und andere Mitglieder der Schulgemeinschaft als Council-Leiter auszubilden, als über Jahre hinweg von externen Moderatoren abhängig zu sein, wie wir es an der Palms School praktiziert hatten. Mit dem Modell, das wir heute empfehlen, dem „Mentor-Based Council Program", also einem Programm, das auf Mentorenschaft basiert, wird ein erfahrenes Team aus Moderatoren, Mentoren und Leitern aufgebaut. Dabei werden während des ersten Programmjahres ein Anfängerkurs und anschließend ein internes Aufbautraining für ausreichend viele Mitglieder der Schulgemeinschaft angeboten, damit im folgenden Jahr die Schule die wesentliche Verantwortung für das Programm übernehmen kann (eventuell mit einem kleinen Kreis erfahrener Moderatoren an ihrer Seite). Fast immer ist ein Jahr erforderlich, um ein solches Programm entwickeln zu können; in seltenen Fällen – wenn die Finanzmittel begrenzt sind – kann versucht werden, das Ziel in nur einem halben Jahr zu erreichen.

Eine ausführlichere Beschreibung dieses Modells gibt es im folgenden Abschnitt. Das Mentoren-Modell ist nach einem Jahr nicht nur kostengünstiger, sondern das Council wird auch in weit stärkerem Maße in der Schule verankert, wenn diese Schulgemeinschaft größere Verantwortung für die Durchführung und Leitung und vor allem für die Finanzierung von Councils übernimmt. Hier ein paar Vorschläge zur Geldbeschaffung – Beispiele für die unzähligen Drahtseilakte, die wir in den letzten dreißig Jahren unternommen haben, um Unterstützung für Council-Programme in Schulen zu erhalten.

Der ideale Weg zur Finanzierung eines Council-Pilotprogramms an einer öffentlichen Schule besteht darin, den Schulbezirk auf höchster Verwaltungsebene einzubeziehen. Natürlich aus gutem Grund – denn Council verbessert die Qualität der Beziehungen innerhalb einer Schule, verringert Gewalt und Ausgrenzung zwischen den Schülern, verbessert das Selbstvertrauen der Kinder, die Kommunikation und die schulische Leistung. Mit anderen Worten, durch Council kann eine Schule zu einer lebendigen Lerngemeinschaft werden. Das war die Grundlage, auf der das *Council Practitioners Center* des Schulbezirks Los Angeles gegründet wurde – eine Einrichtung, die Council in die Praxis umsetzen will. Wenn also die Voraussetzungen stimmen und ein Pilotprogramm finanziert werden kann (evtl. mit der Startbeihilfe einer Stiftung), sind die langfristigen Aussichten so rosig, wie sie in Zeiten wirtschaftlicher Ungewissheit nur sein können. Manche Bundesstaaten der USA stellen den Schuldistrikten Finanzierungshilfen zur Verfügung. Und obwohl eine Reihe guter Programme um diese Zuschüsse konkurriert, wächst der Bekanntheitsgrad der Council-Programme stetig, so dass sie zu einem ernsthaften Kandidaten für diese Gelder werden. Vor mehreren Jahren hatten wir in Kalifornien das Glück, im Rahmen eines staatlichen Programms (*Teaching Tolerance Program*) eine zweijährige Beihilfe des Bundesstaates zu erhalten, mit der wir zwei neue Programme für die Mittelstufe starten und das laufende Programm an der Palms School teilweise unterstützen konnten. Einige Schulen haben Zuschüsse für Schulmaterial benutzt, um ein Council-Programm zu starten, mit der Begründung, dass Council für Schüler so etwas wie das „Schulmaterial" sei, das sie für den Unterricht brauchten. Diesem Argument können wir uns nicht anschließen. Unserer Meinung nach sind die Fähigkeit, aufmerksam zuzuhören und sich authentisch auszudrücken, das elementarste „Schulmaterial" überhaupt.

Grundsätzlich gilt, dass Council-Programme zuerst für einige Jahre andere Finanzierungsquellen finden müssen, ehe vom Schuldistrikt oder von staatlicher Seite Zuschüsse zu erwarten sind. Schließlich wird die Distriktebene auf das Programm aufmerksam, stellt fest, dass es gut ist, und findet schließlich eine Möglichkeit der finanziellen Unterstützung, entweder auf direktem Weg, über eine Stiftung oder durch staatliche Beihilfen.

Manchmal kann eine Schule auch einen Teil der Council-Programmkosten durch Sachleistungen decken. Viele Jahre lang unterstützte die Palms School ihr Council-Programm dadurch, dass sie die Vertretungen für die Lehrer bezahlte, wenn die Schüler-Projektklasse zu einem Retreat an der Ojai Foundation war. Die Schule stellte außerdem die Busse für den Transport zur Verfügung und beantragte beim Schuldistrikt, dass ein wichtiger Lehrer von seinen Unterrichtsverpflichtungen freigestellt würde, damit er am Training in Ojai teilnehmen konnte. Eine Unterstützung dieser Art hängt natürlich davon ab, inwieweit die Schulverwaltung bereit ist, ihrer Überzeugung konkreten Ausdruck zu verleihen. Lippenbekenntnisse reichen bei der heutigen Wirtschaftslage einfach nicht aus. Die Initiative ergreifen und ein erstes Council-Training für Lehrer anbieten – das ist unserer Erfahrung nach die gängigste Form der Unterstützung, die eine Schule bieten kann.

Ist sich die Elternvereinigung der Vorteile von Councils bewusst, kann sie zu einer wunderbaren Quelle für fortlaufende Finanzhilfen werden. Die „Freunde von Palms" unterstützten das schulische Council-Programm für viele Jahre und deckten pro Jahr zwischen 8 % und 15 % der Programmkosten ab. Werden im Rahmen des Programms regelmäßig Eltern-Councils angeboten, so ist die Wahrscheinlichkeit groß, dass die Eltern eher bereit sind, sich finanziell zu engagieren. Die Elternvereinigungen unterstützen das Programm häufig durch Kuchenverkäufe, Werbung für Zeitschriftenabonnements und andere Aktivitäten, bei denen auch die Schüler wichtige Aufgaben übernehmen können.

Wenn eine Schule in ihr Umfeld gut integriert ist, können auch die lokalen Geschäftsleute eine Rolle spielen. Manche Unternehmen verfügen über Mittel, die sie nach eigenem Ermessen für „gemeinnützige Dienste" einsetzen können, und womit sie ein Council-Programm starten oder weiterführen können. In manchen Supermärkten gibt es Programme, bei denen ein geringer Prozentsatz jedes Verkaufspreises – meist 0,5 % - einer Schule am Ort (die der Käufer bestimmt) zugutekommt. Ein großer Elektronikkonzern und ein Supermarkt unterstützten so über viele Jahre das Programm der Palms School. Diese Art der Unterstützung kommt natürlich eher dann zustande, wenn es an der Schule ein Programm für Schülerdienste in der Gemeinschaft gibt und die Lehrerschaft in der Gemeinde aktiv ist. In manchen Fällen sind sogar Geschäftsleute bereit, sich als Moderatoren ausbilden zu lassen. Die Palms Schule bot über mehrere Jahre ein Council-Programm für die Gemeinschaft an, an dem Menschen aus der Nachbarschaft teilnahmen. Das CPC baut in einigen Schulgemeinschaften in Los Angeles ein ähnliches Programm auf. Im Laufe der Zeit werden sich einige dieser Teilnehmer intensiver für das Programm interessieren, sich zu Moderatoren ausbilden lassen und Teil des Schulteams werden.

Den mit Abstand größten finanziellen Beitrag zum Start und zur Weiterführung von Council-Programmen leisteten Stiftungen und einzelne Spender, denen Programme dieser Art wichtig und unterstützenswert sind. Stiftungen auf lokaler wie auf nationaler Ebene haben Zuschüsse gewährt, einige sogar über mehrere Jahre hinweg. Die *New Visions Foundation* in Santa Monica unter der Leitung von

Paul Cummins hat Council-Programme in einigen von ihnen geförderten privaten Schulen finanziell unterstützt. Eine der wichtigsten Fähigkeiten eines Führungskreises (Leadership Circle) besteht darin, Förderanträge zu stellen. Einige Stiftungen ziehen es vor, den Ausbau bereits bestehender Programme zu fördern, andere wiederum möchten lieber den Grundstein für neue Programme legen. Es kommt auch vor, dass der Schulbezirk einen Zuschuss von einer Stiftung erhält, der dann für den Start oder die Weiterführung eines Programms eingesetzt werden kann.

Einzelne Spender lassen sich in mehrere Kategorien unterteilen: „Freunde" des Projekts oder wichtige Persönlichkeiten innerhalb der Schulgemeinschaft, denen es ein Anliegen ist, dass sich Programme dieser Art an den Schulen etablieren; Menschen, die eigene Erfahrungen mit Council gemacht haben und es gerne im Lehrplan verankert sähen; und natürlich ehemalige Schüler, von denen die jüngsten vielleicht sogar noch als Schüler Council-Kreise miterlebt haben. Einzelne Spender spielten in den frühen Jahren der Palms School eine entscheidende Rolle, da sie den Großteil der Gelder zur Verfügung stellten, bis die Stiftungen Zuschüsse gewährten.

Und schließlich ist es unsere Vision, dass Council zu einem integralen Bestandteil des Standard-Schulprogramms wird, da es anerkanntermaßen für die Bildung junger Menschen so elementar ist wie die drei Grundfertigkeiten Lesen, Schreiben und Rechnen. Sein Beitrag zum Aufbau einer Schulgemeinschaft ist unbestritten. Wenn wir einmal so weit gekommen sind, wird die finanzielle Unterstützung von Council-Programmen nicht mehr so schwierig sein wie heute. Das Licht am Ende des Tunnels kommt von den freien Schulen und den innovativen, unabhängigen Schulen, die in den letzten Jahren entstanden sind. Sie alle teilen eine Vision, denn sie sind überzeugt von den Vorteilen offener und inspirierter Beziehungen zwischen allen Mitgliedern der Schulgemeinschaft. Einige dieser Schulen haben Council bereits in ihren Anfangsjahren in den Lehrplan aufgenommen und die gesamte Lehrerschaft ausgebildet. Das Schulexperiment lässt sich nicht mehr trennen von den Vorteilen tiefen, aufmerksamen Zuhörens und authentischer Kommunikation.

Das Modell des Mentoren-Programms für Council

Wir haben diesen Ansatz, der sich während der letzten fünf Jahre enwickelt hat, das *Mentor-Based Council Program* (MBCP) genannt, weil es darauf aufbaut, dass erfahrene Counil-Leiter als Mentoren für die Lehrerschaft fungieren und nicht externe Moderatoren die Einführung des Programms übernehmen. Ziel ist es, dass erfahrene Council-Moderatoren als Mentoren an die Schule kommen und Lehrer (und möglichst auch andere Mitglieder der Schulgemeinschaft) während eines Jahres ausbilden. Der Programmkoordinator und vielleicht einige andere erfahrene Moderatoren, die eng mit einem oder mehreren Koordinatoren an anderen Schulen zusammenarbeiten, müssen in manchen Fällen auch noch im zweiten Jahr hinzugezogen werden. Dies ist der grundlegende Ansatz des CPC innerhalb des Schulbezirks von Los Angeles. Die Struktur eines Mentorenprogramms sieht wie folgt aus:

Aus dem *Center for Council Training* (CCT) wird ein erfahrener Council-Leiter ausgewählt, der für einen Zeitraum von ein bis zwei Jahren das Programm betreuen/begleiten, alle Aktivitäten koordinieren und die Schule dabei unterstützen soll, unabhängig zu werden. Diese Person nennen wir „Trainer/Mentor" (TM).

Der TM wird von anderen erfahrenen Council-Moderatoren unterstützt, die nicht Teil der Schulgemeinschaft sind und die vornehmlich während der Startphase des Programms einbezogen werden, also meist im ersten Jahr.

Die Personen, die ausgebildet werden, sind Lehrer, Schulverwalter, Berater, Eltern (auch Eltern, deren Kinder nicht mehr an der Schule sind) und möglicherweise auch andere Mitglieder der Schulgemeinschaft (Großeltern, Geschäftsleute aus der Gegend usw.). Sie alle erhalten zuvor ein intensives Council-Einführungstraining durch das CCT oder das CPC, ehe das Programm beginnt. In den meisten Fällen werden diese Mitglieder der Schulgemeinschaft als Gruppe ausgebildet, wobei der TM einer der Ausbilder ist.

Zu Beginn des Programms wird jedem Auszubildenden ein erfahrener Moderator (einschließlich des TM) zur Seite gestellt, sofern die Finanzlage das zulässt. Anderenfalls übernimmt jeder der erfahrenen Moderatoren eine kleine Gruppe von Auszubildenden, wobei die Moderatoren in bestimmten Abständen reihum bei jedem Council der Kleingruppen als Mentor die Co-Leitung übernehmen. In der Zeit dazwischen leiten die Auszubildenden (Trainees) ihre Councils selbst. Der TM übernimmt die Koordinierung aller Mentoren, wozu auch vierzehntägige gemeinsame Treffen von Lehrern/Trainees und allen Mentoren zählen. Diese Treffen stellen einen wesentlichen Teil des innerschulischen Trainings dar, haben eine wichtige Unterstützungsfunktion und befassen sich mit der Einbeziehung von Council-Kreisen in den Lehrplan.

Sobald alle Trainees bereit sind, Councils selbst zu leiten (mit Begleitung des Mentors und wenn es die Finanzlage erlaubt), wird dieses Training so lange fortgesetzt, bis die gesamte Gruppe unabhängig arbeiten kann. Wenn das nicht möglich ist, wird den Mentoren während des zweiten Halbjahres eine Zeit vorgegeben, in der sie ihre Ausbildung abschließen müssen, und der TM (oder ein Stellvertreter) besucht als Mentor reihum die Councils der Trainees und gibt Hilfestellung und Feedback. Die vierzehntägigen Treffen finden weiterhin statt, bis der TM das Gefühl hat, die Gruppe der Auszubildenden ist soweit, dass sie völlig unabhängig arbeiten kann. Mehrere ausgewählte Gruppenmitglieder schließen sich anschließend zur „Program Leadership Group", einer Art schulinterner Projektgruppe zur Einführung von Council, zusammen. Der TM wird dann während der gesamten Dauer des Pilotprojektes als Mentor dieser Gruppe fungieren. Wenn alles gutgeht, sollte all dies innerhalb eines Jahres vonstattengehen.

Wenn sich in der Projektgruppe oder bei einzelnen Lehrern/Moderatoren weitere Trainings oder eine Mentortätigkeit als notwendig erweisen, muss dies im zweiten Programmjahr Berücksichtigung finden. Zusätzliche Unterstützung vonseiten des CCT kann erforderlich werden bei Lehrerwechsel, einer Ausweitung des Programms oder bei neuen (und unterschiedlichen) Gruppen von Schülern, wenn die Schülerschaft besonders problematisch ist, usw. Im Idealfall bleibt der TM innerhalb des Programms, bis die Verantwortung vollständig auf die schulinterne Projektgruppe übergegangen ist und das Programm sich eindeutig zu einer positiven, für Schüler, Lehrer und die gesamte Schulgemeinschaft bereichernden Erfahrung entwickeln kann. Wenn das Programm dank einer guten finanziellen Situation jedes Jahr erweitert werden kann, dürfte es mehrere Jahre dauern, bis dieses Ziel erreicht ist.

Weitere Modelle zur Einführung von Council-Programmen

Im Rahmen eines weiteren Modells, das derzeit großen Anklang findet, wird auf Distriktebene mit einem Council-Center, wie dem CPC (dessen Mitglieder alle in der Lage sind, als TM zu arbeiten), und einem größeren Pool von CCT-Moderatoren aus der Region zusammengearbeitet. Dieses Council-Center hat den Auftrag, Lehrer auszubilden und Council-Programme in den Bezirksschulen einzuführen. Wenn also eine Schule Interesse an einem neuen Programm signalisiert, wendet sich das Center an die Moderatoren des CCT aus der Region, um das Team zusammenzustellen, das das Mentorenprogramm an den Schulen einführen kann. Die Gelder, die für das erste Jahr (und evtl. auch für das zweite Jahr) erforderlich sind, werden entweder vom Schulbezirk oder durch eine andere Quelle (siehe oben) bereitgestellt. Wir glauben, dass diese „Hybridmodelle", bei denen Schulbezirksleiter und externe Moderatoren zusammen die Ausbildung der Lehrer übernehmen und Programme in Gang setzen, ein durchaus realistischer Weg sind, um Council zu einem integralen Teil unseres Bildungssystems zu machen.

Anhang II

Council-Training

(Er ist außer Atem und spricht schnell) „Bin ich hier in der Ojai Foundation? Ich soll hier an einem Council-Training teilnehmen, am Wochenende. Ich bin spät dran, es war viel Verkehr aus Los Angeles raus und ich dachte schon, ich komme nie hier an. Und dann habe ich auch noch die Ausfahrt verpasst!"

„Sie haben uns gefunden – herzlich Willkommen! Der Kurs beginnt nach dem Abendessen. Wir treffen uns da hinten in der Gemeinschaftsjurte. Kommen Sie doch erst mal in Ruhe an. Wir helfen Ihnen bei der Unterbringung, wenn Sie gegessen haben."

(Nach dem Essen, schon langsamer) „Bin ich hier richtig in der Gemeinschaftsgurte, oder wie auch immer es heißt."

„Sie sind richtig hier. Kommen Sie rein und nehmen Sie sich eine Trommel oder eine Rassel aus dem großen Korb dort. Wir machen etwas Musik, bis alle da sind."

„Eine Trommel?"

Lehrer, Geschäftsmänner und -frauen, Mitglieder anderer Gemeinschaften, Therapeuten, Künstler und einige nicht einzuordnende Teilnehmer trommeln und rasseln gemeinsam. Schon bald verschwinden die Nervosität und der Fahrstress.

„Diese Weiterbildung dürfte etwas anders sein, als Sie es gewohnt sind", sagt einer der beiden Moderatoren in die Stille nach dem Trommeln. „Der Ablauf hat in erster Linie experimentellen Charakter, aber wir werden auch ausreichend Zeit einräumen, um zu besprechen, welche besonderen Probleme und Herausforderungen sich aus der Einführung von Council-Runden in Wirtschaftsunternehmen, in der Klasse, in Gemeinschaften unterschiedlicher Art oder in der Familie ergeben."

„Wir treffen uns mehrmals am Tag in einer Council-Runde und erzählen uns über unsere Probleme im Arbeits- und im Privatleben. Wir werden mit den unterschiedlichen Formen von Council experimentieren und darüber sprechen, welche Form sich für welche Gelegenheit eignet. Außerdem erzählen wir Ihnen etwas aus unserer Erfahrung mit Council und bitten Sie um Ihre persönlichen Erfahrungen. Einige werden bereits den Prozess kennen, für andere wiederum ist alles neu. Diejenigen, die bereits Council-Erfahrung besitzen, möchten wir aber bitten, sich wieder in die Perspektive eines Anfängers zurückzuversetzen. Denn in jeden Kreis gibt es etwas Neues zu lernen."

„Sie sind alle eingeladen, vor dem Frühstück an der Meditation unserer Gemeinschaft teilzunehmen. Wir sitzen still beieinander, jeder folgt seiner eigenen Praxis. Wenn es gewünscht wird, geben wir aber auch gerne eine kleine Meditationsanleitung. Morgen früh und am Sonntagmorgen werden wir Gelegenheit haben, uns im Geiste des Council unsere Träume als Geschichten der Nacht zu erzählen."

„Wir werden gemeinsam erforschen, welche Fertigkeiten es braucht, ein Council zu leiten, einschließlich der unterschiedlichen Formen, die es gibt. Auf diese Weise lernen wir, wie wir ein vorbildlicher Council-Leiter werden, die wichtigsten Grundhaltungen des Councils umsetzen, persönliche Authentizität gewinnen und die Vorgänge im Kreis verstehen können. Und hoffentlich können wir erleben, wie Council zu einer Praxis, einer Möglichkeit des Zusammenseins werden kann, die unseren Geist weckt und erfrischt."

„Wir werden lernen, mit der Energie zu gehen und ‚in den Sturm hineinzusegeln', denn dann zeigen sich die Schattenseiten im Prozess – im Kreis und bei uns selber. Wir wollen uns freimachen von den Erwartungen darüber, was ein ‚gutes' Council ist, und dem Bedürfnis, zu einem fertigen Ergebnis zu kommen, wenn es sich zeigt, dass die Wahrheit im Kreis gerade eine andere ist. Und am Sonntagnachmittag wird all das viel klarer und verständlicher sein!"

„Jeder Kurs ist anders. Wir wissen nie im Voraus, was passieren wird, obwohl wir eine Struktur und eine Absicht zugrunde legen.

Jedes Mal entdecken wir neue Möglichkeiten, über Council zu sprechen und manchmal ergeben sich sogar noch Verfeinerungen aus unserer gemeinsamen Zeit."

„Wir hoffen, dass diese Fortbildung für jeden von Ihnen der Beginn einer neuen, persönlichen Beziehung zu diesem Ort wird. Der Prozess des Councils ist hier über viele Jahre hinweg von ungezählten Kindern und Erwachsenen gepflegt und weiterentwickelt worden. Er hat Früchte getragen in zahlreichen anderen Gemeinschaften, Schulen und Wirtschaftsunternehmen, hier ebenso wie in anderen Ländern der Welt. Indem jeder seine persönlichen Erfahrungen in den Kreis einbringt, wächst unser Wissen über diesen Prozess. Und wir hoffen, dass das, was Sie hier lernen, den Geist des Councils in Ihren eigenen Kreisen stärken wird."

„Aber jetzt ist es an der Zeit, über die Vier Absichten des Councils zu sprechen, und dann werden wir das Thema für die Eröffnungsrunde des heutigen Abends festlegen… "

In der Ojai Foundation und im Ausbildungszentrum für Council-Leiter (Council Practitioners Center – CPC) der Schulverwaltung des Distrikts Los Angeles (LAUSD) werden jährlich mehrere einführende und weiterbildende Lehrgänge für neue und bereits erfahrene Council-Leiter angeboten. Außerdem findet jedes Jahr in der Ojai Foundation ein Treffen der Council-Leiter statt, bei dem sich erfahrene Council-Leiter und -Ausbilder treffen und über ihre Arbeit austauschen können. Hier werden Ausbildungsstandards und Lehrpläne diskutiert, neue Standards gesetzt, neue Ausbilder eingeweiht und Möglichkeiten erforscht, wie sich die Ausbilder im internationalen CCT-Netzwerk gegenseitig unterstützen können. Seit Gigi und ich den Stab an den gesamten Kreis weitergereicht haben, übernimmt jedes Jahr ein anderer der etwa vierzig Trainer – von denen etwa sechs oder acht außerhalb der Vereinigten Staaten leben – die Leitung

Es gibt außerdem noch ein CCT-Council-Training auf drittem Niveau, das Gigi und ich regelmäßig für sehr erfahrene Council-Leiter und -Ausbilder an der Ojai Foundation angeboten haben.

Dieses Niveau ist ausgerichtet auf das, was wir als „Council als Lebensphilosophie" bezeichnen, und bereitet Council-Mentoren auf ihre Rolle als Ausbilder vor. Wir planen, dieses Niveau in Zukunft im Rahmen des siebentägigen „Nature-of-Council"-Trainings in Big Pine weiterzuführen und gleichzeitig an der Ojai Foundation und im CPC in Los Angeles kürzere Ausbildungsformate auf diesem fortgeschrittenen Niveau anzubieten.

Die CCT - Lehrer bieten ebenfalls Ausbildungen für Anfänger, fortgeschrittene und erfahrene Leiter an, die sich in erster Linie an Wirtschaftsunternehmen, Gemeinschaften und Schulen richten und die sowohl in den Staaten als auch im Ausland stattfinden. In den letzten Jahren wurden Trainings dieser Art in Europa, in Israel und in Afrika angeboten.

Zur Unterstützung des Aspektes „Council in der Natur" im Rahmen der Council-Programme in Schulen stehen jeweils im Frühjahr und im Herbst Erziehern eine begrenzte Anzahl von Praktikumsplätzen in der Ojai Foundation zur Verfügung. Die Praktikanten arbeiten mit Gruppen von Schülern aus öffentlichen und unabhängigen Schulen, übernehmen die Co-Leitung von Councils und beteiligen sich an anderen Aktivitäten. Interessenten können sich an Trisha Graham, Ojai Foundation, (001) (805) 646–8343, wenden. Praktika dieser Art gibt es auch an der School of Lost Borders: PO Box 796, Big Pine, CA 93513.

Praktika für Councils an Schulen bietet hauptsächlich die Crossroads School an. Das CPC des Schuldistrikts Los Angeles ist derzeit mit der Erstellung eines schulorientierten Praktikumsprogramms beschäftigt. Personen, die an einem Council-Training in der Klasse interessiert sind, wenden sich bitte an Trisha Graham in der Ojai Foundation: 805 646–8343.

Die Einrichtung von Council-Programmen in den öffentlichen Schulen von Los Angeles fällt nunmehr in die Verantwortung des CPC in Zusammenarbeit mit der Ojai Foundation. Programme für unabhängige Schulen werden von CCT-Ausbildern durchgeführt, die eng mit dem CPC und der Foundation zusammenarbeiten. Alle

Leiter von Schulprogrammen werden zu dem Jahrestreffen der Ausbilder in der Ojai Foundation eingeladen.

Seit 2002 arbeiten eine Gruppe von Kriminalbeamten und CCT-Ausbilder gemeinsam an einer Council-Initiative mit dem Namen „Das Tausendtageprogramm" (One Thousand Days Program -OTDP). Zu diesem höchst facettenreichen Programm gehört auch eine Initiative, die Council in das kalifornische Gefängnissystem einführen will und die gleichzeitig mit den Familienangehörigen und den Einrichtungen arbeiten möchte, die Strafgefangene nach ihrer Entlassung unterstützen. Dieses Programm bietet interessierten Personen eine Serie von Trainings für Council und verwandte Bereiche an, die gerne Councils mit Strafgefangenen, ihren Familien und den lokalen Unterstützungsstellen veranstalten möchten. Weiterführende Informationen zu dem OTDP-Programm sind auf der Internetseite der Ojai Foundation zu finden: www.ojaifoundation.org oder über Alan Mobley, alan.mobley@sdsu.edu.

Das CCT-Netzwerk ist bei Weitem nicht der einzige Veranstalter, der Council-Trainings und verwandte Prozesse anbietet. Es gibt eine Reihe von Initiativen, Organisationen und inzwischen sogar Universitäten, die Ausbildungen in einer Vielzahl von Kreisprozessen anbieten. Eine davon möchten wir aufgrund unserer langen Zusammenarbeit erwähnen, und zwar den PeerSpirit circle, der von Christina Baldwin, Ann Linnea und anderen geleitet wird. PeerSpirit befindet sich in Langley Washington.

Zu guter Letzt wollen wir noch das sich seit dem Jahr 2008 mit der Unterstützung von Gigi Coyle, Marlow Hotchkiss und anderen entfaltende Europäische Council Netzwerk erwähnen. Für Informationen bezüglich Ausbildungsmöglichkeiten und Council-Angeboten im europäischen Raum siehe daher: www.council-network.eu

Wir fühlen uns durch das immer größer werdende Feld der Council-Praxis in seiner ganzen Vielfalt sehr ermutigt. Redekreise finden zunehmend an vielen Stellen in der Welt statt. Das Wesentliche dabei ist einfach und doch tief berührend... Ein Mensch spricht und die anderen im Kreis hören zu.

Anhang III

Bibliografie

Bücher

Flesh and Spirit: The Mystery of Intimate Relationship, by Jack Zimmerman & Jaquelyn McCandless, Bramble Books, Las Vegas, 1998.
Peacemaking Circles: From Crime to Community, by Kay Pranis, Barry Stuart, & Mark Wedge, Living Justice Press, 2003.
The Little Book of Circle Processes: New/Old Approaches to Peacemaking, by Kay Pranis, Good Books Press, Intercourse, PA, 2005.
Calling the Circle: The First and Future Culture, by Christina Baldwin, Bantam Doubleday Dell Publishers, New York, 1998.
Dreaming the Council Ways: True Native Teachings from the Red Lodge, by Ohkey Simine Forest, Samuel Weiser Inc., York Beach Maine, 2000.
The Earth Shall Weep: A History of Native America, by James Wilson, Grove Press, New York, 1999.
Secret Teachings of Plants: The Intelligence of the Heart in the Direct Perception of Nature, by Stephen Harrod Buhner, Bear & Company, 2004.
EQ. Emotionale Intelligenz von Daniel Goleman, Deutscher Taschenbuch Verlag, Mai 1997.
Flow: Das Geheimnis des Glücks von Mihaly Csikszentmihalyi, Klett-Cotta; Auflage: 15. Aufl., März 2010.
Owning Your Own Shadow, by Robert A. Johnson, Harper, San Francisco, 1991.
The Magic of Conflict: Turning a Life of Work into a Work of Art, by Thomas F. Crum, Touchstone/Simon & Schuster, New York, 1987.
Proceed with Passion: Engaging Students in Meaningful Education, Paul F. Cummins, Anna Cummins, & Emily Cummins, Red Hen Press,

Los Angeles, 2004.
Lektionen der Wildnis von Gary Snyder, Matthes & Seitz Berlin, 1. Auflage, Mai 2010.
The Soul of Education: Helping Students Find Connection, Compassion and Character at School, by Rachael Kessler, Association for Supervision and Curriculum Development, April 2000.
Examplar of Liberty: Native America and the Evolution of Democracy, by Donald A. Grinde & Bruce E. Johnson, University of California, American Indian Studies, 1991.
Storycatcher: Making Sense of Our Lives through the Power and Practice of Story, by Christina Baldwin, New World Library, 2005.
The Box: Remembering the Gift by the Terma Company, Santa Fe, New Mexico, 1990. Contact Gigi Coyle at: gigicoyle@earthlink.net.
The Tao of Democracy: Using Co-Intelligence to Create a World that Works for All, by Tom Atlee, World Works Press, 2002. *S Listening: Eine Frau erkundet ihre verstummende Welt,* von Hannah Merker, Verlag Klein, München, 1995. Ein poetisches Buch über die Arbeit mit Hörgeschädigten, in dem sehr einfühlsam das Zuhören behandelt wird.

Internetseiten

www.ojaifoundation.org The Ojai Foundation Website, Informationen, Council-Trainings und Retreats,
www.artforthesky.com Daniel Dancer, großformatige Erdbilder (earth art)
www.boulderinstitute.org The Boulder Institute for Nature and the Human Spirit, Elias Amidon und Elizabeth Roberts. Es sei besonders auf ihre Notizen einer Pilgerschaft „Letters from the Road" hingewiesen.
www.schooloflostborders.net The Nature of Council: Council und seine Wurzeln; was es bedeutet, Council zu leben, Leadership-Trainings und die Einführung zum Council-Leiter, Councilpraxis in

verschiedenen Bereichen und bei Initiationsritualen.

www.ldnafricaaids.org Auf dieser Website werden sowohl die im afrikanischen Staat Mali durchgeführten medizinischen Forschungen mit geringen Dosen Naltrexon (*LDN*) beschrieben, das bei HIV-positiven Patienten einen Ausbruch von Aids verhindern soll, als auch ein parallel verlaufendes, council-orientiertes Programm für Männer und Frauen, das sich um eine verbesserte Kommunikation zwischen den Geschlechtern und eine Stärkung der Rolle der Frau bemüht.

TV-Links

„*A Council of 13 Indigenous Grandmothers*" (*Der Rat der 13 indigenen Großmütter*) Einstündiges Feature mit dem vorläufigen Titel: *Prayer & Action*.

Weitere Literatur aus dem Arbor Verlag

Gregory Kramer
Einsichts-Dialog
Weisheit und Mitgefühl durch Meditation im Dialog

Beziehungen können die Grundlage größten Leidens und unserer größten Freuden sein. Sie sind eine Quelle emotionalen Aufruhrs und ein ebenso ergiebiger Anlass für spirituelle Praxis. Im Herzen dieser interpersonellen Verstricktheit kann uns der Einsichts-Dialog zu spiritueller und emotionaler Klärung verhelfen, denn er befähigt uns, die heilende Kraft der Achtsamkeit direkt in die Spannungsfelder unserer Beziehungen zu tragen.
Der Einsichts-Dialog erlaubt uns, zur Ruhe zu kommen, alte zerstörerische Beziehungsmuster loszulassen und unser Verständnis füreinander sowie unsere Kommunikation miteinander zu vertiefen. Reife Einsichts-Dialoge erlauben uns gar, unsere Verstrickungen im Moment ihres Entstehens selbst zu beobachten.
Basierend auf einem radikalen interpersonellen Verständnis der frühen Lehren Buddhas, präsentiert uns Gregory Kramer hier erstmals umfassend die praktische Umsetzung des Einsichts-Dialogs und erlaubt uns so, mit dieser transformativen Praxis gleich hier zu beginnen.

Gregory Kramer ist Mitgründer und Präsident der Metta Foundation, er lehrt Einsichts-Meditation seit 1980. Er hat die Methode des Einsichts-Dialogs entwickelt und lehrt ihn seit 1995 in den USA, Asien, Europa sowie in Australien. In Kooperation mit dem Center for Mindfulness wird der Einsichts-Dialog seit einiger Zeit auch als Bestandteil innerhalb der „Mindfulness Based Stress Reduction" (MBSR) eingesetzt.

ISBN 978-3-936855-81-4

www.arbor-verlag.de

Online finden Sie umfangreiche Leseproben aller unserer Bücher, unseren versandkostenfreien Bestellservice sowie unseren kostenlosen Newsletter.

Arbor Verlag • 79111 Freiburg • Tel. 0761. 401 409 30 • info@arbor-verlag.de